**MARIO R. ARGUETA**

# TRES CAUDILLOS, TRES DESTINOS 1919-1932

**(Tosta, Ferrera y Carías)**

**ERANDIQUE**

COLECCIÓN

TEGUCIGALPA, HONDURAS, ENERO DE 2024

"Cada valle, cada colina, cada montaña, nos recuerda una Lucha fratricida, nos recuerda la destrucción, la muerte!".

*(Ramón Rosa)*


"Bruscamente salta ante nuestra atención un hecho repetido con desconcertante frecuencia: la guerra civil".

*(Marco Carías Reyes)*

# CONTENIDO

# PRÓLOGO

Al historiador Mario Argueta lo conocí en las oficinas de Diario El Heraldo, cuando yo era editor de las secciones de Deportes y de Revistas, y él brillaba como un reconocido columnista e investigador.

Don Mario llegaba con el artículo de la semana y allí, en medio de las alocadas horas de cierre, intercambiábamos rápidas opiniones en el pasillo. Por lo general, yo lo felicitaba por sus publicaciones y le daba tímidamente mi punto de vista.

Con su boina y maletín, de hablar pausado y suave, don Mario, de igual manera, elogiaba algún reportaje mío y, de la manera más caballerosa posible, me animaba a dar el salto hacia la literatura. "Le veo madera de escritor", me decía.

Después de que salí de El Heraldo, dejé de ver por algún tiempo a este destacado historiador y escritor. Continué leyendo sus columnas, eso sí.

Hasta que el año pasado nos reencontramos gracias a *Colección Erandique*. Don Mario es una especia de gurú de nuestro proyecto y nos orienta o da recomendaciones que atendemos con el mayor de los gustos.

También hemos coincidido en eventos culturales en los que se le premia por sus aportes a la historia hondureña. Don Mario también dio su discurso en el lanzamiento de nuestra colección histórica.

A la par de eso, he tenido el honor de estar en un par de ocasiones en su casa, donde me ha entregado documentos y artículos valiosos recopilados de los archivos nacionales.

Y, claro está, he leído varios de sus libros, entre ellos, Tres Caudillos, Tres Destinos 1919-1932, el mejor retrato hecho hasta hoy de una época de pólvora y sangre en la que los generales Tiburcio Carías Andino, Gregorio Ferrera y Vicente Tosta jugaron un papel protagónico.

El libro Tres Caudillos, Tres Destinos 1912-1932 fue publicado en 2012 y fue un éxito. Una nueva edición era más que necesaria, en especial porque está agotado y porque en este 2024 se cumple un siglo de la guerra civil de 1924, en la que Carías, Ferrera y Tosta, encabezaron la revolución que terminó tumbando la dictadura que inició Rafael López Gutiérrez.

La investigación de don Mario Argueta da luces sobre la vida y obra de estos tres personajes que dejaron una profunda huella en la historia de Honduras.

Con la rigurosidad que le caracteriza, don Mario Argueta aporta documentos hasta ahora desconocidos y nos regala una radiografía completa de quienes llegarían a ostentar la presidencia (Tosta y Carías) y varios ministerios.

Además, Tres Caudillos, Tres Destinos, nos revela rasgos importantes de la personalidad de los generales y de sus motivaciones para alzarse en las armas y de sus maniobras políticas.

Temerarios, su carisma les ayudó a guiar ejércitos de leales y valientes guerreros, soldados de academias militares o de cerros, de botas o de caites, de fusiles o machete, que participaron en varias de las batallas más sanguinarias en la historia hondureña.

En *Colección Erandique* le agradecemos profundamente a don Mario Argueta por la generosidad de permitirnos publicar Tres Caudillos, Tres Destinos, y próximamente otros dos libros suyos: Ramón Villeda Morales, luces y sombras de una primavera política; y Tiburcio Carías Andino, anatomía de una época.

Personalmente, le reitero a don Mario Argueta mis muestras permanentes de cariño, admiración y respeto.

**Óscar Flores López**
**Editor Colección Erandique**

# CAPÍTULO I

## La imposición electoral
## y la guerra civil de 1919

Hasta donde conocemos, fue en ese año sangriento del 19 cuando sus destinos empezaron a entrelazarse para mantenerse indisolubles hasta que la muerte los separó. Y ello se debió al intento del presidente Francisco Bertrand por imponer como su sucesor a su concuño, el médico Nazario Soriano, irrespetando la voluntad popular. Bertrand, sucesor de Manuel Bonilla, había gobernado el país desde el fallecimiento de Don Manuel en marzo de 1913 presidiendo un período de paz, si bien había implantado el estado de sitio durante los últimos años de la Primera Guerra Mundial, bajo presión diplomática estadounidense, rompiendo relaciones con Alemania.

Fue durante Bertrand que, en febrero de 1916, se estableció el Partido Nacional Hondureño; en junio de 1918, un grupo de ciudadanos postuló al abogado y filólogo Alberto Membreño a fin de que se lanzara como candidato presidencial. Inicialmente Bertrand manifestó su apoyo a fin de que fuera sucedido por Don Alberto. Un grupo rival, compuesto principalmente por antiguos seguidores de Manuel Bonilla, apoyaron a Francisco J. Mejía y a Jerónimo J. Reina para presidente y vicepresidente respectivamente. Así fue formado el Partido Nacional Republicano. Ambos candidatos fallecieron y el Dr. Nazario Soriano se constituyó en el dirigente del grupo. Bertrand rescindió su respaldo a Membreño otorgándoselo a Soriano. Muchos de los seguidores del Dr. Mejía se unieron a los de Membreño y el grupo fortalecido fue capaz de constituir el Partido Nacional Democrático, redactando un detallado programa el 18 de junio de 1919 firmado por Tiburcios Carías Andino, Paulino Valladares, Saturnino Medal, Presentación Quesada, Rafael Díaz Chávez y Francisco López Padilla.

Si bien el General Carías, popular entre las masas y conocido por sus enemigos como un duro luchador, era el caudillo reconocido del partido, el genio organizativo fue el Dr. Paulino

Valladares.[1]

El Partido Nacional Democrático que postulaba la candidatura del Doctor Alberto Membreño... tenía señalado para la postulación como Vice Presidente al Abogado y General Tiburcio Carías Andino, pero como maniobra política, dado el parentesco de afinidad que existía entre el presidente Bográn y el Abogado Antonio Madrid, optó por postular a éste con la esperanza de obtener algún respaldo gubernamental.[2]

Entre tanto, en el seno del Congreso se trató en su vigésimo tercera sesión ordinaria, la elección del Primer Designado a la Presidencia de la República, tras el fallecimiento de Francisco J. Mejía, habiendo sido electo para tal cargo, por mayoría de votos, el doctor Nazario Soriano; en esa votación el General Tiburcio Carías recibió el voto del Diputado Francisco Bográn. En la misma sesión se procedió a elegir el Segundo Designado a la Presidencia de la República debido a que Soriano había sido promovido, habiendo sido electo el diputado Francisco Bográn, quien nuevamente otorgó su voto para ese puesto al General Carías.[3]

Los preparativos electorales proseguían, cada grupo promoviendo a su candidato, a la vez formando redes de apoyo, designadas como clubs en ese entonces. Empero, cada día era más notorio que el oficialismo había decidido que la influencia de Bertrand continuara por otros cuatro años, vía Soriano; así, los recursos humanos y económicos gubernamentales se ponían al servicio de la facción en el poder. Como ha sido señalado por diversos comentaristas de esta época, el aspirante auspiciado por la presidencia contaba con un serio obstáculo: era prácticamente un desconocido para el electorado, en virtud de haber vivido la mayor parte de su vida fuera de Honduras. Así, las ventajas que representaba el patrocinio gubernamental quedaban neutralizadas, al menos parcialmente, por constituirse en una incógnita para los votantes. Además, se sospechaba, con fundamento, que Bertrand

---

[1] Stokes, Willian S. Honduras: An Area Study in Goverment. Madison, University of Wisconsin Press, 1950, p. 222-223

[2] Cáceres Lara, Victor. Gobernantes de Honduras en el siglo 20. (De Terencio Sierra a Vicente Tosta). Tegucigalpa, Banco Central de Honduras, 1992, p. 221.

[3] Congreso Nacional. Boletín Legislativo de las sesiones correspondientes a 1919. Tegucigalpa, 1919, p. 51.12

4

se constituiría en el poder fáctico, detrás de Soriano.

Membreño era conocido y respetado en Tegucigalpa, pero tampoco era una figura de proyección nacional, pese a haber ejercido temporalmente la presidencia después de haber finalizado el primer período presidencial de Bertrand en 1915, cuando éste se postuló para ejercer la titularidad del Ejecutivo; celebradas las elecciones el 8 de enero de 1916, el Congreso declaró electos como Presidente y Vicepresidente a Bertrand y Membreño, respectivamente.

Apoyando la candidatura oficial del Dr. Soriano figuraban muchos elementos liberales seguidores de los doctores Policarpo Bonilla y Arias y otros del manuelismo que acompañaban al Dr. Bertrand. Se asistía al alba de la descomposición política y a la desintegración de los partidos. Otro grupo de liberales nacionalistas, constituyó el Partido Nacional Demócrata.

Eran los que, junto a los hermanos Carías, y a los doctores Paulino Valladares y Céleo Dávila, proclamaron la candidatura del Dr. Membreño. El otro lado del triángulo lo formó el General Rafael López Gutiérrez. Honduras se dividió entre las tres candidaturas y el Dr. Bertrand hizo uso de la fuerza y de los recursos económicos del gobierno para combatir a sus dos antagonistas. Se desató una ola de persecusiones y se hizo inevitable la guerra civil. El liberalismo "panterista", desde la casa del General López Gutiérrez, preparaba el levantamiento... López Gutiérrez recibió apoyo, según afirma la voz popular del Presidente guatemalteco Manuel Estrada Cabrera y buena parte de los planes revolucionarios contra el Presidente Bertrand se fraguaron a la sombra del Ministro yanqui Sambola Jones y en la propia Legación de los Estados Unidos. Resquebrajado, el poder comenzó a bambolearse. El General Carías, a quien se envió a la Penitenciaría Central, vio crecer su prestigio.[4]

Mientras esto ocurría en la capital, en el interior el descontento y el recurso a la violencia empezaban a predominar; tanto los caudillos regionales como sus seguidores habían decidido no permitir la imposición.

Y fue en el sur-occidente de Honduras donde se decidió el destino de los acontecimientos que, vertiginosamente, ocurrirían

---

[4] Gonzáles y Contreras, Gilberto. El Último Caudillo (Ensayo Biográfico). México, Costa Amic, 1946, p..63

y darían forma al futuro inmediato.

En la ciudad más alta, y por tanto más fría del país, en La Esperanza, convergieron los destinos de dos formidables guerreros, entonces aliados y posteriormente enconados rivales: Vicente Tosta y Gregorio Ferrera; el primero militar de escuela, el segundo guerrillero improvisado, pero no por ello menos temible y valeroso.

La noche de 25 de julio de 1919 se originó allí un movimiento rebelde por el Coronel José Ramírez y el Perito Mercantil Gregorio Ferrera, el cual, actuando coordinadamente con el ocurrido en el interior del cuartel militar, dirigido por el Coronel Vicente Tosta y el Capitán Natividad Pérez, se posesionó de la plaza la mañana del 26 de julio, después de una floja resistencia de la guarnición gubernamental. Salieron en libertad los reos que guardaban prisión en las cárceles de La Esperanza y se dirigieron hacia el edificio del Juzgado de Letras con el propósito de incendiarlo para destruir las causas que contra ellos estaban incoadas.

El Coronel José Ramírez procuró detenerlos en su intento, a consecuencia de lo cual recibió un balazo que le produjo la muerte. Quedaron entonces como jefes del movimiento el Coronel Vicente Tosta y el Perito Mercantil Gregorio Ferrera, quien ya era aclamado también por los alzados como Coronel del Ejército.[5]

La indisciplina cundía entre los vencedores de La Esperanza y por tal circunstancia se constituyó un comando integrado por los Coroneles Vicente Tosta, Gregorio Ferrera, Leonardo Del Cid, Domingo Portillo y otros, y se nombró jefe de Operaciones al Coronel Tosta, quien marchó inmediatamente sobre la plaza de Marcala, que cayó en manos de los atacantes. De regreso Tosta en La Esperanza mientras Ferrera expedicionaba por los pueblos de La Sierra, en el departamento de La Paz, marchó sobre San Miguelito para batir una columna gobiernista que fue enviada desde Gracias... y continuando sobre Gracias, atacó este lugar e12 de agosto.

Las fuerzas defensoras de esta ciudad derrotaron a Tosta, quien regresó por el camino hacia La Esperanza, pero reforzado

---

[5] Cáceres Lara, Op. Cit., pp. 206-207

por la columna del Coronel Gregorio Ferrera que poco antes había derrotado en Jesús de Otoro al Coronel Calixto Marín, regresó sobre Gracias en cuyos alrededores libró varias acciones desventajosas para sus armas. Pero el 11 de agosto, ante el inexplicable retiro hacia Santa Rosa de Copán de los contingentes que defendían el fuerte de San Cristóbal, la ciudad fue tomada por el movimiento rebelde. Se dispuso entonces que Ferrera regresara a La Esperanza y Tosta marchó sobre la plaza de Santa Rosa de Copán que tomó después de empeñada lucha. Siguió luego la marcha sobre Santa Bárbara y ocupó frente a San Pedro Sula las ventajosas posiciones de La Cumbre.[6]

Mientras estos acontecimientos se suscitaban, velozmente, en el occidente y norte del país, en Tegucigalpa el candidato del Partido Liberal Republicano, General Rafael López Gutiérrez junto con algunos de sus simpatizantes se reunía en casa de don Santos Soto.

Estaba integrado por el propio candidato y los ciudadanos Manuel Adalid Gamero, su hermano Abel, Raúl Toledo López, Jesús M. Alvarado, Vicente Mejía Colindres, Carlos y Marcial Lagos... Los hermanos Lagos, cuñados del candidato, eran hombres dinámicos y más o menos bien conectados en los círculos políticos-económicos gracias a lo cual pudieron obtener las primeras importantes aportaciones pecuniarias para financiar el movimiento. El mismo Señor Soto, próspero hombre de negocios, entregó una buena suma -10.000 pesos- ejemplo seguido por otros amigos y partidarios acaudalados del General...Núcleos y células gutierristas se organizaron en las cabeceras de departamentos. Se establecieron depósitos de armas y pertrechos. Se dio comienzo a la tarea de enganche de voluntarios y se les conducía a lugares de reunión previamente señalados, en las inmediaciones de la frontera oriental. El 19 de julio, subrepticiamente, abandonaba la capital.[7]

Contamos con una detallada descripción de los combates acaecidos tanto en las cercanías de San Pedro Sula como relativos a la batalla por la captura de esta vital plaza. Resumiendo esta rica fuente informativa escrita por un participante en estos acontecimientos dramáticos y contentiva de

---

[6] Ibid, p. 207
[7] Alvarado, Néstor Enrique. La Revolución del 19. Tegucigalpa, 1967, pp.44-45, 58.

detalles valiosos, podemos afirmar que fue en el cerro de La Cumbre donde Tosta fue llamado General por vez primera. La columna de Tosta estaba formada por valientes intibucanos, gracianos, copanecos y un grupo grande de sampedranos. San Pedro Sula era defendida por el General Teófilo Cárcamo.

Las fuerzas del gobierno impositor, que venían detrás de los revolucionarios desde La Esperanza... recuperaban las plazas de La Esperanza y todas las tomadas por la revolución, pues Tosta las tomaba y sacaba las armas y el parque, y las dejaba desocupadas, por eso el General Teófilo Cárcamo las recuperaba fácil... las tropas de Cárcamo siguieron a San Pedro Sula y al llegar a dicha ciudad...el gobierno concentró todas sus tropas en dicha ciudad, para darle el golpe de gracia a la revolución Gutierrista-Membrenista... juntó (el Gobierno) más de cinco mil hombres, con buenas trincheras hechas de sacos de arena, adobes y durmientes de ferrocarril, formando un anillo en el centro de la ciudad para la defensa de la plaza, más otro anillo de retenes atrincherados en todo el contorno de la ciudad... Estas trincheras estaban muy bien defendidas por una buena infantería y artillería, ametralladoras Colt y Hotchkiss y en algunas tenían emplazados cañones Krupp... La defensa de la plaza estaba dirigida por un grupo de Generales, Coroneles y Oficiales azules..., así: Jefe de la Plaza, Comandante de Armas

Coronel Joaquín Medina Planas, Generales Fidel Bulnes, Alfonso Ferrari Guardiola, Faustino P. Cálix, Antonio Inestroza, Teófilo Cárcamo... Juan Pablo Aplícano.

Para e13 de septiembre ya La Cumbre estaba en poder de Tosta y el seis se capturó San Pedro Sula.[8]

Esta derrota fue decisiva para el desenlace de la guerra civil. Su control significaba la posesión de toda la zona septentrional, ya para entonces la más rica del país en razón del creciente desarrollo agrícola y comercial, la generación de miles de empleos por las empresas bananeras, la red ferrocarrilera, los puertos vinculantes con los Estados Unidos, la migración interna y externa que convergía en la Costa Norte, las inversiones en el incipiente sector manufacturero, la creación del volumen principal de ingreso para el Estado vía impuestos de importación

---

[8] Luque, Gonzalo R. Memorias De Un Soldado Hondureño. S. l., S. f., pp. 10-33

exportación.

Para expresarlo gráficamente, los alzados en armas tenían por la yugular a los gobiernistas.

Y en el extremo este de Honduras los seguidores de López Gutiérrez se dirigían hacia el punto neurálgico de esa demarcación:

Danlí, el que, tras corto combate lo sometieron, para luego ocupar Yuscarán. Así, el Norte, Occidente y Oriente quedaban bajo control rebelde.

Entretanto, el representante diplomático de los Estados Unidos en Honduras, T. Sambola Jones, enviaba un ultimátum a Bertrand el seis de septiembre, redactado en estos términos:

Este Gobierno ve, con la más grave preocupación, la Revolución que ahora se desarrolla en Honduras, que ha producido ya pérdidas de vida, y siente que debe obtenerse un arreglo pacífico entre el presidente Bertrand y la oposición, que pondría fin a la situación política del momento y garantizaría elecciones libres.

El Gobierno de los Estados Unidos no puede menos de creer que el Presidente Bertrand y el Pueblo de Honduras, participando de esos deseos, esto es, de que cese la destrucción de vidas y de propiedad, y que la paz sea restaurada y mantenida. Por tanto, el Gobierno de los Estados Unidos desea informar a Su Excelencia, el Presidente Bertrand, que cualquier sugerencia suya que invitase los buenos oficios de los Estados Unidos, semejantes a la tomada de enero a marzo de 1911, durante las perturbaciones políticas entonces existentes en Honduras, sería bien recibida.

En el caso de que el Presidente Bertrand no quiera tomar esta acción, la que conduciría a restablecer inmediatamente condiciones satisfactorias, el Gobierno de los Estados Unidos se vería obligado a considerar una asistencia activa para el restablecimiento del orden y la supervigilancia de las futuras elecciones.[9]

Dos días después, el 8, la respuesta oficial, en su parte medular, comunicaba la renuncia de Bertrand a la Presidencia, cediendo a los dictados del patriotismo... antes que admitir

---

[9] Citado en Alvarado, Néstor Enrique, op. cit, pp. 155-56.

imposiciones extrañas, antes que atraer sobre su patria el más grave de los ultrajes.

No quiere comprometerla en una lucha imposible, por lo desigual, ni que sufra intervenciones que entrañarían el eclipse de su soberanía.[10]

Habiendo depositado el poder en el Consejo de Ministros y marchado hacia los Estados Unidos, desde allá Bertrand envió un manifiesto a los hondureños en el que, entre otros conceptos justificativos, afirmaba:

"Nada sería tan grave, sin embargo, si no fuera que, estimulando, o acaso preparando artera y sagazmente los criminales desaciertos de la ambición, un poder completamente extraño a nuestro pasado, a nuestros dolores, a nuestras caídas, si se quiere, pretende erigirse, a última hora, con el tradicional y cuákero recurso de humanitarismo, en árbitro decisivo de los destinos de un pueblo libre... Y no pudiendo contrarrestar fuerzas en extremo superiores para un pueblo débil, me retiro del poder dejando encargado de sus funciones al Consejo de Ministros... Me alejo del Poder, como queda dicho, cediendo a la insólita pretensión de un poder extraño, al que no reconozco derecho alguno de intervención en los asuntos privativos de un pueblo dueño de sus destinos...".[11]

Pero en momento alguno Bertrand admitía haber sido el principal causante de la lucha fratricida al haber intentado, sin éxito, imponer a un familiar político como su sucesor. Eludía su dosis de responsabilidad, la principal, en tal baño de sangre.

Veremos en posterior capítulo que la dolorosa lección no fue asimilada por algunos de los vencedores y volverían a repetir la trágica situación pocos años después.

Se iniciaron las negociaciones entre el equipo ministerial y los vencedores. El 12 de septiembre ambos grupos convinieron en integrar el Consejo con tres miembros pertenecientes al López-gutierrismo y tres del gobierno existente. Fue así que las carteras de Gobernación, Relaciones Exteriores y Guerra y Marina fueron asignadas a Vicente Mejía Colindres, futuro Presidente Constitucional, Jesús M. Alvarado y Vicente Tosta, respectivamente.

---

[10] Ibid, p.160
[11] Ibid, pp.168-169.

Como Presidente provisional se escogió a Francisco Bográn, en su calidad de Segundo Designado, asumiendo sus funciones el 29 de septiembre.

Por su parte el General Tiburcio Carías, quien como antes dijimos había sido encarcelado por haber manifestado enérgica protesta personal por el intento de incendiar los parciales del sorianismo los talleres del diario El Cronista, tras obtener su libertad y acompañado del Dr. Francisco López Padilla, el Coronel Fernando Díaz Zelaya y un grupo de seguidores, se dirigió hacia el lugar denominado Las Manos, en la frontera de Nicaragua, para encabezar un movimiento contrarrevolucionario... El General Carías, desprovisto de respaldo, retornó a Tegucigalpa al entregar el poder el Consejo de Ministros, dispuesto a seguir luchando en favor de la candidatura del Doctor Membreño.[12]

Los días 26, 27 y 28 de octubre se llevaron a cabo elecciones presidenciales, las que fueron favorables al General Rafael López Gutiérrez. El 3 de diciembre fue nombrado Ministro de Guerra y Marina en reemplazo de Tosta, quien pasó a desempeñar la cartera de Fomento, Obras Públicas y Agricultura. De esta manera el candidato triunfador se aseguraba el control directo sobre el ejército.

El primero de enero de 1920 se instaló el Congreso Nacional y el seis declaró constitucionalmente electo como Presidente de la República al General Rafael López Gutiérrez para un período de cuatro años tal como lo señalaba la Constitución vigente, esto es la de 1894.

Procedamos a intentar evaluar a los protagonistas de estos acontecimientos, el papel que desempeñaron, de una manera u otra, en este año del 19, marcado por el intento oficial de no permitir la libertad del sufragio.

Con respecto a la participación de Bertrand, el prominente historiador Víctor Cáceres Lara sostiene:

Bertrand no gozaba de simpatías en las altas esferas de decisión del gobierno de los Estados Unidos de América. Su celo en poner a salvo los derechos de Honduras sobre las aguas del Golfo de Fonseca en las cuales la gran potencia proyectaba el establecimiento de una base naval; la tardanza del gobierno de

---

[12] Cáceres Lara, op. cit, p. 218

Honduras en declarar el estado de guerra con los Imperios Centrales de Europa; y la sospecha de que el Doctor Policarpo Bonilla había obedecido órdenes del Presidente hondureño para pedir en las Conferencias de Versalles la interpretación de la Doctrina de Monroe, constituyeron factores de esa antipatía de la cual se hizo portavoz el Ministro Sambola Jones.

La administración del Dr. Francisco Bertrand... es juzgada como una de las mejores que ha tenido Honduras durante el presente siglo. Su política de conciliación dio los mejores frutos, y durante varios años, desde 1911 a 1919, los hondureños convivieron armónicamente, en un clima de perfecta tranquilidad pública. Se puso especial atención a la educación y la cultura sin descuidar el progreso material, a pesar de la mala situación económica que vivió debido a la guerra europea que paralizó las transacciones comerciales con el exterior... Fue verdaderamente lamentable que, debido al deseo del Presidente Bertrand de dejar en la presidencia de Honduras a un pariente suyo en quien tenía confianza continuaría su obra, se permitiera el surgimiento del desorden, de la pasión política desbordada, de la guerra civil fecunda en daños y perjuicios... Pese a este grave error, que debe señalarse siempre porque fue funesto para Honduras, el gobierno del Dr. Francisco Bertrand ha sido uno de los mejores de que ha disfrutado el país.[13]

Con relación a Nazario Soriano, un estudioso de nuestro pasado opinó así: Es cierto que Soriano era político sin lastre y desconocido en el país, sin nada que le recomendara bien ante el electorado, pues jamás había actuado en la política del país ya que la mayor parte de su vida la había pasado alejado de esas intrigas y pasiones. Pero era en cambio un hombre sano que acaso pudo resultar un gobernante excepcional. No se empleó inteligencia para intrigarlo en la conciencia pública, y él no fue culpable de la desastrosa lucha armada de 1919. El doctor Bertrand se ofuscó demasiado y no atinó las proyecciones de su error...[14]

Examinemos algunos de los argumentos aquí expuestos por las fuentes citadas. Respecto a la influencia alemana sobre la

---

[13] Ibid, pp. 210-211.

[14] Paredes, Lucas. Drama político de Honduras. México, Latinoamericana, 1958, p. 265.

política hondureña del período contamos con los reportes remitidos por la representación diplomática estadounidense en nuestro país; los mismos, obviamente, tienden a maximizar el papel germano en los acontecimientos y en la vida política y económica nacional y revelan prejuicios y, en ocasiones, estereotipos. No obstante ello, ofrecen una riqueza de datos de valor inestimable.

Así, desde Amapala, centro de la actividad teutona en el sur y centro hondureño, se informaba a Washington que la colonia alemana subsidiaba la publicación Ecos Amapalinos y las autoridades gubernamentales en ese puerto estaban controladas por las cuatro grandes casas comerciales allí largamente establecidas: Teodoro Kohncke y Co, J. Rossner y Co, Francisco Siercke y Cia, y Enrique Kohncke.[15]

Los apremios estadounidenses se intensificaron luego que pasó de una actitud de neutralidad a la declaración de guerra a Alemania y sus aliados en 1917. El Cónsul estadounidense Francis Dyer reportaba que el Presidente Bertrand y alemanes prominentes radicados en Honduras realizaban consultas diarias.

Sabemos que el Presidente Bertrand, quien era humilde y obscuro con anterioridad a su ascenso a la Presidencia, ahora se reputa que posee 500.000 pesos; también se dice que está en las manos de estos alemanes, quienes, se reporta, le han ayudado a acumularlos... El Presidente puede ser el cálido amigo y aliado de los Estados Unidos, pero él y su Gobierno muestran sólo oposiciones al mismo, y ellos guardan las más amistosas y cordiales relaciones con los enemigos de los Estados Unidos.... La actitud del Presidente Bertrand, que a veces ha sido altamente insultante, se debe sin duda en parte a su creencia de que el gobierno de los Estados Unidos ha dado algún estímulo al General Rosales (Máximo B). El Presidente Bertrand parece olvidar que la influencia refrenadora de los Estados Unidos es la única cosa que por dos años o más, lo ha mantenido seguro y firme en la Silla de Estado. Al mismo tiempo se ha rumorado libremente que el Presidente contempla renunciar debido a que deseaba llevar su esposa a los Estados Unidos para tratamiento

---

[15] Records of the Department of State relating to World War I and its termination, Morton Moos al Departamento de Estado, 26 de noviembre 1917, Microcopia 367, Rollo 264, Record Group 59.

médico... estoy informado por hombres que han conocido íntimamente a Honduras por mucho más años que yo, que si el Presidente Bertrand causa con su terquedad que el puerto de Amapala sea bloqueado por tres semanas más, su gobierno será derrocado por la fuerza, en cuyo caso Francisco J. Mejía, el Ministro en el Despacho de Gobernación y Justicia y quien profesa una fuerte amistad hacia los Estados Unidos sería probablemente su sucesor.[16]

Hacia finales del mismo año de 1918, dicho Cónsul informaba así a sus superiores:

En este país (Honduras), ellos (los alemanes) tienen algunos de los principales puestos de confianza y responsabilidad bajo el Gobierno, estando en los términos más íntimos con el jefe del Ejecutivo, al punto de formar parte de su gobierno no oficial, y están casados con algunas de las principales familias, por lo que hay una fuerte corriente de amistad hacia ellos entre el pueblo. Poseen casas y tierras. El Departamento de Estado prohibió que barcos de la Pacific Mail S. S. Company lleguen a Amapala así como cualesquier otro buque de los Estados Unidos y en vez de llegar a Amapala lo hagan en La Unión, aunque el Director de Correos de Honduras amenaza con demandar a la empresa por daños si el correo no es llevado a Amapala.

Y cuando las presiones diplomáticas estadounidenses forzaron a Bertrand a confiscar los lanchones de carga propiedad de empresas germanas que realizaban la carga y descarga de mercancía entre Amapala y San Lorenzo, el mismo agente consular comentaba:

...no hay duda en mi mente que la acción del gobierno de Honduras fue tomada en algún secreto entendimiento con los propietarios alemanes, que se están deshaciendo de equipo viejo. a un precio exorbitante y probablemente aparezcan después de que la paz sea declarada con nuevas barcazas para competir por el negocio... no puede confiarse que el Gobierno de Honduras mantenga sus promesas y solamente puede ser mantenido en línea aplicándole presión inexorablemente. Estamos esperando... que las cuestiones de los lanchones y la agencia serán solucionadas a nuestra completa satisfacción y la del

---

[16] Francis J. Dyer al secretario de Estado, nota No.58, 23 febrero 1918 en: correspondence, American Consulate, Tegucigalpa, 1918, parte V.

14

Departamento, en una fecha muy pronta. Hasta que eso sea logrado, estamos preparados para dejar que Honduras sufra las consecuencias de tener su costa sur aislada de comunicación con el resto del mundo, excepto a través del puerto salvadoreño de La Unión... la presencia de un buque de guerra puede ser necesaria, o al menos útil, en cualquier momento.[17]

En 1918 otro informe remitido desde Tegucigalpa a Washington daba cuenta que:

Se dice que el Presidente (Bertrand) tiene al menos $50,000 en depósito con las casas alemanas incluidas en la lista negra de Teodoro Kohncke y Co y es cierto que la gran masa del pueblo del país espera que los poderes Centrales sean los victoriosos en la presente guerra en Europa. Por estas razones, el Presidente Bertrand está sin duda tratando de seguir un curso intermedio: sería manifiestamente imposible para él hacer una declaración abierta en favor de Alemania pero parece peligroso para él tomar una acción más vigorosa contra los alemanes en Honduras de lo que es absolutamente necesario. Ya concluida la Primera Guerra Mundial un diplomático estadounidense se auto preguntaba:

¿Por qué son los pequeños países Centro Americanos proalemanes aunque Alemania ha sido derrotada? La respuesta es fácil de dar: son proalemanes ya que el elemento alemán es el más beneficioso en el estado y, dada la debilidad nacional, uno del que nada puede ser temido. Son un grupo útil del cual se puede prestar dinero.[18]

Otras formas de presión con que contaba la Legación para ejercer influencia sobre el gobierno de Bertrand eran mediante el mantener una actitud tibia hacia la disputa fronteriza (con Guatemala), actividades revolucionarias y la posibilidad de descontinuar el servicio de vapores.[19]

Y ya en 1919, el año de la guerra civil, se enviaban instrucciones a la Legación estadounidense en Honduras desde Washington, dándole órdenes que rezaban así:

---

[17] Francis J. Dyer al secretario de Estado, "Problema de carga y lanchones en el Puerto de Amapala", 21 de enero 1918 en Correspondence, American Consulate, Tegucigalpa, 1918, Part. IV, Classes 701-120.

[18] Fred Bell a la División Latinoamericana del Departamento de Estado, 28 de mayo 1919, Micropelícula No. 9.

[19] Ewing al secretario de Estado, 22 diciembre 1917, micropelícula No. 264

El reciente telegrama del Departamento enviado a Ud. sugiriendo que ya no fueran hechas más representaciones relativas a una elección justa fueron hechas por Ud. por el momento e informándole que este Departamento había sugerido la conveniencia al Departamento de Marina de la visita de un barco de guerra a Amapala. Fue enviado a Ud. con la idea de que ya las representaciones no parecen tener mucho efecto; tal vez sería mejor no decir más por el momento pero dejar que el efecto moral de la visita de un buque de guerra sea sentido.[20]

Sin duda se vivía entonces bajo las intimidaciones de la política de las cañoneras, aplicada especialmente con los débiles países y gobiernos del Caribe y Centro América. Paralelamente, el Gran Garrote y la Diplomacia del Dólar eran utilizadas por Washington como otras modalidades de su política exterior en las Antillas, su "Mare Nostrum" a partir de 1898 luego de triunfar sobre el viejo y decrépito Imperio Español.

Examinemos ahora el papel desempeñado, tras bambalinas, tanto por el capital estadounidense con inversiones en nuestro país así como por capitalistas hondureños. Si la Inversión Extranjera Directa (IED) en Honduras entre la década de 1870 y 1890 fue muy pequeña y no creció mucho... En 1897 la ID proveniente de los Estados Unidos alcanza solamente 2 millones de dólares.

En 1908 esa cuantía se mantuvo, pero aumentó substancialmente durante las siguientes dos décadas. En 1914 la ID estadounidense alcanzó los 9.5 millones de dólares y se elevó a 18.4 millones de dólares en 1919. Esas inversiones se dirigieron principalmente a la industria exportadora de bananos controlada por capital norteamericano.[21]

Aquí debemos, al menos brevemente, mencionar el papel desempeñado por la rivalidad interbananera con relación a la política interna nacional. Pero, aún antes del arribo de las primeras empresas fruteras ya era notoria la influencia del

---

[20] Del jefe a.i. de la División Latino Americana del Departamento de Estado a Jones, Carrete de microfilm No. 10, Washington 8 de mayo 1919. Consúltese adicionalmente, ara más detalles sobre la rivalidad alemana-estadounidense, de Argueta Mario R. Los alemanes en Honduras. Tegucigalpa, Centro de Documentación de Honduras, 1992.

[21] Euraque, Darío. El capitalismo de San Pedro Sula y la historia política hondureña (1870-1972). Tegucigalpa, Guaymuras, 1997, pp.35-36.

magnate minero Washington S. Valentine, quien en 1880 había fundado la New York and Honduras Rosario Mining Co, con base de operaciones en San Juancito, en las cercanías de Tegucigalpa. Por medio de un contrato concesionario se aseguró el control del Ferrocarril Interoceánico en 1890. Y para la década de 1910, en los círculos financieros neoyorquinos, las explotaciones concesionarias de Valentine le ganaron el título de "rey de Honduras" , controlando el ferrocarril de Cortés hasta 1912.[22]

Empero para 1907 ya operaba en Honduras otro ciudadano estadounidense: Samuel Zemurray el cual, con respaldo de la United Fruit Co., adquirió la Cuyamel Fruit Co de ella y de William E Streich. En 1911 Zemurray financió el derrocamiento del entonces presidente Miguel Dávila, entregando la suma de 100,000 dólares al oponente, el general Manuel Bonilla. El sucesor de Bonilla, Francisco Bertrand (1913-1919), prodigó a Zemurray concesiones para plantaciones bananeras. Esto usualmente permitía a las compañías privilegios de importación libre de impuestos e incluía derechos para construir y controlar muelles, instalaciones de energía eléctrica, infraestructura sanitaria o la simple licencia para alquilar tierras. En los círculos financieros de New York, Zemurray fue entonces probablemente coronado como el nuevo "rey de Honduras".[23]

No obstante, las relaciones entre éste y Bertrand parecen haberse deteriorado. Eso lo deducimos de la lectura de la correspondencia diplomática intercambiada entre la Legación estadounidense y sus superiores en el Departamento de Estado. Muy reveladora fue la conversación sostenida entre el General hondureño Máximo B. Rosales y Long, funcionario de la División de Asuntos Latinoamericanos de la Cancillería norteamericana, el 3 de noviembre de 1915. En ella Rosales acusó al presidente Bertrand de haber atacado a sus amigos. "El General Rosales dijo que, para ser más específico, la gente que había sufrido daños a manos del gobierno de Bertrand durante los meses recientes eran sus amigos. Ellos eran la Cuyamel Fruit

---

[22] Ibid, p.41.

[23] Ibid, p.41. Mayores detalles sobre la espectacular carrera empresarial de Zemurray pueden encontrarse en Argueta, Mario R. Bananos y política: Samuel Zemurray y la Cuyamel Fruit Company en Honduras. Tegucigalpa. Universitaria, 1989.

Co, con una plantación de frutas en Cuyamel; la United Fruit Co, con plantaciones en Trujillo y Tela y Vaccaro Brothers, con plantaciones en La Ceiba.

Se acusaba a Rosales de planear embarcar armas y municiones, empacadas como toneles y facturadas como aceite, desde New Orleans a La Ceiba... y que había arreglado con Mr. Zemurray, el presidente de la Hubbard-Zemurray Steamship Co., para el transporte de estas municiones y su desembarque en un punto de la costa cerca de La Ceiba.[24]

Empero, los vaivenes de la política hicieron que "el movimiento en favor del General Rosales ha aparentemente sido abandonado y los intereses fruteros en conjunción con ciertos grandes intereses financieros y terratenientes en Honduras están evidentemente tratando de persuadir al Dr. Francisco J. Mejía, el ministro de Guerra, y supuestamente en control de las fuerzas armadas del país para obtener control del gobierno y declararse as mismo presidente. El Dr. Mejía es un residente de la Costa Norte y ha estado cercanamente asociado con los intereses fruteros allí; está abiertamente acusado de estar subsidiado por ellos".[25]

La legación estadounidense informaba abiertamente que suponía que el personal de la Rosario Mining Co estaba en simpatía con la United Fruit Co en desear un cambio de gobierno, "pero ambas tomarán precauciones para que no se sospeche están implicadas en una revolución, si lo pueden evitar"; también se daba cuenta del sentimiento en contra de la Administración Bertrand por parte de la United Fruit Co; y con respecto a otros grandes intereses fruteros, si bien evitan la apariencia de posicionarse en complots para derrocar al Gobierno, sin duda se alinearían con la United Fruit Co., si surgiera una crisis.[26]

Al malestar político causado por la imposición oficial se

---

[24] Memorandum de la conversación entre el General Máximo B. Rosales y Mr. Lang, 3 de noviembre 1915, carrete 8, M-647; Nota de Frank L. Polk, Secretario de Estado en funciones al secretario de Marina, 28 de septiembre 1915, Carrete 8, M-647.

[25] Ewing al secretario de Estado, Tegucigalpa, 12 enero 1916.

[26] Consular Records, Tegucigalpa, Confidential File, nota de Francis Dyer, Cónsul de Estados Unidos en Tegucigalpa a Herbert Hengstler, Consular Records, Tegucigalpa, Confidential File 1917, 7 octubre 1917.

agregaba el deterioro económico. En efecto, tal como comunicaba la Legación, las condiciones económicas a lo largo de Honduras han naturalmente sufrido severamente a partir del pasado abril...

La Costa Norte ha sufrido grandemente por la decreciente demanda de bananos, pero esto ha sido en parte compensado por la demanda, por parte del Gobierno de los Estados Unidos, de corozo. La pequeña cantidad de tonelaje requerida para satisfacer las necesidades de la parte del sur de Honduras tanto en exportaciones como en importaciones ha resultado en una disminución en embarques, esto no ha causado penalidades en esta sección del país, pero la limitación de exportaciones desde los Estados Unidos ha provocado considerable carencia de artículos manufacturados... la plata local es ahora tan escasa que la moneda de Estados Unidos está circulando libremente en esta vecindad inmediata, al dos por uno. Los bancos en esta sección de Honduras no están prácticamente realizando préstamos y muchos comerciantes están acaparando plata, mientras muchas personas están, sin duda, exportándola; hay una decidida escasez de dinero a lo largo de esta parte de Honduras, siendo la condición financiera mucho peor que la condición económica en esta parte del país.[27]

Un historiador estadounidense, analizando el papel abrumador y decisivo que llegó a constituir la inversión foránea en la economía y en la política del istmo, nos dice: "Debido a la falta de capital local, experiencia y voluntad por construir la infraestructura de apoyo, los extranjeros construyeron ferrocarriles, puentes, empresas de servicio público y sistemas de comunicación. Para la década de los años veinte los capitalistas extranjeros poseían y operaban las plantaciones más eficientes, que producían la mayor parte de las exportaciones de la región, contrataban los sistemas bancarios y dominaban los negocios minoristas. Los extranjeros llegaron a ejercer influencias poderosas sobre los gobiernos, a fin de mantener la estabilidad local, asegurar mano de obra barata y otorgar concesiones que compensaran por los riesgos adquiridos".

En búsqueda de ganancia personal, las élites gobernantes en

---

[27] Charles B. Curtis al Secretario de Estado, Reporte No. 3, Tegucigalpa, 28 septiembre 1918, Micropelícula No. 8.

Centro América otorgaron concesiones exorbitantes y privilegiadas a los inversionistas extranjeros. En el proceso, los intereses nacionales fueron sacrificados. Cuando el comercio mundial funcionó fluidamente, los inversionistas y las élites locales se felicitaron mutuamente por generar progreso económico. Sin embargo, desde 1890 a 1914, la estructura financiera de Centro América fue sacudida por las condiciones económicas mundiales lo que trajo una restricción en las fuentes de crédito y una declinación en los precios de los bienes, lo que a su vez expuso la debilidad de las economías dependientes en el financiamiento exterior basado en uno o dos productos. La inflación agravó aún más la situación.

Los sistemas financieros atados a la plata sufrieron de una caída en los precios mundiales de ese metal; esto aumentó las deudas en términos de la moneda local. Al mismo tiempo, las disminuciones en los precios del banano y el café disminuyeron los ingresos gubernamentales. Esto condujo a los gobiernos a emitir papel moneda irredimible, depreciando aún más las monedas locales. Las dislocaciones en el comercio mundial durante la Primera Guerra Mundial aumentaron la dependencia de Centro América con respecto a los Estados Unidos como un mercado y una fuente de crédito.[28]

¿Y cuál fue el papel que jugaron miembros de la élite local en los acontecimientos aquí expuestos? Tanto políticos como empresarios desempeñaron un papel importante que no puede ni debe ser minimizado, particularmente en la zona central del país. Hemos citado a Néstor Enrique Alvarado quien probablemente, tomando como base los recuerdos de su padre, Jesús M. Alvarado, prominente funcionario público, sostiene que tanto el General Rafael López Gutiérrez como algunos de sus principales colaboradores se reunían en la residencia de Santos Soto, quien, además, otorgó fondos para el inicio de la campaña.

Contamos con reportes diplomáticos estadounidenses que confirman esa aseveración:

...El Gobernador López (Rafael López Gutiérrez) ... es un amigo muy íntimo de Santos Soto, el hombre más rico en

---

[28] Leonard, Thomas M. The United States and Central América, 1914-1949; perceptions of political dynamics. Alabama; The University of Alabama Press, 1984, pp. 8-9.

Honduras, con el que tiene considerables intereses mineros. Se dice que Santos tiene suficiente influencia como para mantener al Sr. López en el puesto, pero su ascenso encuentra su aprobación.

Luego que había renunciado Bertrand y López Gutiérrez ascendió al poder, se enviaba la siguiente evaluación a Washington:

Su exitosa rebelión fue debida en parte a anticipos de fondos hechos por Soto y era socio del ministro de Hacienda, Trinidad Rivera quien es hombre débil, mental y físicamente, y bajo el control de malos consejeros. Su primer patrocinador es Santos Soto, el más rico, más codicioso e impopular en la República...[29]

También contamos con perfiles de diversos hombres públicos de la época, elaborados por funcionarios de la Legación estadounidense en Tegucigalpa. A López Gutiérrez lo describían así:

El General López es un hombre extremadamente débil. Él ha sido favorecido como candidato con algunas probabilidades de elección por el presidente Bertrand debido a la amistad de este último con Santos Soto... Varios de los países centroamericanos, especialmente Salvador, verían con mucho disgusto la elección de López. Además, Santos Soto es decididamente pro alemán, no habiendo disminuido en nada su amistad por los alemanes a pesar de haber sido colocado en la Lista de Personas que comercian con el enemigo.[30]

El jurista Alberto Membreño, era evaluado en estos términos:

...es extremadamente amistoso hacia los Estados Unidos; ha residido en Washington por más de siete años en puestos oficiales y tiene un mejor entendimiento del Gobierno de los Estados Unidos que ningún hondureño. Su elección ciertamente parecería ser la solución a la situación.

Otro aspirante a la Presidencia en las elecciones de 1919 lo era Francisco J. Mejía, de quien se emitía la siguiente opinión:

Los seguidores de Mejía están constituidos por la chusma y una administración pro-Mejía, con Paulino Valladares y el comandante en Amapala, General Leiva, sería necesariamente una administración Alemana, con tres hondureños listos para

---

[29] 815.51/58, Memorandum a Munro, 3 Junio 1922, Department of State, Office of the Foreign Trade Adviser.

[30] Anexo al Despacho No. 734, Tegucigalpa, 30 junio 1918, Micropelícula No. 8.33

realizar su mandato. La actitud de Mejía hacia los Estados Unidos es una de mucha especulación. La actitud de Leiva y Valladares es bien conocida de todos como extremadamente antiamericana y proalemana. Valladares publica el periódico proalemán El Cronista y se le acredita con decir que publica propaganda proalemana, ya que se le paga por hacerlo.

De Saturnino Medal, afirmaban:

No tiene muchos seguidores políticos, pero es un hombre muy competente en asuntos políticos... la política exterior de Medal será seguramente la más satisfactoria y parece tener el apoyo del presidente Bertrand. Él está en cercana cooperación con el Dr. Membreño y se implementarían sin duda métodos administrativos sanos y honestos.

Del jurisconsulto Mariano Vásquez, se opinaba:

La política exterior de Vásquez sería siempre insatisfactoria... no hay duda que es un hombre de muy considerable habilidad, pero, tal vez, una pizca tramposa... ha sido demasiado inteligente como para expresarse abiertamente como anti americano.

Y de Jerónimo J. Reina:

El actual secretario de Guerra. Un hombre muy fuerte, bien querido por la totalidad del país y profesa una actitud amistosa hacia los Estados Unidos. Tendría el apoyo del presidente Bertrand. El récord de Reina es limpio y es un hombre muy inteligente y rico por méritos propios.[31]

El trágico balance que había dejado como saldo la contienda fratricida de 1919 era estimado por la representación diplomática estadounidense así:

## CÁLCULOS DE MUERTOS EN LA GUERRA CIVIL

| | |
|---|---:|
| Muertos reportados en La Esperanza | 167 |
| Muertos reportados en Danlí | 60 |
| Muertos reportados en Pedregalito | 200 |
| Muertos reportados en San Pedro Sula y La Cumbre | 300 |
| **TOTAL** | **727** |

---

[31] Charles B. Curtis al secretario de Estado, Tegucigalpa, 15 de junio 1918, nota No. 71/8, Micropelícula No.8; Curtis al Departamento de Estado, Tegucigalpa, 23 de junio 1918, nota No. 725, micropelícula No.8.

El funcionario de la Legación, Jones, calculaba que habían ocurrido 500 bajas durante toda la revolución, incluyendo alrededor de 150 en Tegucigalpa, posiblemente otros 100 habían muerto a consecuencia de heridas y unos 275 heridos.[32]

¿Y quienes, desde el punto de vista étnico, eran los combatientes? Las tropas del General Ferrera eran indios de Yamaranguila en su mayoría, el resto, indios del mismo departamento de Intibucá.[33]

Mestizos e indígenas formaban parte de las tropas de los otros caudillos. Ahora podemos comprender que una conjunción de factores combinados con las torpes y autoritarias políticas de Bertrand tendientes a imponer a su pariente político provocaron el colapso de su régimen y su exilio en los Estados Unidos, luego de haber depositado el poder en el Consejo de ministros, presidido por el ministro de Gobernación, Salvador Aguirre, el 9 de septiembre de 1919.

Algunos protagonistas de los acontecimientos de ese año habían fallecido: Francisco J. Mejía, Jerónimo J. Reina; otros, en cambio, entraban al final de sus carreras políticas, ora por razones de edad o por haber perdido la partida, destacando entre estos últimos Bertrand, quien, tras su huida a New Orleans, regresó a su patria, falleciendo en La Ceiba en 1926.

Finalmente, entre los victoriosos destacaban Rafael López Gutiérrez, Tiburcio Carías Andino, Vicente Tosta Carrasco y Gregorio Ferrera. Sus sinos seguirían entrelazándose, a ratos como aliados, las más de las veces como rivales formidables. Los siguientes capítulos se centran en ellos, en sus motivaciones y actuaciones, a lo largo y ancho del territorio hondureño.

Si la influencia alemana continuaría presente, particularmente en el centro-sur del territorio, hasta la Segunda Guerra Mundial, a de los Estados Unidos, oficial y privada, se consolidaría en la década siguiente, la de los alegres, pero también trágicos veintes, tanto en la Costa Norte, "la nueva Honduras", como en la capital política y administrativa.

La nación llegaría a constituirse en la "República Bananera" por antonomasia. ¿Habían aprendido los protagonistas del 19 de

---

[32] Jones al Departamento de Estado, nota No. 215, 22 septiembre 1919, micropelícula No. 10.

[33] Luque, Gonzalo. op. cit, p. 42

los ominosos acontecimientos de ese año?

¿Decidieron que la patria estaba por encima de ganancias de partido o de familia y que la unidad y el bienestar del pueblo contaba más, que las ventajas momentáneas? ¿Poseían un proyecto nacional o, por el contrario, favorecían el fortalecimiento y la hegemonía de la diplomacia y del capital extranjero?

Intentaremos responder a estos planteamientos en los siguientes apartados.

# CAPÍTULO II

## Presidencia provisional de Francisco Bográn y constitucional de Rafael López Gutiérrez

El Consejo de ministros envió comunicación a Alberto Membreño, quien se había marchado a Guatemala en búsqueda de seguridad, pese a su condición de Vice-Presidente de la República, convocándolo para que se hiciera cargo de la Presidencia, pero Don Alberto no aceptó; debido a su negativa le fue ofrecida al Segundo Designado, Francisco Bográn, quien sí accedió.

Cuando asumió funciones nombró su Gabinete de Gobierno en el que Vicente Tosta asumió el Ministerio de Guerra y Marina.

Su labor esencial era la de convocar a elecciones a fin de que se eligiera al hondureño que reemplazaría a Bertrand. Las mismas se llevaron a cabo sin oposición. El engranaje administrativo lo controlaba el "lopezgutierrismo" que tenía en pie un ejército armado.[34]

El nuevo gobierno debía definir sus intenciones con respecto a la colonia alemana radicada en Honduras. De allí que ya en noviembre de 1919 el hermano del nuevo gobernante, José Antonio, se había entrevistado con el Encargado de Negocios a. i. de Estados Unidos en San Salvador y le había manifestado que los rumores relativos a que los germanos serían restituidos a su posición pre-bélica y que la Alien Enemy Property Act sería repelida de inmediato eran incorrectos, que la firme intención del futuro gobierno consistía en actuar enteramente en acuerdo con los deseos de los Estados Unidos y que el monopolio anteriormente tenido por los alemanes en Honduras, especialmente en Amapala, no sería permitido.[35]

No pasaban desapercibidas para la Legación estadounidense en Tegucigalpa las debilidades extremas de carácter y

---

[34] Paredes, Lucas, op. cit, p. 271.
[35] Arnold al Secretario de Estado, San Salvador, noviembre 27, 1919, Record Group 59, Despacho No. 539, micropelícula No. 10.

responsabilidad de Don Rafael. Por el contrario, correctamente analizaba su falta de firmeza en la conducción de los asuntos públicos. Como veremos, la misma fue hábilmente aprovechada por el círculo íntimo que lo rodeaba para manipularlo y, en el proceso, lucrarse con fondos públicos.

Tiene la reputación de ser fácilmente influido por sus seguidores políticos. Aún sus enemigos admiten que es un hombre honorable, pero todos tienen dudas acerca de su habilidad para controlar a los corruptos en su partido. El General López me ha expresado su deseo de cooperar con nuestro Gobierno en toda forma posible y que espera llevar a cabo la Enemy Alien Property Act, y que en toda otra forma él espera estar informado de la política del Gobierno de los Estados Unidos con el fin de que él pueda cooperar con ella.

Pese a ello, Lawton mantenía sus reservas respecto al desempeño público del nuevo presidente de Honduras. Y así lo informaba a sus superiores:

Él probablemente tendrá muchas dificultades en desarrollar una exitosa administración, ya que probablemente no representa una mayoría del pueblo inteligente de Honduras; sugerencias ciudadanas y firmes de parte de esta Legación ayudarán mucho en influirlo y hacer de su administración un éxito.[36]

Pero si por una parte mantenía un cauteloso y prudente optimismo, también creía su deber informar respecto a aquellas personas de su más estrecho entorno que, aprovechando su posición de privilegio y el natural endeble del presidente, enteramente falto de firmeza, avanzaban sus intereses familiares y personales.

El General López Gutiérrez no parece tener suficiente fortaleza para ser un ejecutivo... Parece encontrar demasiado esfuerzo o ser repugnante a sus ideas democráticas el imponer su voluntad, aun en casos donde debe sentir por dentro la necesidad de tomar una decisión radical. En los pocos meses de su administración es cierto que ha estado hostilizado por problemas fronterizos (hondureños que trataban de invadir Honduras desde Nicaragua) y una consiguiente falta progresiva de fondos, y ha sentido la necesidad de buscar amigos en los que considera

---

[36] Lawton al Secretario de Estado, 11 diciembre 1919, Despacho No. 545, Record Group 59,

puede confiar, lo que sin duda le ha provocado dar puestos públicos a miembros de su familia. Como resultado de estos nombramientos se ha expuesto a ataques de sus enemigos, quienes han usado estos actos de nepotismo a su favor... El General López es, sin duda, grandemente influido por su esposa, que es una mujer de carácter fuerte y se deleita en usar esa influencia en asuntos políticos; de hecho, puede haber la posibilidad de que, eventualmente, avergüence grandemente al presidente debido a su tendencia a imponerse aún en asuntos menores... El Gobierno del General López Gutiérrez realmente no parece ser serio. Se dice que los que gobiernan son la esposa del presidente, sus parientes políticos, el Cónsul español y exiliados nicaragüenses... Cualquier dinero que llega a la capital parece ser despilfarrado... sin ninguna cuenta del mismo.[37]

Se detallaban los actos de nepotismo, con nombre y puesto del practicante:

Sus propios enemigos invariablemente afirman que él es demasiado débil para gobernar. Este sentimiento también encuentra expresión general entre todas las clases... El actual Congreso es, sin equivocación, insurgente, y el presidente ha tenido la más grande dificultad en que se apruebe una sola concesión (una concesión petrolera para su sobrino) ... Otra influencia que está operando contra el presidente López es su práctica de nepotismo en otorgar puestos oficiales. Su hermano es ministro en Washington, su sobrino es Cónsul General, en New Orleans; otro sobrino es Raúl Toledo López, quien es Diputado, ha tenido algunas posiciones lucrativas y será nombrado Cónsul General en París; otro sobrino es Cónsul General, en New York; un cuñado es ministro de Guerra; otro es Gobernador y Comandante en Choluteca, otro es Cónsul General en San Francisco. Estoy seguro que estos puestos no son fruto de sus deseos personales, sino otorgados debido a que no ha tenido la voluntad de resistir la influencia de su esposa y sus muchos parientes.[38]

Por desgracia, estos juicios y evaluaciones eran correctas, en perjuicio del país. Uno tiene necesariamente que preguntarse

---

[37] Donald al Secretario de Estado, Tegucigalpa 18 agosto 1920, Despacho No. 126, Micropelícula No. 11. Record Group 59.

[38] Lawton al Secretario de Estado, Micropelícula No. 10. Record Group 59.

respecto a quién verdaderamente ejercía el poder: ¿Don Rafael o su esposa? (y sus hermanos); figura patética la de López Gutiérrez, dispuesto a ser manipulado por el círculo íntimo de parientes, actuando a la vez como consejeros y altos funcionarios. Sabiendo que si gozaban del favor de los Lagos podían recibir canonjías de diversos tipos y aprovecharse del puesto para lucrarse, no dudaron en cometer actos dolosos; el hecho que los ingresos gubernamentales eran relativamente altos, en razón del auge exportador bananero, facilitó y estimuló el asalto al fisco.

Las siguientes cifras dan cuenta del auge económico del período bajo estudio en este capítulo:

### EXPORTACIÓN BANANERA COMO PORCENTAJE DE LA EXPORTACIÓN

| Año Fiscal | Porcentaje |
|---|---|
| 1918-1919 | 46% |
| 1919-1920 | 83% |
| 1920-1921 | 52% |
| 1921-1922 | 65% |
| 1922-1923 | 61% |
| 1923-1924 | 82% |
| 1924-1925 | 64% |

### LA INVERSIÓN DE ESTADOS UNIDOS EN HONDURAS (MILLONES DE DÓLARES)

| Año | Valor |
|---|---|
| 1919 | 18.4 |
| 1924 | 40.2[39] |

Más adelante ahondaremos en las proyecciones políticas entre las empresas bananeras y los políticos locales, en su objetivo de consolidar posiciones, ventajas y ganancias.

Para el lector interesado en la expansión económica-social de

---

[39] Euraque, Darío A., Los recursos económicos del estado hondureño: 1830-1970s (Ponencia ante el Seminario "Balance histórico del Estado-Nación Centroamericano, 22-24 de noviembre, 1993, San Salvador. pp.15,17 (mimeo).

la Costa Norte, particularmente de su principal centro urbano, recomendamos El capitalismo de San Pedro Sula y la historia política hondureña (1870-1972), por Darío Euraque.

Entre tanto, en la capital continuaban los negociados de diverso tipo entre la parentela del presidente, así como la actividad pre-electoral, de cara a los comicios de 1923.

Retomamos el hilo y sigamos la pista a las figuras centrales objeto de este ensayo. El Partido Nacional Democrático, que había postulado la candidatura de Alberto Membreño se movilizaba y a principios de 1922, habiendo fallecido el Dr. Membreño el 2 de febrero de 1921, insinuaba especialmente por medio de Paulino Valladares y Salustiano Planas, la candidatura de Tiburcio Carías Andino.... el 18 de mayo de 1922 el diario El Cronista publicó su fotografía, cuya candidatura a la presidencia de la República fue proclamada por medio de hoja suelta desde la ciudad de La Ceiba.[40]

Su nombre se mencionaba cada vez más favorablemente sobre todo en la Costa Norte, región donde se había desempeñado como comandante y Gobernador del departamento de Cortés durante la Administración Dávila. su ascendente influencia era reportada por los cónsules norteamericanos al Departamento de Estado, señalando las manifestaciones de apoyo y las razones para la misma, particularmente entre los asalariados laborantes en la Costa Norte. Así el Cónsul en La Ceiba informaba:

Sus seguidores procedían de las clases trabajadoras y de las filas de los pequeños comerciantes, algunos hombres de posición social y comercial.... La gente trabajadora ve en Carías a uno de ellos...a un hombre honesto, pero no brillante que administrará el Poder Ejecutivo a favor de los mejores intereses del país y.... de la clase trabajadora.

Creen que es un trabajador y que insistirá en examinar todos los asuntos de interés en vez de dejarlos a cargo de subordinados.

Lo consideran un hombre fuerte que pensará por sí mismo y no será dominado por camarilla alguna, sea capitalista o política. En apoyo de estas creencias mencionan sus antecedentes cuando

---

[40] Cáceres Lara, V. Op. cit. pp 256, 258.

estuvo en el poder en San Pedro Sula... (los trabajadores) desean a un hombre fuerte, honesto, que dictará... Desean comida y vestimenta más barata, más trabajo y mejores salarios. Desean saber que el ingreso del país está siendo aplicado a las necesidades del país.

Sobre todo, desean libertad de la imposición militar y del disturbio civil. Creen que Carías obtendrá para ellos sus deseos.[41]

En términos similares lo evaluaba el Vice Cónsul estadounidense en Tela:

Se cree que Carías tiene el mayor número de seguidores en la Costa Norte y también en el interior, aunque de esto último no tengo conocimiento personal... es, indudablemente... el escogido por el pueblo y sería electo en sufragios libres.

Desde Tegucigalpa el ministro Franklin Morales afirmaba que ochenta y cinco por ciento de los seguidores del General Carías eran de la clase laborante.

¿Cuáles eran las razones para esta evidente popularidad? Los agentes diplomáticos norteamericanos explicaban que, en diversas ocasiones, Carías había expresado públicamente que, de llegar al poder, prohibiría a la United Fruit Company que expulsara a hondureños de las tierras a ella otorgadas por diversos gobernantes en concepto de concesiones y evitaría que la empresa bananera presionara a propietarios de tierras para que se las vendieran; además haría que elevara los salarios de los trabajadores de la Costa Norte. Al preguntársele a obreros de La Ceiba los motivos por los que le otorgaban su respaldo, respondían que lo hacían porque era un hombre inteligente, cuya integridad política nunca había sido cuestionada y porque no estaba bajo el dominio de capitalistas.

Esta última razón es enfatizada más que cualquier otra. De hecho, muchos votantes no vacilan en decir que las compañías fruteras no lo pueden dominar y que es principalmente por esta razón que lo desean en el poder.[42]

En el mes de julio era capturado Paulino Valladares, director de El Cronista y enviado al presidio de Omoa siendo liberado hasta en octubre de 1922, poco antes de las elecciones para

---

[41] Citado por Mario R. Argueta en Tiburcio Carías, anatomía de una época, 1923-1948. Tegucigalpa, Guaymuras, 1990, pp. 16-17.

[42] Ibid, pp. 17-18

Diputados. Igual suerte corrieron militantes que trabajaban por la planilla lanzada a la consideración del electorado del Departamento de Tegucigalpa por partidarios de Carías.

Entretanto, Gregorio Ferrera había reanudado las actividades bélicas, apareciendo y desapareciendo rápidamente, para desconcierto de las fuerzas enviadas por sus adversarios.

Desde El Salvador penetró a Honduras, atacó La Esperanza el 5 de abril de 1922 y el General Andrés Leiva, Ocotepeque, siendo ambos derrotados, perdiendo 50 hombres y 35 resultaron heridos.

Las tropas del gobierno, bajo el mando de Tosta y Salvador M. Cisneros, estaban distribuidas a lo largo de la frontera con El Salvador.

Desde Nicaragua, Martínez Funes invadió Honduras, en tanto Ferrera se replegaba a Marcala, organizando fuerzas para un segundo ataque.

Martínez Funes, dirigió un ultimátum al presidente López Gutiérrez, emplazándolo para que destituyera al ministro de Guerra, Carlos Lagos; caso contrario, proseguiría con la ofensiva. Atacó el poblado de Ocotillo, siendo repelido y se apoderó momentáneamente El Paraíso.

Ferrera retornó a El Salvador, siendo capturado por las autoridades de ese país el 16 de abril de 1922, junto con Salvador Coto fueron expulsados de territorio salvadoreño y deportados a Guatemala.

El gobierno de López Gutiérrez destituyó al ministro de Guerra (cuñado del presidente), ante las presiones de El Salvador y Guatemala, que lo consideraban persona non-grata, siendo reemplazado por el General Salvador M. Cisneros.

Ferrera burló la vigilancia de las autoridades guatemaltecas, retornando a El Salvador para nuevamente ponerse al frente de los rebeldes, acompañado de los generales Ignacio Castro, Andrés Leiva, Santiago Meza Cálix, J. Aplícano, el coronel Rafael Castro y los civiles Andrés y Nazario Soriano y Pablo Lozano.

El gobierno guatemalteco, presidido por el General Orellana, quien apoyaba a su colega hondureño López Gutiérrez, le estaba enviando armamento.

Éste, por su parte, se aprestaba a brindar ayuda a los

emigrados salvadoreños a efecto que derrocaran al presidente Meléndez; igual acción emprendió el mandatario guatemalteco, Orellana.[43]

De nueva cuenta, el guerrillero intibucano incursionó en suelo hondureño, intentando, sin lograrlo, capturar Marcala; penetró hacia el interior avanzando hacia Santa Bárbara, siendo derrotado por lo que retornó a El Salvador, procediendo las autoridades de ese país a desarmarlo. Se informaba a Washington que su alzamiento había sido financiado por el presidente salvadoreño, Quiñónez.[44]

De este país, Ferrera retornó otra vez a Guatemala. En entrevista sostenida con el Agregado Militar estadounidense, le confiaba que la revuelta había sido organizada por él, el General Francisco Martínez Fúnez y el comandante Militar en la Costa Norte.

El alzamiento dijo, no había sido a favor de Fausto Dávila ni ninguna otra persona. Los tres dirigentes habían sido injusta y persistentemente procesados por López Gutiérrez, por lo que estaban determinados a derrocarlo... su único objetivo era sacar a López Gutiérrez del poder.

Continuaba declarando Ferrera que no había recibido ayuda del mandatario salvadoreño Quiñónez, y que si el alzamiento había fracasado se debió a no haber sido capaz de mantenerse en contacto con Martínez Fúnez.

La campaña había durado seis semanas, habiendo recorrido casi la mitad del territorio hondureño, sosteniendo que había sido capaz de hacerlo ya que el pueblo era favorable a la causa, por lo que no tenía problemas en reclutar hombres u obtener vituallas.[45]

El 29 de agosto Ferrera se vio forzado a penetrar territorio salvadoreño, donde fue capturado y conducido a San Salvador.

Este hecho merecía el siguiente comentario del representante diplomático estadounidense en Tegucigalpa:

---

[43] Morales al Departamento de Estado, 815.00/2352, 8 abril 1922; Schuyler al departamento de Estado, 815.00/2367, 10 junio 1922; Morales al Departamento de Estado, 815.00/2385, 15 julio 1922.

[44] "Detalles de la revuelta en Honduras", por el Agregado Militar de Estados Unidos en Centro América, War Department, General & Special Staff, M1488, Carrete 4, 3 agosto 1922, RG 165.

[45] Idem

Con la captura de Ferrera, quien ha causado considerable daño a este país, y toda vez que el presidente de El Salvador respete el acuerdo firmado a bordo del Tacoma y expulse a Ferrera y a sus líderes del país, el Gobierno de Honduras puede concentrar todos sus esfuerzos en la captura de Francisco Martínez Funes y sus seguidores.[46]

Desde El Salvador, Ferrera se embarcó hacia México, algo que había solicitado el presidente hondureño, López Gutiérrez desde junio de 1922, al pedir a su colega salvadoreño que fuera deportado.[47] Por su parte, Juan Ángel Árias se dirigió a Guatemala en búsqueda de apoyo a su candidatura, por parte del presidente Orellana.[48]

---

[46] Morales al Departamento de Estado, 815.00/2480, 3 septiembre 1922.

[47] Schuyler al Departamento de Estado, 815.00/2367, 10 junio 1922; Hewes al Departamento de Estado, 815.00/2508.

[48] Morales al Departamento de Estado, 815.00/2508, 15 septiembre 1922.

# CAPÍTULO III

## Candidatos y Alianzas Electorales

Ya en los primeros meses de 1922, se iniciaron los trabajos políticos para la escogencia de candidatos de cara a las elecciones presidenciales de 1923.

Un grupo de liberales, entre ellos Ángel Ugarte, Raúl Toledo López, Manuel S. López, Rafael Alduvín L., Héctor Valenzuela, Federico A. Smith, Ricardo D. Alduvín, Ángel Sevilla, Arturo Fortín, Salvador Zelaya, Rodolfo Pineda Galindo, José María Díaz Gómez, Pedro Rivas, Rodolfo Rojas, sondearon al ex-mandatario Policarpo Bonilla, a fin de determinar si estaba o no dispuesto a postularse para otro período presidencial.

Habiendo contestado afirmativamente, iniciaron actividades en pro de su candidatura, enviando circulares a potenciales simpatizantes a fin de ir incrementando las redes de apoyo. El 12 de octubre se fundó el periódico El Constitucional, para promover la candidatura de Bonilla, en distintas regiones del país, apelando tanto a hombres como mujeres (que carecían del derecho al voto). El comité central tenía su sede en Tegucigalpa, en tanto se organizaban sub-comités y clubs a lo largo y ancho del territorio, afirmándose que se contaba con mayoría de opinión pública en los departamentos de El Paraíso, Gracias, Atlántida, Valle, La Paz, Ocotepeque, Intibucá, Copán e Islas de la Bahía.

El liberalismo no se presentaba unificado a la contienda electoral; dos candidaturas más emergieron, la del ex-gobernante Juan Ángel Arias y la de Vicente Mejía Colindres; éste último retiró su candidatura en los primeros días de junio 1923, en tanto Arias siguió adelante con su campaña.

En cambio el partido opositor, el Nacional, se mostraba unido alrededor de su popular candidato Tiburcio Carías Andino; su campaña propagandística era efectiva y le significaba la captación de nuevos adeptos, a pesar de la afirmación liberal demeritándola y minimizándola.

Don Policarpo, buscaba obtener el apoyo de caudillos regionales en diversos puntos de Honduras; fue así que inició contactos con un carismático dirigente militar, el General

Gregorio Ferrera, de Intibucá, quien contaba con simpatizantes y aliados incondicionales entre la población indígena lenca de ese departamento.

Ferrera, era mestizo, contador de profesión, con amplia experiencia bélica acumulada en la campaña de 1919 que había depuesto al presidente Francisco Bertrand, tal como se vio en capítulo anterior. Ferrera, redactó una serie de condiciones que debían ser consideradas por Bonilla, para poder contar con su respaldo y el de sus seguidores. Eran las siguientes:

1ª Si en actitud pasiva debemos llegar a las urnas electorales en octubre próximo aún, a sabiendas de que vamos al fracaso. Entendiendo que, por hoy, la opinión popular favorece a la oposición (los cariístas) que a su vez toman precauciones defensivas en caso de verse defraudados.

2ª No admitir al Lic. Jesús M. Alvarado, actual Interventor del Ferrocarril Nacional, en ningún servicio del país, durante su gobierno, caso de salir electo presidente y que don Raúl Toledo López, no continúe traficando con el Estado.

3a.- Restitución monetaria de intereses perdidos a los revolucionarios de Occidente, de julio de 1919 a mayo de 1923, siendo de preferencia los de este departamento (Intibucá).

4a.- Llevar a la práctica obras efectivas de progreso en este mismo Departamento, tales como puentes sobre el Río Negro y caminos para comunicar esta ciudad con las cabeceras de dichos círculos y carretera al Lago de Yojoa, etc. etc.

5a.- Reglamentar el servicio de guarniciones y que este Dpmto. sólo contribuya con 50 a 100 hombre para servicio de guarnición en otras plazas y en tiempo.

La Esperanza, 15 de (roto en el original) G. Ferrera[49]

Don Policarpo respondió en estos términos:

1. El Doctor Bonilla persiste en su intención de llegar hasta el fin de la presente contienda sin intentar ni proteger ningún movimiento revolucionario. La idea de que los cariístas tuvieran la mayoría no cambiaría su modo de

---

[49] Ferrera a Bonilla, 15 julio, 1923, Archivo Nacional de Honduras, Fondo Policarpo Bonilla (citado de aquí en adelante así: ANH, FPB).

pensar, pues de ningún modo trataría de arrebatarle a nadie un triunfo legal por medio de la guerra...

2. El Señor Jesús M. Alvarado, es amigo personal del Dr. Bonilla... tomando en cuenta los antecedentes que éste tiene en el departamento de Intibucá, no le daría ningún empleo en él. Respecto a la segunda parte del punto segundo, ... ratifica su propósito expresado ya al General Ferrera, en varias conversaciones de que tanto él como sus empleados se someterían a un riguroso plan administrativo, basado en la más estricta honradez. Espera el Dr. Bonilla que el General Ferrera borrará de su mente una suposición que considera es ofensiva.

3. El Dr. Bonilla, está absolutamente de acuerdo en indemnizar las víctimas de los últimos trastornos, especialmente a las del departamento de Intibucá, que tanto han sufrido de las fuerzas del gobierno y a las del Paraíso y Choluteca, que han sufrido no menos de los revolucionarios que de los soldados del gobierno. Trataría de restablecer la ley dada durante su administración, de que cada víctima de la guerra o de un atentado del Poder Público se considerará como muerto en campaña al servicio del gobierno legítimo.

4. El Dr. Bonilla, tiene un plan general de obras públicas y es muy probable que pueda hacer por el departamento de Intibucá más que lo que se pide en el Memorándum.

5. Confirmando su conducta observada del 94 al 99, el Dr. Bonilla trataría de aligerar la ruda carga que gravita sobre los departamentos occidentales para el servicio de guarniciones fuera de su departamento. Pero no es posible establecer desde ahora el número de soldados de determinado departamento...[50] Para finales de 1923, ya se había consolidado la alianza Bonilla-Ferrera; adicionalmente, otros intibucanos entre ellos el coronel José Mejía Colindres, el médico Camilo Girón, los maestros Valero Meza e Higinio Pérez, otorgaban su respaldo a don Policarpo.

---

[50] Bonilla a Ferrera, 31 agosto, 1923. El Doctor Bonilla, contesta en los términos siguientes el Memorándum que le ha sido presentado por el Doctor Don Camilo Girón en nombre del General don Gregorio Ferrera, ANH-FPB.

El Programa de Gobierno de don Policarpo, solicitado por Ferrera, para consolidar la alianza bipartita, incluía los siguientes puntos:

- Fiel cumplimiento Constitución y leyes.
- Estricta honradez en manejo rentas públicas, escogiendo personal idóneo sin distinción color político.
- Impulso vigoroso al progreso, especialmente agricultura, facilitando producción y transporte.
- Protección decidida y especialísima a humildes trabajadores.

Amistad franca con países vecinos sin alianzas mientras pueden unirse, procuran moralización, costumbres y lo más que decida la Convención.[51]

También Ferrera, deseaba conocer el nombre del candidato a vicepresidente, comunicándole Bonilla que no sería él quien lo escogiera, sino la Convención integrada por delegados departamentales. Ante la observación del líder intibucano respecto de que ya no se contaba con el suficiente tiempo para convocar la Convención, con lo que estuvo de acuerdo Bonilla, tocó al Comité Central escoger el nominado como vicepresidente proponiendo a Mariano Vásquez para tal cargo. En carta enviada a la ciudad de La Esperanza, donde residía Ferrera, don Policarpo rechazaba contar con el respaldo del presidente, General Rafael López Gutiérrez.

El Señor presidente y sus allegados, excepto don Carlos Lagos, ya están resignados a que triunfe mi candidatura; pues el apoyo de que habla la Prensa adversa, aunque me lo ofrecieran, no lo aceptaría, me basta, les he dicho, con que no me hostilicen los empleados.[52]

Ferrera insistía en que los subcomités organizados para promover la candidatura de Bonilla, deliberaran respecto a la escogencia del aspirante a vicepresidente en la planilla de don Policarpo.

---

[51] Bonilla a Ferrera, Telegrama 5 agosto, 1923, ANH, FPB.
[52] Bonilla a Ferrera, 27 julio 1923, ANH, FPB.

Se le contestó aclarándole que la escogencia de Mariano Vásquez, como compañero de fórmula de Bonilla, se había hecho debido al temor de fomentar la división interna, y se le recordaba que había estado de acuerdo con la misma, ya que la había propuesto Valero Meza, presidente del Comité de Intibucá al Comité Central, no obstante, se le invitaba, de así desearlo, a presentar su candidato, asegurándole que los clubs tendrían libertad de opinar.[53]

Ferrera, respondió que no objetaba a Vásquez, ni proponía otro candidato, pero consideraba necesario incluir a otros dos a efecto de que los subcomités eligieran de entre los tres u otros[54], aceptando a quien fuera favorecido por la mayoría.

El presidente de la República, General Rafael López Gutiérrez, intentó comunicarse con Ferrera, invitándolo a que se presentara en Tegucigalpa, pero éste, alegando estar enfermo, no aceptó.[55]

Para Bonilla, no resultó nada fácil obtener el respaldo del caudillo intibucano, a la vez, temido y respetado por amigos y enemigos por sus habilidades militares y su poder de convocatoria entre las indígenas lencas.

En septiembre, el ex-presidente, quien había presidido los destinos del país entre 1894 a 1899, enviaba una extensa carta a Ferrera, quien continuaba radicado en La Esperanza, lugar de su residencia.

En la misiva, le reiteraba su aceptación del punto primero, numeral segundo del Memorándum que le había remitido por medio de Camilo Girón. Le recordaba que solamente hacían falta cinco semanas para la elección presidencial, y el hecho que se intensificaban las intrigas y maquinaciones por parte de otro candidato liberal: Juan Ángel Arias. De acuerdo a don Policarpo:

Cuando por un lado hace creer a sus partidarios que cuenta con Ud. para la revolución, por otro hace denunciar al presidente que Ud. está tratando de hacerla por su cuenta...

Las dilatorias que han venido produciéndose causan daño al país, a mi candidatura y a Ud. mismo, pues no se explican. A qué

---

[53] Manuel S. López y Ramón Guzmán M. a Ferrera, 14 agosto, 1923, (ANH-FPB);

[54] Ferrera a López y Guzmán, 16 agosto, 1923 (ANH-FPB).

[55] López Gutiérrez a Ferrera, 14 septiembre, 1923 y Ferrera a López Gutiérrez, 15 septiembre 1923, AHN-FPB).

obedece la demora. Ella alienta a nuestros adversarios, porque les hace esperar que Ud. está pensando en encender la chispa revolucionaria, que ellos incendiarían por su parte; pero dejando a Ud. la responsabilidad por las consecuencias que para Honduras tendría, o sea la inmediata intervención extranjera, que quizás sea lo que algunos buscan...

De lo que estoy seguro es de que en derredor del presidente se conspira y se tiene el empeño de hacer romper a éste con Ud., o viceversa...[56]

El contenido de esta misiva, resultó profético, ya que tanto la guerra civil como la intervención diplomática y militar extranjera ocurrieron en los siguientes meses.

También en ella se le informaba de la afirmación de Arias, relativa a contar con el número suficiente de diputados en el Congreso Nacional para que éstos lo proclamaran como el ganador de las elecciones presidenciales, caso de no obtener la mayoría absoluta de votos que estipulaba la Constitución Política vigente.

La respuesta de Ferrera, declaraba categóricamente que jamás sería partidario de Arias.

Explicaba que su tardanza en otorgar su pleno respaldo a Bonilla se debía:

a que creo que el mal debe combatirse por sistema, ya que no tenemos partidos organizados; que la lucha no se ajusta a programas definidos, y que no tenemos preparación cívica, por eso continúo creyendo que, si un candidato es malo, es una necesidad oponerse por todos los medios a que llegue a la Presidencia, porque tampoco creo que la acción defensiva de un individuo termine con sólo agotar los medios pacíficos, contra el asesino, el ladrón, etc., o que agotados aquellos, sólo le resta a la víctima cruzar los brazos o sentarse a llorar.

Esta es la razón.

Abrigo la convicción que una revolución al triunfar será poderosa obra de saneamiento para nuestra política y lucha eleccionaria, pero yo no tengo los elementos de guerra ni dinero para hacerla, y conste que si antes de las elecciones acepto como necesaria la revolución, pasando ellas estimaré un tremendo

---

[56] Bonilla a Ferrera, 19 septiembre 1923, ANH-FPB.

crimen llevar los hondureños a la guerra, llenos de odio y sedientos de venganzas por pasión política personal.

Si en los comicios [SIC] no tiene mayoría absoluta, Ud. Carías o Arias tampoco la puede obtener y repetiría la jugada en el Congreso. *

Igualmente, le informaba que el 23 de septiembre se reuniría con sus amigos para convocar a los pobladores de Intibucá y Yamaranguila para otorgar formalmente su respaldo a un candidato a la Presidencia.

Seguramente nos decidamos por usted y mi opinión desde luego, será esa...[57]

Fue así que el 23 de septiembre, podía informarle que más de 650 hombres de Intibucá, Yamaranguila y La Esperanza, aclamaron a Don Policarpo como su candidato a la Presidencia, procediendo a organizar el Comité Central Departamental "Indio Pérez"[58]

**\* Tal como había ocurrido en 1903.**

En su respuesta Bonilla, le manifestaba su satisfacción por, finalmente, haber recibido la confirmación de la adhesión del mílite intibucano y sus fieles seguidores.

Descartaba la posibilidad de que las maniobras de Arias en el Congreso, una vez realizadas las elecciones, pudieran prosperar ya que no contaría con veinte y dos votos para poder ser proclamado triunfador, al solo disponer de diez y seis diputados.

Advertía a Ferrera en estos términos:

Nuestros adversarios están trabajando sin descanso por hacer aparecer a usted como un elemento que sólo piensa en la guerra con o sin motivo y por móviles puramente personales.

Agregaba un párrafo relativo a sus intenciones, caso de resultar electo:

Tampoco me extraña su adhesión porque usted que cree en la honradez de mis intenciones, sabe muy bien que tengo la firme voluntad de que si llego al poder pondré todas mis energías a fin de que acabe el sistema vergonzoso de explotación del pueblo, implantado desde hace tantos años en Honduras y que ha servido

---

[57] Ferrera a Bonilla, 22 septiembre, 1923, ANH, FPB.

[58] Ferrera a Bonilla, 23 septiembre, 1923 ANH, FPB.

para enriquecer a unos cuantos llevando la desmoralización a todos los ramos administrativos y fundando una escuela funesta en nuestro desgraciado país.

Usted sabe también cuánto me duelen los crímenes cometidos por nuestros gobiernos y por algunos revolucionarios y que han llevado la desolación y la miseria a varios departamentos, especialmente al de usted y a los de Choluteca y el Paraíso, y que al subir al poder yo trataría de indemnizar todos los daños causados y aligerar la pesada carga que pesa sobre los habitantes de esa región, que no tiene más causa que la de ser leales y valientes.[59]

Ferrera, reportaba a don Policarpo las actividades organizativas que, bajo su coordinación, se realizaban en la región Occidental y parte de la Central:

Los trabajos de organización se han continuado... El registro o inscripción de los ciudadanos de Intibucá no se ha interrumpido y hemos dispuesto el envío de comisiones a todos los pueblos del departamento, a varios del de Gracias, Santa Bárbara, Comayagua, Distrito de Siguatepeque y la sección de Marcala, tal vez excluyendo Opatoro y Guajiquiro que parece nos dan muy poco acceso.[60]

Le solicitaba el envío de tres mil pesos plata para ser invertidos en gastos de propaganda, organización de Sub-comités y comisiones, al igual que material de propaganda.

Bonilla le informaba su evaluación de las posibilidades electorales de su candidatura en los departamentos de Santa Bárbara y Comayagua:

Donde sí creo que sólo yendo usted personalmente puede cambiar la situación, es en Santa Bárbara; pues después de la gira de mi delegado, apenas ha adquirido la confianza de que tendremos la tercera parte de la votación, por haberse demorado los trabajos hasta el mes de agosto, fuera de las organizaciones que espontáneamente habían hecho los amigos en Gualala, Atima, Ilama, Chinda, Trinidad, San Marcos y San Luis, pueblos en que me aseguran la mayoría.

En los demás el delegado Fiallos, hizo organizaciones, pero confesando que para triunfar en ellos se necesitaría una

---

[59] Bonilla a Ferrera, 28 septiembre, 1923, ANH, FPB
[60] Ferrera a Bonilla, 30 septiembre, 1923, ANH, FPB.

constante labor. La Cabecera, Macuelizo y Naranjito están mal. Quimistán regular... Su trabajo en Siguatepeque puede ser muy fructuoso. Yo no he podido penetrar allí, hecha excepción de la aldea de Taulabé.

Respecto a los pueblos de la sección de Marcala, los informes que tengo son enteramente satisfactorios, excepto Guajiquiro... Opatoro en donde hay mucho cariísmo, pero no mayoría; Santa Elena y Santa Ana, donde hay todavía cariísmo, aunque reducido a la mitad de lo que había; Cabañas donde hace poco se reorganizó nuestro partido y no se todavía cómo estamos.

Agregaba que el cariísmo confiaba en obtener mayoría absoluta, pero actualmente había revaluado sus posibilidades, concluyendo que solamente alcanzaría la relativa.

Don Policarpo creía que sería él quien lograría la absoluta, siempre que las elecciones fueran libres; no descartaba que cariístas y aristas recurrieran a las armas, de convencerse que en el Congreso no lograrían su objetivo: la declaratoria de triunfador del proceso eleccionario.

En relación a sus posibilidades en el departamento de Tegucigalpa, las evaluaba así:

Sólo desconfío de esta cabecera sin Comayagüela ya que Carías en el casco tiene manifiesta ventaja, aunque no en las aldeas; de Cedros en donde hasta hace poco se iniciaron trabajos, de Guaimaca donde van a comenzarse y de La Venta, donde se ha adelantado bastante, pero no estamos seguros de mayoría. Sabanagrande parecía unánimemente cariísta pero en los últimos tres meses se ha logrado darle vuelta y ya los amigos me aseguran el triunfo. Lo mismo pasa en los cuatro pueblos del distrito de Pespire, Choluteca, donde en las elecciones de octubre nada teníamos y hoy me aseguran la mayoría. En todo aquel departamento que ha sido considerado el asiento del cariísmo y donde en la ocasión indicada sólo obtuvimos un diez por ciento de la votación, hoy los dirigentes de la propaganda tienen esperanza de triunfo y por lo menos la esperanza de obtener el cuarenta por ciento.

Los departamentos en los que habrá que elegir diputados propietarios son Choluteca, Copán, Santa Bárbara y Cortés, por desgracia donde somos menos fuertes.

Combinaremos de manera que saquemos por lo menos tres diputados de la minoría, ya que tiene tanta importancia el aumento de nuestra representación en el Congreso...[61]

En carta enviada al Dr. Camilo Girón, residente en La Esperanza, don Policarpo le manifestaba haber prometido a Ferrera, de llegar al poder, resarcir a los habitantes:

Juzgo que el estado de pobreza de ese Departamento debe ser lamentable por las persecuciones de que han sido víctima sus habitantes y es por eso que con todo placer he prometido al Gral. Ferrera indemnizarlos si llego al Poder por todos los perjuicios que han sufrido.[62]

Bonilla, informaba a su aliado intibucano que desde distintos puntos del país le comunicaban que la consigna de los partidarios de Arias era sublevarse en caso que fuera otro candidato el que obtuviera mayoría absoluta. Además, el representante diplomático de Guatemala "parece que estimula esos proyectos. De allá debe proceder el dinero que está derrochando Arias últimamente. Si no resultara mayoría absoluta, continuarán esas intrigas. Si resultara a mi favor, creo que Guatemala desistiría y la muerte del presidente Chamorro, creo que ha inutilizado todo plan cariísta"[63].

En carta anterior don Policarpo abordó esa coyuntura y esa conexión entre el candidato del Partido Nacional y el gobernante nicaragüense, en estos términos:

Los cariístas han sufrido un rudo golpe con motivo de la muerte del presidente de Nicaragua, del que sin duda estaban esperando apoyo en varias formas. Entiendo que mientras se normalizaba la situación de aquel gobierno habrán pasado las elecciones y que durante algún tiempo estarán privados de tan poderosa palanca nuestros adversarios cariístas.[64]

Así, en medio del entusiasmo, pero también de la incertidumbre provocada por presentarse tres candidatos al torneo electoral, se acercaba rápidamente el día de la votación.

Además, la actitud gubernamental se mostraba parcializada a favor de Arias, pese a la declaratoria oficial expresada por el

---

[61] Ferrera a Bonilla,5 octubre, 1923, ANH, FPB.

[62] Bonilla a Girón, 6 octubre, 1923, ANH, FPB.

[63] Bonilla a Ferrera, 25 octubre, 1923, ANH, FPB.

[64] Bonilla a Ferrera, 14 octubre, 1923, ANH-FPB.

propio presidente López Gutiérrez, respecto a garantizar la libertad de sufragio.

Desafortunadamente, el círculo de parientes y funcionarios que lo rodeaba, manipulaba e intrigaba para inclinar el poder y los recursos del Estado hacia quien ya había provocado imposición y división en la familia hondureña en el fatídico año de 1902. La historia tendía a repetirse.

Una de las acciones fraudulentas que denunciaba don Policarpo, era la empleada por las aristas, "en grande escala y tal vez en más pequeña los cariístas2, consistente en que los secretarios municipales simpatizantes con sus candidatos emitieran boletas de ciudadanía firmadas en blanco, para que así pudieran votar en otros municipios los que no eran electores. Como ejemplo concreto ilustraba lo ocurrido en Nacaome, donde el secretario había firmado mil boletas en blanco.[65]

Los gobiernos de los países vecinos, de acuerdo a sus conveniencias e intereses, apoyaban con dinero, ha determinado candidato, lo que representaba una clara injerencia en los asuntos internos hondureños. En el caso concreto de Guatemala, que disputaba la región del Valle y Río Motagua con nuestro país, buscaba asegurarse que el vencedor en la elección estuviera dispuesto a un arreglo limítrofe favorable a las pretensiones chapinas.

---

[65] Bonilla a Ferrera, 25 octubre 1923, ANH.FPB. Creía que esa maniobra podía ser contrarrestada, dando instrucciones a los electores que no rehusarán las cédulas repartidas por comisiones armadas, pero que depositarán en la urna la de su candidatura, librándose así de ser vejados.

# CAPÍTULO IV

## Las elecciones de 1923

Al acercarse la sucesión presidencial, a medida que la Administración López Gutiérrez se aproximaba al final de su cuatrienio, distintos grupos y facciones empezaron a reactivarse políticamente, con el fin de alcanzar el poder, para ello empezaron a buscarse aspirantes, a reorganizar filiales locales y departamentales, a procurarse fondos. La ciudadanía anhelaba dejar atrás el recurso a la violencia y buscaba la institucionalización de la práctica electoral civilista, enmarcada en la ley, en el respeto al resultado, adverso o favorable, emanado de la voluntad de los sufragantes.

Las realidades políticas nacionales tendían a militar en contra de estos deseos colectivos; lo que prevalecía en nuestra cultura era la imposición, el fraude, la violencia, el autoritarismo, la intolerancia. El pueblo recordaba las recientes guerras provocadas por desconocer su voluntad, en 1903 y 1919. Frescas estaban aún las suspicacias y recelos mutuos; irónicamente, la clase política hondureña procedía del mismo tronco ideológico: el Liberal, con diversidad de matices.

No debe de olvidarse que el germen de la división entre los caudillos liberales se remontaba a 1899 cuando el presidente Policarpo Bonilla impuso a su sucesor, Terencio Sierra, acción imitada por éste con respecto a Juan Ángel Arias en 1903. Fue por esta acción que Manuel Bonilla, cercano lugarteniente de Policarpo, tendió a promover sus aspiraciones alrededor de grupos, que, por razones diversas, se mostraban descontentos con el oficialismo gubernamental. Sus prestigios, ganados en los campos de batalla en 1894, le permitieron forjar una falange de seguidores que lo postularon como candidato opositor en los comicios de 1903, con resultados favorables a su persona. Empero, Sierra ignoró los deseos mayoritarios e impuso a su escogido: Arias, precipitando un nuevo ciclo de lucha fratricida.

Pero el optimismo popular esperaba que esos vicios del reciente pretérito estuvieran ya superados; de allí, que, nuevamente, movilizaba sus entusiasmos y lealtades en pro del pretendiente presidencial de sus simpatías.

Muerto el doctor Membreño, en 1921, durante la administración del general López Gutiérrez, el Partido Nacional Democrático quedó al garete. Fue entonces que, en 1923, el doctor Paulino Valladares, de acuerdo con los doctores Carías A (Tiburcio y Marcos), Quesada, Laínez, Díaz Chávez, Ramón Landa y el personal directivo de El Cronista, que desde muy antes había trabajado en una propaganda inteligente y constante para exaltar los méritos y virtudes del propio don Tiburcio, emprendieron una labor activa y sagaz para reorganizar el Partido, con el programa anterior, pero modificado en partes más o menos substanciales.[66]

La prensa de la época adoptó posiciones partidarias, a favor de uno de los dos candidatos, atacando y contraatacando, sin escatimar reparos éticos, apelando a la emoción y prejuicios de los lectores, con el fin de hacer avanzar su causa. Para el caso, El Constitucional dirigía sus críticas, más que a Carías, hacia su director de campaña, Paulino Valladares (a quien calificaba de "el mentor del General Carías") afirmando que aspiraba a una nueva Secretaría Privada (había ya ejercido ese puesto durante la Administración Dávila), "que le permita hacer pingues negocios con compañías extranjeras residentes en el país, o con casas bancarias negociadoras de empréstitos".[67] Esta publicación periódica, vocero del policarpismo, también recordaba que Valladares había recibido quinientos pesos mensuales por parte del Presidente Bertrand, y trataba de minimizar la influencia de este periodista en la opinión pública, sosteniendo: "Pasaron ya, para no volver jamás, los tiempos en que una parte del pueblo hondureño tenía más fe en las palabras del director de El Cronista que la que los antiguos tenían en sus pitonisas y en sus oráculos".[68]

Igualmente, refutaba el paralelismo entre Manuel Bonilla y Carías por parte de don Paulino; de acuerdo al editor de El

---

[66] "Cómo se formó el Partido Nacional de Honduras", El Cronista, 27 de octubre 1932. P.4

[67] El Constitucional, año I, No. 206, 22 junio 1923, p. 1.

[68] El Constitucional, año I, No. 154, 19 abril 1923, p. 1. En otro número: "Lo hemos visto enriquecerse, destruyendo brutalmente un periódico libre, para monopolizar la prensa en su favor... lo hemos visto ir cobarde y traidoramente a vender la soberanía nacional por unos cuantos miles de pesos que le tocarían de propina. El Constitucional, año 1, No. 199, 14 junio 1923, p.l.

Constitucional, Alonso A. Brito, el primero se había hecho conocer y amar de sus amigos después de una vida política intensa; había hecho con valor, aunque con mala suerte, las campañas de 1892 y 1893. Había contribuido poderosamente al triunfo de la campaña de 1894, que tanto maldicen hoy los cartistas, a pesar de que muchos de ellos la consideraron entonces y la consideran en su fuero interno como una revolución salvadora; había hecho una buena campaña en Nicaragua en 1896; había además asumido ante el gobierno del doctor Bonilla el poder en un Consejo de ministros que inspirara confianza a una franca política de oposición.

Tenía, pues, en él el pueblo un jefe que le había acompañado en las diversas manifestaciones de la vida, con toda decisión y hasta había consagrado con su sangre sus esfuerzos. En el General Carías encontramos todo lo contrario... a este no se le conoce una sola página brillante en la guerra, ni en la administración, ni en la prensa, ni en la tribuna; y ante los desmanes de los poderosos, su conducta ha sido absolutamente pasiva, pues fuera de su ridícula expedición a Las Manos, nada en su favor puede relatarse. Lo de que el General Carías sea el candidato de los humildes y de los pobres es una absoluta falsedad. Es precisamente al revés; mientras que con el Dr. Bonilla están los ciudadanos sencillos y los humildes, con el General Carías están los grandes millonarios, los grandes propietarios de tierras y firmas extranjeras que prestan al General Carías su ayuda pecuniaria. Uno solo de los millonarios que apoyan al General Carías en Tegucigalpa, cuya gestión financiera es demasiado conocida, cuenta con centenares de miles de hectáreas en el país; una familia de Occidente, tiene inmensas posesiones heredadas o adquiridas en Santa Bárbara, Cortés, Yoro y Atlántida; lo mismo puede decirse de otra familia que vive en la Costa Norte o en el extranjero que posee también centenares de miles de hectáreas de terreno. Total, que sólo tres de los partidarios del General Carías cuentan con más de medio millón de hectáreas.[69]

En otro número reiteraba esa idea: no nos preocupa el apoyo económico con que cuenta el General Carías, porque creemos

---

[69] El Constitucional, año 1, No. 182, 24 de mayo 1923, p. 1.

firmemente que no llegará al poder; que, si llegara, motivo de angustia sería para el país el apoyo que tendría que hacer de muchos millares de pesos que le están prestando capitalistas conocidísimos por sus pingues negocios con el Estado, y firmas extranjeras que bien conocemos, y cuya intervención en los asuntos políticos del país la consideramos peligrosísima.[70]

Respecto a la posibilidad de escoger a un candidato de conciliación, el mismo vocero opinaba: el Doctor Bonilla ha declarado repetidas veces que, en principio, es enemigo de la unificación de candidaturas y que si la ha aceptado ahora es porque la crisis que atravesamos es excepcional y porque los peligros que se corren si desgraciadamente llega a alterarse la paz pública, son tan graves que ha creído que bien vale esa consideración el sacrificio de las aspiraciones de los partidos que se disputan el poder... A todo el mundo le consta que es el Sr. ministro americano el iniciador de las conferencias, y al proceder, como ha procedido, lo ha hecho independiente de toda gestión directa o indirecta del doctor Bonilla.[71]

Este recibía un apoyo regional a su candidatura por parte del caudillo Gregorio Ferrera quien le giró el siguiente telegrama:

La Esperanza, 3 de julio de 1923., Sr. Dr. Policarpo Bonilla. Tegucigalpa. Común acuerdo amigos resolvimos proclamarlo candidato presidencial, últimos días de julio actual.

Hoy salgo San Pedro. G. Ferrera.[72]

Mejía Colindres deponía sus aspiraciones y el presidente de la Junta Central, Salvador Corleto, avisaba a los seguidores del médico y escritor esperanzano que quedaban en libertad de afiliarse a la candidatura que desearan.[73]

Quedaban así en la lid tres aspirantes de los cuales el que generaba más simpatías y adhesiones era Tiburcio Carías, el más joven del trío con 47 años de edad. Su porte, (alto para el hondureño promedio), sus antecedentes liberales, sus actividades docentes y agrícolas, en institutos de educación media y en su heredad de Zambrano, sus promesas electorales, provocaban simpatía y entusiasmo entre miles de compatriotas. Un

---

[70] El Constitucional, año 1, No. 184, 26 de mayo, 1923, p.1.

[71] El Constitucional, 31 mayo 1923, p.1.

[72] El Constitucional, 4 julio 1923, p.1.

[73] El Constitucional, año I, No. 203, 19 junio 1923, p.1.

termómetro de lo que serían las elecciones presidenciales lo constituyó la de diputados por el Departamento de Tegucigalpa, en octubre de 1922 ya que, a pesar de la comprobada nulidad de las mismas, el Congreso las reconoció como válidas. Al reunirse los representantes de la Legislatura de 1923, el presidente de la República y el Ministro de Gobernación hicieron llegar a sus respectivos despachos a varios de los diputados amigos del régimen, para exigirles votaran por la validez de dichas elecciones.[74]

El 27 de marzo Carías dirigió una carta al ministro Franklin E. Morales, representante diplomático estadounidense ante el gobierno hondureño. En ella le informaba que, ante los rumores de posibles acciones de armas por parte de los otros dos candidatos, había girado instrucciones a sus partidarios a efecto de que se abstuvieran de tomar parte en movimientos bélicos; también había asegurado al presidente López Gutiérrez que contaba con su apoyo y el del Partido Nacional para el mantenimiento del orden público.

El Mandatario, por su parte, le había garantizado que respetaría y haría respetar la libertad electoral. Y a pesar de ello, se repetían las acciones de coacción electoral sin que el Ejecutivo procediera a sancionar y destituir a los funcionarios públicos que hostilizaban a la oposición:

A pesar de las circulares y de las promesas del Señor presidente de la República y del Señor ministro de Guerra no se han cumplido sus ofertas, y las autoridades conculcadoras de la ley permanecen en sus puestos, cometiendo cada día mayores arbitrariedades contra mis partidarios, y llevando al pueblo en general al miedo y el convencimiento de que el Gobierno no garantizará el ejercicio del sufragio libre, porque se propone coaccionar al electorado a favor de una candidatura oficial... Lo más grave es que el Gobierno, en su prensa, da una interpretación completamente antojadiza al artículo citado (60 de la Ley Electoral), diciendo que hay que saber si el funcionario ejecutó actos de imposición o de recomendación como autoridad o como particular, cuando la ley no establece ni puede establecer esa diferencia, y cuando si le diera el sentido que le da el Poder

---

[74] Paredes, Lucas, op. cit., p. 287.

Ejecutivo, sería completamente ilusoria la libertad electoral, porque desde el Presidente de la República hasta el último empleado podrían recomendar o imponer candidaturas, y para excusarse les bastaría afirmar que lo hicieron en su carácter particular. Esa interpretación, que ha asombrado al público, ha venido a corroborar la idea de que el Ejecutivo no piensa ni en cumplir sus promesas ni en respetar la ley en la presente campaña electoral.[75]

Y en misiva del 18 de mayo dirigida al mismo diplomático, contentiva de cinco puntos, era de opinión que los liberales debían unirse alrededor de un solo candidato, "para evitar la anarquía y la desconfianza pública. La unión de los liberales haría imposible el fraude que, por causa de la multiplicidad de candidatos, puede cometerse en el Congreso Legislativo, fraude que de seguro engendraría la guerra civil". Ahondaba en detalles de la corrupción y represión imperantes cuando afirmaba:

El Partido Liberal cuenta en su seno a todos los miembros y empleados del Gobierno. La Administración actual organizó un régimen de familia. Por tal motivo, y por sus repetidos errores, ha provocado el descontento general. Ha habido grandes desfalcos en la Hacienda Pública, y sin tomar en cuenta la ley, sino únicamente las relaciones de parentesco o de partidarismo, se ha dispuesto de las riquezas del Tesoro Nacional a favor de determinadas personas, con perjuicio de la colectividad hondureña. Es notorio, además, que se han cometido fusilaciones (sic) y torturas, en gran número de individuos, prohibidas por la Constitución del Estado. Por otra parte, el sistema de Gobierno que se ha implantado, ha sido de un exclusivismo tan absoluto, que los ciudadanos pertenecientes al Partido Nacional han sido constantemente perseguidos, encarcelados y vigilados, mientras el Gobierno, para sostenerse, ha tenido que acudir a las emigraciones salvadoreñas y nicaragüenses, aumentando así el descontento del pueblo y creando un peligro permanente para la paz de El Salvador y Nicaragua.

Descartaba la posibilidad de que los dos partidos contendientes se fusionaran en uno solo ni tampoco que se escogiera a un único candidato, por lo que reiteraba que

---

[75] Reproducida en El Heraldo, 19 marzo 1999, p..4 (Sección Vida)

continuaría en la lucha eleccionaria; sostenía que, de realizarse los comicios de manera libre, acataría cualquier resultado expresado por la mayoría.[76]

Aquellos lectores interesados en ahondar en detalles dramáticos ocurridos en estos meses previos y posteriores a las elecciones, son remitidos a la prensa de esa época. Los resultados de la elección, acaecida durante los tres últimos días de octubre, en que se depositaron 106.266 votos, fue el siguiente:

Tiburcio Carías Andino_____40.953
Policarpo Bonilla_____35.474
Juan Ángel Arias_____20.839

El ganador era el Partido Nacional y su candidato; de no haberse dividido el Liberalismo hubiera sumado mayor número de votos que Carías. En todo caso, éste no había logrado obtener mayoría absoluta, tal como lo establecía la Constitución vigente, la de 1894, lo que ya había conducido a manipulaciones por parte del Legislativo, tal como acaeció en 1903 cuando le fue robado el triunfo a Manuel Bonilla.

Varios años después de los acontecimientos del 23 un observador comentaba al respecto: la imposición restó, es indudable, muchos votos al general Carías, pero también es cierto que el fraude le recompensó bastante.... Nosotros... hemos tenido siempre el convencimiento de que, descartada la imposición y el fraude, la candidatura del general Carías hubiera alcanzado la mayoría absoluta. Esta convicción nos hizo trabajar, en la medida de nuestras fuerzas, porque se le diese la presidencia de la República. Fue aquella la hora del general Tiburcio Carías. Hoy la situación es otra.

Otra opinión, del mismo analista, es ésta: En 1923, el general Carías triunfó sobre los otros dos candidatos liberales, habiendo obtenido mayoría absoluta el primer día de la elección, a pesar de la horrible imposición que ejerciera sobre el electorado el entonces ministro de Gobernación, Ángel Zúñiga Huete y si en los dos días siguientes no obtuvo la mayoría absoluta, fue por la

---

[76] Idem.

persecución contra el cariísmo... Sin la imposición de Zúñiga Huete contra el cariísmo, el General Carías habría resultado elegido presidente en 1923, por una mayoría no menor de quince mil votos.[77]

Al no declarar el Congreso a un ganador, se iniciaron intentos de alianza por parte de los contendientes, sin lograrse resultados positivos; las gestiones de la Legación de los Estados Unidos por encontrar puntos coincidentes que superaran el estancamiento no condujeron a una solución. La situación se tornaba cada vez más dramática, incierta y peligrosa.

---

[77] "Bandera y Rendición", El Cronista, 20 junio 1928, p.2 (editorial escrito por Alfonso Guillén Zelaya)

# CAPÍTULO V

## Hermano contra hermano:
## la guerra civil de 1924

Los fríos vientos de enero y febrero del 24, "los nortes", traían consigo ecos ominosos: redoble de tambores, rugir de cañones, clarinadas marciales, relincho de corceles, entrechocar de machetes; además, un espeso olor a pólvora y una penetrante, dulce-amarga emanación a muerte.

En grupos pequeños los ciudadanos-soldados iban abandonando la capital, para reportarse a sus caudillos militares, aprestándose para lo inevitable: la violencia y la refriega, el exterminio y el degüello. Igualmente, las tropas del gobierno se apertrechaban de municiones y bestias, fortificando sus posiciones, lubricando su armamento: el zafarrancho de combate era inminente, ante la ruptura del orden constitucional y el inicio de la dictadura. Empero, como veremos, fue en el interior donde se libraron las primeras acciones bélicas. El primero de febrero, se alzaron en armas en La Esperanza, cabecera del departamento de Intibucá, los generales Vicente Tosta y Gregorio Ferrera los que divulgaron el "Plan de La Esperanza", ocupando la plaza sin resistencia. Enarbolaron una bandera que combinaba los colores rojo y azul, simbolizando la unión de los sectores liberales desafectos con el régimen y las fuerzas Nacionalistas. Marcala, Gracias y Santa Rosa de Copán cayeron rápidamente ante el empuje de los destacamentos dirigidos por esos dos excepcionales líderes guerreros.

El 5 del mismo mes el Consejo de jefes y Oficiales del llamado Ejército Constitucional de Oriente emitió un comunicado desde Las Manos, en la frontera de Nicaragua, reconociendo como presidente Constitucional de Honduras al Doctor y General Tiburcio Carías Andino.

El día 9 el alcalde Municipal de Lamaní, "a excitativa de varias municipalidades de la República" tomó la promesa de ley, como presidente de Honduras, al General Carías electo Presidente por el pueblo hondureño para el período de 1924 a 1928.

Los alzados emitieron un manifiesto en el que explicaban los motivos que provocaron el empuñar las armas; en él acusaban a Bertrand de intentar perpetuar la familia en el poder y a López Gutiérrez de haber restringido la libertad del sufragio en las elecciones del año anterior y de preparar el terreno para que fuera el Congreso el que decidiera el ganador con el fin de asumir la dictadura, "acariciada de tiempo atrás". Era suscrito, conjuntamente por Tosta y Ferrera. (Veáse Anexos).

En el lugar denominado Veracruz se separaron las fuerzas de Ferrera de las de Tosta, con el objeto de ampliar el teatro de operaciones. Este se dirigió sobre la Costa Norte venciendo el 19 de febrero a tropas gubernamentales salidas de San Pedro Sula y dirigidas por el General Salvador M. Cisneros, en el combate de Cofradía. Desde este poblado se trasladó hacia el río Chamelecón, cruzándolo, aproximándose a Villanueva. En Búfalo se efectuaron pláticas de paz que no alcanzaron un resultado favorable, por lo que se acercó al oriente de San Pedro Sula, a las posiciones de Calpules y Agua Prieta y desde allí hacia al norte, al sitio denominado Trincheras, por considerarlo más adecuado para batir, por separado, a las fuerzas gobiernistas que defendían San Pedro Sula y a las que probablemente llegarían de Puerto Cortés y Tela.

Los días 27, 28 y 29 de febrero, las fuerzas conducidas por el general Tosta derrotaron a las tropas oficialistas que las atacaron en Trincheras y en el propio pueblo de Choloma, entrando triunfantes en San Pedro Sula el3 de marzo. Gran cantidad de efectivos gobiernistas se trasladaron hacia la frontera con Guatemala con el objeto de atacar las plazas de Occidente que estaban mal defendidas y otros contingentes se dirigieron hacia Tela y La Ceiba con el propósito de continuar la lucha contra la denominada "Revolución Reivindicadora"; el General Tosta continuó su campaña y ocupó las plazas de Puerto Cortés, Tela y La Ceiba, de modo que el 13 de marzo había terminado con éxito total la campaña dirigida por él en el norte de la República.

Entretanto, el otro caudillo rebelde, el general Ferrera, al frente de aguerridos intibucanos tomó sin resistencia la plaza de Santa Bárbara el 12 de febrero y se dirigió después sobre la de Comayagua, que defendían el vicepresidente José María Ochoa Velásquez y los coroneles Salomón Sorto Z., Rubén Barahona, Leonardo Nuila. La acción fue encarnecida, pero después de dos días y una noche de acción, e123 de febrero las fuerzas ferreristas derrotaron completamente a las del gobierno y ocuparon la ciudad... Inmediatamente, el jefe rebelde envió a Tegucigalpa una delegación integrada por el General Evaristo Henríquez, el Doctor B.D. Guilbert y Fray Gregorio de Beire, la cual portaba una carta suya exigiendo la entrega inmediata de la plaza de Tegucigalpa. por iniciativa del ministro de los Estados Unidos, una vez que hubo conocido la solicitud del General Ferrera, el 25 de febrero se reunieron en la Casa Presidencial ante la presencia del General López Gutiérrez y los miembros de su Gabinete, del Cuerpo Diplomático y el General Evaristo Henríquez, en su condición de Comisionado del Jefe rebelde. López Gutiérrez leyó la carta del General Ferrera y recibió las explicaciones que le dio el General Henríquez y lo mismo que las observaciones del Cuerpo Diplomático, interesado en evitar una lucha armada en la propia capital. Pero López Gutiérrez se manifestó irreductible y expresó que en ningún caso el Gobierno entregaría al General Ferrera la plaza de Tegucigalpa, que el gobierno estaba dispuesto a resistir cualquier ataque pero que pensaba no había necesidad de combatir en la propia ciudad.

Entendieron los concurrentes a la reunión que el Gobierno intentaría detener al General Ferrera en las afueras de Tegucigalpa y no estaban equivocados porque al día siguiente empezaron a salir hacia Zambrano fuertes contingentes del ejército con el objeto de parar la marcha del General Ferrera cuya salida de Comayagua sobre la capital se estaba preparando.

E14 de marzo el Cuerpo Diplomático presentó al Gobierno un Memorándum, contentivo de cinco puntos, en los cuales expresaba, primero que era evidente que Tegucigalpa estaba a punto de ser atacada por las fuerzas revolucionarias; segundo, que una lucha en la ciudad ocasionaría gran número de víctimas inocentes, en la población civil, tanto nacional como extranjera, además de grandes perjuicios materiales; tercero, que no era secreto que el Gobierno estaba dispuesto a resistir a pesar de que las principales poblaciones de la Costa Norte estaban ya en poder de la Revolución; cuarto, que el Cuerpo Diplomático rogaba al gobierno buscara el camino de evitar un ataque a la capital, ya fuera entrando en pláticas con las fuerzas revolucionarias, saliendo a luchar lejos del radio de la ciudad o depositando el poder en un Consejo de Ministros que inspirara confianza al país y, quinto, que al hacer tal solicitud no buscaba favorecer a ningún grupo o partido, sino otorgar protección a nacionales y extranjeros, atendiendo la solicitud recibida por el cuerpo diplomático de parte de algunas personas y evitar el derramamiento de sangre en la capital. Las tropas gobiernistas, fuertemente parapetadas, repelieron la vanguardia del General Ferrera en Zambrano el 4 de marzo y aunque inicialmente la acción fue favorable al Gobierno, las columnas de los coroneles Cristóbal Gutiérrez, Pedro G. Domínguez, Fulgencio Machado, Blas Domínguez y otros jefes, en cargas encarnizadas que llegaron hasta la lucha personal a machete, derrotaron, después de combatir toda la noche y primeras horas de la mañana del día siguiente, a un ejército bien equipado, de más de 1.300 hombres, que fue reforzado constantemente desde la capital y a cuyo frente figuraban como jefes los dos Ministros por cada uno de los tres partidos; que él, el General Ferrera, fuera nombrado Comandante en jefe de las Fuerzas de la República y que sus tropas ocuparan Tegucigalpa en tanto las del Gobierno se acuartelaban en Comayagüela. Fijó como término del armisticio a que se accedía, el trece de marzo a las cinco de la tarde. En el caso de que a esa hora el Gobierno no hubiera resuelto entregarle la plaza, se reanudarán las hostilidades y él iniciaría el ataque de la capital.[78]

La posición jurídica del oficialismo se debilitaba por el hecho que, a partir del primero de febrero, Estados Unidos había dejado de reconocerlo. El secretario de Estado daba instrucciones precisas a Morales:

Usted evitará todas las relaciones diplomáticas formales y se limitará a representaciones orales e informales, cuando tales representaciones sean necesarias para proteger intereses americanos y para implementar las instrucciones del Departamento. El Departamento no desea hacer anuncio público de esta actitud debido a su deseo de permanecer absolutamente neutral en el conflicto político hondureño y teme que tal anuncio puede darle apoyo a uno de los grupos contendientes. Usted puede muy discretamente dejar claro a las autoridades en

---

[78] Cáceres Lara, V., op. cit, pp. 278-280.

Tegucigalpa que al presente ningún Gobierno legalmente constituido es reconocido por los Estados Unidos.[79]

Simultáneamente, Hughes solicitaba al Departamento de Marina el envío del buque de guerra Milwaukee a Amapala, sin desembarcar tropas, salvo que. las vidas de ciudadanos estadounidenses en Tegucigalpa estuvieran en peligro. El Rochester era despachado a La Ceiba.

Los Aristas, encabezados por su jefe, empezaban la desbandada, dirigiéndose hacia Guatemala y El Salvador, abandonando la capital y las pocas poblaciones aún en manos gobiernistas. Por su parte, de acuerdo a Morales, los seguidores de Bonilla habían rehusado empuñar las armas en contra de los revolucionarios agregando que don Policarpo sostenía que una conferencia de paz entre representantes de los tres grupos en pugna, comandados por Carías, Arias y Ferrera, era la única solución posible y que su facción era la única pacifista, pero no podía ser excluida de tales pláticas ya que constituía un tercio del pueblo hondureño.[80]

Para el 13 de febrero Morales reportaba a Washington que Carías y Ferrera se habían unido y que los principales centros urbanos a lo largo de la frontera con Guatemala y El Salvador habían sido capturados por los revolucionarios durante los últimos días; Zúñiga Huete había viajado a esas naciones solicitando ayuda a sus gobiernos para apuntalar al régimen hondureño, retornando a la capital hacia el 22 de ese mes.

Las tropas ferreristas, tras haber derrotado a las gobiernistas en Támara, convergían sobre Tegucigalpa. Su número era calculado en 1.500, bien armadas.

Para el 26 se reportaba al Departamento de Estado que el acuerdo celebrado en la Costa Norte entre Lagos y Tosta había sido desautorizado por la facción de Arias, habiéndosele ordenado a Lagos que atacara a Ferrera; por otra parte, se intentaba obtener préstamos forzosos por parte de la Rosario Mining y la United Fruit, solicitándole a la primera empresa la suma de $15.000, que, de no hacerlos efectivos, se impediría el paso de alimentos y abastecimientos para sus empleados.

Ya para el 28 las tropas y policía gubernamental cometían

---

[79] Hughes a Morales, 9 febrero 1924, Micropelícula No. 14, Record Group 59.

[80] 58 Morales a Hughes, 8 y 12 febrero, 1924, Micropelícula No. 14.

tropelías en contra de la población civil en la capital y extranjeros residentes en ella le habían solicitado al ministro Morales que pidiera una guardia de marinos procedentes del Milwaukee.

Si estos acontecimientos se daban, vertiginosamente, en la zona central, en La Ceiba desembarcaban tropas estadounidenses, que tenían órdenes de no adoptar medidas que pudieran asistir a cualquiera de las facciones en disputa, únicamente implementando aquellas "necesarias para la protección de vidas Americanas"; el 2 de marzo el Cónsul Waller daba cuenta a sus superiores que el saldo destructivo en La Ceiba había sido de cincuenta muertos, y millones de dólares en el incendio ocurrido, y que los bandos en contienda habían concertado una negociación. En Puerto Cortés desembarcaron tropas del buque Denver y se estableció una zona neutral.

De acuerdo a Morales, por sugerencia suya el Cuerpo Diplomático le había solicitado a López Gutiérrez que depositara el poder en un Consejo de Ministros integrado por todas las facciones; el Presidente le había afirmado que si la Costa Norte estaba en posesión de los revolucionarios acataría esa petición, pero aguardaba confirmación de aquella región, dándole una respuesta esa misma tarde del 4 de marzo o en la mañana siguiente; empero, el día cinco se le había comunicado que debido a que Tela había sido recapturada y que se habían enviado tropas desde la Costa Norte para atacar a Ferrera en Zambrano, López Gutiérrez no estaba dispuesto a entregar el poder a un Consejo de Ministros.

Evidentemente, tanto el Mandatario como su círculo de consejeros no poseían una visión real de los acontecimientos, a nivel nacional, ni de la correlación de fuerzas existentes, desfavorables en extremo para el régimen. De allí que Morales concluía su evaluación de ese día afirmando:

Es una obvia conclusión que las fuerzas gubernamentales han sido derrotadas completamente y Ferrera solo espera los resultados del Cuerpo Diplomático antes de atacar Tegucigalpa.

López Gutiérrez giraba órdenes a Carlos Lagos relativas a que defendiera Puerto Cortés hasta el último cartucho ya que por medio de Arias (quien el 4 de marzo había salido de la capital con rumbo a Amapala), procuraría ayuda militar desde Guatemala.

La marcha de Ferrera era arrolladora; desde sus posiciones, a seis kilómetros de la capital para el día seis de marzo, se divisaban los perfiles citadinos. Al siguiente día se agravaba el estado de salud de López Gutiérrez (su esposa lo había abandonado desde el dos de marzo, enfilando hacia Amapala si bien retornó a Tegucigalpa tras su deceso) logrando el Consejo de ministros un armisticio por setenta y dos horas; empero, pese a las negociaciones emprendidas con Ferrera (en una vana maniobra por ganar tiempo), éste demandaba la rendición incondicional, acampando en Toncontín.

El ministro Morales daba cuenta que la casa de Policarpo Bonilla, protegida por doscientos hombres armados, era amenazada por la facción de Arias, arrojando una bomba a la vivienda el once.

El siguiente día, el diplomático informaba que Ferrera le había comunicado que no tenía ningún tipo de arreglo con Carías, pero que él y Tosta estaban juntos. El Caudillo de Zambrano avanzaba hacia la capital, situándose a doce millas de la misma, con una fuerza grande y bien equipada.

El 14 Hughes giraba instrucciones a Morales a fin de que éste comunicara a los contendientes que "la acción de cualquier líder que asuma la responsabilidad por la renovación de la lucha sería vista por los Estados Unidos de la manera más desfavorable".

Al concluirse la tregua, Ferrera rehusó prorrogarla anunciando que ese día, 14, atacaría, para lo cual abandonó Toncontín, posicionándose para el asalto decisivo; las fuerzas gubernamentales atacaron a las ferreristas pero fueron repelidas, en el proceso éstas ganaron terreno.

Los horrores del sitio de la capital, la feroz disputa por los cerros aledaños, los ataques y contraataques, las penurias vividas, fueron descritas por el español Mario Rivas de Cantruy en "Diario de la Guerra", en su Revista Renacimiento y reproducido por Rafael Bardales en El fundador de la paz (1989). El hecho de haber fallecido López Gutiérrez no hizo mella en los defensores de Tegucigalpa por continuar la resistencia, pese a que, con el paso de los días era cada vez más evidente que la situación se tornaba desesperada, habida cuenta que las principales ciudades del país estaban ya capturadas por los alzados y que el cerco en torno a la capital se estrechaba cada vez más, viviendo sus habitantes penurias de todo tipo. El Consejo de ministros, encabezado por el de Gobernación, José Ángel Zúñiga Huete, se encargó del gobierno y administración del último reducto gubernamental, símbolo de la creciente tendencia centralizadora.

Si esto ocurría al interior del país, en el exterior el gobierno de Estados Unidos y los centroamericanos habían firmado en Washington, el 7 de febrero de 1923, un Tratado de Paz y Amistad mediante el cual se comprometían a no extender reconocimiento diplomático a aquellos regímenes que hubieran accedido al poder mediante el recurso a la violencia. Esa cláusula ponía un valladar a las aspiraciones presidenciales de Carías, por cuanto, como hemos visto, había tomado las armas para hacer valer sus derechos ciudadanos. En efecto, sin contar con el beneplácito del Departamento de Estado ningún régimen del área podía durar por largo tiempo, tal era ya el grado de hegemonía de Estados Unidos en la cuenca del Caribe, visto por esa nación como su "mare Nostrum".

De allí que los hondureños protagonistas de esta tragedia actuaron en consonancia con esa realidad. Bonilla se mantuvo en su reducto particular desafiando los peligros, no por lealtad a sus partidarios que combatían denodados alimentando la esperanza de una victoria favorable a sus acariciadas esperanzas de lograr la conquista del poder, sino por mero cálculo, pues pensó que permaneciendo dentro de la capital y no siendo él, jefe de facción armada, en nada violaba el artículo 2°. del Tratado de Paz y Amistad suscrito en Washington. Se mantenía así, para que dicho tratado no le inhabilitara y poder naturalmente apoderarse de la Presidencia mediante cualquier hábil maniobra que esperó inútilmente se le presentara en aquella batahola cruenta.[81]

El 17 de marzo Carías envío un ultimátum al Consejo de ministros, demandando la rendición inmediata de la capital y sus defensores; las tropas gubernamentales estaban saqueando tiendas y casas, sin por ello descuidar la defensa de las alturas que rodean a Tegucigalpa, puntos estratégicos desde donde se divisa el anfiteatro urbano. Morales solicitó que las tropas a

[81] Paredes, Op. Cit pp.378-379

bordo del Milwaukee procedieran a desembarcar y se dirigieran a Tegucigalpa, lo que acataron e ingresaron el 19. El Canciller hondureño, Rómulo E. Durón protestó por esta acción intervencionista, solicitando en su comunicación el retiro inmediato de las mismas; Morales adujo que su presencia se debía a la necesidad de proteger vidas de ciudadanos de su país y que no se retirarían hasta que él pudiera asegurar que recibirían protección adecuada por parte del gobierno de facto. El 22 reportaba que numerosas protestas habían circulado en contra de la presencia de los marines, todas firmadas por la misma persona[82], esto es por Froylán Túrcios en su hoja suelta Boletín de la Defensa Nacional. Hay que aclarar que numerosos compatriotas redactaron y firmaron artículos de repudio ante la violación a la soberanía, incluidos en esa publicación.

Para el 24 Ferrera y Carías habían llegado a un acuerdo a fin de combinar sus fuerzas para un ataque final a Tegucigalpa, último bastión oficial ya que el resto del territorio había pasado a ser controlado por los rebeldes. Estos dos caudillos, en unión de Tosta, Martínez Funes y otros dirigentes emitieron declaración por la cual proclamaron a Fausto Dávila como presidente Provisional, prometiendo elecciones a celebrarse tan pronto como las condiciones lo permitieran y la convocatoria a una Asamblea Constituyente a fin de redactar una nueva constitución política.

La situación de los defensores se deterioraba con el paso de los días. Para el29 de marzo habían más de cuatrocientos heridos en los hospitales sin recibir atención adecuada y muchos estaban muriéndose por falta de cuidados.

El primero de abril, a las 5 a.m., se inició el ataque final, combatiéndose en las calles palmo a palmo. Para el 4 se reunieron representantes gubernamentales, solicitando que la

---

[82] Morales a Hughes, Despacho 600, 815.00 3178, Micropelícula No. 15. Añadía: El gobierno de facto fue distintivamente hostil a la presencia de los Marinos y esfuerzos para agitar el sentimiento contra ellos fueron continuamente realizados por una hoja diaria que apareció bajo el nombre de "La Defensa Nacional", editada por Froylán Turcios, fundada con el único propósito de expulsar a la fuerza de desembarque fuera de Tegucigalpa. Mientras las mejores clases de habitantes estaban conscientes de la necesidad de mantener aquí esa fuerza, los soldados y parte de las clases bajas se encontraban considerablemente agitadas en contra de su presencia, habiendo hecho creer que significaba la intervención permanente y la ocupación del país.

facción de Arias participara en la formación del gobierno provisional, que se decretara una amnistía y se pagaran los gastos incurridos en la campaña, aspectos que fueron rechazados por los victoriosos que continuaron demandando la rendición incondicional comprometiéndose a garantizar las vidas e intereses de los que participaron en la lucha.

El Gerente General de la Cuyamel Fruit Co., H.V. Rolston, preparó un Memorándum dirigido al secretario de Estado afirmando que lo hacía no solamente representando a su empresa sino, igualmente, a la Standard Fruit and Steamship Co., ya que "Ambas compañías están vitalmente interesadas en ver a un gobierno estable instalado en Honduras".

La misiva, escrita el cuatro de abril de 1924, en Washington, es reproducida textualmente, por los análisis que ofrece y su perspectiva sobre nuestra situación interna:

...Debe hacerse notar que los defensores de Tegucigalpa no representan prácticamente al elemento popular sino meramente las ambiciones de unos pocos políticos profesionales que desean perpetuarse en el puesto, mientras que los seguidores de los Generales Carías, Ferrera, Tosta y Martínez Funes representan la voluntad de prácticamente el pueblo entero. El 18 de marzo los Generales Carías y Gregorio Ferrera se reunieron fuera de Tegucigalpa y aparentemente acordaron el nombramiento de un neutral como presidente Provisional como un paso hacia el regreso del régimen constitucional, aunque parece que el entendimiento de Carías no fue del todo claro como lo muestra su carta a Ferrera, fechada el 20 de marzo.

El 21 de marzo Ferrera contestó excitando a Carías a renunciar a su ambición personal a la Presidencia, descartando algún deseo al puesto de su parte, demandando que se omitiera su persona en este aspecto, exhortando a Carías a unirse a él en esta plataforma para proporcionar a Honduras un presidente Provisional, libre de afiliaciones partidistas. Por ese entonces las fuerzas sitiadas en Tegucigalpa lanzaron un ataque contra las de Carías siendo éste derrotado y sus fuerzas desmoralizadas, siendo solamente salvado de una derrota total por un contraataque ordenado y dirigido por el General Ferrera... En vista de esta circunstancia, el General Carías decidió acceder a los puntos de vista de Ferrera con respecto al nombramiento de un Presidente Provisional y propuso para el puesto al Doctor Fausto Dávila, quien había estado residiendo en los Estados Unidos en los últimos años y quien era considerado por la mayoría probablemente aceptable a todas las facciones y al Departamento de Estado; tampoco había sido candidato en las urnas ni había tomado parte en el conflicto armado contra la Dictadura. Un pacto fue redactado y firmado por los Generales Carías, Ferrera, Tosta y Martínez Fúnez, nombrando al Dr. Fausto Dávila presidente Provisional de Honduras hasta que se convocara a una Asamblea Constituyente para promulgar una Constitución, seguido por la elección popular de un presidente Constitucional, comprometiéndose las partes firmantes del pacto a apoyar al Gobierno Provisional y a este programa.

...El deseo principal y único de los intereses americanos en Honduras, es la finalización de la presente caótica condición y la organización de un gobierno estable con el consiguiente mantenimiento de la ley y el orden y la garantía efectiva de los derechos de propiedad ... Creemos que los mejores medios para este fin consisten en el pronto reconocimiento de la Presidencia Provisional del Dr. Fausto Dávila por parte del Gobierno en Washington. Creemos que el demorar el reconocimiento constituye prácticamente una invitación directa a la continuación de la guerra de guerrillas y de las condiciones caóticas tendientes hacia la anarquía que, si prolongada, puede resultar en.... la ruina de los intereses americanos y extranjeros en ese país.[83]

El siete de abril Morales comunicaba que un aeroplano empezó a bombardear las fortificaciones gubernamentales, pero sin alcanzar el efecto deseado; también que la disensión era evidente entre los revolucionarios debido a la escogencia de Fausto Dávila.

Reproducimos algunos párrafos de ese cable:

Condiciones deplorables, epidemias de tifoidea y disentería, cadáveres en las afueras de la ciudad sin hacer un intento por enterrarlos o cremarlos, olor nauseabundo por toda la ciudad, los alimentos encareciéndose y precios exorbitantes por víveres enlatados, los nativos muriendo de hambre... Zúñiga Huete ahora es reconocido como dictador y no considera ningún arreglo por

---

[83] Rolston a Hughes, 4 abril 1924, Records of the Department of State relating to internal affairs of Honduras, 1910-1929, Micropelícula No. 15.

la paz a menos que sea beneficioso a sus intereses. El sentimiento antiamericano se ha intensificado debido a la presencia del aeroplano piloteado por aviadores americanos. Otro movimiento revolucionario ha sido organizado en la parte sur de Honduras por Dionisio Gutiérrez, ex ministro de Guerra, a favor de Bonilla.[84]

Mientras esto ocurría en Honduras, en Washington el secretario de Estado Hughes ordenaba al Comisionado destacado en la República Dominicana, Sumner Welles que se trasladara a Tegucigalpa y que reportara las medidas que debían ser tomadas para llegar a una solución que previniera mayores derramamientos de sangre y destrucción de propiedad. Tanto Guatemala, El Salvador y Nicaragua habían discutido ofrecer su mediación conjunta pero sus esfuerzos en esa dirección no habían tenido éxito, hasta ese entonces, debido al fracaso en ponerse de acuerdo con respecto a un plan recíprocamente aceptable. La posición del Departamento de Estado se basaba en expresar simpatía hacia esos esfuerzos, pero a la vez deseaba estar en una posición de ofrecer asistencia sea que esos esfuerzos resultaran en la celebración o no de una conferencia. De allí que en sus instrucciones, Hughes le indicaba a Welles que permaneciera en Tegucigalpa o en Amapala para asistir en la conferencia, si ésta se llevara a cabo, o bien para proponer la mediación directa de Estados Unidos.

Al siguiente día le comunicaba que el presidente estadounidense, en proclama fechada el 22 de marzo, había declarado ilegal el embarque de armas y municiones hacia Honduras. El 10 le manifestaba que la Cancillería de su país deseaba que él, Welles, tuviera en mente la importancia de llevar a cabo el eventual establecimiento de un gobierno en Honduras que pudiera ser adecuadamente reconocido por los Estados Unidos. En declaración pública emitida el 30 de junio de 1923, Washington había sostenido que su actitud con respecto al reconocimiento de nuevos gobiernos en Centro América debía estar en consonancia con las estipulaciones del Artículo II del Tratado General de Paz y Amistad suscrito ese año. Bajo las circunstancias que estaban ocurriendo en Honduras parecería

---

[84] Morales a Hughes, Micropelícula No. 15, 7 de abril 1924.

que la solución más apropiada sería: 1) la elección de un presidente constitucional por el Congreso actual, si eso podía ser arreglado 2) el establecimiento de un gobierno provisional tal que pudiera ofrecer seguridades de que nuevas elecciones pudieran ser celebradas bajo condiciones de libertad y equidad De hecho, el Departamento estaría preparado para otorgar una indicación apropiada de su simpatía y apoyo moral a cualquier gobierno provisional que ofreciera evidencia satisfactoria de una intención por restablecer el orden constitucional.[85]

De nuevo retornando a los sangrientos acontecimientos hondureños, Morales reportaba que los revolucionarios habían atacado Tegucigalpa, siendo rechazados después de tres horas de combate, con 60 bajas por parte de las fuerzas gubernamentales y 80 de los rebeldes. El saqueo había vuelto a ocurrir y el aeroplano nuevamente bombardeó la ciudad resultando dos muertos y varios heridos. El gobierno había arrestado a prominentes seguidores de Carías que aún permanecían en Tegucigalpa amenazando con matarlos si el avión lanzaba nuevamente bombas.

El funcionario del Departamento de Estado, Dana Munro, especialista en asuntos centroamericanos, opinaba que Welles debía tener autoridad suficiente para ofrecer la mediación de los Estados Unidos independientemente de cualquier acción por parte de las otras repúblicas centroamericanas.

El 23 de abril se iniciaron las llamadas Conferencias de Amapala tendientes a negociar los términos de la rendición, el traspaso de mando a los victoriosos y el establecimiento de la paz, a la vez esquiva y anhelada. Cada uno de los bandos presentó al mediador norteamericano Welles su respectiva lista de candidatos para, de entre ellos, escoger al presidente Provisional.

Los derrotados propusieron como postulantes a Francisco Bueso, Carlos A. Uclés, Federico C. Canales, Roque J. López y José María Ochoa Velásquez; los triunfadores a Fausto Dávila, Silverio Laínez, José María Casco, Miguel Paz Baraona y Vicente Tosta Carrasco, para ser considerados tanto por el representante del Departamento de Estado como por los

---

[85] Hughes a Welles, 8 de abril 1924, Record Group 59, Micropelícula No. 15.

delegados de los gobiernos Centroamericanos, todos reunidos a bordo del Milwaukee.[86] El mismo día que Tegucigalpa se rendía, tras cuarenta y cinco días de feroz asedio, esto es el 28 de abril, se suscribió el Pacto preliminar de Paz, escogiéndose como Presidente Provisional al general Vicente Tosta, quien había actuado de manera decisiva para inclinar la balanza estratégica a favor de los alzados. El hecho de haber seleccionado a un combatiente, en contradicción con los términos de los Pactos en Washington de 1923 en tanto que se excluía a quien había obtenido mayor número de sufragios en la elección presidencial de ese año, fue analizado por un periodista hondureño en estos términos:

El gobierno de los Estados Unidos... se ha considerado obligado a prestar su apoyo al cumplimiento del Tratado General de Paz y Amistad, y esa obligación la conceptuó de tal modo imperativa que en 1924 invocó el artículo III... para eliminar como candidato a la Presidencia de la República al General Tiburcio Carías, no obstante que Honduras no había ratificado aún el referido Tratado. Y se trataba entonces de la revolución que encabezaba un candidato a la Presidencia que realmente contaba con la mayoría del electorado hondureño, y que había ido primero a las urnas a demostrar su prestigio.[87]

El árbitro Welles daba cuenta al Departamento de Estado, el tres de mayo, que había concluido la sesión final de las Conferencias con la firma del acta respectiva por parte de los dos grupos en disputa, así como por los delegados de Guatemala, El Salvador, Nicaragua y Costa Rica, y por él mismo (véase anexos).

Se había dirigido a Tosta debido a que en la integración de un gabinete había cinco miembros del grupo que apoyaba la candidatura de Carías y el único integrante de antecedentes liberales era Ferrera, lo que estaba en contra del acuerdo de Amapala, por las fuerzas del Partido Liberal por los buques de guerra y los marinos del Gobierno de los Estados Unidos.[88]

---

[86] Morales estimaba el número de muertos en 120 y los heridos en 82, tras doce horas finales de lucha.

[87] "Actitud del gobierno americano", editorial escrito por Alfonso Guillén Zelaya, El Pueblo, Vol. 1, No. 63, 18 de mayo 1931, p.5.

[88] Welles a Hughes, 2 de junio 1924, Records of the Department of State relating to Internal Affairs of Honduras, 1910-1929, Micropelícula No. 16.

Morales, por su parte, detallaba cómo habían obtenido armas los revolucionarios, los cuales, hasta el ataque de Ferrera a Tegucigalpa el 13 de marzo, carecían de suficientes armamento y municiones, al punto que cuando había capturado Comayagua el primero de febrero, el caudillo intibucano "se apoyó principalmente en sus macheteros".

Los revolucionarios contaban con agentes en los Estados Unidos para la compra de implementos bélicos en Bufalo, New York enviados por tren a New Orleans... por medio de la influencia del Dr. Fausto Dávila se había llegado a un acuerdo con el Sr. Tijerino, Cónsul Nicaragüense en New York, para que el Cónsul de ese país en New Orleans enviara el embarque a Cabo Gracias a Dios en un vapor de la Cuyamel Fruit Co., consignado al Gobierno nicaragüense; cuando dicho cargamento arribó a su destino, fue reembarcado en otro navío y enviado a Puerto Cortés. Los agentes de la Revolución en los Estados Unidos habían sido Ignacio Agurcia, Fausto Dávila, Camilo Díaz y Arturo Ordóñez; este último llegó a New Orleans con un giro por $ 15.000 entregado a él por el Gerente de la United Fruit Co. en Tela, para la adquisición de armas y municiones; dicho giro había sido cambiado en las oficinas de esa empresa bananera en New Orleans. "No hay duda que la Cuyamel Fruit Co. y la United Fruit Co. estuvieron involucradas en la compra y envío de las armas y munición a los revolucionarios".[89]

El 24 de junio el Cónsul estadounidense en Puerto Cortés informaba a Washington que el Gerente de la Cuyamel Fruit Co. le había comunicado que una cantidad indeterminada de armas y municiones había llegado para los revolucionarios luego que habían capturado Puerto Cortés el 7 de marzo. Si la Cuyamel Fruit Co., proporcionó estas armas es dudoso. Pueden haber proporcionado dinero...[90]

---

[89] Morales a Hughes, 16 junio 1924, despacho No. 618, Micropelícula No. 16.
[90] Geo P. Shaw a Hughes, 24 junio 1924, Micropelícula No. 16.

# CAPÍTULO VI

## Los victoriosos divididos

El triunfo rotundo, en lo militar, no significó que la unidad prevaleciera. A los pocos días empezaron a manifestarse las discrepancias, ya latentes desde la ofensiva final.

El 8 de mayo Morales informaba que la fricción entre Carías y Ferrera era evidente debido a la intención del primero de nuevamente presentarse como candidato a la Presidencia. El segundo sostenía que Carías estaba haciendo todo lo que podía para eliminarlo, siendo el único impedimento para sus aspiraciones de llegar a ser presidente y que Carías y sus principales seguidores estaban intentando influenciar al presidente Provisional en contra de Ferrera. El doctor Fausto Dávila también había roto con Carías y había unido fuerzas con Ferrera.[91]

Los desacuerdos entre Carías y Ferrera afloraron incluso antes de la captura de Tegucigalpa, el último bastión del López-Gutierrismo. Y ello se debió al empeño del primero por continuar adelante con sus aspiraciones de convertirse en el gobernante de los hondureños. El segundo le confiaba a Morales que nunca estaría de acuerdo con la candidatura de Carías, "dando como su razón el hecho que Carías no era el hombre para mantener la paz y el orden en el país y que, además, había perdido considerable prestigio debido a que su reciente movimiento revolucionario había resultado en un completo fracaso. Ferrera y Martínez Funes están a favor del Dr. Fausto Dávila como el candidato único, pero están dispuestos a aceptar cualquier otro hombre fuerte afiliado con el partido azul. El Dr. Valladares (Paulino) ha afirmado que Carías carece de numerosas cualidades que lo capaciten para la presidencia en este momento, no obstante, es persistente en defender su candidatura, ya que Carías estaría enteramente controlado por él mientras que su influencia sería inexistente si otro hombre fuera aceptado. Ferrera está siendo apoyado por los Liberales

---

[91] Morales a Hughes, 8 de mayo 1924, Despacho No. 597, Record Group 59, Micropelícula No. 15.

descontentos y una considerable cantidad de propaganda en contra del partido azul puede ser atribuida a esta fuente. La mano del Dr. Policarpo Bonilla también es claramente vista y parece que está haciendo lo imposible para urgir a Ferrera a que declare su candidatura... El presidente Provisional me informó que si Carías no era el hombre para armonizar los otros, él daría su apoyo a otro. Estaba determinado a prevenir otra guerra civil ...Carías desistirá si se lo pide Valladares.[92]

Para el día 20 el agente diplomático en Honduras daba cuenta que Paulino Valladares trataba de forzar la candidatura de Carías a Ferrera y Martínez Funes y que se había asegurado el apoyo del presidente Tosta. Concluía Morales afirmando que, en su opinión, Carías "no es el hombre para mantener la paz y el orden en el país"; igualmente, detallaba que Ferrera favorecía la candidatura de Fausto Dávila con el apoyo de los Aristas y Bonillistas. "Ferrera ha dicho, además, que antes de aceptar la candidatura de Carías, dejará la capital, afirmación que puede ser interpretada como una declaración de guerra. Valladares me ha admitido que Carías no es el hombre para mantener la paz en Honduras, pero insiste en su candidatura debido a la fuerte influencia que ejerce sobre él".[93]

El 23 de ese mes, Hughes giraba instrucciones a Morales a fin de que informara a los varios líderes políticos respecto a que:

La actitud de este gobierno con respecto al reconocimiento de algún nuevo gobierno en Honduras haría, sin duda, muy difícil para este gobierno reconocer a una administración presidida por Carías, quien fue el primer líder revolucionario en lanzarse a la guerra y quien rehusó acceder a las sugerencias que hizo este Gobierno con vista a llevar a cabo una solución pacífica de las dificultades.

En el mismo cable, bajo el membrete "Estrictamente Confidencial" continuaba exponiéndole:

La información del Departamento respecto a la participación de Fausto Dávila en la revolución no es completa, y pareciera, en base a la información disponible, que la aceptación por parte de

---

[92] Morales al Departamento de Estado, 21 mayo 1924, Despacho 604, Micropelícula No. 16.

[93] Morales a Hughes, Telegrama 113, 20 mayo 1924, 815.00/3172, Record Group 59, Micropelícula No. 16.

Dávila de su nominación por parte de los revolucionarios como presidente provisional, también haría necesario considerarlo como uno de los jefes de la revolución...La actitud del Departamento con respecto a la selección de un presidente en Honduras es una de absoluta imparcialidad y no tiene escogencia entre candidatos o partidos. Su objeto en darle a usted las referidas instrucciones es simplemente para evitar la creación de una situación donde no pudiera consistentemente extender su apoyo moral en los esfuerzos que están siendo hechos para establecer un gobierno constitucional y estable en Honduras. Desea que usted deje clara esta actitud del Departamento a todos los involucrados.[94]

Tres días después, Morales detallaba a su Cancillería que Paulino Valladares había llegado a la conclusión que no podía imponer la candidatura de Carías a los otros dirigentes, habiéndose decidido seleccionar un hombre fuerte del Partido Nacional; Ferrera estaba de acuerdo con el plan y le daría su completo apoyo al candidato selecto; Dávila había sido eliminado al haber aceptado la representación diplomática en Washington.[95]

Valladares insistía en imponer a Ferrera y Martínez Funes la candidatura de Carías, habiendo obtenido el apoyo de Tosta; empero, Ferrera seguía insistiendo en que Carías no era el hombre adecuado para mantener la paz y el orden en el país y continuaba apoyando a Dávila con el respaldo de Cariístas y Bonillistas; no obstante, de acuerdo a Morales, estaba dispuesto a aceptar a cualquier otro caudillo del Partido Nacional y la declaración de Ferrera en el sentido de que antes que aceptar a Carías abandonarían la capital, podía ser interpretada como una declaratoria de guerra: tal era la conclusión del diplomático estadounidense.[96]

Y es que las tensiones y discrepancias entre las fuerzas victoriosas, girando en torno a las renovadas aspiraciones presidenciales de Carías, eran debidamente captadas y reportadas por Morales, quien el 31 de mayo de 1924 cablegrafiaba a

---

[94] Hughes a Morales, 23 mayo 1924, 815.00 3172, Record Group 59, Micropelícula No. 16.

[95] Morales a Hughes, telegrama 115, 26 mayo 1924, 85.00 3174.

[96] Morales a Hughes, telegrama 113, 20 mayo 1924, 815.00-3172.

Washington que tanto Tosta como Paulino Valladares habían tratado de promover a Carías como el candidato único de los dirigentes revolucionarios, lo que era rechazado por Martínez Funes y Ferrera: ambos mantenían la creencia que ninguno de ellos debía presentarse como candidato. Reportaba, además, que lo habían visitado Carías y Presentación Quesada, pidiéndole que les ayudara a convencer a Ferrera para que secundara sus propósitos, habiéndoles respondido que su gobierno era absolutamente imparcial y que no podía hablar a favor o en contra de ningún candidato; Carías, en el transcurso de la entrevista, le aseguró a Morales que él era el único que podía mantener la paz en el país y que, con el apoyo de Ferrera, consideraba que la situación podía ser aclarada.

Yo consideré necesario informarle que mi opinión personal era que el gobierno de Estados Unidos estaría completamente guiado por la actitud expresada en el telegrama del 30 de junio de 1923, respecto al reconocimiento de un gobierno constitucional en Honduras. Carías afirmó que él no estaba en esa categoría y que durante una conversación con Mr. Welles éste le aseguró que sería aceptable. Me vi obligado a decirle a Carias que estaba equivocado ya que yo había estado presente en todas las entrevistas entre Mr. Welles y él y que yo no recordaba una afirmación de tal tipo emanada de Mr. Welles. Le informé, además, de que era tiempo que todos los involucrados consideraran los mejores Intereses de su país y cesaran de jugar a la política.[97]

Las instrucciones que al respecto le giraba Hughes se referían a que comunicara a Tosta de su preocupación por el hecho que el Ministerio de Gobernación continuaba confiado al General Carías; él había comunicado a Welles, antes que éste retornara a su país, que se retiraría de tal puesto diez días después de la instalación del Gobierno Provisional, habiendo a su vez aconsejado al Presidente Provisional que tal curso de acción sería altamente deseable en vista que el control de las elecciones estaba virtualmente conferido a tal dependencia gubernamental; además, ante la declaración pública de Carías, resultaba aún más deseable que dicho Ministerio fuera confiado

---

[97] Morales a Hughes, Despacho No. 612, 31 mayo 1924, Micropelícula No. 16

a "algún ciudadano en cuya imparcialidad los miembros de todos los partidos políticos puedan tener confianza".[98]

Ante el cable girado por Morales el 5 de junio referente a que el día anterior se había elegido a José María Casco y a Ramón Alcerro Castro como candidatos a la presidencia y vicepresidencia de los jefes revolucionarios, había entrevistado a Tosta, Ferrera, Carías y Martínez Funes los que habían manifestado estar de acuerdo. Ante esto, las instrucciones de Hughes eran a la vez detalladas y enérgicas: le hacía ver la preocupación del Departamento de Estado, recordándole que el gobierno estadounidense había otorgado su apoyo moral a Tosta en la creencia que el Gobierno Provisional, electo por representantes de todas las facciones políticas en Honduras, mantendría una actitud de estricta imparcialidad con respecto a los candidatos que pudieran ser nominados para la Presidencia Constitucional.

Ningún otro curso podría ser considerado satisfactorio. La acción tomada por el General Tosta derrota los propósitos por los cuales fue instalado el Gobierno Provisional y constituye una declaración pública acerca de que el Gobierno Provisional se unirá en imponer al pueblo de Honduras un candidato escogido por los jefes de la reciente revolución y el prestigio y poder del Gobierno será empleado para la elección de este candidato. Ud. Fácilmente comprenderá que tal política no puede favorablemente ser considerada por el Departamento... Se le instruye para que aconseje al presidente Provisional de la grave preocupación con que el Departamento ha recibido la información contenida en su cable... si se desea retener el apoyo moral y la simpatía del Gobierno de los Estados Unidos en el propósito anunciado por su administración de restaurar el gobierno constitucional en la República de Honduras, será necesario para él, sin demora, hacer pública una declaración respecto a lo siguiente:

"Que la declaración que ha firmado junto con los otros jefes de la reciente revolución, no implica que el Gobierno Provisional prevendrá la nominación de candidatos para la Presidencia distintos al Dr. Casco, implicando meramente que las facciones

---

[98] Hughes a Morales, 7 junio 1924, 815.00/3182, Micropelícula No. 16

políticas de las que los generales Carías, Ferrera y Martínez Funes son los líderes, no apoyarán otra candidatura; 2) Que como la firma del Presidente Provisional en la declaración del cuatro de junio puede haber ocasionado malas interpretaciones, el Presidente Provisional declara que su firma en esa declaración fue meramente con la intención de demostrar su simpatía con los propósitos de los líderes de la reciente revolución en evitar disturbio político en este período crítico en la historia de la República, que el apoyar solo a un candidato no implica que la actitud del Gobierno Provisional es o será otra que una de estricta imparcialidad entre los partidos políticos existentes en Honduras y que la influencia del Gobierno no será usada, en ningún momento, a favor de ningún candidato o candidatos... El Departamento considera la situación de tal gravedad que si el General Tosta se muestra renuente a adoptar las amistosas sugerencias ofrecidas, el Departamento, debido a su creencia de que la paz permanente en Centro América solamente puede ser asegurada por el apoyo de un gobierno constitucional y popular, estará renuentemente forzado a considerar discutir con los otros gobiernos de Centro América la conveniencia de retirar su apoyo moral a un Gobierno Provisional de Honduras que no garantizara al pueblo de Honduras el derecho al libre sufragio y que pareciera inclinado a imponer al pueblo un presidente seleccionado por los jefes de la reciente revolución, sin darle a los votantes de la República la oportunidad de demostrar si el candidato así escogido está apoyado por la mayoría del pueblo de Honduras".[99]

El 10 de junio el ministro Morales notificaba a Washington que Tosta le había declarado que no era su intención el imponer la candidatura de Casco y que el acuerdo había sido firmado para prevenir que Ferrera y Martínez Funes anunciaran a Dávila como su candidato lo cual, en su opinión, provocaría una revolución ya que Carías nunca aceptaría a Dávila. Además, afirmó que gustosamente acataría la voluntad del Departamento de Estado y haría pública una declaración de acuerdo a lo sugerido, pero en vista que lo ocurrido el cuatro de junio, (esto es, el lanzamiento de Casco) nunca fue hecho público, la

---

[99] Hughes a Morales, 7 junio 1924, 815.00 3182, Micropelícula No. 16.

declaración sugerida tendría que ser modificada para adecuarla con la ocasión.

La respuesta del secretario de Estado fechada el 12 de junio ordenaba a Morales que pidiera a Tosta "seguridad definitiva que la elección venidera de la Asamblea Constituyente y la elección para presidente Constitucional será conducida con absoluta libertad y justicia y que serían tomadas medidas adecuadas para asegurar un leal acatamiento con esta declaración por parte de todas las autoridades subordinadas. También cree que el presidente Provisional, en una fecha temprana, debe hacer una declaración pública de sus intenciones en este respecto y dejar claro que todos los partidos son libres de presentar candidatos a la elección y que a todos se les permitirá libertad absoluta en sus campañas". Esta fue una constante del gobierno estadounidense con respecto a la libertad electoral hondureña a lo largo de 1924: el que los recientemente derrotados gozaran de garantías suficientes para poder competir en los próximos comicios en igualdad de condiciones. Naturalmente el Liberalismo se había auto desprestigiado a lo largo de los cuatro años de la Administración López Gutiérrez debido a la corrupción prevaleciente en los círculos de poder que lo rodeaban, así como por la imposición y violencia ejercidas en distintos puntos del territorio en contra de los seguidores del candidato Carías Andino.

No olvidemos también que sus principales dirigentes se habían marchado al exilio tras el colapso del régimen de facto.

El mismo día reportaba Morales que insistía Carías en ser el candidato presidencial apoyado por el presidente Provisional, a lo que se oponía Ferrera, quien proponía a Martínez Funes, agregando:

Yo les informé que mi opinión personal era que los jefes de la reciente revolución debían ser eliminados y ser propuesto un candidato que, en forma alguna, estuviera vinculado con la revolución. Esto, por supuesto, no contó con su aprobación, especialmente de Carías, quien afirmó que él era el candidato lógico debido a su prestigio a lo largo del país.

El presidente Provisional sugirió entonces a Carías y Ferrera, pero éste último afirmó a que él nunca aceptaría la Vice-Presidencia bajo Carías. En ese momento los antiguos seguidores de Arías y Bonilla tomaron ventaja de la oportunidad, sugiriendo a Ferrera que él había hecho más para el éxito de la revolución que Carías y que él debía demandar que los otros jefes lo apoyaran a él para la Presidencia ... Carías era el único que se oponía a mis puntos de vista e insistió en ser el candidato. Le solicité al presidente Provisional que convocara a una conferencia de los dirigentes y tratara de llegar a una solución.[100]

El 26 de junio reportaba Morales que tanto Presentación Quesada como Luis Bográn, "por razones puramente personales", estaban influyendo en Carías para que continuara con su candidatura, ya que "Carías como presidente sería fácilmente dominado por ellos" y dado que Tosta estaba a favor de su candidatura, Carías proseguiría su campaña para obtener la nominación por el Partido Nacional.

Las elecciones para diputados a la Asamblea Nacional Constituyente se llevaron a cabo en absoluta libertad, de acuerdo a Morales, sin reportarse desórdenes, habiendo elegido el Partido Nacional a treinta y cuatro diputados y los Liberales a ocho; empero, el electorado había mostrado muy poco interés en los comicios. Debe recordarse que el Partido Liberal se encontraba, tras la caída de López Gutiérrez, desorganizado y desacreditado, ello puede explicar en parte el bajo número de representantes que obtuvo en dichas elecciones.

Carías no se resignaba a verse forzado a retirar su candidatura presidencial; pidió al presidente Tosta que retardara la publicación de la carta del Departamento de Estado relativa a que se celebraran elecciones; al enterarse Morales y pedirle explicación al Ejecutivo, éste le contestó que no podía divulgarla debido a que el contenido de la misma iba en contra de la opinión pública y que cualquier actitud que él tomara en contra de Carías podría ir en detrimento de su administración. El ministro estadounidense concluía, al tenor de esa confidencia:

Es un hecho seguro que el presidente Provisional intenta apoyar a Carías para la Presidencia, independientemente de la carta del Departamento. El ministro de Relaciones Exteriores (Paulino Valladares) me acaba de informar que le fue imposible cambiar la actitud del presidente Provisional o hacerle ver la

---

[100] Morales a Hughes, 12 junio 1924, Despacho No. 617, Record Group 59, Micropelícula No. 16.

seriedad de la situación. Dijo además que Carías se está preparando para un movimiento revolucionario con el fin de combatir a Ferrera. Este último abandonó la capital dirigiéndose a La Esperanza... Luis Bográn se ha ido para los Estados Unidos y el ministro de Relaciones Exteriores manifestó que iba con el propósito de comprar armas y municiones con dinero proporcionado por la United Fruit Co.[101]

El secretario de Estado Hughes insistía a sus agentes diplomáticos tanto en Honduras como en Guatemala que la política de reconocimiento de su gobierno estaría ceñida a las estipulaciones del Tratado General de Paz y Amistad suscrito por las naciones centroamericanas el 7 de febrero de 1923. Igualmente, ordenaba a Morales que preguntara a Tosta:

¿Por qué el General Carías permanece como ministro de Gobernación, teniendo esa oficina a su cargo la conducción de las elecciones, a pesar de la afirmación hecha a Mr. Welles antes de su partida de Honduras de que el General Carías se retiraría dentro de diez días después de la instalación del Gobierno Provisional?

Además, el secretario de Estado insistía en que las venideras elecciones debían llevarse a cabo con absoluta libertad, y justicia y que todos los partidos políticos debían estar en libertad de presentar candidatos y permitiéndoseles absoluta libertad en sus campañas.[102]

También giraba instrucciones al ministro estadounidense en Guatemala que hiciera saber al Canciller de ese país el contenido de una nota relativo a los intentos de Carías por llegar a ser el próximo presidente:

...Si bien el Gobierno de los Estados Unidos no puede creer que el presidente Provisional de Honduras favorecerá indebidamente la candidatura del General Carías, es de temer que, si el General Carías persiste en intentar forzar su candidatura al pueblo, la disensión entre los miembros del Gabinete del Gobierno Provisional sería tan grande que puede resultar otro movimiento revolucionario... Y que ningún

---

[101] Morales a Hughes, 5 julio 1924, Micropelícula No. 16.

[102] Nota dirigida por el secretario de Estado a las Legaciones de Estados Unidos en Centro América, 8 julio 1924.

presidente de Honduras será reconocido por ese Gobierno si fuera electo contrario a las estipulaciones del Artículo dos del Tratado General de Paz y Amistad. Si el General Carías no se retira como candidato y si el Gobierno Provisional de Honduras no hace públicos los puntos de vista de este Gobierno, tal como están contenidos en la carta antes referida, el Gobierno de los Estados Unidos se sentirá obligado a hacer pública la carta debido a su sincera creencia de que, en esta forma, puede ayudar de una forma práctica en la realización de los propósitos para los que fue convocada la Conferencia Centro Americana en 1922.[103]

Las instrucciones que recibió Morales el 7 de julio, procedentes de Washington, le ordenaban que reuniera en la Legación a Tosta, Carías, Ferrera, Martínez Funes y Paulino Valladares, haciéndoles saber que:

El Gobierno de los Estados Unidos no otorgará reconocimiento a ningún presidente de Honduras que haya sido el líder de una revolución en contra de un gobierno hondureño reconocido. Es evidente, por esta razón, que si el General Carías es electo presidente de la República en las venideras elecciones, él no recibirá el reconocimiento de este Gobierno... Ud. debe afirmar que el Gobierno de los Estados Unidos no está dispuesto a que su actitud en este asunto continúe siendo desconocida por el pueblo hondureño o por los pueblos de las otras repúblicas centroamericanas.

Además, de no publicarse la carta enviada por el Departamento de Estado tres días después de la reunión en la sede diplomática en Tegucigalpa, dicho mensaje sería divulgado en los Estados Unidos por parte del Departamento, siendo distribuido a los gobiernos centroamericanos, "con la esperanza de que los gobiernos de Guatemala, Salvador, Nicaragua y Costa Rica puedan unirse a los Estados Unidos, como fue el caso en la Conferencia de Amapala, en apoyo de una política que pueda asegurar paz y estabilidad de gobierno en Centro América".[104]

El Canciller hondureño confiaba a Morales que Tosta le había pedido la renuncia basándose en que estaba en contra de Carías; además, había prohibido autorizar la publicación de un periódico que intentaba apoyar al candidato del Partido Liberal,

---

[103] Hughes a Morales, 7 julio 1924, Micropelícula No. 16.

[104] Hughes a Morales, 7 julio 1924, Micropelícula No. 16

lo que evidenciaba que se mantenía en pie la candidatura de Carías. El 9 de julio finalmente apareció en el periódico semi-oficial hondureño la misiva del Departamento de Estado.

En una siguiente reunión, nuevamente Carías afirmó que no tomaría ninguna acción sin antes consultar con sus amigos.

El 8 de agosto Morales recomendaba al Departamento de Estado el que permitiera un embarque de armas y municiones para el gobierno de Tosta, si bien advertía:

Es un hecho asumido que el Partido Nacional será el beneficiado. Si las armas son obtenidas serán usadas para derrotar a los Liberales y para avanzar los intereses de los seguidores de Carías. El presidente Provisional ha apoyado y siempre apoyará a este último. Existe un movimiento en curso al presente para que la Asamblea Constituyente prolongue el período del presidente Provisional hasta febrero de 1926.[105]

El 11 de agosto reportaba Morales que Carías había expresado que la declaración referente a que no sería candidato la leería el seis de ese mes ante la Convención de su Partido antes de hacerla pública, pero no lo había realizado. Por ello Morales deducía:

Es una conclusión inevitable que Carías tiene algunos motivos ulteriores en no desear la publicación de la declaración.

Un día después el Cónsul estadounidense en La Ceiba daba cuenta que tanto los periódicos como la población expresaban su determinación en elegir a Carías como presidente a pesar del no reconocimiento por parte de los Estados Unidos.

El 13 de agosto Morales advertía que Fausto Dávila sería destituido como ministro de Honduras en Washington y era visto como traidor por los seguidores de Carías. Este, Ferrera y Francisco Martínez Funes suscribieron una declaración conjunta, redactada por Paulino Valladares, en que afirmaban:

Nosotros, en aras de ese interés, renunciamos a toda ambición y toda pretensión y no lanzaremos nuestros nombres como candidatos en el venidero debate cívico.

La tenacidad de Carías en no abdicar en sus pretensiones a la Presidencia se constituía en un serio valladar para la vigencia de los llamados Pactos de Washington, objetivo de la política

---

[105] Morales al Departamento de Estado, 8 agosto 1924, Internal Affairs of Honduras, M-647, Micropelícula No. 44.

exterior estadounidense con respecto al istmo. Solamente la insistente presión diplomática y la amenaza del no reconocimiento podían modificar la férrea oposición del Caudillo de Zambrano a ver, por segunda vez, frustrado su objetivo: acceder al poder, ya que contaba con el respaldo mayoritario de los electores.

# CAPÍTULO VII

## Los victoriosos enfrentados

En opinión de un distinguido historiador nacional, el General Ferrera... actuó con manifiesta hostilidad hacia el gobierno provisional de Tosta desde el propio día de haberse constituido éste en conformidad con el Pacto de Amapala. A diario se escenificaban incidentes entre las fuerzas ferreristas y las de los otros jefes de la revolución y era un secreto a voces que el Ministerio de la Guerra lo utilizaba el jefe mencionado para preparar una nueva contienda bélica. Para el logro de sus planes, el General Ferrera contaba con tres jefes importantes en la República. Eran éstos, el General Juan P. Castellanos, comandante de Armas de Amapala; el Doctor Camilo Girón, comandante de Armas de Copán y el General Manuel Darias, comandante de Armas de Intibucá. Estaba, además, con algunas figuras importantes de la política de la capital y de algunas cabeceras departamentales y había logrado amplio entendimiento con la mayoría de los jefes Liberales vencidos en el mes de abril y que habían demostrado competencia en la defensa del gobierno provisional del General Rafael López Gutiérrez y el Consejo de ministros.

Llama la atención que el presidente Tosta no haya hecho lo necesario para prevenir el movimiento que todos los observadores sentían llegar, lo cual pudo haberse logrado, quizás, antes de que estallara el alzamiento; pero es posible que la suma de elementos de guerra en poder de Ferrera excediera, en mucho, a la que podía tener el Gobierno, porque solo así puede concebirse que un militar tan hábil e inteligente como el General Tosta no lograra impedir lo que se atisbaba como una gran tragedia nacional.

El primer acto de hostilidad contra el gobierno se produjo en la plaza de San Marcos de Colón, cuando el General José María Fonseca, quien había salido de Tegucigalpa bajo la protección de Ferrera, atacó aquel lugar en una acción de armas identificada como de inspiración del propio ministro de Guerra en funciones.

Las noches del 5 al 6 de agosto el General Ferrera salió de Tegucigalpa al frente de numeroso contingente de tropas que tenía bajo su mando en el antiguo Palacio Nacional, en los cuarteles de Veteranos y de la Isla y en el retén de Juana Laínez, sin haber obtenido permiso ni haber dado aviso al presidente Provisional, significativo todo de que se realizaba un acto de rebelión contra el Gobierno.[106]

El General Ferrera se dirigió de Tegucigalpa sobre Lepaterique, donde lanzó un manifiesto al pueblo hondureño con el objeto de justificar su actitud; pasó por Lamaní, fortaleció las guarniciones de La Esperanza y Gracias y se dispuso al ataque sobre Santa Rosa de Copán, plaza que defendían los Generales José León Castro y Filiberto Díaz Zelaya. El General Castro fue derrotado en La Unión por el General cubano Manual Darias y juntos este jefe y el General Ferrera lograron tomar, después de reñidísimos combates, la cabecera copaneca debido a que el elemento bélico de que disponían los defensores no podía compararse con el que llevaba el ejército del jefe rebelde que había dejado a Tegucigalpa casi indefensa.

Resulta muy difícil, mejor dicho, imposible, explicarse porqué el General Ferrera, en lugar de haber dado esa larga vuelta por Occidente, no atacó Tegucigalpa la propia madrugada del 6 de agosto, cuando sabía que las condiciones del gobierno, desposeído del elemento de guerra que él tenía en sus manos, eran sumamente precarias. Cada uno de sus soldados marchaba hasta con cinco rifles y gran cantidad de ametralladoras y la gente que lo acompañaba era suficiente para intentar, con éxito, un golpe rápido sobre Tegucigalpa. Bien pudo aislar a Tegucigalpa cortando las líneas telegráficas, establecer, como hizo el general Bográn, en 1890, un campamento general en las afueras de la capital y solicitar desde ahí, en su condición de ministro de Guerra, refuerzos de toda la República. Se afirma que el General Ferrera solo tenía confianza en sus seguidores de Intibucá y de Yamaranguila y que solo se sintió seguro cuando los elementos de guerra que acarreó, no sin fatiga, estuvieron en manos de aquellos jefes y oficiales y aquellos soldados que siempre le fueron leales. Muchos de los jefes que lo acompañaban, entre ellos el norteamericano Herbert Jeffries, intentaron disuadirlo de sus planes, lo cual resultó imposible

---

[106] Cáceres Lara, V., op. Cit., pp. 313-314

debido al carácter fuerte, mejor dicho, a la terquedad del caudillo intibucano.

Las fuerzas del General Ferrera, considerablemente engrosadas, amenazaron la plaza de San Pedro Sula que defendía el General Francisco Martínez Fúnez y el Profesor Carlos Izaguirre V. Después de realizar varias maniobras encaminadas a hostilizar la plaza de Tela, optó por dirigirse sobre Comayagua y Tegucigalpa, al frente de un ejército de cinco mil hombres perfectamente equipados con los más modernos elementos bélicos conocidos en aquel tiempo en Honduras.

El 2 de septiembre de 1924 la guarnición militar dejada por el General Ferrera en la ciudad de La Esperanza y la cual comandaba el General Jaime R. Turcios, proclamó a aquel presidente Provisional, en un acto al parecer espontáneo que le fue comunicado a la mayor brevedad, y al cual el General Ferrera se refirió por medio del siguiente mensaje: "Santa Bárbara, septiembre 3 de 1924. Sr. Jaime R. Turcios. La Esperanza.

Me he enterado atentamente de los conceptos de su mensaje de ayer relativos a la actitud asumida por los pueblos de ese departamento al cual pertenezco; dicha actitud se contrae a declararme Primer jefe de la Nación, cargo y responsabilidad que no he buscado, y que yo creo es perfectamente factible que continúe en el cargo iniciado de Primer jefe Militar del Liberalismo Hondureño. La Presidencia de la República jamás me ha preocupado, y varias veces he sentido vergüenza cuando me han achacado esos propósitos porque considero que ese alto puesto sólo deben ejercerlo las superioridades. Comprendo, además, que al país le falta todo, inclusive hombres, y si por un momento, por razones de política exterior, se hace necesario, o que la suerte de mi Patria esté en mis manos, sólo me veré obligado a aceptar las responsabilidades para salvar su soberanía. También les advierto que este gran movimiento no lo hice yo, sino los liberales hondureños, y aunque Primer Jefe de ese movimiento, no soy más que subordinado de todos los elementos que lo componen y a los cuales pertenezco. Su servidor y amigo, G. Ferrera".

El presidente Provisional, General Tosta, comunicó a la Legación de los Estados Unidos de América... los buenos propósitos del Gobierno de entrar en entendimientos con el jefe rebelde a efecto de llegar a una fórmula de paz, advirtiendo la determinación firme de cumplir el Tratado de Amapala, incluyendo la convocatoria a elecciones para que el pueblo, por voto directo, designara al Presidente Constitucional para el período 1925-1929, que en ningún caso sería el Abogado y General Tiburcio Carías Andino.[107]

El Encargado de Negocios, Morgan, envió a Ferrera varias comunicaciones incitándolo a conferencias de paz en las cuales la Legación estadounidense actuaría como mediadora, pero el General Ferrera no solo rechazó las invitaciones, sino que acusó al diplomático de estar parcializado a favor del gobierno. Fue invitado el general Ferrera para la concertación de un armisticio que se aprovecharía para iniciar pláticas de paz en una localidad intermedia entre Comayagua y Siguatepeque, pero Ferrera expresó...que se dirigía ya sobre San Pedro, que no podía retroceder y que solo podría conferenciar si las pláticas se efectuaban en un lugar situado entre su campamento y la ciudad sobre la cual se dirigía. El Encargado de Negocios estadounidense envió entonces al jefe insurrecto el siguiente mensaje:

Desde las proximidades del pueblo de El Espino, en el departamento de Comayagua, el General Ferrera se dirigió al encargado de Negocios Mr. Morgan manifestándole hallarse en disposición de iniciar pláticas en virtud de haber variado las circunstancias, y el Gobierno integró una Delegación formada por los Abogados Salvador Aguirre y Nazario Pineda, el Doctor Venancio Callejas y el Profesor Vicente Cáceres, para que en compañía del Encargado de Negocios estadounidense entrara en contacto con el jefe rebelde y discutiera en su nombre las proposiciones del General Ferrera. La Comisión llegó a Comayagua el 21 de septiembre de 1924 y allí el Sr. Morgan recibió una nota de Ferrera en la que le anunciaba poder recibirlo en la hacienda denominada El Sitio.

Ferrera señaló como base de todo entendimiento: 1. El retiro inmediato de la Presidencia de la República del General Vicente Tosta, a quien calificó de enfermo y de infiel cumplidor de sus

[107] Ibid, pp. 315-317.

deberes y 2. La vigencia de un armisticio que deberá ser garantizado con la entrega inmediata de la plaza de Comayagua.

La Comisión le expresó la absoluta imposibilidad de aceptar sus condiciones; las pláticas fueron rotas al solo iniciarse y los delegados regresaron a Comayagua y la misma noche del 21 de septiembre retornaron a Tegucigalpa.

El 24 de septiembre el General Tosta se puso al frente del ejército encargado de batir al General Ferrera quien había atacado ya la plaza de Comayagua y la había tomado después de encarnizadas acciones... El 5 de octubre de 1924 un fuerte contingente gobiernista comandado por el General Agapito Ruiz Torres chocó en Ajuterique con el grueso del ejército de Ferrera; el General Tosta acudió desde Comayagua que ya había sido recuperada por el Gobierno y la acción se generalizó entre ambos contingentes en una sangrienta batalla tras la cual el General Ferrera se vio obligado a abandonar el campo dirigiéndose de nuevo hacia Occidente. El General Tosta lo persiguió sin tregua. En Gracias se reforzó su ejército con un fuerte contingente costeño comandado por el General Emilio Amador, y ambos persiguieron al rebelde a quien derrotaron en los combates de Piedra Pintada, El Cerrón y Hacienda Grande, obligándole a entrar en territorio de Guatemala en los días finales de octubre de ese año trágico de 1924.[108]

Un análisis de las circunstancias, motivaciones y realidades políticas a las que tuvo que hacer frente Ferrera a lo largo de 1924 lo elaboró Paulino Valladares. En el mismo afirmaba: Ferrera representaba la fuerza de resistencia, tanto mayor cuanto más se convencía de que el gobierno de los Estados Unidos, basándose en el artículo II del Tratado General de Paz y Amistad de Washington, no reconocería la elección presidencial que recayera en el General Carías. Dijimos que Ferrera tomó parte en

---

[108] Ibid, pp. 318-319. Comentando sobre la guerra civil de 1924 el Cónsul estadounidense en La Ceiba señalaba que en el interior del país había ocurrido gran mortandad y lucha salvaje, debido en muchos casos a la falta de munición y a la lucha cuerpo a cuerpo con machetes. Los sorpresivos y ocasionales ataques por parte de los indios del General Ferrera contra las fuerzas gubernamentales dormidas se dice que han sido particularmente mortales. George P Waller al Departamento de Estado en Correspondence 1925, Library of the Consulate of the United of America at La Ceiba, Honduras, Class C82,600 a 62L11, Book III C8.2, No. 58.

la revolución de febrero como un factor de importancia, sin pertenecer al Partido Nacional. Después del triunfo se convierte en un colaborador obligado de la situación vencedora. Lo procedente era hacer que Ferrera entrara en el nuevo conglomerado. Ferrera no contaba con prestigios populares. Su valor político estaba cifrado en la falange que lo acompañaba.

En el intento de que fusionara su contingente con el nuevo orden, para afianzar la paz, propusimos la fórmula Carías-Ferrera por las firmas que cubrían el pacto de Tiloarque, el gobierno de los Estados Unidos consideró como jefes del movimiento armado a los generales Tiburcio Carías, Gregorio Ferrera, Tosta y Francisco Martínez Funes. Y pensó siempre que el acuerdo de estos jefes determinaría la organización del futuro gobierno y la definitiva consolidación de la paz pública. Ese pensamiento del Departamento de Estado era exacto, porque aún después de la derrota de Ferrera, los tres jefes que quedaron victoriosos resolvieron la presidencia del Doctor Paz Baraona. Esto explicará el empeño que tenía la Legación de garantizar el orden social mediante el acuerdo serio y decisivo de Carías, Ferrera, Tosta y Martínez Funes. La separación violenta de cualquiera de ellos haría peligrar la paz. Y así fue. En las negociaciones con Mr. Morales, nosotros sosteníamos como condición sine qua non, el postulado de que la fórmula presidencial quedara integrada por miembros distinguidos del nacionalismo. Si en obsequio al principio sustentado por la política de Washington, y por amor al sosiego de la patria, se sacrificaba la candidatura del General Carías, no había razón ni justicia para burlar la opinión pública representada por un partido poderoso que triunfó en los comicios contra la imposición y desarmado venció en la guerra cruenta. El General Ferrera pretendía que la vicepresidencia se diera a un miembro del Partido Liberal. Después de varias pláticas quedó convenida, bajo la firma que cubre el acta del 4 de julio, la fórmula Casco-Alcerro. Ferrera se consideró derrotado. Así lo dio a comprender a la misma Legación, y así nos lo manifestaron a nosotros algunos amigos suyos. Es decir, la presidencia del Dr. Casco y la Vice-Presidencia de Alcerro Castro, eran, en el concepto de Ferrera, el triunfo redondo de Carías, porque el poder quedaba en el Partido Nacional y en dos leales amigos suyos. Pero aceptaba la situación y se comprometía a prestarle su apoyo, por que comprendió que sería inútil todo esfuerzo dirigido contra una solución que aprobaba el Departamento de Estado y respaldaba un partido formidable en el interior de Honduras.[109]

En estos términos denunciaba el presidente Provisional la deserción y alzamiento de su ministro de Guerra:

...El levantamiento contra el Gobierno...precipitó al país en una nueva y sangrienta lucha intestina que ha consumido los recursos económicos del Estado, llevando la desolación y la ruina a muchas e importantes comarcas de la Nación, causando gravísimos y por el momento irreparables quebrantos en la propiedad privada.. la lucha tuvo que ser sangrienta y prolongada, porque el General Ferrera, llevándose todos los elementos de guerra que estaban bajo su inmediata responsabilidad, dejó al Gobierno en condiciones difíciles para debelar rápidamente el movimiento. Pero la pericia militar de los distinguidos jefes a quienes les confié el castigo del traidor y el patriotismo y entusiasmo de las tropas, hizo demostrar a este jefe infidente, que no hay mejores armas que la fuerza de la opinión pública y la que da el patriotismo cuando está al servicio de una noble causa.[110]

Al ocurrir el alzamiento de Ferrera, la Asamblea Nacional Constituyente decretó el implantamiento del estado de sitio en todo el país durante 60 días.[111]

---

[109] "La actitud de Ferrera", El Cronista, año XIII, no. 3.237, 17 enero 1925, p.2.

[110] Mensaje dirigido al Congreso Nacional en la inauguración de sus sesiones por el señor General Don Vicente Tosta, presidente Provisional de la República de Honduras. Tegucigalpa, Tipo Litografía Nacionales, 1925, p.4.

[111] Decretos de la Asamblea Nacional Constituyente y del Congreso Nacional Legislativo 1924. Tegucigalpa, Tipografía Nacional, 1925, p. 9. Por Decreto No. 22 se prorrogó por un período igual. Y el Decreto No. 127 en su considerando sostenía: "existen causas fundadas para creer que se ha alterado el orden público por el levantamiento en armas de algunos pueblos del departamento de Intibucá, temiéndose que se propague dicho movimiento a otros lugares de la República..." 9 abril 1925. Decretos del Congreso Nacional Legislativo 1925. Tegucigalpa, Tipografía Nacional, 1925, pp. 166-167.

# CAPÍTULO VIII

## La Batalla de Ajuterique

Prolegómenos:
Tosta le informó al diplomático estadounidense Morgan, que las fuerzas gubernamentales habían hecho contacto con las ferreristas y podía anticiparse combates, solicitándole sus buenos oficios.

Morgan envió telegrama a Ferrera, señalándole las desastrosas consecuencias derivadas de la renovación de hostilidades, comunicándole que Tosta le había asegurado que cumpliría con todos los acuerdos del Pacto de Amapala, además, Carías le había entregado, por escrito, la promesa de que no lanzaría su candidatura para las próximas elecciones. Por todo esto, no había razón para no alcanzar un arreglo entre él y el gobierno provisional.[112]

Pero no solo Washington buscaba alcanzar un acuerdo entre los caudillos victoriosos, también el presidente de El Salvador intentó acercar a las partes, pero ninguna aceptó las propuestas de la otra; Ferrera aceptaba la mediación si la misma se basaba en el retiro de Tosta del poder, lo que fue ignorado por Tosta.[113]

El presidente provisional hondureño le comunicó a Morgan, que, si las fuerzas gubernamentales eran derrotadas por las de Ferrera, abandonaría Tegucigalpa, dejándola a los rebeldes, marchándose a San Luis donde transferiría el gobierno y continuaría la lucha.[114]

Esas declaraciones revelaban la crítica situación y predicamento en que se encontraba el régimen provisional, temeroso de un sorpresivo ataque ferrerista. Además, se encontraba corto de medios de combate, por lo cual solicitó un préstamo a la Standard Fruit, la cual desembolsó $30,000 a favor del gobierno, garantizados con los ingresos aduaneros de La Ceiba.

También Tosta envió telegrama al presidente Coolidge de

---

[112] Morgan al Departamento de Estado 815.00 /3273, 24 agosto 1924.
[113] Muse al Departamento de Estado, 815.00/3285, 26 agosto 1924.
[114] Morgan al Departamento de Estado, 815.00/3317, 4 septiembre 1924.

Estados Unidos, solicitándole levantara el embargo de armas impuesto a Honduras meses atrás.[115]

Fuerzas rebeldes dirigidas por los generales Fonseca y José María Reina, habían cortado las comunicaciones entre Puerto Cortés y San Pedro Sula.[116]

Ferrera, por su parte, de Pimienta se había trasladado a El Progreso, cruzando el río Ulúa por Santiago con por lo menos dos mil hombres bien armados, acompañado de los generales Jeffries (estadounidense) y Reina.

El Cónsul en Puerto Cortés, Shaw, reportaba a Washington que se había entrevistado con Ferrera, quien le manifestó no tener candidato para presidente Constitucional, proponiendo ser él el presidente provisorio e insistió en derrocar a Tosta y a Carías, declarando estar dispuesto a que Shaw concertara una conferencia entre él y el Gobierno provisional para alcanzar un arreglo sin lucha. El diplomático también informaba que Ferrera y sus tropas disponían de doce ametralladoras Leupp y seis Thompson.[117]

Para el 12 de septiembre, Ferrera había evacuado El Progreso, dirigiéndose a Yoro. Al día siguiente se encontraba en El Negrito y el 16 se dirigió a Sulaco.

Se reportaba a Washington que se creía en Honduras existía un acuerdo entre Ferrera y Fausto Dávila, y que éste podía ser su candidato para presidente Constitucional.[118]

Antonio Rivera, reemplazó a Dávila, como representante personal de Tosta, viajando a Washington con el propósito que el gobierno estadounidense levantara el embargo de armas solicitado.

Para el 17 de septiembre, se concluía que Ferrera había fracasado en su campaña alrededor de San Pedro Sula y El Progreso. Sin embargo, también se informaba que Tosta accedía a los términos de Ferrera para alcanzar un armisticio, pero primero deseaba consultar a sus asesores militares.

Previamente el presidente Tosta, en carta enviada a su colega Calvin Coolidge en agosto de 1924 le comunicaba lo siguiente,

---

[115] 815.00/3336, 8 septiembre 1924.

[116] Shaw al Departamento de Estado, 815.00/3339, 9 septiembre 1924.

[117] Shaw al Departamento de Estado, 815.00/3343, 10 septiembre 1924.

[118] Morgan al Departamento de Estado, 815.00/3345, 12 septiembre 1924.

por su importancia reproducimos algunos de sus párrafos:

Considerando la cercana amistad y el lazo de compañerismo por el que estaba atado el General Ferrera, nunca creí que podría ser culpable de tal traición, que ha enteramente manchado su previa conducta en la presencia del Cuerpo Diplomático y en violación del Pacto de Amapala...

También le informaba que mientras Ferrera fungió como ministro de Guerra, había nombrado a personas opuestas a su gobierno, que no cumplían con los requisitos de responsabilidad y habilidad. Igualmente, reiteraba que no permitiría que su nombre fuera colocado como candidato para presidente Constitucional.[119]

### El ataque a Comayagua

Ferrera decidió capturar la ex-capital, defendida por 3,000 hombres al mando de los generales Cáceres, Arce, Sanabria, en tanto la fuerza ferrerista ascendía a la mitad.

Tras feroces combates logró apoderarse de la ciudad, contando con la colaboración del coronel Carrasco, "joven valiente que militó en México a las órdenes de Villa".

Al enterarse Tosta de la capitulación, se desplazó desde Tegucigalpa a Flores, Comayagua, con 1.500 soldados. A pesar que se ordenó al General Martínez Fúnez que avanzara hacia este lugar para apoyar al presidente, optó por permanecer en San Pedro Sula.

Esa negativa era interpretada como resultado de que tanto Martínez Fúnez como Ferrera, eran cercanos amigos personales y viejos compañeros de armas, existiendo un mutuo entendimiento en el sentido de que el primero no atacaría al segundo si éste no lo hacía.

Se incluía esta evaluación respecto a Martínez Funes:

No es un ardoroso seguidor de los actuales líderes del Gobierno provisional y se dice está muy favorablemente inclinado hacia Fausto Dávila.

A pesar de todas las oportunidades y tentaciones para hacerlo, no se ha pasado al bando de Ferrera, y aún parece disfrutar de la confianza de Carías y Tosta.

---

[119] Tosta a Coolidge, 815.00/3380, 29 agosto 1924.

Frente a frente

Las fuertes lluvias dificultaban los desplazamientos de ambos ejércitos. Ello impidió cualquier plan que Ferrera pudo haber tenido para proseguir con su ventaja inicial y marchar inmediatamente hacia Tegucigalpa, tras la captura de Comayagua.

Acompañado de 800 hombres, Tosta logró expulsar la retaguardia de Ferrera fuera de Comayagua, capturando equipos y municiones, el 3 de octubre.

Dividió sus tropas y con la mayoría de ellas se desplazó a El Sitio, sin avanzar aún hacia Comayagua.

Las tropas que Ferrera dejó en Comayagua y El Sitio, al mando del General Toribio Ramos, en número de 300, habiendo sido vencidas, alteró sus planes.

Un problema común a ambos bandos era el hecho de no disponer de suficiente armamento y municiones. Ese hecho impedía a Tosta perseguir a Ferrera, pese a contar con abundancia de soldados.

Por su parte Ferrera había comunicado a sus agentes en Guatemala y El Salvador que debían proporcionarle ayuda.

Así evaluaban los diplomáticos estadounidenses la situación:

Probablemente piensa reorganizarse y procurar más munición con el fin de iniciar una nueva campaña a tiempo de prevenir o seriamente interferir con las elecciones.[120]

Con refuerzos procedentes de Tegucigalpa y la región sur del país, Tosta reorganizó sus tropas acantonadas en Zambrano. Envió una fuerza pequeña a La Cocona bajo las órdenes del General Díaz Zelaya.

Ferrera, por su parte, encargando a su retaguardia detener el avance de Tosta, envió 300 hombres bajo las órdenes del General Darias para que atacara a Díaz Zelaya, en tanto él retrocedió hacia Comayagua. Su plan era que Darias derrotara a Díaz Zelaya, impidiendo así que se uniera a Tosta.

Las instrucciones que dio a Darias eran que no debía perseguir a Díaz Zelaya, sino regresar de inmediato donde se encontraba él y el General Ramos a fin de emprender un ataque conjunto contra Tosta, cuando éste dejara Comayagua en

---

[120] Morgan a Hughes, 815.00/3397, 4 octubre 1924.

persecución de Ferrera.

Empero, Darias solamente obtuvo una victoria parcial en La Cocona, pensando que la misma era suficiente para impedir que Díaz Zelaya avanzara.

Tosta o bien intuyó o se enteró de los planes de Ferrera, y posicionándose en Ajuterique, a 3 leguas de Comayagua, preparó una emboscada.

El 5 de octubre la trampa se había cerrado y Ferrera junto con todas sus fuerzas fue despedazado.

Díaz Zelaya, quien había estado siguiendo a Darias, sin que éste se enterara, apareció en el flanco y la derrota del ejército de Ferrera fue completa. Se calculaba que había perdido alrededor de 300 hombres, en tanto el Gobierno provisional la mitad de esa cifra.

Tosta capturó 150 mulas y alguna munición y abastecimientos, y procedió a perseguir a Ferrera, quien logró mantener una línea de retirada hacia el Occidente, reagrupando el resto de sus fuerzas y retrocedió ordenadamente con rumbo a La Esperanza, "donde está entre sus más leales seguidores; se dice que hace tiempo preparó posiciones en las cuales guarecerse en caso de ocurrir un revés". Se reportaba que Ferrera tenía alrededor de 1,500 hombres y 80 mulas cargadas de munición cuando estuvo en Comayagua. El Gobierno Provisional tuvo alrededor de 2,500 hombres en la campaña. Hubo probablemente al menos 500 muertos, de ambos bandos.

Ferrera no dañó a la ciudad durante la ocupación, pero confiscó todos los abastecimientos disponibles y dinero, mediante préstamos forzados, exigidos a todos los comerciantes. Dos fuerzas liberales fueron derrotadas: una bajo Ángel Matute, cerca de Tela y otra en La Brea, Ocotepeque.[121]

La persecución que emprendió Tosta fue en vano, ya que Ferrera y su ejército "completamente desapareció, en la forma característica en él. El servicio de inteligencia del Gobierno Provisional ha sido tan pobre que a menos que Ferrera anunciara su presencia abiertamente, nunca parecían saber dónde estaba en 10 leguas".

---

[121] Morgan al Departamento de Estado, Despacho 665, 815.00/3445, Carrete 17, M-647, 9 octubre 1924. También se reportaba que Tosta se encontraba entre Siguatepeque y Santa María, cerca de La Esperanza.

Siendo infructuosa su persecución de Ferrera, Tosta se dirigió a Santa Rosa de Copán, Santa Bárbara y San Pedro Sula, donde pagó a sus tropas. En el trayecto recibió demostraciones de júbilo.

Así era evaluado Tosta en su condición de general victorioso: Él es visto como el mejor comandante militar en Honduras. Un excelente estratega para el tipo de guerra que aquí se practica; un líder bravo e inspirador. Los soldados asumieron renovada confianza.[122]

Se habían enfrentado dos valientes caudillos: el guerrero de escuela, de formación académica, y el guerrillero de sorprendentes e imprevistos ataques. Prevaleció el primero, luego de terrible y feroz combate en el que, nuevamente, se derramó sangre de hermanos.

El periódico guatemalteco Nuestro Diario, se refería en estos términos a la batalla de Ajuterique:

El ejército de Tosta recibió armamento y soldados de El Salvador, "la Alemania centroamericana", y del gobierno nicaragüense de Chamorro.

Las tropas de Ferrera, estaban agotadas, con poca munición, sin haber recibido sueldo.

La acción fue corta y el pánico indescriptible. El ferrerismo, sorprendido, quiso resistir, pero sólo logró evitar que sus máquinas [ametralladoras] cayeran en poder del enemigo.[123]

---

[122] Idem.

[123] Artículo publicado el 6 de agosto, 1925 e incluido en el Despacho enviado al Departamento de Estado, 815.00/3853, 14 agosto 1925.

# CAPÍTULO IX

## Paz Baraona en la Presidencia.
## El primer año

Debido a que Carías estaba legalmente inhabilitado para ascender a la Presidencia, en virtud de los pactos de Washington de 1923, él y su partido decidieron que fuera Miguel Paz Baraona el que dirigiera el timón del Estado. Llegaba pues, como candidato de compromiso. Al tomar éste la promesa constitucional el 1°. de febrero de 1925 dijo:

Estoy aquí como por la fuerza del Destino, limpio de odios, libre de cadenas, resuelto a gobernar en consonancia con los principios de la agrupación política de que fui electo.[124]

Un columnista era de opinión que tres asuntos debían ocupar de inmediato la atención de Paz Baraona: restablecer el crédito nacional (suspendido en razón del no cumplimiento de la deuda ferrocarrilera), el control de las rentas, apertura de nuevas fuentes de producción, alto al contrabando y la recuperación del Ferrocarril Nacional.[125]

Pero además de los serios problemas fiscales y sociales también hubo que hacer frente a los políticos, en una doble vertiente. De una parte, la oposición a su régimen por parte de la facción carlista del Nacionalismo, acaudillada por Carías; de otra, la liberal encabezada por Ferrera. Respecto al endeudamiento externo, se negoció exitosamente la misma con los tenedores de bonos ingleses, reduciéndose la misma a 1.2000.000 libras esterlinas, pagaderas en treinta años.

El 21 de marzo el Encargado de Negocios a.i. Lawrence Dennis fue visitado por Carías, el Canciller Salvador Aguirre y el ministro de Hacienda Alcerro Castro en relación a la negociación de la deuda con Gran Bretaña y la posibilidad de contraer un préstamo con Estados Unidos. Reportaba en estos términos:

El General Carías expresó estar muy ansioso por determinar

---

[124] Citado por Paredes, L. Op.Cit. p.400.

[125] Muñóz, Juan B. "Los tres primeros problemas que se presentarán al nuevo gobernante", El Cronista, año XIII, No. 3.240, 21 enero 1925, p. 1.

los puntos de vista del Departamento de Estado sobre este tema, y que el Gobierno hondureño procediera, hasta donde fuera posible, en armonía.

Dennis le hizo ver la posición oficial de su país, la cual favorecía un arreglo, diciendo Paz Baraona y Carías, ("que es generalmente reconocido como la personalidad política más influyente hoy en Honduras"), que se enviara a Juan López a Washington con una doble misión: llegar a un acuerdo con respecto a la deuda externa, "en armonía con los puntos de vista del Gobierno Americano" y el negociar un préstamo que no excediera de veinte millones de dólares. Carías afirmó que apoyaría tal acuerdo si era razonable, teniendo confianza que sería prontamente ratificado por el Congreso.[126]

Pero la negociación del préstamo encontraba opositores al interior del mismo Nacionalismo. Uno de ellos era Juan Manuel Gálvez, ministro de Gobernación y abogado de la Cuyamel Fruit, así como Paulino Valladares, Céleo Dávila y Luis Suazo, estos dos últimos secretarios de López en los Estados Unidos, dándose una absoluta falta de entendimiento y cooperación entre Paz Baraona y los miembros Caristas del gobierno, incluyendo a los ministros de Relaciones Exteriores y Hacienda, debido a las relaciones del presidente con individuos hostiles a los Caristas.[127]

Pero el forcejeo continuó aún después de haberse firmado el arreglo definitivo de la deuda. La Embajada Inglesa envió un aide mémoire al Departamento de Estado el 18 de enero de 1926 indicando que parecía que el General Carías, por razones políticas, se oponía a la ratificación por parte del Congreso hondureño del acuerdo suscrito en Washington.[128]

Carías y Antonio Rivera visitaron la Legación estadounidense informando semi-oficialmente que el primero, como líder del Partido Nacional consideraba que no podía apoyar al Gobierno en ninguna negociación final sobre un

---

[126] Dennis al Departamento de Estado, Despacho No. 736, 24 marzo 1925, 815,51/582.

[127] Dennis al Departamento de Estado, Despacho No. 817, 17 julio 1925, 815.51/599. Despacho No. 851, 5 septiembre 1925, 815.51/G07. El acuerdo con los tenedores de bonos fue firmado en Washington el 29 de octubre de 1925.

[128] 815.51 /626, 20 de enero 1926.

préstamo "en tanto el presidente Paz permaneciera en el puesto".

Carías afirmó que el Partido Nacional y él personalmente no podían compartir la responsabilidad por los actos administrativos del presidente Paz. Dijo que el país necesitaba un préstamo y que estaría dispuesto a que se obtuviera por un gobierno en el que los miembros del Partido Nacional tuvieran plena confianza y sobre el que pudieran ejercer un control satisfactorio.[129]

Agregaba el diplomático estadounidense que el Vicepresidente Presentación Quesada también se oponía a la ratificación del préstamo, "como a cualquier propuesta del Ejecutivo".[130]

Finalmente, el Legislativo ratificó el convenio el 8 de marzo de 1926.

En lo político, Paz Baraona debió encarar un feroz e implacable antagonismo por parte de Carías y sus adeptos. Para mediados de mayo se informaba que Paulino Valladares ("quien es incuestionablemente el periodista más inteligente en el país y un hombre de larga experiencia política, pero sin suerte") era el líder de un movimiento contra Carías, realizando una campaña sutil en contra de Carías y sus seguidores, a fin de que fueran removidos de puestos públicos; el lema de la campaña era "administración vis. Política personalista", creyendo que dicha campaña tenía el apoyo de Venancio Callejas, presidente del Congreso y del General Bertrand Anduray, jefe de Policía.

Aunque no posee un número importante de seguidores entre el pueblo, el Sr. Valladares es un escritor efectivo e intrigante y es más que evidente que tiene ambiciones de ser ministro de Relaciones Exteriores en lugar del Sr. Aguirre, el alter ego del General Carías, y que aspira eventualmente a ser presidente. El Sr. Valladares está, sin duda, mejor calificado intelectualmente para cualquiera de estos puestos que la mayoría de los integrantes del presente gobierno. Aunque hace muchos años, como secretario Privado del presidente Dávila cuando era el poder detrás de la Presidencia, el Sr. Valladares manifestó un fuerte prejuicio antiamericano, en los últimos años ha adquirido, por sus escritos, la reputación de ser un entusiasta Americanófilo. Con estas credenciales, ejerce una fuerte

---

[129] Summerlin al Departamento de Estado, 16 enero 1926, 815.51/628.
[130] Summerlin al Departamento de Estado, 22 febrero 1926, 815.51/630.

influencia sobre el presidente al que está tratando de persuadir que la única salvación de Honduras descansa en la eliminación de Carías y el Cariísmo del Gobierno y en una consiguiente política de reconciliación con los Liberales. El presidente ha mostrado señales de receptividad a los puntos de vista del Sr. Valladares.

Para fortalecer al Partido Nacional bajo el General Carías, los Cariístas están planeando organizar un diario en Tegucigalpa que será dirigido por un Alfred Schlessinger, un periodista nacido en Austria-Hungría, centroamericano naturalizado, que está empleado como trabajador político, consejero y agente de prensa por el General Carías.

Los Cariístas hacen responsable a Valladares de la oposición del presidente al proyectado diario. El debate entre el General Carías y sus rivales es, esencialmente, uno de personalidades y no de principios.

La acusación de que está jugando política y pretende ejercer los poderes de un "jefe" político es sin duda cierto... Si bien es difícil evaluar la fortaleza política del General Carías y muy imposible prever los resultados de un intento de parte del presidente de despojarlo de control político, parece aparente que el General Carías tiene un fuerte número de seguidores personales a lo largo del país ... En realidad, se puede decir que las únicas personalidades en Honduras capaces de reclutar un gran número de hombres para todas las posibles eventualidades, son los generales Carías, Tosta, Ferrera, y Martínez Funes.

Cualquier esfuerzo, por tanto, del presidente Paz de gobernar sin el apoyo de al menos dos de estos líderes y en oposición a los dos más influyentes de ellos, generales Carías y Ferrera, debe lucir sin esperanza.[131]

El representante de la Cuyamel Fruit en Tegucigalpa, Pemberton, sostuvo una conversación con el Encargado de

---

[131] Dennis al secretario de Estado, Despacho No. 774, 22 mayo 1925, 815.00/ 3740, Micropelícula No. 18. Agregaba que el "genio maligno" de la disensión dentro del Gobierno continuaba siendo Valladares, quien llevaba a cabo una campaña de intriga "con vista a ocasionar la caída del General Carías...La actitud del Dr. Valladares se debe probablemente a que bajo el presente orden no puede esperar una posición de poder, mientras que bajo un nuevo arreglo político puede obtener alguna ventaja personal". Despacho No. 887, 24 octubre 1925, 815.00/3892. Don Paulino falleció en Panamá en 1926.

Negocios interino de los Estados Unidos. El contenido de la misma fue notificado a Washington en estos términos:

Me ha dejado claramente a entender que su compañía desearía ver el mantenimiento del gobierno del presidente Paz Baraona pero con la eliminación total del General Carías y los dos o tres miembros Caristas intransigentes en el Gabinete.[132]

Intentemos detallar los aspectos sociales. Ya en febrero de 1925 se suscitaron conflictos laborales en La Ceiba, en la fábrica de calzado Naco debido a que los trabajadores exigían incrementos salariales. Este reclamo se extendió a la Honduras Sugar and Distilling Co., también propiedad de la Standard Fruit Co. Los trabajadores demandaban aumentos en sus sueldos, el despido de uno de los gerentes y la abolición del sistema de cupones para poder comprar en los comisariatos de la empresa. Calculaba en 700 los parados. Afortunadamente, en esta instancia no ocurrieron hechos violentos y se iniciaron conversaciones entre los representantes obreros y la empresa.

El sistema de cupones asumió creciente importancia en la huelga contra la compañía azucarera; los participantes demandaban ser pagados con dinero en efectivo, petición que fue apoyada por el gobierno mediante la prohibición de extender cupones...la huelga general anunciada no se llevó a cabo, pero por primera vez se le dio seria consideración en Honduras al rumor de que agitadores comunistas estaban ayudando a agravar las tensas condiciones locales.

El Cónsul en Puerto Castilla, Willard L. Beaulac, reportaba a sus superiores que en las plantaciones de la Truxillo Railroad Co. los trabajadores habían declarado una huelga el 4 de marzo y que el gobierno, de acuerdo al Artículo 113, párrafo 28 de la Constitución vigente, prohibió que a los empleados se les extendiera cupones a ser redimidos en los comisariatos. De acuerdo a la misma fuente, bajo presión de los líderes militares locales, los huelguistas habían demandado ser pagados en efectivo. La empresa había logrado que el presidente Paz Baraona les concediera permiso para continuar emitiendo cupones temporalmente, para luego sustituir esa práctica con la de extender órdenes de mercadería a aquellos trabajadores que

---

[132] Dennis al Departamento de Estado, Despacho No. 781. 31 mayo 1925, 815.00/3748, Micropelícula No. 18.

así lo solicitaran, las que eran deducidas de los salarios pagados, y solo eran válidas en los comisariatos de la empresa, sistema que en la práctica equivalía al de los cupones.

La legación estadounidense reportaba a Washington desde Tegucigalpa, el 8 de octubre de 1925:

*Las condiciones financieras han llegado a ser desesperadas, los ingresos han disminuido debido a que se han reducido las importaciones por la aprensión por el futuro; el gobierno está en mora, especialmente con salarios. Hay una falta de control administrativo en el asunto de gastos.*

Y el 24 de octubre:

*Hace seis a ocho meses que no se paga a los empleados públicos y los Magistrados de la Corte Suprema amenazan con ir a la huelga; el gobierno tiene problemas para obtener un préstamo de entre 75 a 100 mil dólares y los cariístas se oponen a que el presidente obtenga tal préstamo ya que así encontrará más dificultades y es más posible que renuncie.*

Además, se hacía una apreciación y análisis respecto a la influencia económica-política de las empresas fruteras en la vida de Honduras.

Sus intereses parecen estar mejor servidos cuando el país está en un estado de inestabilidad y el Gobierno financieramente comprometido, condiciones que les permiten a las compañías obtener concesiones valiosas, exenciones, privilegios, etc., a cambio de pequeños anticipos de dinero urgentemente necesitados por el Estado empobrecido... durante la primera mitad de 1925 las compañías obtuvieron una ganancia de más de $ 1 por cada racimo, pagando 1 1/2 centavos por impuesto al Estado.[133]

En el Departamento de Cortés ocurrió la huelga de los trabajadores del ingenio azucarero de La Lima, propiedad de la Cuyamel Fruit Co., en marzo de 1925. De acuerdo al Gobernador Político, Ramón Alvarado Mendieta, las peticiones eran éstas supresión de los cupones, pago en efectivo y semanalmente, jornada de ocho horas diarias, que la empresa

---

[133] Citado por Argueta, Mario R. Historia de los sin historia, 1900-1948. Tegucigalpa, Guaymuras, 1992, p.43.

aceptara en su hospital a las familias de los trabajadores, pago de dos dólares diarios por jornal y rebaja de un veinticinco por ciento a las mercaderías vendidas por los comisariatos. Paz Baraona encargó al General Francisco Martínez Funes a fin de que interviniera en el conflicto, encontrándole solución; a pesar de ello, el conflicto se extendió a las instalaciones de la Tela, Standard y Truxillo Railroad Co.

El General Vicente Tosta, ministro de Guerra, le giró las siguientes órdenes:

*Ud. debe procurar con buenas maneras que todos vuelvan al trabajo y los que no acepten que se retiren de los campos, apretándoles poco a poco hasta tener presos los cabecillas, pues hay que proteger a los que quieren trabajar, metiendo a la cárcel a los instigadores. Igual procedimiento debe adoptarse en La Ceiba.*

Acatando este mandato, Martínez a su vez ordenó a los comandantes de armas y gobernadores políticos de San Pedro Sula, La Ceiba y Trujillo el envío de escoltas militares de "no menos de quince soldados" a los distintos campos bananeros que estuvieran en huelga, la captura de los dirigentes y su encarcelamiento; que los huelguistas nombraran representantes para que iniciaran conversaciones con funcionarios de las fruteras; si éstos se negaban a satisfacer las demandas obreras, las autoridades gubernamentales se abstendrían, por no tener facultades para ello, de obligarlos a ceder. De no llegarse a un acuerdo entre las partes, los que hubieran dejado sus labores deberían abandonar las instalaciones de las bananeras, caso contrario o excitaran a otros trabajadores a sumarse a la huelga, "serán considerados como vagos perniciosos, aprehendidos militarmente y reconcentrados para que las autoridades de policía les impongan la pena señalada por la ley".

Estas medidas contaron con la aprobación tanto de Paz Baraona como de Tiburcio Carías, Juan Manuel Gálvez y de Vicente Tosta. Este último le remitió el siguiente telegrama:

*Celebro que haya logrado frustrar la huelga de La Lima y espero que en los otros campos tenga igual éxito. Debe Ud. proteger a todos aquellos que desean trabajar, convenciendo a los huelguistas a reanudar sus labores o abandonar los campos, usando de la mayor energía al no ser atendido y en último caso reduzca a prisión a los cabecillas, pues conviene extinguir la huelga en ese litoral. Generalmente los fomentadores de esto son los más haraganes que viven de los juegos y robos. Espero que Ud., de acuerdo con los comandantes de esa región, incline al trabajo a todo el mundo y mantenga el orden más estricto.*

Martínez Funes concluía que el fracaso del movimiento de protesta se debió a que muchos obreros no lo acuerpaban, a la falta de organización, a no disponer de fondos económicos con los cuales ayudar a los participantes ni contar con directivos que lo iniciaran en el momento más oportuno.

En septiembre de 1929, como resultado de un decreto que establecía en el Departamento de Atlántida la jornada laboral diaria en un máximo de ocho horas sin disminución en los salarios, cuando la jornada regular de trabajo para la Standard había sido de diez horas, el gerente de la empresa, J. R. O'Connor, informó a los trabajadores en La Ceiba que la empresa acataría tal disposición pero que también reduciría los salarios proporcionalmente, dejando a los asalariados con solamente el 80% de los salarios anteriores. Los trabajadores se fueron a la huelga el 5 de septiembre. Pero no existió solidaridad entre los huelguistas, pese a la intervención de Zoroastro Montes de Oca...

Él y otros dos dirigentes fueron arrestados y enviados a Tegucigalpa. Para el fin de semana la huelga había concluido. El arreglo al que se llegó en esta huelga consistió en que, si bien la empresa frutera pagaría ocho horas diarias trabajadas y no diez pagadas como había decretado la autoridad local de Atlántida, se permitiría que se pudieran trabajar nueve horas y la novena sería pagada doble.

Si ésta era la situación y condiciones laborales en la Costa Norte, en Tegucigalpa se informaba por parte del cónsul estadounidense en esta ciudad lo siguiente:

Los sindicatos han estado recientemente aumentando en número e influencia. Aún no están verdaderamente organizados. sin embargo, su influencia está aumentando y se cree por parte de algunos empleados que, a menos que cambien radicalmente las condiciones, pronto afectarán adversamente la situación laboral. Hay una tendencia distintiva en casi todos los oficios a organizarse en sindicatos. Todos estos sindicatos están más o menos afiliados con la Federación Obrera Hondureña.[134]

El desafío ferrerista ocurrió recién instalado Paz Baraona en la Presidencia. En efecto, el 5 de abril los indígenas intibucanos y Yamaranguila atacaron La Esperanza, plaza defendida por el General Leónidas Fonseca, quien pereció en la refriega. La rebelión continuó en Camasca, Jesús de Otoro, San Marcos de la Sierra y San Miguelito, debiendo el Congreso emitir el Decreto No. 127 del 9 de ese mes por el que implantó el Estado de Sitio. Fue hasta julio que el ministro de Guerra y jefe de Operaciones, General Vicente Tosta logró poner final al alzamiento.[135]

El corresponsal de un periódico sampedrano informaba desde La Esperanza que se había restablecido la paz y el trabajo debido:

"A la proficua (sic) labor que el general Tosta está desarrollando en estos pueblos... puesto que con ello ha alcanzado apaciguar completamente los ánimos que, exaltados por la pasión política y rencor partidista, se dedicaban al bochinche en esta zona. El movimiento comercial ha crecido enormemente y aquí ya nadie piensa en más turbulencias".[136]

Por desgracia, como más adelante veremos, esta era una calma transitoria. La zona lenca seguiría aportando durante años por venir, una desproporcionada cuota de sangre y destrucción, al menos hasta 1931.

La posición de Tosta se fortalecía y su apoyo llegó a ser indispensable para la supervivencia de Paz Baraona en la Presidencia, hostilizado por partida doble. El talentoso militar se colocó al servicio de la permanencia de éste en el poder. Y es que era el único que podía hacer frente con éxito a las tácticas de Ferrera, que atacaba inesperadamente, de día o de noche respaldado por la lealtad y valor de las tropas indígenas, y la competencia de oficiales intermedios.

Tosta no se dormía en sus laureles y reorganizaba el servicio de La Esperanza y Ocotepeque, "de tal manera que la fuerza

---

[134] Ibid. Pp.44-50.

[135] Memoria del secretario de Estado en el Despacho de Gobernación, Justicia y Sanidad, Dr. Juan Manuel Gálvez, 1924-1925. Tegucigalpa, Tipografía Nacional, pp. V., 76, 103-104. La Legación reportaba una victoria militar de Tosta al noreste de La Esperanza, el 26 de junio, con un saldo de 26 muertos entre las tropas gubernamentales.

[136] El Cuarto Poder, año I, No. 5, San Pedro Sula, 5 septiembre 1925, p.4.

efectiva del gobierno evite nuevos disturbios".[137]

El General Tosta declaró que, desde un punto de vista militar; la revolución estaba enteramente suprimida y que espera regresar a La Esperanza la próxima semana para proseguir el desarme de los habitantes en las regiones que proporcionaron gran número de participantes en el reciente movimiento...

El 7 de octubre se reportaba que ocurrían disturbios en Curarén y que Carías, Martínez Fúnez y sus seguidores no estaban dispuestos a luchar en otra campaña en respaldo del presidente, en contra del cual estaba creciendo el descontento.

El General Tosta tiene ambiciones definitivas para la Presidencia y sin duda desearía ver al General Carías eliminado como un factor personal en la política, pero dado que el General Tosta no tiene un considerable número de seguidores que lo respalden en una ruptura con el General Carías, sin duda tratará de adherirse a una política estrictamente oportunista.[138]

Dennis daba cuenta que había estado reuniéndose con Carías, Tosta y Martínez Funes desde el 9 de agosto, esperando que las pláticas concluyeran con un manifiesto de solidaridad y apoyo al gobierno constitucional. El 10 había sido visitado por separado habiéndole expresado Carías:

"Que, si bien estaba dispuesto a comprometerse a nombre del Partido Nacional, del cual él había sido designado el líder, consideraba que le debía a sus seguidores que su promesa debía ser correspondida por un acuerdo recíproco, que no había necesidad de publicar, de parte del presidente para reconocer los derechos especiales de los dirigentes del Partido y observar el procedimiento general en el caso de un gobierno unipartidista".

---

[137] El Cronista, 22 abril 1925, p. 2. Para el principal periódico de ese entonces, "la actual asonada de Occidente carece de importancia. No es el indio ineducado el responsable de esta nueva carnicería humana. Esa tribu ...es el instrumento destructor ...La inspiración del crimen y la mano fratricida pertenecen a los mercaderes de sangre". Los mercaderes de sangre, El Cronista, 11 abril 1925, p.2. También se detallaba que los indígenas eran alrededor de 300, armados de flechas y machetes y se reproducía circular del ministro de Guerra, Tosta vaticinando que la revuelta no encontraría respaldo entre la población. El Cronista, 11 abril 1925, p.3. Como causal del alzamiento se especulaba que podía tener relación con el empréstito negociado por el gobierno por 20 millones que se gestionó en New York pero que había quedado reducido a 9.4 millones pesos oro. El Cronista, 21 abril 1925, p. 2.

[138] Dennis al Departamento de Estado, 30 octubre 1925, Micropelícula No. 19.

Si Martínez Funes se expresó totalmente de acuerdo con Carías, Tosta mostró ciertas reservas hacia el diplomático estadounidense, "respecto al grado y manera de cooperación que él consideraba deseable entre el presidente y los dirigentes del Partido".

Sin embargo, el general Tosta era muy definitivo en afirmar que, aunque había sido abordado por ciertas personas deseosas de acercarlo a una naciente alianza dentro del Partido Nacional hostil al General Carías, él estaba dispuesto a hacer causa común solamente con el Gobierno Constitucional y la mayoría de los miembros del Partido Nacional, cuyas decisiones acataría.

El 11 los tres se reunieron conjuntamente con Dennis, expresándole:

*Que era esencial para el presidente el proceder en armonía con un consenso partidista, del cual ellos, naturalmente constituirían los elementos directrices. Tan pronto como alcanzaran un entendimiento satisfactorio con el presidente en este último punto, estarían listos a firmarlo y publicar la declaración de solidaridad.*

Los días 11 y 13 de julio Dennis se entrevistó con el presidente Paz. Este le confió que estaba muy contento que los líderes afirmaran su lealtad a él y al Gobierno, pero que estaba indispuesto a atar sus manos por cualquier adhesión recíproca de su parte hacia ellos.

Comentaba el diplomático: "Él considera que ellos están ya comprometidos, por deber, para darle su apoyo; considera al General Carías absolutamente honesto y que el General debe tener la misma confianza en él, que ha sido siempre amigo y partidario de Carías. El presidente cree que el General Carías está demasiado bajo la influencia de ciertos seguidores. Insiste en su derecho a despedir a funcionarios venales y en nombrar hombres honestos y eficientes en sus puestos, independientemente de las políticas partidistas y sin tener que consultar a líderes partidistas.

Le pregunté si él creía que podía tener éxito en gobernar al país y mantener la paz sin la cooperación de los tres líderes, a lo que él, renuentemente, contestó que no".

Y ofrecía su evaluación a sus superiores en Washington:

La situación real, brevemente dicha, es que el General Carías se mantiene muy definitiva y abiertamente en la posición de "A los victoriosos pertenecen los despojos" y de que el gobierno debe ser completamente unipartidista. Por esta razón, su actitud es muy clara e inequívoca. En principio, los generales Tosta y Martínez están en entero acuerdo con el General Carías en este punto, pero no atados por el peso de tantas obligaciones personales como el General Carías. La posición del presidente es mucho menos clara y obvia. Él es honesto y aparentemente sincero en su deseo de servir los mejores intereses del país, pero a su manera y con sus propios amigos y con aquellos en los que tiene confianza personal.

No tiene ni disposición ni instinto por la política... Consecuentemente es incapaz de valerse completamente del apoyo de los políticos a los que les debe el puesto y al mismo tiempo mantiene sus escrúpulos. Además, él es incapaz, aparentemente, de crear alrededor suyo una fuerte maquinaria política personal.

A pesar de estas limitaciones no está consciente y está llegando a estar ligeramente afectado con un sentido de la importancia de su puesto. El presidente Paz Baraona es posible que entienda mal la naturaleza y alcance de sus poderes. Sin los líderes políticos y lo que es más fundamental, el pueblo y el Congreso que ellos controlan, él probablemente haría una figura políticamente ridícula... En conclusión, puedo afirmar que mi convicción es que, si el presidente fuera capaz de reunir juntos a los tres líderes políticos arriba mencionados y de gobernar en estrecho acuerdo con ellos y sus numerosos seguidores, serían improbables futuros desórdenes revolucionarios en el país en el futuro inmediato. La paz se daría no porque el Gobierno así dirigido satisfacer a la oposición, dentro y fuera del país, sino debido a que un gobierno fuerte y unido en la presente coyuntura haría fútil y prácticamente imposible los movimientos revolucionarios.[139]

El pronunciamiento, firmado por Paz Baraona, Carías, Tosta y Martínez Fúnez, apareció en Tegucigalpa el 17 de agosto. Se rumoraba que existía un acuerdo secreto cuatripartito y de otro pacto, también secreto, entre Carías, Tosta y Martínez Fúnez en

---

[139] Dennis al Departamento de Estado, Despacho No. 841, 815.00/3858, 4 agosto 1925.

caso que el presidente Paz no estuviera de acuerdo con el artículo tercero del convenio cuatripartito referente al nombramiento en puestos públicos solamente de afiliados al Partido Nacional.

A petición de Carías, los tres caudillos habían acordado no aprobar ningún nombramiento realizado por el Ejecutivo en puestos importantes si recaían en personas que no pertenecieran al Partido Nacional.

Dennis consideraba que Paz Baraona no estaba completamente en simpatía con el manifiesto y con los firmantes y lo calificaba de vacilante y carente de energía.

Algunos de los problemas adicionales que debía encarar don Miguel eran la concertación de un préstamo, y las disputas fronterizas con Nicaragua y Guatemala.

El diplomático estadounidense también comunicaba a Washington que el presidente Paz acusaba al VicePresidente Quesada de deslealtad y de pretender sucederle en el puesto mediante la renuncia del primero. En su opinión, era preferible que concluyera su período ya que:

La llegada al poder del Dr. Quesada marcaría la ascendencia definitiva de los ultra Cariístas bajo un líder muy poderoso y habilidoso, lo que parecería tener más peligro potencial que el mantenimiento de una balanza de poder político entre los miembros del Partido Nacional por parte del Dr. Paz Baraona.[140]

También remitía copia del acuerdo alcanzado entre el presidente y los jefes de la Revolución Reivindicadora, el cual rezaba así:

1) El primero de los suscritos, presidente de la República, declara que tomando en cuenta la magnitud y sacrificios del Partido Nacional, su Gobierno se desarrollará sobre un constante y leal entendimiento con los demás que suscribimos, jefes de la Revolución Reivindicadora.

2) El presidente confía en la lealtad de los jefes antes nombrados y de los miembros del actual gabinete.

3) El presidente hará los nombramientos de los altos empleados de acuerdo con los mencionados jefes.

---

[140] Dennis al Departamento de Estado, Despacho No. 844,815.00/3862, Micropelícula No. 19.

4) Todos los suscritos intercambiarán ideas sobre la dirección general que debe seguir el gobierno en la política del país para la marcha armónica de la administración pública.

5) No se hará ningún trabajo para la sucesión presidencial, sino hasta la fecha que señala la Constitución.

Firmaban Miguel Paz Baraona, Tiburcio Carías Andino, Vicente Tosta, Francisco Martínez Funes.[141]

Era obvio que el propósito era restringir el margen de maniobra de Paz Baraona, su criterio para el nombramiento de los mandos más idóneos (que eran muy limitados) para el desempeño de puestos claves en el sector público. Mientras él trataba de conformar un equipo de colaboradores capaz, al margen de criterios partidistas, el sector cariísta del Nacionalismo de hecho le colocaba una camisa de fuerza, recordándole que su ascenso al poder había sido provocado por el hecho de haber sido inhabilitado Carías para poder llegar a la Presidencia. Y esa tensión y forcejeos caracterizarían su cuatrienio presidencial.

Carías continuaba como comandante del Ejército y como jefe del Partido Nacional, en otras palabras, ejercía poder militar y político que Paz Baraona no podía ignorar, so pena de ahondar el creciente distanciamiento entre ambos; de hecho, apenas si se dirigían la palabra.

Gradualmente se fue conformando un sector anticariísta en el Gobierno integrado por el presidente del Congreso, Venancio Callejas, Paulino Valladares, el ministro de Gobernación Juan Manuel Gálvez y Rafael Díaz Chávez, secretario de Obras Públicas, unidos en el deseo de eliminar a Carías de la Administración Paz, acción que era apoyada por la Cuyamel Fruit.[142]

Tosta, por su parte, trabajaba activamente en pro de su candidatura presidencial en la Costa Norte, despertando cierta ansiedad entre los seguidores de Carías debido a que su proselitismo podía perjudicar su popularidad.

Carías y Martínez Fúnez, deseaban pedirle a Paz Baraona que renunciara de su puesto, alegando que no había cumplido

---

[141] Incluido en Despacho No. 844, 815.00/00-38627.

[142] Dennis al Departamento de Estado, 15 abril 1925. Micropelícula No. 20.

con los pactos suscritos. Se planteaban tres posibilidades: que el presidente voluntariamente renunciara, siendo reemplazado por el Vice, Presentación Quesada, "quien es enteramente controlado por Carías". Si esto ocurriera se destituiría tanto al ministro de Gobernación, Juan Manuel Gálvez como al de Fomento, Rafael Díaz Chávez, permaneciendo Tosta, probablemente, en el Gabinete.

Si estallara un alzamiento sería encarado por un gobierno fuerte; Paz Baraona rehusara dimitir, con lo que Carías y Martínez Funes lo harían, probablemente triunfando Carías o los Liberales y dejando al país sin gobierno constitucional. Dennis aseguraba a Washington que:

La Legación tratará de disuadir a los Caríistas de esa acción y que brinden un apoyo nominal al presidente a pesar de su insatisfacción.[143]

Respecto a la salud de Paz Baraona se reportaba:

Paz Baraona presenta signos de un estado nervioso y no tiene seguidores personales. Tosta tiene ambiciones a la Presidencia y deseara ver eliminado a Carías como factor personal en política.[144]

Que Tosta se había constituido en el fiel de la balanza en el precario equilibrio político que permitía la permanencia de Paz Baraona en la Presidencia lo refleja este despacho diplomático:

En tanto el General Tosta declina el pedir, junto a Carías y Martínez Fúnez, la renuncia de Paz Baraona, los Caristas probablemente no la intentarán (la renuncia) sin él, temiendo con ello provocar una seria crisis y comprometer su posición moral.[145]

En diciembre Tosta se retiró del Gabinete, siendo reemplazado por Martínez Funes lo que debilitaba el control de Paz Baraona sobre las fuerzas centrífugas de su partido.

Mientras estos acontecimientos ocurrían al interior del Nacionalismo, ¿qué acontecía con los derrotados y fragmentados Liberales? Intentaban reagruparse bajo la égida de Zúñiga Huete. A poco de haber tomado posesión de su cargo el presidente Paz

---

[143] Dennis al Departamento de Estado, Telegrama No. 109, 8 octubre 925, 815,00/3887.

[144] Dennis al Departamento de Estado. Despacho No. 873, 815.00/3883, 3 octubre 1925.

[145] Dennis al Departamento de Estado, 24 octubre 1925, Micropelícula No.19.

había decretado amnistía el 13 de febrero de 1925 para aquellos que hubieran participado en delitos políticos y militares conexos, cometidos desde el 6 de agosto de 1924 (cuando el General Ferrera se alzó en armas contra el presidente Provisional Tosta) hasta la fecha de emisión del decreto.

Como ya vimos, el levantamiento ferrerista fue rápidamente vencido por las tropas gubernamentales dirigidas por Tosta.

Desde Guatemala, donde había emigrado, Zúñiga Huete trataba de recaudar fondos. Para ello envió a dos emisarios a New Orleans a fin de que se entrevistaran con Samuel Zemurray, presidente de la Cuyamel Fruit. Empero, la solicitud fue denegada.

Se afirmaba por los diplomáticos estadounidenses que había mandado a otro correo a México en misión similar.[146]

De acuerdo a Paredes, los Liberales que secundaron a Ferrera en 1924 habían encontrado hospitalidad y apoyo por parte del Mandatario guatemalteco José María Orellana y no fue sino hasta su reemplazo por el General Lázaro Chacón que cesó esa colaboración cuando éste manifestó públicamente su determinación de no intervenir directa o indirectamente en la política interna de los países vecinos.[147]

Concluía así el primer año del gobierno de Paz Baraona, habiendo debido hacer frente, con éxito, a retos provenientes del Carismo y un sector del Liberalismo Ferrerista. Las presiones que experimentó deben, sin duda, haber sido agobiantes. Y fue bajo esas circunstancias extraordinarias donde el médico santabarbarense supo dar muestra de su firmeza de carácter, así como de su intención por hacer una administración de integración, con el concurso de aquellos pocos compatriotas que no buscaban el arribismo, bien a la sombra de un caudillo o de una empresa bananera, sino que, por el contrario, anteponían el interés personal al colectivo.

Si Carías anticipó que Paz Baraona seguiría siendo uno de sus incondicionales, sufrió un desengaño y una desilusión. También Tosta fue distanciándose de la influencia del Caudillo de Zambrano. Ferrera, por su parte, había roto relaciones con todos ellos.

---

[146] Despacho No. 790, 7 enero 1925, Micropelícula No. 18.
[147] Paredes, L., op.cit., pp. 401-403.

# CAPÍTULO X

## La Lucha Continúa

La guerra proseguía feroz, implacable, devastadora, consumiendo vidas y propiedades públicas y privadas.

Obreros, artesanos, campesinos, constituían, mayoritariamente, los muertos y mutilados, la carne de cañón, los instrumentalizados por los políticos cegados por el poder, la ambición y la gloria, y por las empresas bananeras compitiendo entre ellas por la obtención de contratas adicionales a las ya concedidas por un Estado débil, desorganizado, ineficiente y pobre.

Y los gobiernos de las repúblicas vecinas apoyaban a los distintos bandos en contienda con el fin de extender su influencia en los destinos y asuntos internos hondureños, presididos por el médico Miguel Paz Baraona.

Así el año 1925, presenció la continuación del enfrentamiento armado y el consiguiente derramamiento de sangre.

El 2 de abril, en batalla de 4 horas de duración, Tosta derrotó a unos 800 indígenas dirigidos por los seguidores de Ferrera, los mílites Domínguez y Pérez, a inmediaciones de La Esperanza. También se informaba que el gobierno controlaba Ocotepeque.[148] Nuevamente, el 5 de mayo ocurrió un nuevo enfrentamiento entre las fuerzas dirigidas por Tosta e indígenas ferreristas que atacaron Santa Bárbara, con un saldo de 13 muertos.[149]

Para finales de junio, Tosta afirmaba haber obtenido otra victoria, al noreste de La Esperanza, con un saldo para las tropas gubernamentales de 26 muertos y 44 heridos. La representación diplomática estadounidense reportaba que Tosta había afirmado que sus tropas entusiastamente lucharán contra los indígenas insurrectos, y agregaba Dennis que, sin contar con estímulos desde afuera, los indios insurrectos serán indudablemente suprimidos.[150]

---

[148] Dennis al Departamento de Estado, 815.00/3701, 28 abril 1925.
[149] Dennis al Departamento de Estado, 815.00/3712, 5 mayo 1925.
[150] Dennis al Departamento de Estado, 815.00/3776, 28 junio 1925

El 26 de junio se dio la batalla de Mansaguara, al noreste de La Esperanza, con un saldo de 26 muertos, incluyendo 2 coroneles y 44 heridos para las tropas del gobierno. Tosta, jefe expedicionario de la ofensiva, calculaba que las bajas ferreristas alcanzaban el doble de las suyas e incluían al coronel Pedro Domínguez y al Mayor Eulalio Rodríguez. Sobre el primero, Diario de Centro América, de Guatemala, lo consideraba "un cabecilla fogueado desde los tiempos del General Domingo Vásquez".

En su parte de guerra, el General Tosta evaluaba así el desenlace:

*La lucha fue corta, pero intensa, y la considero como una de las más importantes verificadas en esta región.*[151]

¿Por qué se continuaba combatiendo en Intibucá, pese a haber logrado Tosta la decisiva victoria de Mansaguara? El hecho es que el presidente Paz Baraona le había ordenado la "pacificación" de ese departamento a fin de continuar la ofensiva contra Ferrera y sus seguidores, de esta manera intentando dar fin a la prolongada guerra civil.

Empero, esa campaña había dado origen a abusos en contra de la población lenca, la cual otorgaba su respaldo al guerrillero otoreño quien encontraba fácilmente reclutas entre esa etnia.

El hondureño Ricardo Alduvín, quien dirigía en Guatemala el periódico Excelsior denunciaba que, entre el 15 de octubre de 1924 al 28 de febrero de 1925, habían ocurrido desmanes en Intibucá, detallándolos:

Saqueo sistemático y destrucción de sus propiedades e intereses. perpetrados por soldados gubernamentales acatando órdenes de sus superiores.

Estas incluían el que los alcaldes municipales enviaran a La Esperanza, el último de abril, a todas las mujeres que vivían solas y a todos los huérfanos; sin explicar la razón, en privado, las autoridades afirmaban que era con el propósito de enviarlos a la Costa Norte y Tegucigalpa, dispersándolas en esas zonas con

---

[151] Dennis al Departamento de Estado, Despacho 936, 815.00/3820, 11 julio 1925. El recorte de prensa y las observaciones de Tosta aparecen incluidas en este Despacho. Debo al Abogado José María Palacios la información relativa a la matanza de indígenas intibucanos perpetrada por el militar español Autrán, de alta en el ejército gubernamental.

el propósito de reducir la población indígena.

Además, los varones mayores de 15 años debían presentarse el primer domingo de mayo a la cabecera departamental, ignorándose el propósito de esa convocatoria. En La Esperanza habían sido asesinados varios ciudadanos y el nombramiento del comandante Departamental de Intibucá había recaído en un funcionario culpable de más de ocho asesinatos.

En La Masica, Atlántida ocurrió una masacre, ordenada por Filiberto Díaz Zelaya, perdiendo la vida 35 personas. Otra tuvo lugar en San Fernando, frontera con El Salvador[152]. También, de acuerdo al diario guatemalteco Nuestro Diario, habían ocurrido incendios en Yamaranguila, Intibucá y otros poblados menores. La población local se defendió de los ataques bajo la dirección de Blas Domínguez y Zenón Pérez, "indios de pura raza", y comentaba:

Son esos indios una raza vigorosa y valiente, digna de ser educada y no de exterminarla... pero el criterio de Tosta y el de sus mentores es distinto... para él esa raza hay que destruirla, hay que acabar con los indios.

Tosta, por su parte, declaraba al ya citado Excelsior:

Queda terminada la revuelta de Occidente en su aspecto militar. En su oportunidad el Gobierno debe desplegar energía junto con una política de conciliación para inspirar confianza a los vecinos de Intibucá.

Al retornar a Tegucigalpa, Tosta le confiaba al diplomático Dennis que sus campañas habían sido arduas y peligrosas, largas y a veces no exitosas debido a consideraciones humanitarias que habían regido su accionar de acuerdo a las instrucciones del presidente (Paz Baraona).

Si las tropas del Gobierno hubieran destruido cosechas, abastecimientos alimenticios y viviendas de los insurrectos, agregaba, y castigado a los capturados con la muerte u otras penas severas, los alzamientos hubieran sido rápidamente dominados.

Los insurrectos, continuaba diciendo, escogían el terreno, momento y medios de ataque, con la ventaja de dispersarse y retornar, sin ser molestados, y a voluntad, a ocupaciones

---

[152] Desde Guatemala, Geissler al Departamento de Estado, Despacho 966, 815.00/3852, 12 agosto 1925. Adjunto el recorte del periódico Excelsior.

pacíficas.

El indio campesino podía ser un revolucionario hoy, un ciudadano pacífico el siguiente día y un revolucionario el siguiente día con el riesgo de afrontar peligro personal solamente si descubierto en guerra abierta contra el Gobierno.

Las masas de los participantes en la insurrección habían empuñado armas contra el Gobierno solamente por las excitativas de líderes liberales hondureños residiendo en países limítrofes y como resultado de desinformaciones por parte de estos líderes.

En su informe a Washington, se incluía la siguiente observación sobre los planes del General Tosta:

Me impresiona como teniendo elevadas ambiciones políticas para el futuro, pero con la convicción que estas ambiciones serán mejor servidas mediate la adhesión al Gobierno Constitucional, al menos por el momento, evitando cualquier curso de acción que pueda exponerlo a la acusación de mala fe o colocarlo en una posición de ilegibilidad para la

Presidencia, bajo los tratados existentes... está jugando solitario, políticamente, pero dentro del Partido Nacional.[153]

El 20 de agosto regresó Tosta a La Esperanza, con instrucciones del presidente Paz Baraona de desarmar a la población en las localidades done habían ocurrido recientes disturbios.[154]

Ferrera se había trasladado a Guatemala en calidad de emigrado, desde donde había ordenado a sus oficiales en Honduras, entre ellos el cubano Avelino Darias y su hermano Manuel, Blas Domínguez, Juan Z. Pérez, E. Arita, Justo Umaña, Martín López, Atiliano Domínguez, que llevaran a cabo guerra de guerrillas y solamente se enfrentaran en combate con fuerzas iguales o inferiores. Se lamentaba de no haber podido recaudar dinero en esa nación y el gobierno hondureño le solicitaba a su homólogo guatemalteco que lo deportara.[155]

---

[153] Dennis al Departamento de Estado, Despacho 840, 815.00/3857, 13 agosto 1925.

[154] Dennis al Departmento de Estado, Despacho 844, 815.00/3862, 21 agosto 1925.

[155] Reporte G-2, "Estabilidad del Gobierno", Despacho 1,418, War Department. corespondence and Record Cards of the Military Intelligence Division relating to general political economic, military conditions in Central America, 1918-1941, Carrete 4, RG 165.

El 3 de julio de 1925 las autoridades guatemaltecas permitieron a Ferrera abandonar ese país, llegando a San Salvador el 5 de julio.

El 18 de julio Manuel Darias y Juan Z. Pérez, procedentes de Santa Bárbara, atacaron Marcala con 400 hombres, siendo repelidos por el Gobierno.[156]

El 3 de julio de 1925 las autoridades guatemaltecas permitieron a Ferrera abandonar su país, llegando a San Salvador el 15 de julio.

La estadía de Ferrera en territorio salvadoreño, y sus actividades, eran reportadas a Washington por la legación estadounidense. En visita que realizó, entregó un documento sobre la situación en Honduras y su ambicioso programa de reformas.[157]

También los diplomáticos estadounidenses acreditados en Honduras informaban al Departamento de Estado respecto a los personajes y acontecimientos ocurridos, en esa confrontación y antagonismo, entre los caudillos militares y los políticos de uno y otro bando.

Se reportaba que Ferrera "está actualmente conspirando" en El Salvador, preparado a apoyar al presidente de Honduras [Paz Baraona] y al General Tosta, por los cuales tiene gran admiración, pero que el general Carías y sus hombres deben retirarse.

El General Carías parece ser el único objeto personal de la implacable oposición del General Ferrera. La explicación es simplemente que el General Ferrera, como político muy astuto, ve la necesidad. Todos los rivales menos poderosos pueden ser perdonados.[158]

El 25 de septiembre los indígenas de Curarén habían atacado Aramecina y Coray el 6 de octubre. "Se dice que están en estrecho contacto con Ferrera y otros líderes liberales que están fuera del país".[159]

---

[156] Dennis al Departamento de Estado, 815.00/3802.

[157] 815.00/3870, 19 septiembre 1925.

[158] Dennis al Departamento de Estado, Despacho 873, 815.00/3888, 3 octubre 1925.

[159] Dennis al Departamento de Estado, Despacho 815.00/3891, 10 octubre 1925.
También habían participado en combate el 16 de octubre, en Mercedes de Oriente, departamento de La Paz, 815.00/3891, 24 octubre 1925.

Se informaba que Ferrera había desaparecido de San Salvador, ignorándose su paradero. Cuando se volvieron a tener noticias suyas fue en enero de 1926, cuando el 18 derrotó al General Amador cerca de Ocotepeque. Previo a este combate, había ocurrido un desembarco en Puerto Sal, cerca de Tela, al mando de Manuel Darias, el 21 de noviembre, habiendo perecido unos 14 hombres y otros fueron capturados, habiendo escapado Darias[160], quien había participado en la Revolución Mexicana en las filas de Pancho Villa.

Ferrera atacó La Esperanza, pero fue rechazado, después de un encuentro que duró 20 horas. El General José María Reina, segundo en mando en las huestes ferreristas, perdió 20 oficiales y 29 hombres. La plaza de Ocotepeque fue reocupada por el Gobierno. Los generales ferreristas Zenón Pérez y Blas Domínguez, buscaban reclutar 800 hombres en la zona de Camasca; no se sabía con certeza si Ferrera había sido repelido hacia El Salvador o si permanecía en Intibucá.

Tosta se desplazó a La Esperanza con 1,200 hombres. Entre tanto, el Cónsul en La Ceiba, informaba que el General Darias había sido capturado y ejecutado.[161]

El general liberal Ángel Matute, tras retornar procedente de El Salvador, confiaba al presidente Paz Baraona que el mandatario salvadoreño Quiñónez, continuaba secretamente apoyando a Ferrera, quien, con el consentimiento de su gobierno, permanecía oculto en territorio salvadoreño. Quiñonez, continuaba, piensa apoderarse del suelo hondureño, incluyendo Ocotepeque. Por su parte, Paz Baraona, manifestaba al diplomático Summerlin que los gobiernos vecinos se percataban de la actual debilidad de Honduras.[162]

También le daba cuenta que Quiñónez pensaba expulsar a Ferrera a Panamá, y que él, Paz Baraona, por medio de su colega salvadoreño pensaba ofrecerle 20 mil pesos al caudillo intibucano, pero que éste, por medio de Quiñónez, solicitaba 50 mil pesos adicionales, por lo que Paz Baraona había subido su oferta a 30 mil pesos, la cual debía ser aceptada o rechazada en el término de tres días.

---

[160] 815.00/3899, 20 noviembre 1925; 815.00/3918, 4 diciembre 1925.
[161] 815.00/3942, 30 enero 1926; 815.00/3954, 10 marzo 1926.
[162] Summerlin al Departamento de Estado, 815.00/3980, 7 julio 1926.

Ferrera aceptó por escrito las bases del arreglo propuesto por el gobernante hondureño. Al enterarse Tosta de tal negociación elevó protesta a Paz Baraona, por lo que éste le comunicó que, para no indisponer a Quiñónez, había decidido anticipar a Ferrera 10 mil pesos, dinero que no era de la nación, sino suyo para lo cual había comprometido sus propiedades de San Bartolo y Papayo, por lo que, si el dinero se perdía, Honduras no habría derrochado un solo centavo.

Envió a su secretario privado, Juan Manuel Gálvez, a El Salvador a fin de entregar esa suma a Ferrera, por medio del presidente Quiñónez.[163]

Desde El Salvador, Ferrera se trasladó a Guatemala donde se entrevistó con los liberales hondureños José Ángel Zúniga Huete, Arturo Matute, José María Guillén Vélez y Salvador Cisneros.

Apoyado por Guatemala, iría a México a recibir armas y municiones.[164]

Luego de su regreso de México, Ferrera, permaneció algún tiempo en Guatemala, habiendo recibido del soldado de fortuna estadounidense Herbert Jeffries, un embarque de armas y municiones. A uno de sus oficiales, el General Fonseca, lo envió a Nicaragua para que hablara con Sandino a fin de obtener su apoyo en el propuesto movimiento.[165]

El presidente guatemalteco, Lázaro Chacón, daba seguridades al Ministro de Honduras en Guatemala que si Ferrera llegaba a ese país sería obligado a abandonarlo. El diplomático hondureño afirmaba haber sabido que Ferrera estaba tratando de obtener armas en México, las que serían transportadas a Belice.[166]

El nuevo presidente salvadoreño, Pío Romero Bosque, aseguraba a la legación estadounidense en su país, que no toleraría la actividad revolucionaria contra Honduras, desde territorio salvadoreño.[167]

A finales de enero el gobierno mexicano declaró que

[163] Summerlin al Departamento de Estado, 815.00/3982, 1° septiembre 1926; 815.00/3983, 2 septiembre 1926; 815.00/3991, 24 septiembre 1926.

[164] Summerlin al Departamento de Estado, 815.00/4064, 18 enero 1927.

[165] Summerlin al Departamento de Estado, 815.00/4117, 26 agosto 1927.

[166] Hawks al Departamento de Estado, 815.00/413, 29 septiembre 1927.

[167] 815.00/4133, 1° octubre 1927.

autorizaría que Ferrera ingresara a ese país, pero no le permitiría emprender actividades revolucionarias usando a México como base.

También el Encargado de Negocios a.i estadounidense en Guatemala agregaba que parecía haber un acuerdo entre Ferrera y Sandino, por el cual, a cambio de armas facilitadas por Ferrera, para que Sandino las usara en Nicaragua y Honduras, éste ayudaría a Ferrera en sus actividades en Honduras en 1928.[168]

En Honduras, mientras tanto, el presidente Paz Baraona confiaba al diplomático Summerlin que había concluido que las actividades de Ferrera eran del conocimiento del gobierno guatemalteco.[169]

Ferrera, quien continuaba en Guatemala, se comprometía con sus autoridades a no emprender actividades subversivas; manifestó que escribiría a su esposa, quien estaba residiendo en El Salvador, para que ella averiguara si esa nación lo aceptaría en cuyo caso se trasladaría al vecino país.

Visitó al ministro hondureño en Guatemala, Silverio Laínez, excitándolo para que el gobierno otorgara amnistía y así poder regresar a su patria.

Al Canciller guatemalteco, Salazar, le manifestó que se iría a México, permaneciendo en Guatemala hasta el 12 de julio.[170]

Cumplió con lo prometido y abandonó Guatemala, llegando a Tapachula el día 17.[171] Para mediados de octubre había salido de México y se cree había retornado a Guatemala y para el 19 se informaba que había pasado por Camotán, y se creía ya estaba en Honduras.[172]

Desde San Salvador, el ministro de Guerra comunicaba al Encargado de Negocios estadounidense que Ferrera y Tosta se habían reunido en Ocotepeque.

Como puede observarse los rápidos y sorprendentes desplazamientos de Ferrera hacían muy difícil saber a ciencia

---

[168] Hawks al Departamento de Estado, 815.00/4138, 30 septiembre 1927 y 815.00/4147, 26 octubre 1927.

[169] Summerlin al Departamento de Estado, 815.00/4135, 22 septiembre 1927.

[170] Geissler al Departamento de Estado 815.00/4201, 30 junio 1928; 815.00/4 204, 6 julio 1928.

[171] 815.00/4205, 23 julio 1928.

[172] 815.0014254, 17 octubre 1928, 815.0014269, 22 octubre 1928.

cierta dónde se encontraba en determinado momento para efectos de mantenerlo bajo vigilancia, lo que a ratos resultaba frustrante para quienes tenían a su cargo seguir los pasos de este elusivo guerrillero, impredecible en sus reacciones y movimientos.

# CAPÍTULO XI

## La consolidación
## de la influencia cariísta

Las elecciones realizadas en octubre de 1930 para renovar la mitad de diputaciones en el Congreso resultaron en un virtual empate entre los dos partidos por lo que acordaron un pacto mediante el cual el Liberal Santiago Meza Cálix ocuparía la Presidencia y el Nacionalista Venancio Callejas la Vice-Presidencia del Legislativo.

Durante 1929 y 1930 tanto la titularidad como la mayoría de curules parlamentarios habían estado controladas por el Partido Nacional, alternándose en la Presidencia Antonio C. Rivera y Tiburcio Carías respectivamente.

Un periodista analizaba este equilibrio de fuerzas, así como la incapacidad liberal para alzarse con mayoría en el Congreso en estos términos.

...no obstante que el Partido Liberal dispuso a su arbitrio de los elementos que da la posición oficial del bando que está en el Poder, el hecho es que el cariísmo eligió mayor número de diputados, hecho que se dio sin lugar a dudas por no haber conseguido el Partido Liberal controlar la mayoría en el Congreso, no obstante que necesitaba para ello elegir menos número de Diputados que el Nacionalismo. Y en cuanto a votos, fue mayor el número de ellos que obtuvo el Partido Nacional en toda la República. Y si la suspicacia oficial le hizo aparecer con menos número, fue porque restó indebidamente al Nacionalismo los votos que obtuvo en coalición con el ferrerismo. Cuando aquellas elecciones se practicaron, el Partido Republicano estaba todavía unido al Partido Liberal, es decir luchó contra el Nacionalismo la coalición liberal republicana, como en 1928; y, no obstante, su posición en las urnas fue inferior a la del Nacionalismo.[173]

Pero la influencia Cariísta no se limitaba al Legislativo. También se extendía al Tribunal Superior de Cuentas y al Poder Judicial. La Constitución vigente, la de 1924, otorgaba al

---

[173] "La quimera del Liberalismo" Nuevos Tiempos 25 octubre 1932, p. 4.

Congreso la potestad de elegir a los miembros de ambos cuerpos.

Las atribuciones del primero consistían en examinar, aprobar o improbar las cuentas de los que administraran fondos públicos y devolver al Ejecutivo las órdenes que no estuvieren arregladas a la ley. Un estudioso del período considera que la creación del Tribunal Superior de Cuentas debe haber sido laudable en su origen, ya que servía como un freno a los abusos fiscales de un poder despótico como el que podía asumir el Ejecutivo. Pero como el Congreso elegía sus integrantes, si uno de los partidos dominaba el Congreso... el Tribunal estaba en peligro de convertirse, como la Corte Suprema de Justicia, en otra dependencia partidarista, a decir verdad, del Congreso, y obstruccionista cuando el Ejecutivo estaba en manos del partido contrario. Y eso fue exactamente lo que ocurrió durante la administración Mejía Colindres. Parecía un sistema hecho expresamente para maniatar a un presidente.[174]

Con respecto al control del judicial, el mismo historiador nos dice que, de acuerdo con la constitución entonces vigente, le tocaba al Congreso elegir los cinco magistrados que constituían la Corte Suprema de Justicia; en su escogencia... no era el jurista más competente ni el más íntegro el que recibía el visto bueno del Congreso, lo que incluiría imparcialidad de criterios: lo que contaba era lealtad al Partido Nacional. Además, la Corte Suprema tenía en sus manos todo el sistema judicial del país porque a ella le tocaba nombrar todos los magistrados de las Cortes de Apelaciones, jueces departamentales y seccionales. Únicamente los jueces de paz eran nombrados por los jueces de letras departamentales o seccionales de acuerdo con una terna presentada por la municipalidad respectiva. Pero acontecía en 1932 que el 80% de las municipalidades estaban en manos de nacionalistas... en ese año bendito sólo el Poder Ejecutivo estaba controlado por el Partido Liberal, un Poder Ejecutivo en manos de un hombre pusilánime... El cargo más grave que podía hacérsele a la Corte Suprema en 1932 era que anteponía los intereses partidaristas a los nacionales.[175]

---

[174] Contreras, Carlos. Hacia la dictadura Carista, la campaña presidencial de 1932. Tegucigalpa, Iberoamericana, 2000, p. 25.

[175] Idem, p. 27-29.

Esto nos conduce a examinar la personalidad de Mejía Colindres. Para el caso, un informe diplomático confidencial caracterizaba de esta manera al titular del Ejecutivo:

Uno de los hechos sobresalientes acerca de la Administración del presidente Mejía Colindres es que, a pesar de ejemplos casi innumerables de traición, peculado y otros crímenes, ningún funcionario civil o militar, ha sido castigado... Estos hechos están sucediendo debido a que el presidente no sanciona a los ofensores. Es de un carácter gentil, amable y débil, incapaz de ejercer severidad o disciplina con sus subordinados. En consecuencia, ellos hacen casi como quieren...[176]

Alfonso Guillén Zelaya, si de una parte reconocía el respeto irrestricto de la Administración Mejía Colindres a las libertades públicas, también admitía que su gobierno no había sido uno de administración.

En las elecciones diputadiles para renovar parcialmente la Cámara Legislativa, llevadas a cabo en octubre de 1930, el Partido Nacional ganó 4 escaños en el departamento de Tegucigalpa, 3 en Choluteca, 3 en Copán, 1 en Valle, otro en Comayagua y Cortés así como el representante por Intibucá, aquí "unidos a los amigos del General Ferrera", para totalizar 14 que se agregaban a los ocho que aún no habían vacado. El Partido Liberal afirmaba que había ganado 23 diputados, el Nacionalismos 21 y el Ferrerismo 1 lo que refutaba el Comité Central Nacionalista sosteniendo que contaba con un total de 22, en tanto el Partido Liberal alcanzaba 20, fundamentándose en el resultado de la votación: Partido Nacional: 43.767 votos; Partido Liberal: 43.420, diferencia a favor del primero: 347. El representante por las Islas de la Bahía, Stanley, había obtenido su curul como candidato independiente.[177]

La posibilidad de que Ferrera ocupara una curul en el Congreso era factible, por el hecho de ser diputado suplente por Intibucá y los Nacionalistas estarían dispuesto a votar por él a efecto de sustituir al Diputado Palacios, quien debió vacar por su relación de parentesco con Mejía Colindres, al estar casado con

---

[176] Lay al Departamento de Estado, 6 agosto 1932, Record Grup 59, citado por Mario R. Argueta en Tiburcio Carías: anatomía de una época, 1923-1948. Tegucigalpa, Guaymuras, 1989, p. 62.

[177] El Atlántico, 20 noviembre 1930, p. 2.

una sobrina de éste.[178]

Zúñiga Huete solicitó que las referidas elecciones fueran declaradas nulas en los departamentos de Tegucigalpa, Copán, Choluteca y Cortés. La Cámara Legislativa rechazó su petición 34 votos contra 9, quedando en firme el resultado electoral.[179]

En la primera sesión preparatoria del Congreso Nacional, e121 de diciembre de 1930, que tenía por propósito organizar las Juntas Preparatorias de la Cámara, Carías obtuvo la Presidencia con 22 votos y su correligionario Antonio C. Rivera igual cantidad de sufragios para ocupar la Secretaría. Por otra parte, Antonio M. Rosa logró 21 votos para presidente y Tito López Pineda igual número para secretario. Puede verse lo cerrado del resultado. Pero el voto decisivo lo otorgó el Diputado por Intibucá Lorenzo Vásquez, seguidor del General Ferrera, votando por Carías. Al razonar su decisión afirmó en el seno de la Asamblea:

"Quiero dejar constancia que, como diputado por el Departamento de Intibucá y como ciudadano, soy independiente de los partidos históricos de Honduras, pues mi elección como representante de aquel pueblo se debe a los prestigios del probo y distinguido ciudadano General don Gregorio Ferrera, gloria de las armas hondureñas, preclaro hijo de Intibucá, en donde es admirado, querido y respetado. Quiero pues, por este medio, hacer declaración expresa de mi completa independencia en los asuntos que se traten en el seno de la Cámara".[180]

De acuerdo con el mismo entendimiento bipartidista, en 1932 ocupaba la Presidencia el nacionalista Antonio Bográn en sus sesiones ordinarias, mientras que en el Congreso Nacional Extraordinario del mismo año tal puesto era ocupado por Abraham Williams.

En las elecciones municipales de 1931 el Partido Nacional ganó 223 de las 267 municipalidades, incluyendo Tegucigalpa, Comayagua, San Pedro Sula, todos los puertos y las principales ciudades con excepción de Danlí, Ocotepeque y Comayagüela; salvo casos aislados de violencia y víctimas, se realizaron en un ambiente pacífico. En opinión de un diplomático estadounidense

---

[178] El Atlántico, 29 noviembre 1930, p. 3.
[179] El Atlántico, 8 enero 1931, p. 1.
[180] Boletín Legislativo, Serie 1, No. 1,15 enero 1931, p. 2.

la abrumadora victoria nacionalista se debía a:[181]

La insatisfacción general con la debilidad e incompetencia mostrada en la mayoría de los casos por la presente administración roja y la opinión anticipa un triunfo para los azules en las elecciones presidenciales el próximo año, si son también conducidas honestamente.[182]

Para entender el triunfo de Carías en las elecciones de 1932, las mismas deben ser colocadas en perspectiva remontándose al menos a 1923, esto es nueve años antes cuando, tras ganar la nominación por su partido y triunfar en los comicios para que el resultado le fuera escamoteado, persistió en su propósito para lo que fue consolidando una red de alianzas y lealtades y, en el proceso ganando triunfos parciales, a lo que contribuyó la creciente organización, a nivel de todo el país, del Partido Nacional, colocando a incondicionales en puestos importantes del engranaje estatal, él mismo ocupando intermitentemente la titularidad del Congreso.

Sus publicistas se encargaban, por su parte, de ir popularizando en el ideario colectivo la imagen de un hombre tenaz, dedicado al agro, que anteponía los intereses nacionales a los partidistas, prefiriendo sacrificar sus metas si ellas significaban el derramamiento de sangre hondureña.

Su popularidad iba en aumento a lo largo del país. La incompetencia de la Administración Mejía Colindres más la coyuntura externa altamente desfavorable también coadyuvaron a su eventual triunfo electoral.

---

[181] Argueta, M. Op. Cit, p. 65.

[182] Higgins al Departamento de Estado, 3 diciembre 1931, citado por Argueta, Mario, op.cit., p. 66.

# CAPÍTULO XII

## Las elecciones presidenciales de 1928

Estando por concluir el cuatrienio del presidente Paz Baraona, caracterizado por la inestabilidad política y por los enfrentamientos armados entre las fuerzas gubernamentales y las ferreristas, los partidos Nacional y Liberal se aprestaban a competir en el torneo electoral para elegir al sustituto del gobernante santabarbarense.

Las distintas personalidades y grupos políticos empezaron a organizarse, acumulando fuerzas y fondos para los comicios venideros, que se llevarían a cabo el último domingo de octubre.

Vicente Tosta renunció el 30 de enero como Inspector Militar para poder participar en la campaña.[183] Recuérdese que se había ido distanciando con Carías. Sostenía que éste estaba influido por individuos de mentalidad estrecha, trabajando con propósitos egoístas más que por el bien público, y que por esa y otras razones, no se inclinaba a apoyar la candidatura de Don Tiburcio. Tosta declaró que no sería un tercer candidato presidencial e inicialmente ofreció su respaldo activo al Partido Nacional a cambio de varias condiciones: derecho a nombrar la mitad de todos los empleados públicos y la mitad de los diputados; ser nombrado Jefe del Partido Nacional; que él o una persona escogida por él fuera nombrado Vice-Presidente; ser él quien escogiera al Ministro de Honduras en Washington, así como los Ministro acreditados en la Naciones Centroamericanas; ser reembolsado de los gastos incurridos en su campaña.[184]

Las demandas de Tosta fueron rechazadas, por lo que el 1. de abril presentó otras, esta vez pidiendo una tercera parte en vez de la mitad de los puestos en la administración.

Carías envió dos representantes a Siguatepeque, lugar de residencia de Tosta. Ellos eran Timoteo Miralda y Antonio C. Bustillo, pero no lograron alcanzar un acuerdo.

Tosta, entonces lanzó un manifestó el 9 de abril,

---

[183] El Cronista, 1°. febrero 1928, p. 2.
[184] Summerlin al Departamento de Estado, 815.00 Presidential Compaign 1928/7, 31 marzo/ 1928.

presentándose como candidato presidencial independiente.[185]

El Partido Liberal, por su parte, pese a encontrarse debilitado y desprestigiado, buscaba reagruparse para intentar recuperar el poder.

Los liberales le propusieron al presidente Paz la selección de un candidato único, postulado tanto por ellos como por Carías y Tosta. Iniciaron una ronda de pláticas con Vicente Mejía Colindres, presidente del Consejo del Partido Liberal, e presencia de Paz Baraona y del Cuerpo Diplomático.[186]

Paz Baraona respondió al Consejo Supremo, integrado por Mejía Colindres, Miguel Oquelí Bustillo, Salvador Zelaya, Froylán Turcios y José María Sandoval, en estos términos:

Una vez hecha la designación por las agrupaciones políticas existentes que verdaderamente pudieran considerarse como partido, tal dificultad desaparecería y legado entonces el caso, no habría ningún inconveniente de mi parte en cooperar para la eficacia de cualquier acuerdo entre los candidatos, siempre que fuera solicitado para ese efecto.[187]

En opinión del influente diario El Cronista, los electores estaban divididos, respecto a sus preferencias, en cuatro candidatos: Carías, Tosta, Mejía Colindres y Jacinto A. Meza. "De todos estos grupos el que está por sí mismo en mejores condiciones es el del General Carías; pero ninguno puede triunfar solo"[188]

Este análisis, como veremos, resultó correcto, ya que fue una coalición la que hizo posible el triunfo de la oposición. Guillén Zelaya veía con simpatía esa propuesta, argumentando que, dado que el Liberalismo tenía afiliados en el exilio y otros estaban inhabilitados de votar por procesos políticos, había comprendido que no le era posible triunfar en las elecciones, "y en vez de ir a la guerra ha presentado a los partidos... un arreglo de paz".[189]

Un resumen de la situación política para principios de marzo era el siguiente: el Nacionalismo dividido en dos: los seguidores

[185] Summerlin al Departamento de Estado 815.00 Presidential Compaign 1928/8, 14 abril 1928.
[186] El Cronista, 6 marzo 1928, p. 2.
[187] El Cronista, 10 marzo 1928, p. 2.
[188] El Cronista, 3 marzo 1928, p. 2.
[189] El Cronista, "El candidato único" 6 marzo 1928, p. 2.

de Carías y los de Tosta; igualmente el Liberalismo presentaba dos aspirantes a la nominación: Vicente Mejía Colindres y Jacinto A. Meza. Si los tostistas sostenían pláticas con los colindristas para lanzar una candidatura de conciliación, los cariístas buscaban un arreglo con los liberales de Meza. Colocados frente a frente, el liberalismo colindrista y el nacionalismo del General Carías, el nacionalismo del General Tosta representa el factor decisivo. En los platillos de la balanza política su peso marca el triunfo o la derrota. Donde ese peso caiga estará la victoria.

Colocados frente a frente, el nacionalismo del General Carías y el nacionalismo del General Tosta, el liberalismo decide la victoria. El lado a donde él se inclinará triunfaría en la próxima lucha presidencial.

Puede presentarse también... la posibilidad de que el general Tosta se quede al margen de la lucha. Y si esa posibilidad se realiza ¿qué sucedería?[190]

En una segunda nota enviada por el Consejo Supremo del Partido Liberal y firmada por Vicente Mejía Colindres, Miguel Oquelí Bustillo, Salvador Zelaya, Froylán Turcios y José B. Henríquez, fechada el 9 de marzo le expresaban su pesar por no haberse tomado en cuenta su propuesta de escoger, de mutuo acuerdo, a un candidato único, "pero nos queda al menos la íntima satisfacción de haber hecho un supremo esfuerzo por evitar la guerra civil"[191]

Distintas corrientes de opinión pública, afiliadas a ambos partidos, tendían a impulsar la posibilidad de que se escogiera a un candidato único a la Presidencia.

Para el Partido Nacional la propuesta liberal al respecto "no constituye más que un ardid para descartar al General Carías".[192]

El director de El Cronista no ocultaba su preferencia por la opción de la candidatura única, con el fin de impedir la polarización del electorado recientemente enfrentado. En 1928 Tosta organizó el Partido Republicano, el cual postuló su candidatura presidencial para el período 1929-1932; el grupo de nacionalistas que lo acompañó en este intento de formar un

---

[190] "Cuál es la fórmula de la paz", El Cronista, 1°. Marzo 1928, p. 2.

[191] El Cronista, 10 marzo 1928, p. 2.

[192] Declaración reproducida en El Cronista, 9 marzo 1928, p. 2.

tercer partido habían integrado su gobierno provisional (1924-1925).[193]

El Partido Liberal se inclinaba por postular como su candidato al médico José María Ochoa Velásquez, pero finalmente, debido a la edad de éste, no prosperó su nominación. Desde Siguatepeque, el 9 de abril de 1928 Tosta lanzó un manifiesto en el que explicaba que, con el lanzamiento de la candidatura de Ochoa Velásquez, él pensaba retirarse llegando a un entendimiento con Carías, empero:

En vista del aspecto que presenta el problema político y la negativa del General Carías por dos veces de aceptar las condiciones demasiado favorables y patrióticas que le propuse, he resuelto aceptar formalmente el lanzamiento de mi candidatura con fe absoluta en el triunfo.[194]

Comentando esta decisión, el editorialista Alfonso Guillén Zelaya anotaba:

...por las impresiones personales que hemos recogido, parece que la decisión del general Tosta no ha caído bien ni a los partidarios del General Carías ni a los partidarios del Dr. Ochoa Velásquez. Y tenía que ser así, porque la nueva candidatura significa una resta en las filas de los viejos partidos políticos. la candidatura del General Tosta tiene una profunda trascendencia en la vida nacional. Ofrece la ocasión de comprobar si los hondureños repudian los viejos partidos o si continúan fieles a las banderas históricas.[195]

Durante este mes de abril formulaba crítica al Liberalismo por haber entrado en un "quietismo desconcertante", luego de haber seleccionado a Ochoa Velásquez como su candidato:

Antes de presentar su candidato se movía entusiasmado.

Hoy no da impulsos a sus trabajos. Parece aletargado, inerte...el silencio liberal pareciera algo así como la pesada quietud que precede a las grandes tempestades.

Contrastaba esa actitud con la del Nacionalismo, que continuaba trabajando, "con la misma fuerza de siempre".

Guillén Zelaya claramente consideraba que Tosta era la mejor opción que se le presentaba al electorado; en él veía una

---

[193] Luque, Gonzalo, op.cit, p. 36.
[194] El Cronista, 10 abril, 1928, p. 36.
[195] "Un candidato más", El Cronista, 11 abril 1928, p. 2.

126

alternativa diferente a aquellas del tradicionalismo; analizaba su trayectoria en estos términos

"Este joven militar ha luchado indistintamente con los liberales y contra los liberales, con los conservadores y contra los conservadores... con su candidatura se presenta la ocasión de comprobar si los hondureños creen todavía en los partidos históricos o si están resueltos a repudiarlos. Si lo primero, es imposible que falte al general Tosta el apreciable contingente de opinión que da en todas partes el prestigio de las batallas que un militar siempre victorioso, y sobre todo en un país que no sale todavía de su período heroico. Y he ahí el fundamento para afirmar que el nacionalismo del general Tosta representa el factor decisivo en la próxima campaña electoral.

Si ocurre lo segundo, entonces cualquiera comprende que triunfaría casi por unanimidad, puesto que a sus propios prestigios sumaría el de la gran masa de ciudadanos que repudian los partidos históricos".

El poeta y ensayista olanchano continuaba informando a sus lectores que en el momento en que se planteó la posibilidad de presentar una candidatura única, el abogado Mariano Vásquez consideró que podría intentarse un arreglo para que fuera el general Carías el nominado, por las diversas fuerzas contendientes. El, Guillén Zelaya, había abordado tal posibilidad con amigos liberales, los que rechazaron la idea, argumentando que:

"Un arreglo a base de la presidencia del General Carías era imposible, porque el electorado liberal los dejaría solos y la emigración los consideraría traidores... El propio doctor Mejía Colindres... nos dijo que un entendimiento para dar la presidencia al general Carías no sería transacción sino anexión".[196]

Al iniciarse el debate electoral en 1928 estaba pendiente el asunto de límites con Guatemala, por la disputa del Valle y el río Motagua, el cual se encontraba aún sin vía de solución desde los trabajos realizados por la Comisión Técnica Mixta de Límites entre 1908 a 1910. Tiburcio Carías rechazó las imputaciones de la propaganda tostista, afirmando:

---

[196] "La inercia liberal", El Cronista, 9 abril 1928, p. 2.

"Tan pronto nos imputan tener entendimiento con la United Fruit Co., y por enemigos a la de la Cuyamel, como aseguran según puede verse en la prensa de Guatemala, que el nacionalismo tiene compromiso con la Cuyamel Fruit Co., todo esto es revelador de una tendencia ingrata de nuestros adversarios de pretender tomar el asunto de límites para procurar adeptos".[197]

La legación de Estados Unidos también seguía detenidamente la evolución del proceso electoral, analizando tanto a los partidos como a los candidatos. Así, en enero de 1928 se reportaba la correlación de fuerzas entre Carías y Tosta. El primero:

"Incuestionablemente tiene un mayor número de seguidores personales y políticos que, como el jefe reconocido del Partido Nacional, cuenta con una organización bien perfeccionada en todos los departamentos de la República en tanto el General Tosta no cuenta con tal organización".[198]

¿Habría un clima adecuado para la celebración de elecciones libres, exento de imposición oficial? Inicialmente, Guillén Zelaya era pesimista y así lo expresaba a mediados de ese año:

"Hoy el doctor Miguel Paz Baraona promete libertad electoral. ¿Debemos creerle? No. Rotundamente no. Porque contra las aspiraciones personales del actual Gobernante, se levanta el fallo de la Sociología y de la historia. Nuestro estado social es el mismo de ayer, sino peor. Nuestros odios son más hondos. Nuestra intransigencia más feroz".[199]

El periodista olanchano razonaba su visión sombría del futuro político hondureño, en razón de la renuencia de los

---

[197] Citado por Ramón Oquelí en "Gobiernos Hondureños durante el presente siglo", Ciencia y Política". Tomo 2, Tegucigalpa, Nuevo Continente, 1973, p. 173.

[198] Summerlin al Departamento de Estado, 28 de enero 1982, Despacho No. 525, Micropelícula No. 22, Record Group 59. Ya en 1927 la Legación estadounidense daba cuenta que, durante ese año, aparecían artículos periodísticos ocasionales que apoyaban a Carías para presidente y que Tosta estaba trabajando activamente en la promoción de su propia candidatura en la Costa Norte lo que causaba cierta ansiedad entre los Caristas ya que su proselitismo podía perjudicarlo, "quien, en el mejor de los casos, no tiene muy fuerte apoyo en esa parte del país". Herschel V Johnson, Encargado de Negocios. A. I. al Departamento de Estado, M-647, "Internal Affairs of Honduras", Micropelícula 42, julio 1927.

[199] "Caudillo único reclama la experiencia de la Historia". El Cronista, 1º. Junio 1928, p. 2.

políticos contendientes a deponer sus ambiciones a favor del bien común.

Por una parte, los puestos públicos estaban ocupados por los partidarios del general Carías, por otra, la prensa favorable a éste:

"Se ha encargado de hacer público que por ningún motivo renunciará su candidatura, actitud que no difiere de la que él y los dirigentes de su partido asumieron en la lucha pasada (1923) cuyo desenlace y consecuencias todos los hondureños conocen.

Con tales antecedentes y las instrucciones que posiblemente se enviaron ya, es un hecho que los comités carístas contestarán: queremos candidato único, con tal que ese candidato sea el general Carías".[200]

Y proseguía:

"...Eso de eliminar al general Carías va convirtiéndose ya en un ritornelo ridículo. Supongamos que realmente se le quiere eliminar, porque se comprende que su gobierno, caso de llegar al Poder, representaría el odio contra el odio, la guerra intestina, la destrucción quizás del país... Para que haya candidato único, no se eliminará al general Carías, sino a todos los candidatos".[201]

La prensa favorable a Carías presentaba sus propios argumentos y razones, para contrarrestar la iniciativa de la candidatura única, lo que, de ser aceptado, podía implicar que Carías se viera forzado a deponer sus aspiraciones.

"¡Se inicia una campaña tendiente a eliminar de la Presidencia al General Tiburcio Carías Andino, una candidatura apócrifa, candidatura llamada de paz, mientras se prepara y predica la guerra; candidatura sin candidato, esperando si es posible la orden de la compañía bienhechora para que lo designe".[202]

Guillén Zelaya sugería nombres de hondureños que podían ser considerados como posibles candidatos de transacción:

Mariano Vásquez, Venancio Callejas, Salomón Bueso, Jacinto A. Meza, Marcos López Ponce, Abraham Williams,

---

[200] "Candidato único será la respuesta del pueblo hondureño", El Cronista, 31 mayo 1928, p. 2.

[201] "La exposición del Dr. Quesada", El Cronista, 5 junio 1928, p. 12.

[202] Presentación Quesada en El Demócrata, reproducido por El Cronista, 5 junio 1928, p. 2.

Alfredo Trejo Castillo, Silverio Laínez, Rómulo E. Durón, Federico Smith, Julio Lozano, Rafael Medina Raudales, Felipe Reyes, Ramón Lobo Herrera, Andrés Felipe Díaz, Antonio Madrid, Francisco López Padilla, Juan R. López, Mónico Zelaya h., Federico Ordóñez, Francisco Matute, Rafael Díaz Chávez, Francisco Martínez Funes, Néstor Colindres Zúñiga, Guillermo Campos, Guillermo Pineda, Céleo Dávila, Manuel Romero, Federico A. Canales, Luis Suazo, Antonio Reina, Salvador Paredes.[203]

La mayoría de los mencionados militaban en uno u otro partido político, eran abogados, ingenieros, empresarios, médicos; algunos habían ocupado posiciones elevadas en previos gobiernos ora como ministros, diputados, diplomáticos, reuniendo experiencia, solvencia moral, espíritu de servicio, anteponiendo el país a consideraciones partidarias. Conformaban una generación representativa, con algunos rasgos diferenciadores pero otros comunes. Algunos de ellos eran hombres de letras, otros poseían una visión cosmopolita, habiendo estudiado o viajado fuera de Honduras. ¿Hasta qué punto existía un rechazo de Guillén Zelaya hacia Carías Andino? El primero aclaraba esta interrogante:

"El General Carías siempre nos ha inspirado simpatía. Es un hondureño honrado, modesto en sus costumbres, es abogado y un militar valeroso".[204]

Las diferencias, pues, eran de orden político. El olanchano veía en el capitalino a un hombre intransigente, autoritario, subordinado a los intereses de la United Fruit Co., si bien debe ser dicho que el partido de sus simpatías, el Liberal, mantenía nexos estrechos con la otra empresa bananera: la Cuyamel de Samuel Zemurray.

¿Y qué ocurría con respecto al Caudillo de Zambrano y el presidente Paz Baraona? Ambos eran correligionarios, incluso el segundo había figurado en la planilla Nacionalista como candidato a la Vice-Presidencia en las elecciones de 1923. Empero, a partir de esa fecha, se habían ido gradualmente distanciando lo que se exacerbó desde el momento que Paz había llegado a la Primera Magistratura en 1925 y no permitió ser manipulado por la cúpula carísta que pensaba encontrar en él a

---

[203] "El candidato único", El Cronista, 14,15,19 de junio 1928, p. 2.
[204] "Perdiendo el tiempo" El Cronista, 16 abril 1928, p. 2.

un elemento dócil e incondicional a sus designios.

Esas tensiones no pasaban desapercibidas a la Legación estadounidense que, periódicamente, informaba a Washington. Un ejemplo es el siguiente cable:

"El presidente Paz parece ser sincero en sus esfuerzos por trabajar en armonía con los dirigentes del Partido Nacional. Desafortunadamente, varios de los cercanos consejeros del General Carías, especialmente el Dr. Presentación Quesada y Antonio Rivera, por razones personales, se reporta están trabajando contra cualquier entendimiento firme entre el presidente Paz y el General Carías".[205]

Hemos visto en capítulos anteriores la gran influencia ejercida sobre Carías por Paulino Valladares; a pesar de ello, también se dio un enfriamiento en las relaciones mantenidas entre ambos. Menos conocido es el ascendiente de Fausto Dávila sobre don Tiburcio. El mismo es señalado en el siguiente despacho diplomático:

"Él fue el verdadero líder del partido de Carías y se dice que fue su influencia la que obligó a Carías a ir a la batalla después que este último había tenido en jaque a sus seguidores y había trabajado por un arreglo pacífico durante varios meses bajo grandes provocaciones. El aporte objetivo de Dávila fue el obligar a Carías a que se constituyera en el líder de los revolucionarios de modo que fuera eliminado como una alternativa presidencial conforme a la declaración del Departamento del 30 de junio".[206]

Tosta continuaba su campaña, bajo la organización por él fundada y que llamó Partido Republicano, el cual había sido formado con un fuerte número de Nacionalistas y un grupo de

---

[205] George T. Summerlin al Departamento de Estado, 3 marzo 1927, Micropelícula No. 24, Record Group 59. También el austríaco- guatemalteco Alfredo Schlesinger ayudó a Carías a intentar derrocar a Paz Baraona. Geo P. Shaw al Departamento de Estado "Reporte sobre el periódico El Demócrata, de Tegucigalpa, Honduras, 20 junio 1927, "Confidential Correspondence File, Tegucigalpa, 1920-1927"

[206] Munro a White, "Reconocimiento de presidente de Honduras", División de Asuntos Latinoamericanos del Departamento de Estado, 22 mayo 1924, Micropelícula No. 25, Record Group 59, 815.01112. Se refiere al intento para que López Gutiérrez, una vez concluido su período presidencial, convocara a elecciones para escoger su sucesor. El mismo memorándum contemplaba la posibilidad que Estados Unidos reconociera a Dávila por no haber sido uno de los líderes militares de la rebelión.

Liberales que se retiraron de sus respectivas filas, no por ideología sino por una sincera admiración al caudillo...[207]

Este fue un intento pionero por romper con el bipartidismo; empero, no tuvo éxito precisamente por girar en torno a un individuo y no a un conjunto de ideas y principios. Un propagandista nacionalista acusó a Tosta de haber pretendido fraccionar las filas blanquiazules en 1928 y que Carías no gozaba de la aprobación de Paz Baraona:

"El General Carías, en la campaña de 1928, en vez de ser candidato favorecido por la simpatía del Poder Público, fue hasta cierto punto un candidato en el terreno de la oposición el General Carías nunca suplicó ni pidió nada al Poder Público. Permaneció distanciado de Palacio para alejar toda sospecha de influencias en su favor, que nunca esperó ni hubiera aceptado".[208]

Una iniciativa estudiantil fue la formulada por el Comité Central Pro-Paz al dirigir el 12 de agosto de 1928 a los distintos candidatos un cuestionario contentivo de estas preguntas: "1) ¿Se comprometen en todo caso a contribuir con su patriotismo al mantenimiento de la paz del país? 2) ¿Se comprometen a respetar el resultado de la voluntad popular expresada en los comicios de octubre próximo conforme lo establece la Constitución Política de la República y a formar su Gobierno, el que salga electo, con los elementos más capacitados del país, sin distinción de colores políticos? 3) ¿Sírvase declararnos pública y categóricamente si tienen compromisos con alguna de las compañías extranjeras establecidas en el país, según la denuncia constante de la propia prensa de Ud., o con alguno de los gobiernos de Centro América? 4) ¿Están dispuestos a enderezar su prensa hacia el campo de la moral, suprimiendo la injuria, la calumnia y el odio que actualmente predica?

La respuesta de Carías consistió en remitirles pronunciamientos de su partido previamente hechos públicos y respuestas parciales a las interrogantes. Así, contestaba de esta manera:

"...mi primer deber será, en el caso de ser electo en forma legal para el desempeño del cargo de presidente de la República,

---

[207] El Atlántico, 25 septiembre 1930, año IV No. 290. P. 1.
[208] Paredes, Lucas. Biografía del Doctor y General Tiburcio Carías Andino Tegucigalpa, Ariston, 1930, pp. 214-215.

cumplir en el Poder con el programa de dicho Partido, como lo tengo prometido al pueblo hondureño, hasta donde las fuentes vivas de la Nación y el concurso de mis conciudadanos lo permitan".

Refutaba el punto tercero reproduciendo varias notas dirigidas a correligionarios suyos en que rechazaba el apoyo de la United Fruit Co.; respecto al respaldo de algún gobierno centroamericano a su candidatura, también lo negaba.[209]

Las elecciones llevadas a cabo el último domingo de octubre se dieron de forma pacífica, algo inusual en la historia política hondureña y el resultado fue favorable a la coalición Partido Liberal-Partido Republicano. El hecho que Tosta retirara su nominación en los primeros días de octubre era una señal de realismo político, al comprender que, pese a sus prestigios cívico-militares, no contaba con el suficiente caudal de simpatizantes como para inclinar el resultado comicial a su favor.

También era un acto de madurez al percatarse que una tercería podría provocar una situación parecida a la de 1923, en que ninguno de los aspirantes recibió una mayoría absoluta.

Paredes lanza una acusación que la evidencia histórica no respalda. El afirma que el triunfo de la coalición no se debió al prestigio militar y político de Tosta y Mejía Colindres, "sino al poder del dinero, que desempeño papel de primer orden. Se practicó la almoneda del sufragio.[210]

Con el triunfo del candidato Liberal se daba una alternabilidad en el poder, hecho inédito en el tormentoso acontecer político nacional. Debe destacarse la actitud ejemplar tanto de Paz Baraona como de Carías Andino, ambos nacionalistas. El primero al garantizar la libertad de sufragio, sin poner los vastos recursos estatales a favor de su partido; el segundo, al aceptar por segunda vez un veredicto desfavorable a sus aspiraciones. Carías envió a sus correligionarios un mensaje en el que hacía saber a los presidentes de los comités departamentales nacionalistas que los votos de Occidente le habían sido desfavorables y que se habían dado muchas irregularidades en la elección, "que tienen que ser depuradas en el Congreso, conforme a la ley... y en el caso de que en realidad

---

[209] Idem, pp. 226-217. 126
[210] Idem, p. 225.

nuestros adversarios hayan triunfado legítimamente, siempre el Partido tiene en sus Diputados los abanderados de la defensa de nuestras instituciones".[211]

Tocaba al Congreso Nacional declarar electos como presidente y Vice-Presidente de la República a los ciudadanos Vicente Mejía Colindres y Rafael Díaz Chávez para el cuatrienio 1929-1932.

Los Diputados comenzaban a emprender el viaje a Tegucigalpa, previa consulta con las autoridades centrales de sus respectivos partidos.

Pero antes de continuar con los acontecimientos de finales del 28 y principios del 29, cabe hacer una pausa para preguntarse que había sucedido con el otro caudillo presente en este estudio: Gregorio Ferrera. Él se había trasladado a Guatemala por lo cual no participó en los acontecimientos electorales de esos doce meses de 1928. Paredes afirma que varios de sus movimientos revolucionarios fueron burlados unos y debelados oportunamente los demás, sin lograr el retorno tal como él lo planeó. Cuando el país se encontraba entregado a la lucha cívica para elegir al sucesor del Doctor Paz Baraona, había organizado un movimiento revolucionario en combinación con otros jefes Liberales, emigrados unos y residentes otros en el país, en caso de que el Partido Liberal fuera vencido en los comicios del 28 de octubre.

Pero como el liberalismo resultó triunfante, Ferrera quedó a la expectativa en territorio hondureño, haciendo su ingreso a la ciudad de San Pedro Sula, donde se radicó,[212] temporalmente mientras reanudaba su accionar bélico, tras estadías en El Salvador, Guatemala y México.

---

[211] Idem, p. 225.
[212] Idem, p.227.

# CAPÍTULO XIII

## El final de un caudillo:
## "donde está Tosta está la victoria"

Fungiendo como ministro de Guerra, Marina y Aviación del gobierno de Mejía Colindres, súbitamente enfermó el General Vicente Tosta siendo internado en el Hospital General San Felipe.

Su dolencia empezó como mazamorra en los pies, pero el cuadro clínico rápidamente se agravó en razón de padecer diabetes. Y el 7 de agosto de 1930 expiraba aquel distinguido milite y político, sufriendo complicaciones pulmonares, septicemia y finalmente miocarditis.[213]

El mismo diario realizaba una primera evaluación de su personalidad en estos términos:

"Los rasgos característicos de su vida, en sus diversas etapas, fueron su energía y espíritu de organización, su estoicismo en el sufrimiento por las causas justas, su diáfana modestia y purísima generosidad en el triunfo, su piedad y generosa compasión para con los vencidos, su austeridad y sencillez...en todos sus actos, su serenidad espiritual".[214]

En días posteriores se reproducía el juicio de Paulino Valladares:

"...Es el General Tosta el estratega más hábil de la República. Hidalgo y batallador. Con su buen sentido y con su amor a Honduras sabrá dominar la anarquía profunda que provocaron la imposición electoral y la dictadura inmisericorde...".

Agregando Guillén Zelaya en el mismo editorial:

"...El gran Tosta tuvo el gran mérito de ser siempre, desde 1919, factor de libertad. En esta plataforma se destacó primero dando en tierra con el régimen impositor del Doctor Francisco Bertrand. En 1924 con la dictadura Liberal del General don Rafael López Gutiérrez y en 1928 quitándole la presidencia al General Tiburcio Carías por medio de una fusión entre el Partido

---

[213] El Cronista, 7 agosto 1930, p. I.
[214] Idem.

135

Republicano que él dirigía como jefe y Candidato y el Partido Liberal que postulaba al Doctor don José María Ochoa Velásquez, dando por resultado el triunfo de la coalición que tiene en el poder al señor Doctor don Vicente Mejía Colindres...

En los partidos políticos figuró como elemento sobresaliente. Al Partido Liberal le dio el triunfo en 1919. Al Nacionalismo en 1924 y nuevamente al Liberalismo en 1928".[215]

Guillén Zelaya públicamente reconocía sus simpatías por el recién fallecido soldado, examinando sus méritos y cualidades, personales y ciudadanas:

"Teníamos no solo cariño sino admiración por el General Tosta. Habíamos logrado descubrir en él mucho de noble y de grande. Pero fue necesario tratarlo y estudiarlo detenidamente porque en su humildad soberana, en aquella envoltura común, casi de campesino, el hombre daba la impresión de un cualquiera. Por eso, cuantos nunca tuvieron la oportunidad de acercarse al fondo de su vida, siempre creyeron... que Tosta era cuando mucho un militar valeroso".

¡Y cuán equivocados! En aquella apariencia vulgar, si se quiere, no hubo solo valor para jugar la vida en los combates. Existía algo más: genio militar. Y sobre éste, vivieron también las tres virtudes mayores del político: la serenidad, la ductilidad y la entereza moral. Era dúctil, con esa ductilidad propia de las almas elevadas... Tenía entereza moral, reforzada por un optimismo que no creyó jamás en las derrotas. Nunca lo amilanaron los ataques de sus adversarios, que raras veces comentó, y que cuando lo hizo fue sin excitación y sin rencor.

Hombre de ideales, murió circundado por el vacío de las agrupaciones políticas históricas, pero bien sentido por la patria a la cual sirvió con lealtad, con desinterés y con hombría. El general Tosta merece en verdad un estudio reposado y exento de pasiones, como fue su vida.[216]

Uno de sus principales lugartenientes en las lides bélicas y políticas lo juzgó así:

"...hombre sereno, escondía en su pecho un tesoro de amor a las libertades públicas, a la paz y a los principios todos en que

---

[215] "Tosta, factor de libertad" El Cronista, 7 agosto 1930. P. 8.
[216] El Pueblo, 8 agosto 1931, p. 7.

descansan las más avanzadas democracias modernas. Político sagaz, era dueño de una como ciencia infusa que lo conducía siempre al éxito.... poseía un vasto sentido común. Ciudadano de elevadísima moral, jamás hizo venganza y era absolutamente incapaz de hacer o dejar hacer -a sabiendas- mal a nadie.... Desconoció el artificio, practicó la más amplia sinceridad en toda su vida y.... sufrió las mordeduras de la incomprensión y de la maldad... Murió en plena pobreza... Su espada se la encontraba sin vacilaciones al lado del derecho".[217]

Y su compañero de armas, Abel V. Villacorta así lo vio:

"El general Tosta, oficial graduado en la Escuela Militar más brillante que ha tenido la Patria, fue desde 1919 a 1928 quien decidió en los asuntos militares y políticos del país. Hombre recto, ecuánime, modesto, sencillo y complicado, supo defender las libertades cuando alguna vez se trató de conculcarlas".[218]

En su prestigiada revista literaria, Alejandro Castro lo evaluó de esta forma:

Fue considerado justamente como el Primer estratega de la República, cualidades que pudo comprobar en diferentes ocasiones, venciendo a sus adversarios políticos en las urnas electorales o en los campos de batalla.[219]

Un periódico costeño enlazaba su desaparición física con la del partido que él había fundado, en un análisis tanto de la figura como de la institución:

"Tostismo es la denominación con que se conoce en Honduras el partido que capitaneara el que en vida se llamó Vicente Tosta y que como es de todos sabido contribuyó con su fuerza a la victoria decisiva del Partido Liberal en las elecciones

---

[217] Mariano Bertrand Anduray, El Pueblo, 7 agosto 1931, p. S.

[218] El Pueblo, 7 agosto 1931, p. 1.

[219] Tegucigalpa, serie 60, No. 239, 9 agosto 1931, p. 11. En entrega previa, el mismo escritor lo juzgó en estos términos... Puede definirse el carácter de este grande hombre: esforzado en la guerra, estoico en el sacrificio y magnánimo y humilde en el triunfo. Tegucigalpa, serie 48, No. 192, 14 de septiembre 1930. La invitación enviada por el Partido Republicano para su sepelio, incluía los nombres de los siguientes militantes: M. Bertrand Anduray, J. Belisario Hernández, Pedro C. Cortés, Gregorio A. Velásquez, 1. Mejía Deras, José R. Durón, Carlos Carías Obando, José Turcios, Buenaventura Anduray, Carlos Augusto Will, Miguel Oquelí Bustillo, Catarino Castro Serrano, Rubén Rivera, Pablo E. Lozano, Manuel E. Sosa, Pío S. Fálope, Terencio Z. Amador, Pascual Sosa, Ramón Perdomo y Horacio Varela.

de 1928. Indudablemente fue el General Tosta uno de esos hombres que con el buen criterio y tino de un verdadero estadista supo penetrar al corazón de un formidable número de hondureños con los cuales formó un partido respetable y por lo mismo digno de tomarse en cuenta en el rol político de la nación... ha muerto y con él, el Partido Republicano. No hay en el seno de esta agrupación un hombre que pudiera erigirse en heredero del caudillo querido... creemos nosotros que el Partido Republicano ha terminado su papel como partido independiente, no quedándole más camino a los admiradores del General Tosta que volver a ocupar el puesto abandonado en las filas de sus respectivos partidos. De nada le servirá a los Generales Mariano Bertrand Anduray y Juan B. Pagoaga disputarse la Jefatura de un partido que ya no existe".[220]

Y desde tierra intibucana un escueto telegrama lamentaba su partida:

"El Ejército pierde su más brillante espada, Honduras uno de sus mejores hijos".[221]

Cuando se cumplieron los primeros doce meses de su deceso, de nuevo Guillén Zelaya reflexionó respecto a su trayectoria vital:

"Sus campañas por la libertad y su flexibilidad y desprendimiento en las horas difíciles hicieron que se consolidara como uno de los políticos más comprensivos, civilizados y sagaces de su Patria. Y de tal modo y con tal fuerza encarnó esta convicción en la conciencia de su pueblo, que la frase 'Donde está Tosta está la victoria' llegó a constituir un axioma de la política hondureña. Cupo al General Tosta iniciar en Honduras el sistema de propaganda personal recorriendo como candidato a la presidencia los distintos departamentos de la República en donde los pueblos vieron al hombre, escucharon su palabra y pudieron medirlo por sí mismo, lejos del fanatismo de sus parciales o del odio de sus adversarios.

Los resultados que obtuvo el general Tosta tuvieron una gran eficacia evidente, tanto como que aquel nuevo sistema fue un

---

[220] El Atlántico (La Ceiba), año IV, No. 290, 25 septiembre 1930, p. 1.

[221] J.M. Alvarado al Sub-secretario de Gobernación, 8 agosto 1930. Correspondencia Telegráfica, Departamento Intibucá, febrero-diciembre 1930, Archivo Nacional de Honduras.

factor de poderosa influencia en la victoria electoral de 1928... El primer militar hondureño, que lo fue y de verdad, sino como a un noble ciudadano que supo colocar sobre la aspiración de los partidos la idealidad de la Patria".[222]

También al conmemorarse el primer aniversario de su partida, un diario local lo calificó de "modesto, probo"; refiriéndose a su presidencia provisional sostuvo que la "desempeñó en una época de violentas inquietudes en el país, revelándose entonces y después como un factor de paz, de conciliación y de progreso en el desenvolvimiento de las actividades nacionales", alabando la "serenidad de juicio político".[223]

El escritor Ismael Mejía Deras, más conocido por su seudónimo Aro Sanso, lo valoró extensamente, en términos elogiosos:

".. hombre previsor y desinteresado, profundamente conocedor de los elementos con que operaba y cuya muerte prematura tue una verdadera desgracia nacional. Tosta era un hombre sano, de un tacto político sorprendente, de una comprensión rapidísima y de un valor y de un genio militar no igualados, ni superados por nadie más, pero por sobre todas esas virtudes sabía sacrificar sus propios intereses a favor de los intereses generales. Nada comprueba mejor este aserto que el hecho de haber renunciado a la lucha en vísperas de la elección, por haber previsto que sólo así se evitaba una guerra civil que habría sido sangrientísima y de funestos resultados. No hubo guerra civil, por haber habido coalición y además la presencia de Tosta al lado del ciudadano Mejía Colindres era una garantía de paz. Tosta se sintió hondamente satisfecho por los resultados obtenidos, pero muy pronto vendrían las amarguras mucho más hondas todavía a consecuencia de la deslealtad, de la ingratitud, de la insolencia y hasta de la bellaquería de su protegido...Con mil subterfugios se empezó a eludir la aceptación de los amigos de Tosta en los puestos públicos y los amigos de Tosta eran en general liberales que habían figurado en las filas del Doctor don Policarpo Bonilla; al mismo tiempo empezaron los manejos para que no se le pagasen los gastos de propaganda, a consecuencia

---

[222] Aniversario del General Vicente Tosta", El Pueblo, 6 agosto 1932, p.7
[223] El Cronista, 7 agosto 1931.

de los cuales Tosta había comprometido casi todas sus propiedades, parte de las cuales tuvo que entregar cuando se convenció a que todo reclamo era inútil".

En otro juicio crítico, el mismo Mejía Deras se refirió a él así:

"Genio, arrojo... visión serena de político... hombre honrado que sacrificaba los intereses personales y de grupo a los intereses generales del país, por lo cual no estuvo al lado del Doctor Francisco Bertrand en 1919, ni con el General López Gutiérrez en 1924. Esta también es la causa sencilla que evitó una guerra cruenta e inútil que se habría desarrollado o a fines de 1928 o a principios del año siguiente, prefiriendo, en cambio de ello renunciar a su propia candidatura y llevar a la Presidencia de la República al ciudadano Vicente Mejía Colindres, con el convenio escrito de que a mitad de los cargos públicos serían ocupados por amigos del General... La deslealtad a lo pactado por parte del ciudadano Mejía Colindres y los obstáculos que se ponían al General Tosta, aún en los actos más inofensivos, hicieron insostenible la posición de éste en el Ministerio de Gobernación. en tal virtud, el General Tosta se hallaba dispuesto para dimitir el día último de agosto del año en que murió. La dimisión del General Tosta significaba un rompimiento definitivo con el Gobierno que hacía el ciudadano Mejía Colindres".[224]

Puede deducirse de todas estas citas que existía una virtual unanimidad con respecto a la sensible pérdida ocasionada con la desaparición física del valeroso caudillo. No solo su agrupación política, nucleada en torno a su persona, echaría de menos su muerte. También la Administración Mejía Colindres ya que, como secretario de Guerra, era la más firme garantía en defensa de la estabilidad y el orden con que la misma contaba. Como veremos, su fallecimiento facilitó que su adversario en los campos de batalla, el General Ferrera, nuevamente se alzara en armas.

---

[224] Sanso, Aro. "Quienes son los responsables del fracaso del Liberalismo en las últimas elecciones. Necesidad de una permutación de valores que favorezca el implantamiento de las ideas nuevas en el seno de los partidos" y carta dirigida al director de El Norte, 7 agosto 1933, en Recortes del General Vicente Tosta, 1929, álbum propiedad de la Dirección de Historia Militar de las Fuerzas Armadas.

Y los hondureños generosos, de cualquiera filiación política partidista, comprendían que la patria estaba de duelo por haber perdido al principal garante de su estabilidad y paz social.

Con su partida era muy posible que el sangriento capítulo de las luchas fratricidas, nunca completamente cerrado, volviera a abrirse ante la presión de los odios y ambiciones acumuladas.

Además, el descontento social iba creciendo a medida que se empezaban a evidenciar los efectos de la Gran Crisis en las plantaciones bananeras, manifestadas en desempleo. Aquellos obreros cesantes estaban dispuestos a hacer sentir su frustración, bien mediante huelgas, bien sumándose a grupos armados dirigidos a desestabilizar al régimen.

La compra de su archirrival, la Cuyamel, por parte de la United Fruit Co. (interpretada como una brillante maniobra de Zemurray, quien se percató de la gravedad de la crisis económica internacional) significó, para la política hondureña, que la rivalidad interbananera llegaba a su fin y que el Liberalismo quedaba ayuno de la empresa que, por razones de conveniencia en la búsqueda de concesiones, había tendido a apoyarlo.

En sentido inverso, la posición de Carías se consolidaba, así como sus aspiraciones por llegar al poder debido a que su protectora empresarial ahora operaba libre de competencia, finalmente reinando suprema.

El fallecimiento temprano del ciudadano-soldado Vicente Tosta alteró, al igual que el tránsito de su coterráneo Gregorio Ferrera, el curso de la historia política hondureña, por cuanto quedó expedito el camino para que Carías viera crecer sus posibilidades reales de ascender finalmente a la Presidencia.

El guerrero que inició su fulgurante campaña militar en 1907 con el combate de El Marial, alcanzando 33 victorias, incluyendo la más brillante por haberla logrado en inferioridad de tropas y equipos: Cofradía, en 1924, descendía a la tumba dejando una trayectoria cívica de patriotismo ejemplar, no común en los hombres públicos hondureños más dispuestos a la conquista del poder, la fama y la riqueza a expensas de la vida de campesinos y artesanos manipulados como carne de cañón en los aquelarres y teatros bélicos de la geografía nacional.

# CAPÍTULO XIV

## El debate de las aguas

Estas discusiones parlamentarias dieron a conocer, tal vez más que cualesquier otras llevadas a cabo por un Congreso Hondureño, las posiciones y actitudes encontradas, los sentimientos nacionalistas, compromisos con las bananeras, conflictos de interés, de los diputados reunidos en esas históricas sesiones de 1931 relativas al cobro de un canon a las empresas fruteras por su utilización, para fines de riego, de aguas superficiales nacionales.

Tocó al representante por Choluteca, Ingeniero Abraham Williams Calderón el presentar el proyecto de ley al seno de la Cámara referente a la enmienda de la Ley de Aprovechamiento de Aguas que databa de 1927 (Decreto 137), en la sesión del 7 de febrero de 1931. Su reforma fue pasada a la Comisión de Legislación para que se debatiera nuevamente el contrato de irrigación celebrado entre el Ejecutivo y la Tela Railroad Co.

La discusión se inició en la sesión correspondiente al 31 de marzo. La temperatura tórrida de ese verano también se hizo sentir en la sala de sesiones, donde, en más de una ocasión, la exaltación de los ánimos produjo el intercambio de frases hirientes, así como la revelación de los nexos de algunos diputados con el capital extranjero.

Debe ser recordado que la moción Williams se había presentado desde hacía un mes y medio, pero su discusión se había ido posponiendo, aparentemente con propósitos dilatorios.

Mientras el representante Plutarco Muñoz P., Diputado por oro, sostenía que las contratas a ser debatidas se habían introducido a la legislatura desde 1927, su colega por Choluteca, Felipe Reyes, le refutaba argumentando que recién en febrero de 1931 habían sido introducidas. Este recordaba a sus compañeros que las aguas nacionales "constituyen el último recurso para la liberación económica del país y los excitaba para que no se tratara de asuntos relacionados con la United Fruit Co., mientras no se llegara a un arreglo relativo a los ramales ferroviarios clandestinos y la irrigación que venía practicando desde hacía cuatro años, "sin autorización ni conocimiento oficial del

Gobierno, así como se supiera el status de la Cuyamel y sus obligaciones contractuales tras haber sido comprada por su archirrival".[225]

Escuchemos algunos de los razonamientos justificativos de la moción Williams, en boca de su autor:

"Dejamos al Estado la facultad de revisión de dichas contratas con el propósito de amoldarlas a nuevas condiciones que pudieran resultar por cualquier circunstancia, como decir, la disminución de la cantidad de agua en los ríos en que se verifique la captación o el incremento de las poblaciones en las márgenes o inmediaciones de los ríos afectados por las respectivas contratas. Hay que tomar en cuenta también el futuro desarrollo de nuestra industria agrícola que vendrá como consecuencia lógica el uso de las aguas nacionales para fines de irrigación, lo que implica... una distribución equitativa de nuestras aguas para que puedan beneficiar al mayor número de agricultores, cosa que no se podría lograr si el Estado compromete por 25 años en determinada persona o compañía el uso exclusivo del líquido".

La conveniencia de reservar al Estado el derecho de revisión es pues a todas luces evidente y ninguna persona que estudie el asunto a fondo podrá desvirtuar esta aseveración.

El proponía dejar al Estado la facultad de revisar las contratas, ludidas para amoldarlas a las nuevas condiciones:[226]

"Hay que tener presente que las aguas constituyen la última esperanza que nos queda a los hondureños para restituir, siquiera en parte, la enorme riqueza nacional que de manera inconsulta y con entera falta de previsión fue traspasada en mala hora al capital extranjero".[227]

El proyecto de moción reformaba los artículos 40 y 48 de la legislación vigente y decía así:

Artículo 40. El que intentara celebrar contrata con el fin de obtener el uso de las aguas para irrigación en cantidad y exceda de 50 litros por segundo, durante tres horas diarias, presentará su

---

[225] Boletín Legislativo, Serie VIII, Acta No. 9 No. 72, 31 de marzo, 1931, pp.620-621.

[226] Boletín Legislativo, Serie VIII, No. 72, 1931, p. 620.

[227] El Pueblo, 6 marzo 1931, vo. I, No. 5 p. 1-6. Desde su primer número, fechado el 2 de marzo, este periódico adoptó una posición de defensa de "nuestra hulla blanca"

solicitud al Ministerio de Agricultura, indicando la fuente y lugar de donde se extraerá el agua, la cantidad que necesite por segundos, la extensión de los terrenos que se propone irrigar, los títulos que prueben la propiedad de dichos terrenos, debidamente legalizados a favor del solicitante, el volumen aproximado de las aguas del río o corriente en la estación seca, medio de que se valdrá para tomar las aguas, número de acequias y sus dimensiones y los demás detalles que sean de importancia.

Al respecto comentaba el editorialista de *El Pueblo:*

"Es un hecho que las compañías no han podido presentar los títulos que acrediten su propiedad sobre los terrenos y desean continuar irrigando, porque carecen de muchos de esos títulos... Los planos y demás datos e informes que el Congreso tendrá que exigir para proceder dentro de la ley, revelarán... que, entre los terrenos comprendidos en las contratas para irrigación, están incluidos los lotes alternos que se reservó el Estado, correspondientes a los acuerdos sin firma, los cuales fueron declarados nulos por el Congreso Nacional".[228]

Unos días antes el mismo periodista había advertido a sus lectores, con visión futurista:

"El agua será uno de los grandes factores de nuestro porvenir, y garantizar su uso en provecho de la nación y economizarla racionalmente, es obligación imperiosa de los que desempeñan papel en las esferas gubernamentales y tienen conciencia de su cometido... Seamos previsores y desistamos de seguir entregando, a cambio de centavos y con enormes compromisos y peligros para la Nación, la República".[229]

Un periódico costeño ofrecía su opinión al respecto:

"Si en Honduras esas Compañías han de explotar nuestras aguas, que lo hagan, pero pagando el canon nacional que compense al país por los beneficios que aporta y que, además se defienda al agricultor nacional, velando por que alcance para ellos el precioso líquido, en peligro de caer en garras del irritante monopolio, que amenaza de muerte los sembrados de nuestros campesinos".[230]

---

[228] "Aprovechamiento de aguas nacionales", El Pueblo, 6 marzo 1931, p.3.

[229] El Pueblo, Volumen 1, No.2,3 marzo 1931, p. 1.

[230] El Espectador (La Ceiba), "La defensa del agua", marzo 1932, reproducido por El Pueblo 13 de abril 1931, p.5.

Mientras la prensa debatía lo méritos de la moción Williams, exponiendo sus puntos de vista favorables o adversos la misma, los diputados continuaban enfrascados en la misma temática tendiendo a dividirse en dos bandos: a favor o en contra. El 27 de marzo el emocionante pidió a la Mesa Directiva que presentara su dictamen relativo a las reformas que había propuesto desde hacía un mes:

"Este no se ha presentado y parece que se tuviera temor de abordar un asunto de tal naturaleza".[231]

En la siguiente sesión se puso a debate el dictamen de la Comisión de Fomento, el cual era favorable a que el Acuerdo No. 1625 emitido por el Ejecutivo en el que se aprobaba el contrato de irrigación celebrado entre el Oficial Mayor del Ministerio de Fomento, de una parte, y W.E. Turnbull, en representación de la Tela Railroad Co., de otra, para irrigar los terrenos de ésta con aguas nacionales, fuera ratificado. Williams estaba en desacuerdo con tal iniciativa y razonaba su discrepancia:

"El artículo está en desacuerdo con la Ley de Aprovechamiento de Aguas y su ilegalidad está patente. El artículo 40 de esa Ley dice que cuando se vaya a otorgar una concesión de las aguas nacionales para irrigación, se deberán tener a la vista los títulos de dominio de los terrenos que se irrigarán, y eso rose ha cumplido. La Comisión dictaminadora no ha tenido a la vista tales títulos, y él sabe que muchos de los terrenos que se pretende irrigar no son de propiedad de la Compañía, sino que ésta los tiene en arrendamiento. El Artículo 41 de la misma Ley manda que, después de la última publicación del proyecto de contrata, se haga el aforo de las aguas por una Comisión técnica nombrada por el Poder Ejecutivo y eso tampoco se ha cumplido... La Comisión dictaminadora no ha tenido, pues, a la vista los documentos que expresamente señala la ley. Considera como labor de patriotismo no entregar las aguas nacionales a las compañías extranjeras sin las debidas compensaciones para el país, y, sobre todo, *porque ellas constituyen la última reserva que nos queda para poder alcanzar*

---

[231] Boletín Legislativo, Serie VII, No. 69, Acta No. 86, 27 marzo 1931, p.597.

*la liberación económica de la Nación*".[232]

También pedía que antes de que se procediera a la aprobación de las contratas de irrigación se discutiera su moción con el propósito de conocer los antecedentes, se imprimiera la contrata a fin de que fuera conocida por sus compañeros al momento de debatirla y antes de aprobarla o rechazarla se discutiera su proyecto de reforma a la Ley de Aprovechamiento de Aguas.

Su petición fue tomada en consideración y se puso a discusión.

Y fue aquí cuando el nivel de debate se tornó más analítico, pero también más emotivo, encabezado de un lado por Williams y del otro por Muñoz P., aquel defendiendo su propuesta, éste la legalidad de la contrata y su benéfico impacto en el progreso nacional. Terciaron, a favor o en contra, varios de los diputados. Venancio Callejas, secundando al diputado por Choluteca, propuso que el contrato fuera otorgado en los términos originales, pero por dos años y medio, a fin de aplicar la nueva ley de inmediato, alcanzando las compensaciones a que hubiera lugar, "pues no podemos seguir dando locamente lo poco que nos queda".

El representante Cervantes al hacer uso de la palabra propuso gravar las ganancias obtenidas por la empresa bananera hallar las aguas nacionales, pero eximir a éstas de cualquier impuesto.

Muñoz Pineda, representante por Yoro, sostenía que las contratas de riego se habían presentado desde 1927 por lo que no se podría aplicar a ellas la moción Williams, porque las leyes sólo tenían efecto retroactivo en materia penal. Esto era rebatido por Felipe Reyes, quien al igual que Williams representaba a Choluteca, sosteniendo que las contratas habían sido presentadas por las bananeras en febrero de 1931, recordando a sus colegas que mientras la moción Williams tenía mes y medio de haber sido presentada y no se había sometido a discusión, si se estaban debatiendo las contratas que apenas tenían de doce a quince días de haber sido introducidas a consideración del Legislativo. Igualmente, les refrescaba la memoria en el sentido que hacía muy pocos años en el seno de esa Cámara se había acordado no

---

[232] Boletín Legislativo, Serie VII, No. 70, "Acta No. 89, 28 de marzo 1931, pp. 604-605 (los subrayados son nuestros).

conocer de ningún convenio con la United Fruit Co. en tanto ésta no arreglara lo relativo a su concesión con Guatemala en la zona en disputa con Honduras.

Él proponía que la actual legislatura se abstuviera de tratar asuntos concernientes a esa empresa frutera en tanto no se llegara a un convenio sobre los ramales ferroviarios clandestinos, sobre la irrigación que venía realizando desde hacía cuatro años sin autorización ni conocimiento oficial del Estado y se aclarara la situación de los negocios de la Cuyamel Fruit Co., después que sus intereses habían sido traspasados a la United.

La Cámara leyó la opinión de la Sociedad de Abogados, emitida el 10 de abril de 1931 y firmada por D. Gutiérrez, Enrique B. Uclés, Timoteo Chirinos Z., Tomás González C., Carlos A. Planas y que rezaba así:

Dos son los extremos que comprende la expresada moción: primero reforma del artículo 40, adicionando al párrafo primero la siguiente: "El aforo deberá practicarse por el interesado durante cinco años consecutivos en la estación seca, para obtener el promedio del volumen de agua que contenga el río o corriente de donde se va a verificar la captación; pero el aforo del primer año servirá de base para el contrato, reservándose el Estado la facultad de revisión para amoldarlo al promedio del volumen del agua obtenido de los cinco aforos consecutivamente practicados. Por la falta de los aforos consecutivos se impondrá una multa equivalente a la cuarta parte del canon actual, la que hará efectiva gubernamentalmente el Poder Ejecutivo.

Segundo: Reforma del artículo 48 en este sentido: El riego de una hasta veinte hectáreas será libre. Para fincas de veintiún hectáreas en adelante, el canon se pagará de acuerdo con el cultivo a que las tierras se dediquen, en la proporción siguiente: para cultivos de bananos, $24 por hectárea. Para cultivos de tabaco $2 anuales por hectárea. Para cultivos no especificados, diez centavos oro anuales por hectárea. El canon se pagará en anualidades adelantadas en el mes de enero de cada año por toda la tierra comprendida en el contrato, ya sea que se use o que deje de usarse el agua contratada".

La moción comprende también el destino que el Poder Ejecutivo debe dar al producto del canon establecido. La

Comisión considera de gran trascendencia la moción del diputado Williams por cuanto tiende a introducir una reforma que de aceptarse beneficiará grandemente los intereses nacionales y considera también que es inaplazable una reforma general de la Ley de Aprovechamiento de Aguas Nacionales, no solo en el sentido que comprende la moción sino en otros de interés actual. Tal como se encuentra la referida ley, el uso de las aguas nacionales para fines de irrigación no tiene límite ni en cuanto al tiempo ni en cuanto al volumen de las aguas utilizadas, fuera del caso previsto en el artículo 39 de la misma; pues facultándose en el artículo 24 su uso continuo, el perjuicio es manifiesto para ottas formas de aprovechamiento y contrario a la potestad reglamentaria dado al Ejecutivo para la distribución equitativa de las aguas que hablad artículo 46. Es por estos tazones que, al exigírsele el aforo de las aguas, debe determinarse el máximum de volumen utilizable las relaciones con el tiempo y con el interés público y privado, haciéndose necesario la introducción en la ley de disposiciones precisas y concretas sobre estos asuntos y otros análogos. Por las razones expuestas, la Comisión entiende que no debe celebrarse ningún contrato sobre aprovechamiento de aguas nacionales para riego, sin que previamente se lleven a cabo las reformas anotadas y las demás que el interés público demande en relación particular con el canon.[233]

Varios "padres de la patria" externaron opiniones adversas a la iniciativa Williams, aportando sus particulares puntos de vista.

Así el representante Colindres Zúñiga afirmaba:

"La moción es antipatriótica e inconstitucional. Las Compañías tienen derecho de petición y a que se les resuelva y comunique lo resuelto. Sus solicitudes fueron presentadas desde hace mucho tiempo y no es posible que se interrumpa el curso de ellas solo por una moción extemporánea... Debe pues rechazarse la moción Williams y entrar resueltamente a la arena a discutir el asunto de fondo, o sea el contrato de irrigación".[234]

Su estrategia era obvia: impedir, o al menos retardar la

---

[233] Boletín Legislativo, Serie VIII, No.73, "Acta No. 95 del Congreso Nacional, 1°. Abril 1931. P. 626. (los subrayados son nuestros). El Pueblo, Vol. I, No. 75, 2 junio 1931, p.l.

[234] Boletín Legislativo, Serie VIII, No. 74, Acta No. 97, p. 634.

discusión de esa propuesta a fin de que se diera prioridad en el debate a las solicitudes de riego de la United Fruit Co. Pero encontraba réplica a sus argumentos en varios compañeros de cámara, uno de ellos Venancio Callejas quien sostenía:

"El contrato de irrigación es inconstitucional, pues el diputado Barahona nos ha dicho que la Comisión no ha tenido a la vista los documentos que manda la ley... Habrá contrato únicamente si es aprobado por la Cámara: de lo contrario, se quedará en simple proyecto. El presidente Colindres se ha cruzado telegramas con un caballero y en ellos no niega que haya platicado con algunos diputados sobre los contratos de irrigación ni que haya dicho que si no se aprueban los acuerdos puede sobrevenir la guerra. Como se ve, ha habido una especie de coacción sobre el Poder Ejecutivo para suscribir esos contratos".

Y un presidente no debía ni decir eso ya que su obligación es velar por los intereses nacionales, a pesar de las amenazas que haya contra el Poder que ejerce.[235]

"...No hay que culpar a nuestros antepasados por las generosas concesiones que dieron a las Compañías. Ellos probablemente actuaron así llenos de exaltación patriótica queriendo el progreso de la Nación. Se deslumbraron con las perspectivas de llevar el ferrocarril a Yoro, a Olancho y a otras regiones y por eso dieron mucho. Pero esas compañías no han cumplido sus obligaciones, no han hecho avanzar las líneas férreas principales, y en cambio se han apoderado de enormes riquezas nuestras... hay que procurar resarcirse de nuestras enormes pérdidas imponiendo a dichas empresas condiciones más ventajosas para la Nación".[236]

Por su parte, Williams replicaba a Colindres Zúñiga en estos términos:

"El diputado Colindres Zúñiga ha dicho que su moción es antipatriótica, y le causa por eso asombro ver hasta donde se ha llegado en Honduras, al considerar antipatriótico el que se vela por los intereses de la Nación, por lo que está reclamando agritos la conciencia pública. Lo que hay que observar es que en Honduras están frente a frente dos fuerzas opositoras: la que se

---

[235] Boletín Legislativo, Serie VIII, #74, Acta No. 97, p. 634-635.
[236] Boletín Legislativo, Serie VIII, #74, Acta No. 97 p. 635-636.

puede llamar la vieja guardia, es decir, todos los que militaron en la política y en las Asambleas desde la época de Terencio Sierra hasta López Gutiérrez; y los que constituyen la nueva Honduras, es decir, los que quieren que el país no siga siendo simplemente un campo de explotación para los intereses extraños".[237]

Con su capacidad para la ironía, Muñoz Pineda recordaba a sus colegas:

"...se ha dicho que hay quienes vayan a pedir órdenes a las compañías bananeras. Eso de pedir órdenes puede ser cierto, no lo afirmo ni lo niego, lo que sí afirmo es que a esas compañías se les pide algo más que órdenes, se les pide con frecuencia dinero, que, pasando por el Poder Ejecutivo, pues con dinero que garantizan esas compañías se hará nuestra conversión monetaria".[238]

En la sesión del 23 de abril Williams nuevamente hizo uso de la palabra, afirmando que su proyecto lo estimaba de trascendencia, "para salvar siquiera en parte los intereses nacionales" advirtiendo a la Cámara que analizaría el dictamen desde tres puntos de vista: el primero se refería a la parcialidad de la mayoría de la Comisión dictaminadora, recordando que el depurado Muñoz Pineda había declarado en sesión anterior que él era representante de la Tela Railroad Co. para los asuntos que dicha empresa tuviera que ventilar en el departamento de Yoro pero que en la Cámara decía proceder como representante de la Nación y en defensa de los intereses de ésta; por esos antecedentes, esperaba que Muñoz P se excusara de formar parte de la Comisión que dictaminó respecto a su proyecto de reformas a la Ley de Aguas, pero su petición, dirigida al Presidente del Legislativo, el liberal Santiago Meza Calix, no fue atendida. De tal modo que al voto adverso del diputado yoreño debía de agregar el del representante Gamero, también opuesto a su moción.

La Comisión de Dictamen había reducido su propuesta de canon de $24 dólares a $3, que era la cantidad que estaban dispuestas a pagar las fruteras, suma que, en opinión de Williams, no era ni proporcional ni equitativa, pese a que en el último informe presentado por la United Fruit a sus accionistas

---

[237] Boletín Legislativo, Serie VIII, No. 74, Acta No. 97, 4 abril 1931, p. 636.
[238] Idem

admitía el incremento en la producción como consecuencia del aumento en el peso de la fruta gracias a la expansión en la cantidad de tierras irrigadas a la vez que se había logrado la reducción en los costos de producción por unidad.

Para más ilustración de sus colegas respecto a la justicia de su moción, ofrecía los siguientes datos, que añadían peso a sus argumentos: Un racimo puesto en el muelle de embarque cuesta a las Compañías un promedio de noventa centavos oro y puesto en New Orleans un promedio de un peso veinticinco centavos oro, ya listo para la venta. El banano se vende en New Orleans, Nueva York e Inglaterra por su peso, es decir, tanto por las cien libras. En New Orleans el precio a que las Compañías bananeras venden su fruta varía entre 3 y 4 dólares; en New York, entre 4 y 5 dólares y en Inglaterra a una libra esterlina las cien libras como promedio. El peso medio de un racimo puede estimarse como de ochenta libras, por lo que el precio de venta de un racimo en

New Orleans podía estimarse en 2.50 oro; y siendo que les cuesta un peso veinticinco centavos cada uno, tienen una utilidad neta de un peso veinticinco centavos oro por racimo.

Para complementar y relacionar esas cifras, ofrecía las siguientes: una hectárea sin riego produce cuatrocientos racimos que, a una utilidad de un peso veinticinco centavos por racimo, produce una utilidad de quinientos pesos oro por hectárea, una hectárea con riego produce mil racimos que a un peso veinticinco centavos de utilidad por racimo, da una utilidad total de 1.250 pesos oro por hectárea, dando un aumento de utilidad por hectárea, por efecto de la irrigación, de 750 pesos oro. Pero la utilidad neta por hectárea es de 1.250 pesos oro, "y de allí es donde pido veinticuatro dólares para Honduras por hectárea al año. Esto significa que el país percibirá, a cambio de la materia prima para la producción que arroja tan pingües utilidades, la ínfima proporción de un poco menos del dos por ciento anual de las utilidades, o sea diez y siete centavos al mes por cada cien dólares de utilidad que las Compañías obtienen con la explotación de la última reserva de nuestra riqueza natural".[239]

Felipe Reyes estaba de acuerdo con los $24 dólares por hectárea propuestos por Williams y para dar más fuerza a su

---

[239] Boletín Legislativo Serie VIII, No. 80, Acta No. 7 del Congreso Nacional Extraordinario, 23 abril 1931, pp. 693-694.

argumentación declaró:

"...el agua para la irrigación es lo único que providencialmente quedó fuera de las concesiones y es de ella que debemos sacar alguna compensación por tanta dádiva a los concesionarios... Para comprobar que las aguas constituyen lo único que no se ha regalado, lee las exenciones, franquicias, privilegios y regalías con que el Estado ha favorecido a las Compañías... el agua para fuerza motriz se les regaló nada menos que por sesenta años... el ferrocarril y dependencias, solamente pasaran a poder del Estado por compra, a diferencia de lo que sucede en todos los países que velan por sus intereses, en donde, vencida una concesión ferrocarrilera, todo pasa al dominio del Estado sin remuneración alguna... Observad que se les regala la tierra y toda clase de maderas, aún las maderas preciosas que se reservó el Estado por Decreto de 1909... y en esa virtud el Erario no recauda nada por el valor de esas maderas... no puede aumentar en ninguna forma los derechos de exportación de los bananos, ni siquiera las Municipalidades cobrar algo más... se ha dispensado en ocho años más de cien millones de pesos en derechos a las Compañías y sólo tienen construidos setecientos cincuenta y tres kilómetros de línea, entre ramales, desvíos y línea principal... los muelles son de los concesionarios; los vapores propios y fletados no pagan nada y pueden descargar y cargar a cualquier hora del día o de la noche, y hasta la planta eléctrica y el acueducto de Tela, son de la Tela Railroad Co. Y se consideran como dependencia de la empresa ferrocarrilera.

En estas condiciones, señores diputados, es que se extorsiona al pueblo hondureño y es deber nuestro defender con dignidad lo único que nos queda, sin que esto signifique echarnos sobre el capital extranjero; no porque Honduras es débil debe ser explotada miserablemente; salvemos lo que nos queda y procuremos el beneficio nuestro... Honduras es el país en el mundo entero que produce más bananos y es aquí donde las compañías tienen el mayor cultivo... Están usando las aguas sin autorización alguna desde mil novecientos veintisiete y sin pagar nada. Es pues, un asunto comprobado que para ellas la irrigación es un éxito, mejorando la producción y la calidad de la fruta, a cambio del empobrecimiento más rápido del terreno".[240]

El diputado Guillermo Campos hacía ver que no se podía legislar solamente en función de las empresas bananeras y que al ser aplicada a los compatriotas que se dedicaban al cultivo de la fruta en Cortés, Atlántida y Colón, en un área de 14,000 hectáreas, el canon propuesto por Williams les resultaría prohibitivo.

La excitativa de Williams a efecto de que Muñoz Pineda se inhibiera de formar parte de la Comisión Dictaminadora, fue respondida por éste alegando que el Presidente del Legislativo no le había aceptado su excusa; aceptaba que era representante legal de la Tela Railroad, pero solamente en Yoro, "para los asuntos que allá tenga que ventilar la Compañía".

Refutaba las cifras presentadas por el representante de Choluteca y ofrecía sus propias... lo que produce son 400 a 800 racimos anuales por hectáreas, sin irrigación, y de 600 a 1.000 racimos con irrigación, y del producto de ellos debe reducirse el costo de la propiedad del cultivo, del corte y del transporte. También debe deducirse lo que pagan las compañías por aseguro de vapores y de sus cargamentos.

Ayer dijo el Diputado Reyes que ya todo lo dimos, que nada queda para los hijos del país, y eso no es verdad, pues todavía nos quedan La Mosquitia y otras regiones aún no explotadas... Las Compañías tienen invertidos alrededor de ochenta millones de pesos en sus empresas y pagan en operarios más de dos millones anuales. Y todo eso no se toma en cuenta por quienes las adversan.

Es cierto que las Compañías han desflorado nuestros campos del Norte y los siguen explotando; pero a su actividad se debe que Honduras esté en mejores condiciones económicas que los demás países de Centro América. Honduras tiene necesidad de inmigración y capitales para la explotación de sus inmensas riquezas naturales, que no podemos llevar a cabo los hijos del país. Las Compañías han venido a pedirnos y nosotros les hemos dado.

Ellas no nos han conquistado a la fuerza, sino con la diplomacia del dólar, y a sus esfuerzos es que el país ha podido

---

[240] Ibid, p. 696.

prosperar, con solo la estadística de la producción aduanera y con el movimiento comercial del litoral Atlántico. Pero si se dan leyes confiscatorias, como las que propone el diputado Williams, nadie querrá venir a desplegar sus actividades e invertir sus capitales en Honduras, pues el asunto se reduce todo a "doy para que me des"...

El progreso se impone de cualquier modo y nosotros tendremos que someternos a las exigencias de la civilización.[241]

El representante Callejas hizo uso de la palabra para aclarar algunos conceptos vertidos por su correligionario Muñoz Pineda:

"En Honduras han sido prácticas de gobierno conceder a los extranjeros más de lo que piden... El asunto en debate es puramente comercial... se nos pide y damos. Solo que no procuramos las debidas compensaciones. El diputado Muñoz P habló muy bien. Conforme a su discurso las Compañías nos benefician y salen perdiendo. Pobrecitas. El año próximo pasado exportaron 29 millones de racimos y eso no lo toma en cuenta el diputado Muñoz. El solo aprecia lo que ellas gastan. El diputado Campos ha hablado de 14,000 hectáreas cultivadas por hondureños; pero ellas están sub-divididas y muchos de los que trabajan no son más que agentes de las Compañías".

Callejas pedía que se gravara proporcionalmente la cantidad de hectáreas irrigadas y presentó moción tendiente a reformar los artículos 40 y 48 de la Ley de Aprovechamiento de Aguas Nacionales y, en el caso de dedicarse al cultivo del banano, se cobraría en esta proporción; de 1 a 20 hectáreas: O; de 21 a 100: un peso; de 100 a 200: 2 pesos; de 200 a 300: 3 pesos; de 300 a 400:4 pesos: de 400 a 500: 5 pesos; de 500 a 1000: 10 pesos; de mil para arriba: 15 pesos.[242]

Hizo uso de la palabra el legislador Colindres Zúñiga, oponiéndose tanto a Williams como a Reyes, acuerpando el dictamen de la Comisión:

"...se ha exaltado el concepto de que la tierra y el agua se acaban, impidiendo así que entre al país el capital extranjero, lo cual es contraproducente y antieconómico, porque deja inactivas indefinidamente nuestras riquezas naturales: siempre

---

[241] Boletín Legislativo, Serie IX, No. 81, Acta No. 8 del Congreso Nacional Extraordinario, 24 de abril 1931, p. 698.

[242] Ibid, pp. 699-700.

blasonamos de las grandes riquezas de Honduras, pero son riquezas dormidas, sin que nadie las explote, ni nosotros permitimos que venga el capital extranjero a hacerlas producir".

El otro representante Cholutecano, Felipe Reyes, hizo uso de la palabra y dijo:

El progreso de la Costa Norte, de que tanto se ha hablado, no es obra exclusiva de las Compañías, como se dice: al lado de ese progreso tan decantado, se palpa también la miseria y se observan cuadros muy tristes... La riqueza está mal distribuida y por eso sólo se observa el bienestar en unos pocos. Aceptar que sólo por la influencia de las Compañías se ha obtenido progreso, sería negar el realizado en los departamentos del Sur, Occidente y Oriente de la República, donde efectivamente hay bastante cultura y mejor distribución de la riqueza y del bienestar. Es cierto que las compañías derraman de ochocientos mil a un millón de pesos en pagos mensuales, pero como las compañías, al mismo tiempo que empresarios de ferrocarriles y bananos son comerciantes y tienen comisariatos a lo largo de todas sus plantaciones, todo el dinero que riegan vuelve a ellas por medio de los comisariatos, donde se obliga a los trabajadores a comprar los alimentos, los vestidos, el calzado, las medicinas y toda Clase de objetos. Entra pues el dinero que derraman en un Círculo de hierro: sale en pagos de sus trabajos y vuelve a ellas en su mayor parte por la puerta de los comisariatos. El dinero que produce la exportación se queda en los Estados Unidos de América. Se ha dicho que las Municipalidades de la Costa no pagan las escuelas porque se roban el dinero. Eso puede ser cierto... pero la verdad es que las Municipalidades están maniatadas a las concesiones de las Compañías, que les impiden gravar con más de medio centavo cada racimo que se extraiga de su jurisdicción... en ocho años se ha dispensado a las Compañías más de cien millones de pesos. Es verdad que se les ha dispensado por aceite, rieles y otros artículos, pero también por mercaderías que venden en sus comisariatos".[243]

Llegado el momento de la votación, el resultado fue el siguiente: 28 votos por el particular, incluida la moción Callejas, 7 por el dictamen incluida la moción Callejas, 1 por el dictamen

---

[243] Ibid, p. 701.

solo y 2 por el voto particular.[244]

En la sesión celebrada el 25 de abril de 1931, Williams nuevamente intervino:

"...En cuanto a las plantaciones de nacionales hay que advertir que la mayor parte de esas fincas que aparecen como de hondureños no lo son, ya que sus presuntos dueños no son más que empleados de las Compañías, en calidad de administradores o arrendatarios, como sucede con las fincas de los señores Miguel Cubero, General Ferrera, General Ferrari, General Martínez Funes, Gálvez y Cia, etc.... el capital extranjero en vez de traer los millones, más bien se ha llevado billones. Honduras ha progresado; es cierto, pero este progreso es la resultante lógica de la era en que vivimos. Este país ya no es el de hace veinte años y es precisamente por eso que ya los hondureños hemos abierto los ojos en relación con las actividades de las Compañías extranjeras y pedimos ahora que nuestro país perciba algo de las enormes utilidades que ellas obtienen en nuestro suelo, ya que Honduras pone de su parte, en el desarrollo de las empresas fruteras, la materia prima, como es la tierra y el agua. $24 por año por hectárea, como canon, no es excesivo, pero si la Cámara cree que lo es, que acoja la moción Padilla (Horacio) que pide $15, lo que equivale a 1 centavo por racimo al año, pero de ninguna manera debe aprobar el dictamen, que echa por el suelo la última y única oportunidad de lograr algo en beneficio del país. El agua constituye la única riqueza nacional que nos queda y no es posible que la regalemos, como se ha regalado la tierra de la nación. Se ha llegado el momento de cumplir con nuestro deber de hondureños".[245]

Reforzando ese sentido de urgencia expuesto por Williams, su correligionario Callejas hizo uso de la palabra:

"La Comisión Dictaminadora ha fijado en $3 el canon anual por hectárea irrigada... Nada podemos agregar al centavo que se paga por cada racimo de banano que se exporta, pues así está establecido en las concesiones y estamos obligados a respetarlas porque son una ley. Pero ya que nada podemos hacer en aquel sentido, es justo que pidamos algo más por lo que todavía no hemos dado, que son las aguas de la Nación".

---

[244] Ibid, p. 701.

[245] Ibid, pp. 702-704. Los subrayados son nuestros.

Pidió al pleno de la Cámara que se retirara su moción relativa al artículo 48 de la Ley de Aguas y continuó en estos términos:

"Se ha dicho que el Señor presidente de la República suplicó a varios señores diputados aprobar los contratos de irrigación porque, si no, vendría la guerra. Duda que sea así, pero si fuera cierto, el motivo porque se pudieron haber comprometido los señores representantes ha desaparecido, porque la guerra ya vino (el alzamiento de Ferrera) y los diputados han quedado libres para juzgar aquellos contratos sin ninguna cortapisa".

De considerar sus compañeros de Cámara que el cobrar $24 por hectárea irrigada era un impuesto muy alto, estaba dispuesto a secundar la moción Padilla.

Como puede apreciarse, un debate "congresional" se convirtió, por su relevancia, en uno de carácter nacional, dada la importancia y trascendencia de la temática abordada: los recursos hídricos de la Nación, su utilización por parte de empresas extranjeras y los beneficios que por ello percibía Honduras.

El exgobernante Paz Baraona no se mantuvo indiferente y externó su opinión; en telegrama enviado a Antonio C. Rivera decía:

"No conozco la contrata a que usted se refiere, pero creo que si está basada en la ley de aguas para irrigación, no debe concederla el Congreso Nacional, porque no corresponde a lo que el Estado tiene derecho a exigir dada la importancia del negocio del banano y la situación en que se encuentra la República y el origen de esa situación. A mi juicio el uso de las aguas para irrigación no debe ser concedido a las Compañías sino es mediante convenios especiales en los cuales se comprometan: Primero, a cooperar de manera eficaz al mejoramiento de la situación en que se encuentran los agricultores del banano y trabajadores de la Costa Norte.

Segunda, a hacer efectivo el objetivo para que fueran establecidos los lotes alternos, entregándolos de acuerdo con el Gobierno a hondureños, a quienes, en carácter devolutivo a las cosechas, quedarían obligadas las compañías a facilitar los fondos necesarios para establecer sus fincas. La erección de esos pequeños propietarios ayudará poderosamente al mantenimiento de la paz y felicidad de la República. Tercero, en cambio de esa cooperación establecer un canon absolutamente justo por el amplio uso de las aguas para irrigar sus fincas. Cuarto, que los convenios no sean por más de diez años, tiempo suficiente para apreciar la eficacia de ellos. Las Compañías tienen el deber moral de ayudar a salvar el país, ya que ellas poseen la mayor parte de riqueza de él, cedida con tanta imprevisión. Miguel Paz Baraona".[246]

También el hijo del ex-presidente Manuel Bonilla dio a conocer su postura al respecto:

"Hemos observado con interés la controversia provocada por la moción de Abraham Williams y lo que sorprende desde aquí (New York) es el hecho de que se discuta si se cobra o no se cobra por el uso de las aguas. El tema a discutir debería ser cuánto es lo que hay que cobrar... Es más sano criterio en negocios el comprar de la Nación lo que es de la Nación, y tratar de modo claro y justiciero, en vez de untarle a éste la mano, y los oídos al otro".[247]

Los compatriotas residentes en la urbe neoyorquina reunidos el 12 de abril de 1931, presididos por Benjamín Bonilla decidieron:

"Constituirnos en fuerza de vigilancia en los Estados Unidos, de los intereses de Honduras en sus relaciones con empresas que no procedan con ecuanimidad con nuestros hermanos para dar todo apoyo moral y material a nuestros connacionales y hacer toda gestión aquí en contra de métodos de presión, intimidación o de violencia que quieran ejercer empresas que se crean poderosas y con influencia suficiente para humillar pueblos menos fuertes... Trabajar con el nombre de Comité Independiente por la defensa de los intereses nacionales de Honduras en Estados Unidos y conciliación de la familia hondureña. Se eligió directiva presidida por Marco A. Herradora".[248]

Guillén Zelaya a diario escribía sobre el curso del debate legislativo, ofreciendo sus propias opiniones razonadas:

"La United no ha podido ni podrá jamás destruir una siquiera

---

[246] El Pueblo, Vol. 1, No. 38, 17 abril 1931, pp. I-6.
[247] El Pueblo, 14 abril 1931, p. 5.
[248] El Pueblo, Vol. I, No. 47, 28 abril 1931, pp. 1-6.

de las causas de ilegalidad de las contratas para riego que ha señalado la prensa independiente... no tiene los títulos de propiedad, porque no puede tenerlos, sobre los lotes alternos que se reservó el Estado y que el Congreso declaró que la Compañía detentaba... no se ha hecho el aforo en la estación seca, como lo previene la ley... los planos son falsos...los poderes de sus representantes no han sido razonados; es inconstitucional la dispensa de los impuestos municipales que se les concede."[249]

Y la solicitud de otorgamiento del recurso hídrico lo visualizaba en un contexto más amplio cuando decía:

El uso de las aguas que quiere darse a las Compañías no constituye un simple contrato. En la posición en que las propias concesiones otorgadas a las propias Compañías estamos colocados; el uso del agua, tal como se pide, constituye, no un simple monopolio, un monopolio aislado, sino un monopolio total, el monopolio de todas las actividades de la Nación.[250]

Regresando a los históricos debates "congresionales", creemos oportuno, para conocimiento de la actual y futuras generaciones, dejar constancia literal de los argumentos a favor y en contra, cuál era el otorgamiento de las aguas nacionales a las transnacionales.

El diputado Brown E era de opinión que incluso los agricultores nacionales a los que las empresas fruteras compraban banano podrían pagar el canon de $10.

Felipe Reyes nuevamente hizo uso de la palabra para recordar a sus colegas que entre 1920 a 1930 el Estado había dispensado 103.111.852 pesos a las compañías ferrocarrileras en tanto que al fisco solamente habían ingresado, en el mismo período, 35.133.452 pesos por concepto de gravámenes de importación; de 1912 a 1930 se había exceptuado de pagar a las referidas empresas 128.587.958 pesos. Y añadía:

"Ningún argumento de los esgrimidos en contra me ha convencido de que sea excesivo el impuesto de dos centavos y cuatro décimos de centavo que corresponderían al racimo de banano por la irrigación".

Recordaba a la Cámara que se habían presentado tres propuestas en el seno de la misma: el voto particular de un

---

[249] "Aprovechamiento de Aguas Nacionales", El Pueblo, Vol. III, 31 marzo 1931, p. 5.

[250] "Las reformas del Diputado Williams", El Pueblo, 11 abril 1931, p. 5.

centavo y medio; otra de un centavo y el dictamen de tres décimos de centavo.

El debate parlamentario se conducía a dos niveles: de una parte, se discutía el impuesto por el uso de las aguas nacionales, pero, paralelamente, se analizaba la Ley de Vialidad. El presidente del Legislativo procedió, en ese momento, a retomar el examen de este último proyecto, acción que fue protestada por Williams, en tanto Callejas mocionó a fin de que fuera la Asamblea, y no el titular del Congreso quien acordara si se interrumpía o no la discusión de la Ley de Aguas. También el parlamentario Felipe Reyes apoyó a Williams y Callejas a la vez que protestó por la disposición adoptada por Meza Cálix.

Ante las protestas la Presidencia de la Cámara decidió que se diera curso a la moción Callejas, la cual fue sometida a votación siendo derrotada por 13 votos a favor y 29 en contra. Con ello, se retomó la discusión de la Ley de Vialidad.[251]

Fue hasta en la sesión del 30 de abril que, nuevamente, se continuó discutiendo el proyecto de reformas a la Ley de Aprovechamiento de Aguas Nacionales.

Hizo uso de la palabra el diputado Callejas para criticar al reportero parlamentario de El Cronista por llamarlo a él y a los proponentes de las modificaciones como "extremistas", aclarando que:

"Si por defender con energía los intereses del país, se le llama así, acepta el calificativo".

No estuvo de acuerdo con el canon propuesto por el diputado Williams por no considerarlo muy alto, esto es, por no ser extremista y por ello apoyaba el presentado por el diputado Brown (quien había mocionada por un canon de $10), excitando a Williams y a Padilla para que secundaran la moción de su colega costeño. Este último había mocionado por $15, lo que fue aceptado por Williams.

En su intervención el parlamentario Colindres Zúñiga propuso que el uso de las aguas nacionales, para fines de riego, fuera gratuito hasta en veinte hectáreas y de esa cantidad en adelante el canon fuera de $5 anuales por hectárea. Su moción fue tomada en consideración por un voto de diferencia: 21 contra

---

[251] Boletín Legislativo, Serie IX, No. 81, 1931.

160

20. El representante Brown refutó a su antecesor en la discusión afirmando:

"No encuentro ninguna razón conveniente en lo expuesto por el diputado Colindres Zúñiga para establecer la inconveniencia del canon de $10... las Compañías están colocadas en un plano muy superior a todos los exportadores del país, pues estos últimos pagan todo impuesto de exportación y no protestan; las Compañías no pagan ninguno, ni el municipal siquiera, porque están amparadas en sus concesiones, y al decretar un canon sobre el uso de aguas que abarca a todos, allí está el revuelo que nos tiene... en esta situación en la Cámara. Solo de impuestos municipales por exportación, y que paga todo comerciante del país, deja de pagar la Compañía dos veces más que lo establecido con los $10 del canon; es decir, el canon de $10 grava el banano y solo el de las fincas con riego, conste, con un centavo más el impuesto municipal, que es el porcentaje sobre el valor declarado en las pólizas, de un dólar por racimo, sería tres centavos. Así pues, pagando los $10 de canon o sea un centavo por racimo de banano (solo el de las fincas con riego), dejarían de pagar aún, un centavo a las Municipalidades que todos los exportadores pagan... Yo creo razonable el canon, pues queda demostrado que en otros países pagan cuatro veces más por la exportación y no protestan... Yo creo lógico y justo que, si se les ha dispensado toda clase de facilidades a las Compañías porque no se pueden quejar, es muy humano que den la tributación proporcional que designe la ley, tal como la dan todos los empresarios o comerciantes del país".[252]

Como puede inferirse, este planteamiento contrastaba la desigual política impositiva del Estado por la cual los comerciantes locales y foráneos radicados en Honduras tributaban, no así las empresas fruteras, en razón de las concesiones que expresamente las eximían de gravámenes. Se cuestionaba la falta de equidad, aspirando a una igualdad en la obligación tributaria, o cuando menos, que se les obligara a pagar por el uso de las aguas nacionales.

La propuesta de Brown fue secundada por el representante Martín Jiménez. El diputado Izaguirre, representante de

---

[252] Boletín Legislativo, 1931, pp. 723-724.

Atlántida, al tomar la palabra dijo:

"Allá en Tela soy empleado, aquí soy representante del pueblo... no hay ninguna duda... del hecho de que existe en Honduras odio contra las Compañías del Norte, odio que tiene varias razones: el odio del proletario contra el capital; el odio del que se les vendió traicionando así a su patria y un día se vio sin dádivas; el odio de los que buscan trabajo y no lo encuentran; el odio de los que han visto esas empresas inmiscuirse en nuestros asuntos políticos; el odio que causan esas concesiones dadas a base de traición, y el odio gratuito que existe entre los humanos... a veces oyendo a estos señores diputados (en referencia a Williams, Reyes, Callejas) se percibe la idea de que las Compañías son una maldición para Honduras; nos explotan, dicen, nos llevan millones, nos han quitado todo lo que tenemos y lo que dejan al país es una miseria; en consonancia con esto y para poder compaginar nuestro patriotismo con nuestras acciones lo único que nos queda es sacarlas del país; a nosotros los hondureños nos toca una tajada grande en el mal que de ellas le pudiera venir a la Patria; aquí, este mismo recinto, ha sido muchas veces el mercado patrio en donde se ha venido a pagar a las Compañías por su ayuda en el coronamiento de hondureños ambiciosos; aquí han venido los malos hijos de Honduras a pedir concesiones de tierras que después han vendido a aquellas empresas. Los Poderes Públicos desde el nacimiento de aquellas Compañías han vivido, así como en un concubinato perpetuo con ellas, y prueba de esto es que la gran mayoría de los empleados nacionales de la Costa Norte reciben sueldo de estas empresas, muchas veces el doble de lo que les paga el Gobierno. Esto abraza a los comandantes, los Administradores de Aduanas, Guarda-Muelles, comandantes Locales de los campos, algunos ministros de Estado se dirían; de éstos yo no lo sé, pero la opinión pública los sindica, hay sus excepciones... Allí he visto desfilar por los dominios de la Tela a nuestros grandes hombres públicos, a vivir, comer y beber de balde de las tan odiadas Compañías. Nada se dice aquí del beneficio derivado de las Compañías. ¿Qué es lo mejor del país? La Costa Norte. ¿En dónde se vive mejor? En la Costa Norte. ¿Por qué? Por las Compañías. ¿No se pagan las escuelas? Se busca la Compañía. ¿Se quiere un préstamo? A las Compañías. El transporte en el

Norte ¿se debe? A las Compañías. ¿Nuestro acercamiento con el exterior? A las Compañías. Viene una peste, y la Compañía la combate a vista y paciencia de nuestras autoridades... La Compañía gasta miles de dólares en el ramo de Sanidad, combatiendo la malaria, construyendo letrinas... Entre los argumentos vertidos por esa elocuencia de los números, solo se ha hablado de un aspecto del asunto: se dice de ganancias, pero no se habla de pérdidas. ¿Qué hay de los millones de dólares que las Compañías han gastado en transformar esos guaminales en fincas productoras? ¿Qué hay de los miles que se gastan en la campaña contra la malaria, la fiebre tifoidea y la disentería? ¿Qué hay de los miles que entran al tesoro público? ¿Qué hay de los millones gastados en irrigación? ¿Qué hay de esas fincas no productoras por la enfermedad del banano?... ¿Qué hay de las pérdidas que producen los huracanes, cuando vienen a dar por el suelo con fincas enteras? ¿Qué hay de los millones de dólares invertidos en barcos, máquinas, herramientas y demás?...".[253]

Sin duda una apasionada e interesada (laboraba como médico de la Tela Railroad Co.) defensa de las empresas fruteras. Debe señalarse que sus puntos de vista eran compartidos no solo por otros congresistas sino, igualmente por compatriotas que veían en ellas a las propulsoras del anhelado progreso y despegue de la economía hondureña. Ellas generarían el dinamismo propio y, además, el de rubros que podrían estar bajo control de hondureños, particularmente en la zona norte. Y, como ha demostrado Darío Euraque en su obra El capitalismo de San Pedro Sula y la historia política hondureña (1870-1972), a la sombra del capital bananero surgieron espacios y oportunidades económicas que fueron aprovechadas por algunos compatriotas, asociados con Samuel Zemurray o bien actuando independientemente. Pero fueron los inmigrantes provenientes del Medio Oriente los que mejor supieron insertarse y sacar provecho del auge y expansión bananera.

Retomando el acalorado debate parlamentario, hizo nuevamente uso de la palabra el diputado por Yoro, Plutarco Muñoz P. y dijo:

"...El General Carías no ha llegado al poder porque no se lo

---

[253] Boletín Legislativo, Serie IX, No. 83, 1931, Acta número trece del Congreso Nacional Extraordinario" pp. 725-726.

ha dejado la influencia americana y por la animadversión de las Compañías que han temido encontrarse con la inflexibilidad de su honradez... Los diputados Williams, Reyes y Callejas, han tomado solo un lado del asunto, el favorable, para conquistarse aplausos, y es el exponer las fabulosas ganancias que atribuyen a las Compañías; pero no le dan vuelta al disco trayendo datos estadísticos sobre los gastos de las Compañías, es decir, los relativos al capital, al costo de la tierra, el desmonte, a la siembra, al cultivo, a la compra de vapores, valor de ferrocarriles, de implementos de agricultura, gastos de transporte, etc. ...etc., y sobre todo, el dinero que dejan al país por importación y exportación y pago de operarios... En este Congreso, en donde hay tanto presidenciable, todos hacen política y todo lo están perjudicando. Lozano calla, porque tal vez comprende que le será perjudicial ponerse en mal con las Compañías. Callejas habla contra las grandes empresas del Norte y se conquista muchos aplausos de la barra, pero también se conquista la mala voluntad de las Compañías, e irá al fracaso... lo justo es el canon de $3 por hectárea al año, sobre si se toma en cuenta que los terrenos en donde las Compañías tienen sus fincas y que de conformidad con el Código Civil y el Artículo 3°. Inciso 2°. De la Ley de Aprovechamiento de Aguas Nacionales, pueden hacer libre uso de las aguas que atraviesan sus terrenos y propiedades, las leyes citadas les dan el uso libre de dichas aguas. Si se eleva el canon, es muy posible que el Ejecutivo vete el decreto, y las Compañías quedarán usando las aguas sin pagar nada, como lo han estado haciendo y si el decreto se ratifica constitucionalmente, las Compañías pedirán amparo, y lo obtendrán mediante sus poderosas influencias y la razón que les da la ley; no creo demás advertir que se debe tener prudencia al tratar de estos asuntos de las Compañías, pues si se va contra ellas, es casi seguro que se irá también contra los intereses del país".[254]

La sesión concluyó y la siguiente se realizó el primero de mayo de 1931 con la discusión del proyecto de reformas a la Ley de Aguas. El parlamentario Campos externó su opinión:

"El canon debería versar sobre la cantidad de agua que se

[254] Boletín Legislativo, Serie IX, No. 82, 1931, pp. 727-728. Los subrayados son nuestros.

consume, y no a razón de un tanto por hectárea de riego, porque este sistema se presta a burlar fácilmente la Ley".

Campos, diputado por Atlántida calificó a Williams de extremista. Para refutar esa acusación, nuevamente intervino el Cholutecano y dijo:

"La United Fruit Company solo tiene cultivadas en este país noventa y cinco mil acres (y no trescientas mil como afirma Campos) y de éstas probablemente solo irrigará el cincuenta por ciento... Aquí se produce enormes cantidades de fruta que se transforman en pingues utilidades, que son distribuidas y gastadas en los Estados Unidos del Norte. Queda pues, sentado el hecho de que el capital invertido aquí por las empresas bananeras, es un capital ausentista, y, por consiguiente, perjudicial a Honduras".[255]

La moción Colindres Z. la consideraba obstruccionista por haber sido presentada sin ningún fundamento de cálculo y de principios científicos:

"Ya dije que, si la Cámara estima crecido el canon que yo propongo, puede adoptar el Voto Particular del D. Brown, pero nunca deberá decidirse por la moción Colindres Zúñiga o por el dictamen. El diputado Izaguirre en su tempestuoso discurso de ayer nos ha hecho un análisis tenebroso de los métodos corruptores que se ponen en juego en este país por las Compañías fruteras para comprar ministros, diputados, comandantes de armas, administradores de Aduana, comandantes de Campo, Guarda muelles, etc. Este distinguido representante nos ha hechos algo así como la autopsia de un cadáver putrefacto que vierte el pus de la corrupción. ¿Y que nos demuestra esto? Que las Compañías fruteras, si es cierto lo que dice el Diputado Izaguirre, han venido aquí a fundar la escuela de corrupción, que antes no existía y que han venido a minar la estructura moral en que está basado o senado el edificio de la República. Nos dice el diputado Izaguirre que allá en la Costa Norte, las Compañías fruteras prestan grandes beneficios a los hondureños. Que nos han acercado a los centros de civilización; que han construido ferrocarriles; que han cacho maquinarias, que en el presente año vacunaron más de ocho mil hombres y que, en

---

[255] Ibid, p. 730.

fin, nos han traído el progreso, gastando muchos miles de dólares.

El progreso, señores diputados, no es obra únicamente del capital; es una fuerza humana que tiene que imponerse en todos los países del mundo, haya o no compañías bananeras, y no es de ninguna manera la resultante del mercantilismo. Honduras forzosamente hubiera progresado, y, si no, veamos cómo lo han hecho las secciones del Sur, de Occidente y de Oriente, en donde no ha habido Compañías fruteras y en donde tampoco ha habido funcionarios vendidos al mejor postor.

Allá en esas regiones existe el verdadero hondureñismo; allí no está aún minada la moral pública, condición que es muy superior a todo progreso materialista de las ubérrimas regiones del Norte. Hay algo más; todas las enormes cantidades que se invierten en las obras que nos menciona el honorable representante por Atlántida (Izaguirre) son obtenidas de aquí mismo, de la tierra hondureña, por lo que no es extraño que aquí mismo sean gastadas. Quiero dejar constancia que yo no adverso el capital extranjero ni tampoco a las Compañías fruteras; únicamente pido equidad y justicia y ya que Honduras pone la materia prima para la producción, como lo es la tierra y el agua, que perciba algo siquiera de las utilidades económicas que se distribuyen en tierras extranjeras".[256]

Julio Lozano, desde joven involucrado con el capital extranjero en su calidad de contador de la New York and Honduras Rosario Mining Co., empresario exitoso por derecho propio y futuro ministro en el gabinete de Carías, eventualmente jefe de Estado dijo:

"...Se alega por unos que ya todo lo dimos a las Compañías y por otros, que ellas nada dejan como compensación. Ambos conceptos son exagerados. Las Compañías son también comerciantes y pagan todos los impuestos que establecen nuestras leyes... Se asegura que hay agresividad contra las Compañías y contra el capital extranjero y eso no es cierto.

Lo que se busca es la debida equidad o la que sea posible, entre lo que se les da y lo que deben darnos. Por las concesiones de que gozan las Compañías están exentas de pagar numerosos

---

[256] Boletín Legislativo, Serie IX, No. 84, 1931, "Acta número catorce del Congreso Nacional Extraordinario, pp.730-732. (Los subrayados son nuestros).

gravámenes que pagan todos los hondureños y la generalidad de todos los extranjeros radicados en el país, y cuando se establezca el impuesto sobre la renta, a lo cual llegaremos tarde o temprano, por ser lo más justo en materia impositiva, las Compañías tampoco lo pagarán en virtud de sus concesiones. Debemos, pues, buscar otros medios para que ellas nos dejen las compensaciones posibles a nuestra liberalidad. Los partidarios de los contratos de irrigación alegaron la retroactividad de la ley cuando se han convencido de que eso no prosperará, se anticipan a anunciar que se recurrirá al amparo... se han hecho comparaciones, en materia de irrigación, entre Honduras y otros países, citándose entre éstos a Costa Rica; pero no se toma en cuenta que en Costa Rica más del 60% de las plantaciones de bananos pertenecen a los nativos y en Honduras si pertenece a los nacionales el cinco por ciento. No va con el canon propuesto por Williams, porque lo considera muy alto, pero sí lo estará con la moción Brown".[257]

Este, haciendo uso de la palabra, irónicamente comento ...Pareciera que hay tendencia a hacer prevalecer la idea de que, para no ser enemigo de las Compañías, es preciso obrar tal como a éstas les satisface.

Por su parte, el sureño Felipe Reyes dijo:

"...algunas Compañías hacen uso de la irrigación desde 1927: la Truxillo Railroad Co. ya regaba 5.307 hectáreas en 1928, y la Cortes (Development) 6.269 hectáreas en 1929, según sus propios informes. La Cuyamel parece que fue la primera en hacer uso del riego y así que obtuvo fruta de mejor calidad y más abundante, a la que no le podían hacer la competencia en el exterior las otras Compañías, éstas siguieron el procedimiento a espaldas de la ley, se ha dicho, porque pusieron grandes bombas, hicieron canales y han usado y están usando de las aguas, sin permiso y sin contrata... Dije en sesiones pasadas y lo ratifico hoy, que el decantado progreso de la Costa Norte no es nuestro, no tiene vinculación económica de carácter nacional, y responden de ello El Porvenir, Trujillo, La Ceiba, La Masica y otros lugares de menor importancia... en la Costa Norte, el día que limitan sus trabajos las Compañías o retardan los pagos,

---

[257] Boletín Legislativo, Serie IX, No. 82, 1931, pp. 732-733.

todo es alarma, paralización de las actividades, queja general, lo que no sucede en los demás lugares de Sur, Oriente y Occidente, precisamente porque hay vida propia en estos lugares, no existe ni el monopolio agrario, ni económico, de la Costa Norte, y como una consecuencia, hay por acá pequeñas propiedades y capital mejor distribuido. Por esa misma razón, en esas secciones del país no se hacen sentir las dificultades entre el capital y el trabajo, como sucede en el Norte, donde la masa de trabajadores y el obrerismo están pidiendo la Ley del Trabajo para tener algo que los ampare, pues no ha de ser para que los obligue a aceptar las comunidades que desprecia, al decir del señor representante Izaguirre... No negarán los opositores a la reforma que las Compañías ya casi constituyen un Estado dentro de otro Estado y que nosotros mismos somos culpables de semejante situación. Hemos contribuido a formar ese poder, concediéndoles más de lo justo por un mal entendido afán proteccionista, y que el Gobierno ha hecho más: ha llegado hasta renunciar de su facultad de legislar, limitándola a la voluntad de los concesionarios. Son Estados dentro de un Estado (contra toda doctrina jurídica) que tienen el poder de su capital amasado en nuestro seno. De aquí se origina la dificultad de legislar en Honduras; con frecuencia las leyes son aplicables a los hondureños, pero no a los concesionarios. Eso es lo ocioso; eso es lo que repudia la conciencia nacional; esa es la desigualdad legal que no debiera existir si antes de ahora no se hubieran comprometido, en la forma que se hizo, los bienes sagrados de la Nación. ¿Odio a las Compañías? No, señores; el odio es a la explotación inicua. Muchos son los capitales extranjeros que trabajan aquí en otra forma y contra ellos nadie habla de odios; se desarrollan beneficiando también al país sin atentar contra su libertad e independencia... No es lo mismo el terreno, que las aguas para irrigación; aquel es de uso general, y éstas las aprovecharán únicamente quienes dispongan de medios económicos para hacerlo".[258]

El representante Ugarte, haciendo alusión al alzamiento ferrerista que se desenvolvía paralelo a la discusión parlamentaria, comentó:

---

[258] Boletín Legislativo, Serie IX, No. 84, pp. 734-736.

"...Gracias a las influencias de las Compañías, nuestros hermanos hondureños se están asesinando en Occidente. Su voto era a favor de los $10 por hectárea irrigada propuesto por su colega Brown".[259]

El diputado Madrid aclaró al pleno que él había propuesto, lográndolo, que las empresas fruteras pagaran en efectivo a sus asalariados y a la vez advertía que no solamente los finqueros tendrían que pagar el impuesto, que lo consideraba "onerosísimo, sino, igualmente los ribereños que necesitaban el agua para irrigar sus tierras.[260]

El representante por Cortés, Campos, al intervenir recordó que entre los finqueros en su departamento se encontraban, en el sitio Flor del Valle, Juan Manuel Gálvez, Jacobo Paz, Alfonso Guillén Zelaya (aunque este último se dice que ya vendió su acción'), Domingo Galván, General Martínez Funes, Ingeniero Manuel Romero, Luis Caballero, Doctor Manuel G. Zúñiga, Miguel Cubero, Jacobo Oro; sumando sus tierras arrojaban más de 8,000 hectáreas.

"El argumento de que nuestros paisanos no regarán porque no pueden, es decir, porque carecen de recursos para ello, no debe esgrimirse. En las sesiones ordinarias últimas se presentó y están en la lista de los asuntos que deban resolverse en las actuales sesiones, un acuerdo a favor del hondureño don Roberto Fasquelle, concediéndole aguas para el riego de sus fincas. Esto demuestra que sí hay hondureños que pueden establecer obras de irrigación; pero si se fija el canon del Diputado Williams, ni el Señor Fasquelle ni ningún otro de nuestros connacionales podrán irrigar sus tierras".[261]

La moción presentada por Felipe Reyes, en el sentido que el Legislativo se declarara en sesión permanente hasta resolver respecto a la modificación a la vigente Ley de Aguas, si bien recibió mayoría de votos (27 a favor por 14 en contra), no fue tomada en cuenta por no alcanzar dos tercios de los votos reglamentarios.[262]

---

[259] Ibid, Serie IX, No. 85, "Sesión número quince del Congreso Nacional Extraordinario", pp. 737-738.
[260] Ibid, p. 739.
[261] Ibid, p. 740.
[262] Ibid, p. 740-741.

En la siguiente sesión nuevamente el parlamentario Muñoz P., hizo una defensa de su empleadora y representada sosteniendo que las empresas bananeras poseían obras de irrigación y plantaciones en tierras propias por lo que, de conformidad con la Ley Agraria no debían pagar nada por el uso de las aguas. Empero, como la Ley de Aprovechamiento de Aguas establecía $1 anual por hectárea irrigada, había que acatarla.

"...Pasar de $1 a $24 y aún a $ 15 o a $10, es monstruoso e injustificado".

Recordaba el argumento del diputado Madrid en el sentido de que para fijar el canon lo que debía tomarse en cuenta era la producción de una hectárea irrigada y la de otra no irrigada, no la producción total:

"...lo más conveniente es terminar ya el debate, conciliando los intereses de las Compañías y de los agricultores nacionales...no hay que seguir luchando contra los poderosos, porque ellos siempre nos vencerán; el pequeño siempre pierde y la víctima, el pagano, es el pueblo".

Con esa conclusión derrotista, declaró que su voto sería a favor de la moción Colindres Zúniga ya que $5 anuales era, en su opinión, lo máximo que podía ser pagado.[263]

Callejas, diputado por el departamento de Tegucigalpa, al externar su punto de vista, declaró:

"...Cuando se discutan los contratos para el aprovechamiento de las aguas nacionales, se deberá establecer en ellos la obligación de las Compañías de comprar toda la fruta de los productores nacionales como medio único de favorecer los intereses de los hondureños... Si acaso hubiese hondureños ricos capaces de irrigar sus terrenos y obtener ganancias relativamente iguales a las de las Compañías, es justo que también paguen el canon respectivo. La moción del diputado Colindres Zúñiga es inaceptable... la moción Brown, que constituye un término medio entre las propuestas, es la que, a mi juicio, se debe aceptar tanto para no ser llamados extremistas como porque dará una compensación más lógica al país por todo lo que se ha regalado. Se dice que el agua debiera darse gratis a las Compañías; estaría

---

[263] Ibid, p.741.

de acuerdo con eso si las grandes empresas dejaran otras compensaciones al Estado, que pagaran cinco centavos por racimo que exportan, como sucede en Nicaragua, lo que daría una equivalencia de $500 por hectárea, de acuerdo con la producción calculada, pero aquí solo dejan un centavo. El asunto se terminará hoy acogiendo la moción Brown".[264]

Se acercaba el momento de la votación al haber expuesto ambos bandos sus argumentos a favor y en contra del impuesto. La discusión había combinado juicios razonables, acompañados de estadísticas -la mayoría tomadas de los mismos informes anuales de las fruteras a sus accionistas-; pero también se habían avanzado consideraciones emotivas que apelaban al patriotismo, a la identidad nacional, al bien público, entremezcladas, de otra parte, con defensas apasionadas de los intereses de las corporaciones extranjeras. Aún faltaban algunas últimas intervenciones, más que todo para reforzar los criterios previamente expuestos. Citemos, entre otras, las siguientes:

Williams declaró que a fin de que no se diera una dispersión de votos y se calificara de extremistas a los mocionantes, había acordado convenir en aceptar el centavo oro por racimo, de acuerdo al canon contemplado en la moción Brown. Excitó a la Cámara para que votara unánimemente por ella, lo que representaría un triunfo de toda la Representación Nacional.

"No veo la razón por qué en Honduras no se puede imponer un pequeño gravamen sobre las riquezas que se van fuera, aunque sea en la forma en que se ha propuesto... Además, estableciendo esta nueva compensación, las Compañías recibirán el beneficio de que la animadversión para ellas se irá extinguiendo en el pueblo hondureño. Pido votación con consignación de nombres.[265]

Por su parte el autor de la moción intermedia, Diputado Brown, declaró que había encontrado "muy acertado" el proyecto de Williams, pero que el canon propuesto por éste, si bien no excesivo, seguramente no sería aprobado por el pleno. Es por eso que había mocionado por $10 por hectárea irrigada, como término medio.

Villeda Morales, representante de la región occidental,

---

[264] Ibid, pp. 742-743.
[265] Ibid, p. 744.

encontraba lógico el argumento expuesto por el diputado Madrid respecto a que el cálculo para fijar el canon debía basarse en el beneficio obtenido mediante el uso de agua para efectos de irrigación, ya que lo que debía de gravarse era el aumento en la producción bananera. Utilizaba un ejemplo: si las tierras sin irrigar producían 600 racimos por hectárea y las irrigadas mil racimos, el gravamen debía establecerse sobre la diferencia: 400.

El congresista Madrid recapituló diciendo que habiéndose adherido a la moción Brown los diputados Williams y Padilla y a la moción Colindres Zúniga los integrantes de la Comisión Dictaminadora, quedaban como únicos extremos las mociones Brown y Colindres Zúniga.

Se procedió, finalmente, al momento culminante y decisivo, con consignación de nombres: la votación. A favor de la primera emitieron su voto los siguientes: Alvarado Romero, Brown Callejas, Cruz Z., Gómez, Izaguirre, Lozano, Mejía, Milla Cisneros, Padilla Reina, Reyes (Felipe), Reyes (Gregorio), Rosa, Rodríguez Amaya, Rodríguez. L., Ugarte, Sánchez, Stanley, Varch y Williams. Respaldando la segunda: Barahona, Batres, Campos, Colindres Zúniga, Collar, Díaz Medina, Galeano, Gamero, López Pineda, Madrid, Meza Cálix, Moncada, Muñoz P., Paredes, Rivera, Rodríguez h., Vásquez, Villeda Morales y Zacapa.

Algunos diputados razonaron su voto, al momento de emitirlo. Para el caso Donato Díaz Medina dijo:

"...Solamente el que no quiera ver, puede negar que las Compañías que trabajan en el Litoral del Norte, son factores importantes en nuestra economía pública y que, antes de hostilizarlas dictando leyes inadecuadas, se les debe hacer algunas facilidades para provecho del Estado... el desarrollo de nuestra Costa Norte se debe en gran parte al trabajo que las Compañías han emprendido allá. ¿Qué sería de aquel litoral sin el capital extranjero? Estaría todavía como estaba antes, en selva, en donde solo se encontraban tigres, leones y culebras... Nuestros presupuestos han alcanzado cifras de consideración desde que estas Compañías establecieron sus trabajos en la zona norte y quien pretenda negar esto, niega la luz del sol".[266]

---

[266] Ibid, p. 746.

A continuación, se puso a discusión el artículo 2°. del proyecto Williams, lo que motivó la protesta de Madrid, llamando al orden ya que no se habían discutido ni votado puntos del artículo 1°, para el caso en la moción Williams se gravaba con dos dólares la irrigación de cada hectárea para tabaco, en tanto que la Comisión Lo había reducido a un dólar. La Mesa Directiva debió aclararle que la moción Brown se había contraído a que se modificara el canon del banano y que el resto quedara tal como estaba en el proyecto Williams.

Felipe Reyes presentó moción relativa a que las cantidades percibidas por el impuesto al uso de las aguas nacionales fuera destinado en su totalidad a efecto de que la Nación recuperara el muelle de Puerto Cortés y el Ferrocarril Nacional, bajo control de la United Fruit Co., (entre 1890 y 1912 había estado en manos de Washington S. Valentine, fundador de la New York and Honduras Rosario Mining Co.,), así como la continuación del anhelado Ferrocarril Interoceánico, cuya construcción solamente había llegado hasta Potrerillos, en el departamento de Cortés.

Su moción fue aprobada por 22 votos a favor y 13 en contra.[267]

La sesión del 9 de mayo abordó la solicitud de la Standard Fruit a efecto de que fuera autorizada para construir el ferrocarril de La Ceiba a la ciudad de Yoro. Varios parlamentarios intervinieron, recordando a la Cámara que la historia de esa contrata se remontaba a 1906, cuando el Estado hondureño, a cambio de esa promesa, había concedido tierras nacionales a la Vaccaro Bros., como originalmente fue llamada la empresa frutera; ella no había cumplido con su obligación, por lo cual el Congreso le había impuesto multa. Ahora, esta compañía prometía devolver 5,000 hectáreas, así como entregar maquinaria para la construcción de carreteras, siempre que la contrata solicitada fuera aprobada. Williams hizo uso de la palabra para aclarar las reales intenciones de la Standard:

"...No es cierto que la Compañía esté obligada a construir cada año veintiséis kilómetros y sesenta y seis centésimas de kilómetros de ferrocarril, mientras que a las otras Compañías

---

[267] Ibid, pp. 747-748.

sólo se les obliga a construir doce kilómetros anuales. La Standard ha tenido diez y nueve años para poder cumplir su compromiso y dividido por este término el número de kilómetros que hay hasta la ciudad de Yoro, resultan doce kilómetros. Lo que hay es que la Compañía no quiere tomar en cuenta los años que ha perdido y que ella se ha dedicado a construir ramales hacia las zonas donde tiene sus plantaciones de bananos, sin preocuparse nunca por la construcción de la línea principal a Yoro. Y no se preocupará tampoco en el porvenir por llevar a cabo esa obra, pues lo que quiere es seguir explotando las tierras buenas que existen en el litoral Norte, comprendidas en su concesión. Las tierras que la Compañía ofrece traspasar al Gobierno son tierras nacionales que se habían dado en dominio útil a los señores Ángel Zúniga Huete, Jorge Smart, Inés Navarro y otras personas, y que éstas traspasaron a la Compañía, la cual las devolverá ahora en peores condiciones que como las recibió.[268]

Por considerarlo innecesario, no presentaba moción para que la contrata solicitada fuera rechazada.

El diputado yoreño, Muñoz P., al tomar la palabra estuvo de acuerdo en que la Standard no tenía interés en prolongar su línea férrea ni hacia Yoro ni hacia Olanchito, en razón de que los suelos en estos centros urbanos no eran adecuados para el cultivo de la fruta.

Lo que ella quiere es seguir explotando los terrenos de las cuencas de los ríos, que son los propios para el cultivo del banano... Los motivos que expresa la Compañía para no haber cumplido sus obligaciones, los encuentro sin fundamento, pues es inexplicable que haya tropezado con carencia de brazos, y en cuanto a que el ferrocarril que está comprometida a construir pasa sobre muy accidentados, eso debió tomarlo en cuenta desde que propuso su contrata, y no venir a exponerlos hasta ahora.[269]

La moción presentada por Felipe Reyes, relativa a que se pospusiera la discusión de la contrata y que la Secretaría de Fomento aportara los antecedentes, fue aprobada.

Dicho Ministerio remitió antecedentes de la solicitud de la

---

[268] Boletín Legislativo, Serie IX, No. 87, 1931, "Acta número Veintiuno del Congreso Nacional Extraordinario", 9 mayo 1931, pp. 764-765.
[269] Idem, p. 765.

Standard, así como los comprobantes de que había cancelado las multas impuestas por incumplimiento; con ello se reanudó la discusión.

El representante Ugarte hizo ver a sus compañeros la posibilidad de que, de no aprobarse la reforma a la contrata solicitada por la Standard, ésta no podría cumplir sus obligaciones con lo que su departamento y su cabecera, La Ceiba, podrían ir al desastre. "Además, si la Compañía Standard fracasa en sus gestiones, se verá obligada a vender sus acciones a la United Fruit Co., y así ese poderoso y absorbente (sic) Trust quedará dominante en el país sin competencia alguna".[270]

Su colega Brown se situaba en una posición equidistante ya que, de una parte reconocía que si la Standard suspendía o vendía sus empresas el departamento de Atlántida se vería afectado; de otra, debía tomarse en cuenta que la empresa había recibido varias prórrogas para el cumplimiento de sus obligaciones y, pese a ello, no había reiniciado la construcción del ferrocarril hacia Yoro, tal como estaba obligada; el Gobierno, de su parte, sí había cumplido con lo que le correspondía al tenor de la contrata; también aceptaba que la Standard se encontraba en una posición de desventaja con respecto a la competencia, no se le reconocían los ramales ferroviarios construidos como línea principal, en tanto a la United sí y se le exigía que construyera anualmente mayor número de kilómetros de línea férrea que su rival.

Callejas nuevamente analizó el tema en debate dentro de una perspectiva histórica:

"Esta es la segunda vez que se pide la reforma de esta concesión y cada día se observa más que tienden a desaparecer de estos contratos los artículos que favorecen los intereses del país, pero nunca se trata de compensarlos con la reforma o supresión de los artículos que perjudican los intereses de la Nación. Cuando los Congresos de aquellas épocas dieron estas concesiones, lo hicieron con el patriótico y justificado objeto de que estos ferrocarriles pudieran llegar a Yoro, uno a Juticalpa y a Tegucigalpa, otro; pero sucede que el de la Standard, por ejemplo, que es el que debiera llegar a Yoro, está lejos de ser una

---

[270] Ibid, "Acta número veinticinco del Congreso Nacional Extraordinario", catorce de mayo 1931, p. 773.

realidad. La Compañía obtuvo la concesión en 1910 para construir la línea en 14 años y no lo hizo; obtuvo prórroga por 9 años más en 1919 y sólo construyó como la 3a. parte del resto; ahora pide nueva prórroga reduciendo el kilometraje por construir a partir después de 3 años de aprobada la reforma y ofrece en compensación dos equipos de maquinaria para construir caminos y la devolución de cinco mil hectáreas de terreno de las que posee en dominio útil, y por otro lado no pagará la multa en que ha ocurrido por falta de cumplimiento".

Preguntaba a la Comisión Dictaminadora el número de kilómetros que aún le faltaba por construir pues de ello dependía determinar la multa que debía pagar a razón de mil pesos oro por kilómetro no construido; como eran más de cien los que hacían falta, correspondían al Fisco cien mil dólares. Era de opinión que debía armonizarse los intereses nacionales con los corporativos, "llegando a arreglos justos y equitativos". Uno podría ser que, a cambio de aprobarse la reforma, pagara mayor cantidad por derechos de exportación de banano, o bien construir tramos carreteros en zonas convenidas en relación a las cantidades dispensadas por el Estado. Su opinión era que no se aprobara la a forma solicitada y que la Standard presentara, el siguiente año, una nueva propuesta "que tenga más relación entre lo que se da y lo que se obtiene".[271]

El diputado insular, Stanley, se pronunció a favor del dictamen va que, en su criterio, la Standard "deja muchos beneficios a ese departamento (Atlántida) y al de Colón. Es la única que compra a los productores banano aún de ínfima clase; que ocupa casi solo hondureños o centroamericanos y les paga lo mismo que a los extranjeros; lo que no hacen otras Compañías, las cuales prefieren trabajadores norteamericanos y les pagan salarios muy superiores a los de los nativos, aunque sus capacidades y conocimientos del trabajo sean muy inferiores". Además, las acciones de esa empresa estaban a la baja y el terreno donde debe construir el ferrocarril a Yoro (22.66 kilómetros anuales) es montañoso y rocoso, con lo que tendría que abandonar todas sus otras operaciones e iría a la quiebra".[272]

Izaguirre apoyaba los puntos de vista de Stanley y añadía que

---

[271] Ibid, p. 774.
[272] Idem.

la Standard "es la única que no se inmiscuye en la política del país y por eso merece simpatía"; empero, consideraba que su oferta de donar maquinaria era una "bagatela" pues su precio era reducido. Más deseable era que la empresa ofreciera cuando menos medio centavo adicional por racimo.

Estaba de acuerdo con el dictamen:

"No sólo porque con él se hará un positivo bien al departamento de Atlántida, sino como un homenaje a la Compañía Standard por ser la única que no se inmiscuye en la política del país".[273]

La sesión celebrada el 15 de mayo de 1931 fue la última del Congreso Nacional Extraordinario. Junto con el Ordinario de ese mismo año había registrado un nivel de debate pocas veces escuchado en el seno de la Cámara Legislativa. Se fueron delineando dos fuerzas y dos posiciones entre los diputados: una que buscaba reformar la Ley de Aguas a fin de que las bananeras tributaran por el uso del vital líquido, riqueza y patrimonio de la Nación, indispensable para la mayor producción del banano cultivado en sus plantaciones y, con ello, el Estado percibiera ingresos decorosos; otra, que anteponía el interés de las empresas estadounidenses a la conveniencia del país. Abundaron razonamientos de ambos bandos, cada uno presentando cifras -la mayoría tomadas de los propios informes corporativos-, lo que indicaba que el Estado no contaba con su propia estadística bananera que pudiera ser cotejada con la presentada por dichas compañías. Se sopesaba el impacto que ocasionaría en ellas el aumento del canon, en los finqueros independientes y en las arcas nacionales. Probablemente la vehemencia y sólidos argumentos presentados por Williams, Reyes, Callejas, entre otros, inclinaron la votación final a favor de los congresistas que anteponían los intereses de Honduras a los empresariales y personales.

1931 había sido un año difícil, resultado de la contracción en las exportaciones y, con ello, una baja apreciable en los ingresos fiscales, al punto que el Ministerio de Hacienda no contaba con suficiente liquidez para cancelar el pago de las dietas de los diputados, en tanto que a los funcionarios de otras Secretarías de

---

[273] Ibid, p. 775.

Estado se les adeudaban dos meses de sueldos y a los maestros seis meses.[274]

Algunas cifras pueden ilustrar la contracción económica experimentada en estos años:

(MILLONES EN LEMPIRAS)

| Año Fiscal | Import. Generales | Ingresos y Egresos Gobierno Nacional | | Exportaciones |
|---|---|---|---|---|
| 1929-30 | 46 | 31.8 | 12 | 8.4 |
| 1930-31 | 34.6 | 20.5 | 11.1 | 8.9 |
| 1931-32 | 27.9 | 16.7 | 9.6 | 8.9 |

La recesión económica generó descontento social, traducido en huelgas y un ambiente generalizado de descontento. Pero también lo fue de organización proletaria, de denuncia ante la política exterior estadounidense, en sus variantes "Diplomacia del dólar", "Diplomacia de las Cañoneras", "Política del Gran Garrote", tanto en las Antillas como en Nicaragua.

Si en 1921 se fundó la Federación Obrera Hondureña (FOH), en 1929 se creó la Federación Sindical Hondureña (FSH), la primera activa en la zona central y la segunda en la norte, la cual celebró su Segundo Congreso en Tegucigalpa, en 1930, y el Cuarto y último en 1932, "bajo un severo Estado de Sitio y en circunstancias en que las masas obreras explotadas levantan (sic) como bandera sus reivindicaciones y se lanzan a la lucha".[275]

La crisis económica resultó, para inicios de 1931, en despido masivo de asalariados en las plantaciones bananeras, así como reducción de salarios, de $1.25 a $1.00 diario... y el cierre de plantaciones ante los avances de la enfermedad conocida como Sigatoka, que afecta la fruta.[276]

---

[274] Ibid. "Acta número veintidós del Congreso Nacional Extraordinario, 11 mayo 1931, p.766.

[275] Citado en Argueta, Mario R. Historia de los sin historia. Tegucigalpa Guaymuras, 1992, p. 85.

[276] Información detallada sobre esta plaga y la llamada Mal de Panamá consultese de John Soluri, "People, Plants and Pathogens: The Eco-Social dynamics of Export Banana Production in Honduras, 1875-1950". Hispanic American Historical Review, 80:3, agosto 2000.

Para abril de ese año el fisco hondureño recibió un 40% menos que en el mismo mes de 1930 por concepto de ingresos aduanales, que, junto con los impuestos a las bebidas alcohólicas, representaban las fuentes principales de ingresos para el gobierno, al no existir impuestos sobre la renta ni sobre la propiedad... En otras palabras, sobre los ingresos de los sectores más pobres y mayoritarios de la población recaía, por medio de los impuestos indirectos, una carga desproporcionada de tributos, en tanto que los grandes propietarios, nacionales y extranjeros prácticamente estaban exentos de los mismos.

Para el año fiscal que concluyó el 31 de julio de 1932, los impuestos y recargos aduaneros habían proporcionado 50% de los ingresos totales del gobierno, lo que revelaba la dependencia del Estado con respecto al volumen de comercio exterior para realizar sus transacciones diarias. Si los ingresos totales del gobierno habían alcanzado 1.150.000 pesos en abril de 1930, en el mismo mes de 1931 apenas llegaban a 683,586 pesos.

En septiembre de 1931 la situación de las finanzas era tal que el gobierno había sido incapaz de obtener un pequeño préstamo por cinco mil pesos para cancelar los sueldos de los telegrafistas y empleados postales cuyos sueldos se encontraban atrasados desde hacía varios meses. En Tegucigalpa se daba una contracción comercial, ya que la mayoría de sus habitantes, directa o indirectamente, dependían de los salarios pagados a la burocracia.[277]

Es pues dentro de ese contexto en que se imponía un impuesto a las bananeras por la utilización para fines de regadío de las aguas nacionales por el Congreso Nacional y de desempleo masivo y depresión económica, que se gestó la Rebelión de las Aguas.

---

[277] Ibid, pp. 104-106.

# CAPÍTULO XV

## El intento liberal por atraer de nuevo a Ferrera

Era evidente que el caudillo intibucano se había distanciado del régimen liberal de Mejía Colindres, mostrando su desilusión con el curso de acción seguido por éste. No había sido tomado en cuenta por sus correligionarios hechos gobierno. Hemos visto que, en materia de defensa, se había optado por utilizar los servicios del otro jefe militar de esa época: el general Tosta. Así, el marginamiento por parte de sus antiguos correligionarios había ido creando en Ferrera un sentimiento de amargura combinada con una dosis de resentimiento.

Algo era indudable: ya habían pasado sus días de gloria y de influencia, en que era, a la vez temido y respetado por ambas agrupaciones políticas, si bien es cierto aún contaba con seguidores especialmente en el sur-occidente del país, su base natural de operaciones, habida cuenta que era la zona donde tradicionalmente se reclutaba a las indígenas lencas para alimentar los ejércitos y bandas armadas.

El Partido Liberal celebró su Convención en Tegucigalpa, a principios de abril de 1931. Uno de los decretos acordados fue el que reintegraba a Ferrera a las filas del Liberalismo; esta resolución era firmada por el presidente, Ernesto Argueta y los dos secretarios, J. Bustillo Reina y Roberto Soto Suazo.[278]

Parece ser que esta medida no fue previamente concertada con el líder intibucano, de acuerdo a un despacho procedente de San Pedro Sula con fecha 16 de abril que literalmente rezaba así:

"...El General Ferrera no ha escrito carta ni solicitada entrevista, ni acreditado representaciones que atribúyanle. Dr. Argueta por medio de amigos propuso entrevista, pero Ferrera manifestó que nada tenía que tratar. La Convención acordó la reincorporación de Ferrera sin consultarlo previamente; para aceptar el General, tendría que oír el parecer del liberalismo independiente. Heraldo de Sula".[279]

---

[278] El Pueblo, vol. I, No. 35, 14 abril 1931, p. 6.
[279] Reproducido en El Pueblo, Vol I, No. 37, 16 de abril 1931, p. 5.

Además de Ferrera, se reincorporó al ingeniero Rafael Díaz Chávez, ministro y vicepresidente de Mejía Colindres. Ambos, en opinión de Guillén Zelaya, eran:

"Dos valores positivos en Honduras, capaces por sí mismos de llevar fuerza y prestigio a cualquiera de nuestras agrupaciones políticas...".[280]

Además, la Convención dispuso apoyar el dictamen de la Sociedad de Abogados (reproducido parcialmente en capítulo precedente) que apoyaba la moción Williams relativa a la revisión de la Ley de Aguas.

Para intentar explicar el resquemor de Ferrera para con el régimen de Mejía Colindres, debemos retrotraernos a octubre de 1930. En ese año, cuando se realizaron las elecciones de diputados, el Partido Liberal había obtenido 2,432 votos en el Departamento de Intibucá, en tanto la coalición Ferrera-Carías 2.838 sufragios.

Guillen Zelaya conjeturaba que habiendo sido la votación a favor de Carías de apenas 554 votos en las elecciones presidenciales de 1928, "es lógico suponer que al general Ferrera correspondió la diferencia o sea 2,284 votos". En el departamento de La Paz, el Liberalismo había obtenido 2.625 papeletas y Carías 2.130, "pero como esos votos los obtuvo el carísmo en coalición con el General Ferrera, es justo restarle siquiera una tercera parte". Y haciendo una proyección al futuro resultado de los comicios de 1932, el editorialista olanchano calculaba que, en ese departamento quedarían para Carías 1,420 votos y para el ferrerismo 710. "Repartiendo estos 710 votos de liberales ferreristas por mitad entre los dos candidatos, corresponden al Partido Liberal 2.980 votos y al general Carías 1.775".[281]

El apoyo de Ferrera al Nacionalismo también había contribuido, en menor proporción, a que este partido obtuviera cuatro diputados en Tegucigalpa, tres en Choluteca y Copán, uno en Valle, Comayagua y Cortés, para alcanzar un total de catorce, "unidos a los amigos del General Ferrera", a ello había que incluir los ocho diputados cariístas a los que aún no les

---

[280] El Pueblo, 14 abril 1931, No. 35, p. 5.
[281] "Resultado probable de las elecciones presidenciales de 1932". El Pueblo, 24 octubre, 1932, p. 8.

correspondía vacar su curul, para hacer un total de 22. Como hemos visto en precedente capítulo, el resultado electoral se prestaba a discrepancias por cuanto si el Partido Liberal sostenía que había alcanzado 23 diputaciones, el Nacionalismo 21 y el ferrerismo 1 (en Intibucá), el Comité Central Nacionalista afirmaba que había obtenido 22, los Liberales 20, en tanto en Islas de La Bahía su representante se había presentado como independiente, habiendo obtenido 43.767 contra 43.420 del Partido Liberal, para un total de votos a favor de la enseña azul y blanco de 347, para triunfar con 22 diputados contra 20 del Liberalismo.[282]

José Ángel Zúñiga Huete, quien para 1930 ya se perfilaba como el aglutinador de la mayoría de electores rojiblancos solicitó nulidad de las elecciones diputadiles en los departamentos de Tegucigalpa, Copán, Choluteca y Cortés; empero, el Congreso había rechazado su petición por 34 votos opuestos a su iniciativa y solamente9 respaldándola. Con ello quedó firme el resultado electoral.[283]

La decisión de Ferrera de lanzar su prestigio a favor del Nacionalismo provocó encendidas controversias, cada bando buscando justificar, o condenar, según el caso, la postura del Caudillo. Así Nuevos Tiempos, reproducía el testimonio de un ferrerista:

... Desde 1930 el ferrerismo se alió en la lucha diputadil al Nacionalismo, porque consideró desde entonces, como considera hoy, su organización a base de paz, de orden y de redención para Honduras... Basta el perfecto conocimiento que tengo de la distancia política que lo separaba de mi Jefe y amigo General Ferrera desde 1923, ratificada en Guatemala en 1924 a 1925 y 26, cuando se trataba de una invasión a Honduras, protegida por un Gobierno extraño a base de un negociado que encerraba un crimen de lesa Patria por la pérfida traición que entrañaba, y cuya propuesta rechazó el General Ferrera, desocupando el territorio chapín y se fue a México, radicándose en Tapachula...[284]

Un punto de vista diferente lo ofrecía otra publicación al

---

[282] El Atlántico, 20 noviembre 1930, p. 2.

[283] El Atlántico, 8 enero 1931, p. 1

[284] Nuevos Tiempos, 8 octubre 1932, p. 2.

sostener:

El caso del general Ferrera no es un misterio para nadie en Honduras y fuera de Honduras. Todos sabemos que este serios ha hecho una especie de patriotas sabemos repetidas y vergonzantes claudicaciones. Y no se crea que hablamos en nombre de nuestro partido: debemos estar claros todos los hondureños en que es a Honduras a quien directamente ha ocasionado perjuicios el General Ferrera, cuya actuación se ha concretado, desde que apareció en la escena, a ensangrentar el país y a vivir de las calamidades públicas. La personalidad del General Ferrera, considerada desde el punto de vista político, es algo como uno de esos azotes que han dejado en la historia de los pueblos huellas indelebles de dolor, de sangre, de oprobio; siempre hemos considerado que el Liberalismo debe deshacerse de todos esos elementos que solo han traído la desgracia a nuestras filas...[285]

Adoptando una actitud equidistante entre ambos extremos, El Cronista concluía:

Si el general Ferrera no se hubiera apartado de las filas del liberalismo hubiera sido considerado siempre como el hombre inmaculado, el patriota, el insigne, el ciudadano íntegro y se le hubiera podido llevar hasta la presidencia; habiéndose separado del Partido Liberal, se convirtió en traidor, sanguinario, en vividor y en un perdonavidas.[286]

También se dijo que el presidente Mejía Colindres, desde el momento en que había sido electo presidente de la República, había declarado que Ferrera no le era grato: "a pesar de haber estado emigrado por cerca de cinco años y haber contribuido con su presencia solicitada en el departamento de Santa Bárbara, al triunfo de la candidatura de la coalición, principalmente en la Zona occidental de la República". El autor de esta aseveración, Francisco López Padilla evocaba que Ferrera lo había comisionado en enero de 1929 para que visitara a Mejía Colindres; éste le prometió garantías para su jefe, "por lo que Ferrera decidió permanecer en Honduras dirigiendo manifiesto al pueblo hondureño en que declaraba su olvido a las ofensas de sus adversarios... se fue a San Pedro Sula, pero el gobierno de

---

[285] Diario Moderno, 6 junio 1930.
[286] "Olvido o arrepentimiento". El Cronista, 26 de junio 1930, p.8

Mejía Colindres mandó vigilarlo. Ferrera dijo que se organizaría políticamente en forma independiente de los partidos históricos y presentaría candidatos a diputados en las elecciones de octubre de 1930, en varios departamentos".[287]

El mandatario replicó a las afirmaciones de López Padilla de esta suerte:

"Es absolutamente falso que yo haya declarado que el general Ferrera no era grato, más aún, ningún funcionario público ha recibido instrucciones para molestar a dicho general".[288]

Lo cierto es que, aunando fuerzas para las venideras elecciones diputadiles, Ferrera se desplazó, en gira política, hacia los departamentos occidentales en tanto Carías se trasladó a la Costa Norte.[289]

---

[287] El señor presidente don Vicente Mejía Colindres, El Diario Moderno y el señor General don Gregorio Ferrera", El Cronista, 21 julio 1930, pp. 1,8.

[288] El Cronista, 22 julio 1930, p. 1.

[289] El Cronista, 4 agosto 1930, p. 8.

# CAPÍTULO XVI

## La Rebelión de las Aguas
## o los últimos días de Ferrera

Hemos hecho alusión, en páginas precedentes, al descontento social provocado por el desempleo masivo en la Costa Norte. Leamos, por vía de ejemplo, el siguiente comentario de un periódico costeño:
"El banano ha venido a ser el fruto de las desgracias nacionales. Economistas de todo colorido afirman que la crisis que azota al país obedece al banano. Al paro de trabajadores que se ocupaban en las plantaciones bananeras de las compañías y que hoy vagan a lo largo de la Costa Norte sin pan ni techo en la triste condición de nómadas ambulantes".[290]

Sin duda que el alzamiento de Ferrera encontró oídos receptivos y brazos dispuestos a empuñar las armas entre los desempleados, hambrientos y desesperados.

Siendo el caudillo intibucano de filiación liberal, ¿qué razones lo impulsaron a ese formidable alzamiento que puso en jaque al gobierno de su correligionario Mejía Colindres? Probablemente no hay respuestas definitivas a esa interrogante, por cuanto, con su muerte, Ferrera llevó consigo a la tumba los motivos que lo indujeron a la rebelión armada. Intentaremos, en base a testimonios y juicios de sus contemporáneos, aproximarnos a la búsqueda de explicaciones, así sean tentativas.

En opinión de un periódico, Ferrera había declarado en Cofradía que había actuado de esa forma ante el "desbarajuste" de la Administración Mejía Colindres, pretendiendo reemplazarla por otra de "orden y honradez".[291]

De acuerdo a Guillén Zelaya, "previo al levantamiento del general Ferrera, existía una propaganda interesada que llevó hasta el Departamento de Estado noticias absolutamente falsas, tan falsas como que los hechos mismos están contradiciéndolas. En estos propios momentos no existe tal revolución organizada. Lo que ha habido, lo que hubo, fue un plan organizado que se

---

[290] "El banano y la crisis". El Atlántico, año IV, No. 468, 11 abril 1931, p. 1.

[291] "Nuestro Criterio", reproducido en El Pueblo, Vol. 1, No. 51, 4 mayo 1931, p. 6.

esperó desarrollarse matemáticamente y de ahí las informaciones erradas y anticipadas sobre el desorganizado zafarrancho. Pero ¿quién hizo esa propaganda que pudo llegar hasta sorprender la buena fe del Departamento de Estado? ¿Quién trae dinero y agencias de noticias para realizar empresa tal?".[292]

No es necesario una lectura entre líneas para entender que el editorialista sugería que la United Fruit estaba detrás del general intibucano.

Ahondando sobre las causales del alzamiento armado, el periodista y poeta olanchano continuaba afirmando, en otra nota editorial:

"…Cuando todo haya pasado, habrá tiempo para depurar en toda su verdad las causas ocultas de esta rebelión de las aguas... Es este un bochinche que no tiene otra finalidad inmediata que la aprobación de las concesiones para riego, o sea la subordinación económica perpetua de Honduras a las Compañías. Lo que viene después, no se necesita esforzarse para preverlo: subordinación política, elección de presidente en las oficinas de la United Fruit Co., etc.… no existe ambiente bélico. Se trata de una montonera ad hoc, preparada, amasada y horneada en los dominios de la United Fruit Co., en convivencia con sus esclavos... dijimos que el presidente de la República llamó a varios diputados para decirles que si no aprobaban las contratas para riego se levantaba el General Ferrera. Y en este mismo diario, el jefe de la República ratificó dos veces esa misma declaración. Esta es una afirmación implícita hecha por el presidente, de que las Compañías foráneas propician la guerra. Porque, ¿quién que no sean las compañías puede estar interesado en fomentar una revuelta si no se aprueban las contratas? ¿Y quién, por otra parte, tiene aquí en Honduras dinero para levantar y sostener un bochinche sin opinión pública como el presente?

Personas venidas de la Costa Norte nos informan que la víspera misma del levantamiento, las Compañías dieron de baja a varios centenares de trabajadores, los cuales pasaron a engrosar, acto seguido, las filas de los revoltosos.[293]

---

[292] El Pueblo, Vol. I, No. 52, 5 mayo 1931, p. 5.
[293] El Pueblo, Vol. 1, 20 y 23 abril 1931, p. S. El Ministro estadounidense en Honduras, Julius Lay reportaba al Departamento de Estado: " ..la seria agitación en la Costa Norte, especialmente en los distritos de Ceiba y Trujillo, debido

## Inicio de las hostilidades

El alzamiento se inició en El Progreso, departamento de Yoro, el 18 de abril de 1931, ese centro urbano fue tomado por el General Román Díaz y el Licenciado Ladislao Santos, partidarios de Ferrera; empero, el mismo día fue recuperado por el Gobernador departamental, General Max Vásquez. Los alzados entonces se dirigieron a Tela donde fueron rechazados por el Mayor de Plaza Munguía Payes y el General José María Reina. El mismo día el Coronel Luis Alonso López derrotó a otro grupo armado en Sonaguera, Colón, el cual estaba encabezado por el Coronel Mariano González.

El General Filiberto Díaz Zelaya, considerado uno de los jefes del levantamiento fue capturado en la frontera guatemalteca por tropas de esa nacionalidad y reconcentrado en la capital.

Mientras tanto, ¿qué ocurría con el General Ferrera? Como hemos visto en páginas precedentes, él estaba dedicado a labores agrícolas, como finquero independiente. De acuerdo a un historiador hondureño, quien se fundamenta en reportes diplomáticos belgas, Ferrera tenía una larga tradición de colaboración con las compañías bananeras. En cierto momento, era sostenido por la Cuyamel Fruit Co., la que financiaba sus revueltas y lo aprovisionaba de armas y municiones.

Un memorándum de la División Latino Americana del Departamento de Estado de los Estados Unidos daba cuenta, en 1931, que "por varios años la Cuyamel había estado pagando a Ferrera $1.000 en oro americano por mes, a solicitud del Gobierno, para mantener quieto al General. También obtuvo pago por plantar bananos en su finca de Cuyamel. Cuando la United Fruit Company compró la Cuyamel, ésta continuó la

---

principalmente al desempleo, puede fácilmente resultar en los próximos días en desmanes y ataques en contra de americanos y escapar al control de las fuerzas hondureñas disponibles ...He discutido la situación con el Presidente Mejía Colindres quien me dijo no contaba con fondos para que una vasta fuerza suprimiera un alzamiento general. Expresó la esperanza de que un buque de guerra americano realizara una visita de cortesía a la Costa Norte, de manera inmediata, atracando primero en Ceiba y luego en Castilla o Trujillo". United States Government. Foreign Relations of the United States, 1931. Vol. II. Washington, 1946, p. 555.

misma política".[294]

Desde San Pedro Sula, lugar de su residencia, Ferrera nuevamente empuñó las armas, pero esta vez la suerte ya no estaría a su lado, como en incontables combates anteriores.

La alarma, e incluso el pánico, cundió entre las autoridades centrales. Desde Tegucigalpa fueron despachadas tropas al mando de los generales Francisco Valladares y Jacobo Mejía con rumbo hacia la Costa Norte.

Durante los debates congresionales conducentes a la implantación del dicho Estado de Sitio, el Diputado Williams, como miembro de la comisión dictaminadora, había opinado de esta forma:

"...esas manifestaciones de revuelta no tienen apoyo en la masa popular de los hondureños, por cuanto en estos momentos no hay razón ni base para encender la hoguera de la revolución, fuera de que existe la creencia con algún fundamento, de que ese movimiento obedece a razones de orden comercial puestas en práctica por determinados intereses con fines de provecho propio y que siendo así, y careciendo... de la base indispensable para el desarrollo de todo movimiento revolucionario cual es el apoyo popular...".

Aprobaba la solicitud de ley marcial solicitada por el Ejecutivo, pero solamente en las zonas afectadas por la revuelta y por tiempo limitado.[295] Su criterio fue derrotado por la mayoría de sus colegas, quienes decretaron el Estado de Sitio en todo el territorio nacional por sesenta días, a partir del 20 de abril.[296]

El diputado y mílite Ferrera, bajo la cubierta de la noche, había abandonado San Pedro Sula trasladándose a Villanueva, Cortés; otro grupo, simpatizante con su causa, surgió en Planos de Pire, Atlántida, al igual que el dirigido por el coronel Arturo Ordóñez, localizado a inmediaciones del puerto de Trujillo. El general Ramón Díaz marchaba hacia El Progreso y Tela, apoyando a Ferrera.

El General José María Reina, progubernamental, llegó a San Pedro Sula, desde Tela, para reforzarla. Pero las comunicaciones

---

[294] Barahona, Marvin. La hegemonía de los Estados Unidos en Honduras (1907-1932). Tegucigalpa, Centro de Documentación de Honduras, 1989, pp. 213-214.

[295] El Pueblo, Vol. 1, No. 40, 20 abril 1931, p. 1, 6.

[296] El Pueblo, Vol. L, No. 41, 21 abril 1931, p. 3.

entre la cabecera municipal de Cortés y el resto del país quedaron momentáneamente interrumpidas.

Se reportaba que habían llegado barcos de guerra estadounidenses a Tela, La Ceiba, y Puerto Cortés, en tanto que la calma prevalecía en El Progreso, Tela, Trujillo y La Ceiba.[297]

De acuerdo al historiador anteriormente citado, los Estados Unidos temían que el movimiento ferrerista estimulara las actividades revolucionarias del general Sandino en Nicaragua. En su criterio Washington perseguía dos objetivos: proteger a las empresas bananeras en Honduras y, simultáneamente, salvaguardar a las fuerzas de ocupación en el vecino sureño.[298]

### ¿Ferrera aliado con Sandino?

Esta pregunta se la hicieron muchos, tanto simpatizantes como adversarios. Alejandro Castro P. descartaba cualquier entendimiento entre ambos caudillos. Leámoslo.

"...El jefe de la actual revuelta persigue fines exclusivamente particularistas de acceso al poder; pero su triunfo en tal sentido sería imposible, en cualquier caso, pues los Pactos de Washington son inflexibles en este respecto y sobran precedentes para destruir cualquier ilusión caudillista... Así pues, sin bandera y sin perspectiva de triunfo definitivo, la Revolución del Norte cruza hoy por el horizonte patrio rodeada de misterio. Últimamente se ha atribuido a la revuelta un origen común con el Sandinismo de Nicaragua. No sabemos en qué pueden fundarse tales aseveraciones, porque, a Dios gracias, la situación de Honduras es y estará siempre muy lejos de ser la de Nicaragua, para la cual es el sandinismo, o por lo menos se ha considerado así, una consecuencia obligada... Nada es tan inconveniente como colocar a Ferrera en el mismo plano en que ha operado Sandino".[299]

Guillén Zelaya coincidía con este criterio. Al respecto

---

[297] El Pueblo, Vol. 1, No. 41, 21 abril 1931, p. 2. El secretario de Estado, Stimson, comunicaba al ministro Lay qué ya se había ordenado a tres cruceros que zarparan hacia la Costa Norte. Foreign Relations of the United States, 1931. Vol. II, p. 55%.

[298] Barahona, op. cit. p. 214.

[299] Artículo originalmente aparecido en la Revista Tegucigalpa, reproducido por El Atlántico, año IV, No. 470, 13 mayo 1931, p. 8.

opinaba:

"Al iniciarse el zafarrancho, se le atribuyeron conferencias con Sandino, pero quienes conocen al general Ferrera saben que él anda por caminos opuestos al guerrillero nicaragüense, aunque de ser ciertas las versiones que sobre esto último circulan, quizás coincidan en ideas. Y si es así, bien pudiera ocurrir que el restablecimiento de la paz, que ya se presiente y se anhela, no constituya sino una tregua más o menos corta, para principiar de nuevo la tarea de incendiar el país".[300]

### Posición del gobierno estadounidense ante la sedición

El periodista y poeta olanchano no pasaba por alto referirse a un actor clave en las guerras centroamericanas y caribeñas: los Estados Unidos. Al respecto escribía:

"¿Cómo era, pues, posible, que hoy el Gobierno de los Estados Unidos concediera la beligerancia al general Ferrera, que se ha levantado contra un Gobierno constituido, cuya constitucionalidad no tienen derecho de impugnar ninguno de los Estados con quienes cultiva relaciones?".

Reproducía la declaración del Departamento de Estado, transmitida por el ministro de ese país en Tegucigalpa al gobierno de Mejía Colindres relativa a que Estados Unidos continuaba brindando su "apoyo moral" al régimen constituido, así como su respaldo al Artículo II del Tratado General de Paz y Amistad de 1923. Ese comunicado recordaba que continuaba un embargo a los embarques de armas hacia Honduras y que las licencias otorgadas solamente se estaban facilitando a los pedidos hechos por el Gobierno.... "El movimiento revolucionario de Honduras es un asunto interior, el cual debe manejarse solamente por el Gobierno de Honduras y el Gobierno Americano no participa activamente de ninguna manera. Los barcos de guerra fueron enviados a la costa de Honduras meramente para la protección de intereses americanos y extranjeros en caso de necesidad".

El ministro estadounidense en Honduras informaba a Washington que Mejía Colindres deseaba saber si los Marines en

---

[300] "No hay que dormirse", El Pueblo, 2 junio 1931, p. 3.

Nicaragua proporcionarían bombas para asistir en suprimir el alzamiento y proteger vidas y propiedad en los distritos de Ceiba y Trujillo. "Él le pedirá a la United Fruit Co., que use sus aviones y pilotos para transportarlas y lanzarlas. La compañía frutera no accederá a su petición y en ningún suceso los pilotos americanos participarían en esta acción".[301]

## El evasivo Ferrera

Retornemos a los desplazamientos, rápidos y sorprendentes, del Intibucano. El 27 de abril abandonó sus posiciones en El Perú y La Cumbre; aparentemente la intención inicial de Ferrera había sido lanzar un ataque contra San Pedro Sula, enviando patrullas de reconocimiento para verificar la cantidad y el estado de alerta de las tropas gubernamentales. Al ser detectadas, fueron dispersadas. Solamente 300 estaban bien armados, pero con insuficiente munición. Como medida preventiva, los oficialistas desplazaron un tren militar, el que recorrió la totalidad de la línea férrea circunvecina, incluyendo los ramales.

La intuición guerrillera de Ferrera le hizo ver que no disponía de fuerzas, ni armamento, suficientes como para intentar un ataque frontal. Optó por trasladarse a San Luis Pajón, sitio ubicado entre los valles de Quimistán y Santa Bárbara.

Estas marchas veloces captaban la atención de miles de personas, simpatizantes o adversarias del ferrerismo. Los diarios mantenían informada a la opinión pública al respecto, agregando comentarios ora de sus corresponsales o de los directores. El Pueblo, de una parte, reportaba que la presencia de una nave desconocida que recorría el litoral caribeño de Honduras, supuestamente para desembarcar armamento consignado a Ferrera, había desaparecido sin cumplir su objetivo. De otra, discernía así:

"La opinión de todos los militares que conocen las magníficas posiciones que abandonó el General Ferrera, es la de considerar fracasada la intentona revolucionaria, y añaden algunos que posiblemente el mismo Ferrera, comprendiendo la gravedad de su situación, se aleje en busca de las montañas de

---

[301] United States Government. Foreign Relations of the United States, 1931. Vol. II. Washington, 1946, pp. 556.

Intibucá o de la frontera salvadoreña. Además, el hecho de no querer aceptar ninguna acción, demuestra claramente la imposibilidad en que se encuentra para luchar con alguna ventaja. Por el momento, los generales Valladares y Mejía ocupan El Perú y La Cumbre; el general Fonseca, Villanueva y el coronel Luis Alonso López la aldea de Chamelecón".[302]

El 28 de abril el presidente Mejía Colindres se dirigió a la nación, utilizando un nuevo medio de comunicación, la radio, expresando, entre otros conceptos, los siguientes:

"Los revoltosos no tienen bandera. Parece que se han levantado únicamente con la intención de saquear, como Progreso, Pimienta y Villanueva... En todos los otros lugares en donde entraron y tuvieron contacto con las fuerzas del Gobierno fueron dispersados... Parece que el jefe de la revuelta es el general Gregorio Ferrera, quien estuvo en La Cumbre, cerca de San Pedro Sula, posición ventajosísima sobre la ciudad. Pero San Pedro Sula se encontraba bien defendida y no hallándose en valor de atacarla, se retiró hacia los valles de Quimistán, perseguido de cerca por la fuerza del Gobierno".[303]

Entre los oficiales que acompañaban a Ferrera en esta insurgencia se encontraban los generales Simón Aguilar, Justo Umaña, Leonardo Nuila, Ladislao O. Santos,[304] además de coroneles y otros oficiales, no menos leales y valientes.

La brillante capacidad de movimiento de Ferrera y su tropa, tomando en cuenta que apenas contaban con mulas y caballos, queda evidenciada con el hecho que el mismo 28 de abril se reportaba que se encontraban en San José de Copán, si bien el telegrafista que daba cuenta del hecho agregaba que tanto entre los jefes como soldados se percibía "un desaliento completo, una falta de seguridad en lo que hacen como si ya hubieran perdido

---

[302] El Pueblo, 28 abril 1931, p. 2. Lay reportaba a Washington: "La situación militar ha sufrido un cambio importante en las últimas 24 horas. El empate en San Pedro Sula ha sido roto con la retirada de Ferrera de la vecindad inmediata de esa ciudad y su retirada general hacia la población de Santa Bárbara. Mil tropas gubernamentales lo están siguiendo. En el resto de la Costa Norte no ha habido disturbios y las condiciones están rápidamente regresado a la normalidad... "Lay al secretario de Estado, Tegucigalpa, 28 de abril 1931. United States Government. Foreign Relations of the United States, 1931. Vol. II. Washington, 1946, p. 575.

[303] El Pueblo, Vol. I, No. 48, 29 abril 1931, p. 1.

[304] "El general Ferrera y su gente se aleja triste y sin esperanza hacia las montañas de Intibucá". El Pueblo, 29 de abril 1931, p. 2.

la moral y la esperanza en la atrevida empresa que intentaron realizar".[305]

Al siguiente día se reportaba que se encontraba en Vivistorio, ubicado en el camino hacia Santa Rosa de Copán, acompañado de unos 500 hombres, algunos de los cuales estaban desertando.[306]

El primero de mayo Ferrera y sus tropas capturaron Santa Rosa de Copán, plaza defendida por un poco más de cien hombres. En la defensa de la ciudad pereció el general Diego García, comandante y el Gobernador César López Urquía. García se decía que había sido fusilado, estando ya herido, por parte de Carlos Sanabria y López Urquía murió peleando. También perecieron Ernesto Fiallos, gerente de la casa comercial Juan R. López al igual que los oficiales Eusebio Orellana, Antonio Nicasio y 10 soldados gubernamentales, en tanto, por parte de los ferreristas, había sucumbido el general Elías Cáceres Arce.

La versión que el ministro Lay reportaba a Washington decía así:

"El presidente me informa que ayer Ferrera con 350 hombres atacó Santa Rosa de Copán defendida por 100 tropas gubernamentales. Cuando su munición se agotó la guarnición se rindió y aquellos que no habían podido escapar, unos 50, fueron masacrados, incluyendo al Gobernador del departamento, el comandante militar, el jefe de Policía y un número de civiles que se habían refugiado en el cuartel. Este acto de barbarie ha suscitado gran indignación en Honduras entre nacionalistas y liberales.

Ferrera retiene Santa Rosa hoy, pero se espera que se retirará con el considerable botín capturado ahí cuando las fuerzas gubernamentales, que suman 1.000 bajo el general José María Reina lleguen a esa ciudad mañana".[307]

En efecto, el General Reina ocupó Santa Rosa sin que Ferrera presentara acción, evacuando la ciudad, dirigiéndose hacia Gracias.

---

[305] El Pueblo, Vol. 1, No. 48, 29 abril 1931, p. 2.

[306] El Pueblo, Vol. 1, No. 49, 30 abril 1931, p. 5.

[307] United States Government. Foreign Relations of the United States, 1931, Vol. II. Washington, 1946, pp.555-582.

Otro grupo ferrerista fue derrotado a 6 leguas de El Progreso, capitaneado por Pedro López y Ángel Galeas, siendo vencidos por el coronel Francisco Bu. A inmediaciones de Yoro se encontraba otra facción, dirigida por Arturo Ordóñez y Rafael Ponce.[308]

El general Justo Umaña había ocupado Corquín, en el departamento de Copán, e14 de mayo, suponiéndose que Ferrera se encontraba en la retaguardia y que se dirigían a Ocotepeque, buscando la frontera con El Salvador, pero ya en desbandada por no contar con los elementos bélicos necesarios para enfrentarse con las tropas que los perseguían. Se calculaba que Ferrera contaba con 400 a 500 hombres.[309]

El general Reina daba cuenta a la superioridad que había capturado a los ferreristas varios fusiles y un aparato telegráfico. Se conjeturaba que Ferrera pensaba dirigirse, en marchas forzadas, a un punto en la Costa Norte que pudiera capturar con las tropas de que disponía, "a fin de pertrecharse de los elementos que le hacen falta y que no pudo colocar en sus manos el barco misterioso. Pero eso difícilmente sucederá porque... ya se han dictado las medidas necesarias para obligarlo a pelear o a cruzar la frontera".[310]

El siete de mayo Umaña capturó Ocotepeque sin encontrar resistencia. Los generales Reina y Rodas Alvarado continuaban persiguiendo a los rebeldes, en tanto Ferrera y Umaña se dirigían a la guardarraya con El Salvador. Esta acción era interpretada de esta forma:

"Lo anterior viene a poner en claro la debilidad de una revolución como la actual, que, a más de su desprestigio, no tuvo ni en su origen fuerzas suficientes para medirse una vez siquiera con los ejércitos que lo persiguen, a pesar de las tantas oportunidades que se le presentan".[311]

Umaña había desocupado Ocotepeque sin atacar al comandante de la Plaza, quien previo a la ocupación, se había trasladado con su tropa, a las colinas circundantes. Ferrera había dormido en El Pedregal, contiguo a Ocotepeque y el día ocho el

---

[308] El Pueblo, Vol. I, No. 51, 4 mayo 1931, p. 5
[309] El Pueblo, Vol. I, No. 51, 4 mayo 1931, p. 5.
[310] El Pueblo, Vol. I, No. 53, 6 mayo 1931, p. 2.
[311] El Pueblo, Vol. I, No. 54, 7 mayo 1931, p. 2.

general Reina se aprestaba a atacarlo, pero ya Ferrera se había marchado. Un ferrerista desertor había confiado que su jefe buscaba la frontera de Guatemala por los valles de Quimistán.

Ese mismo día 92 hombres de Ferrera llegaron a Citalá, El Salvador.[312]

Las tácticas evasivas de Ferrera desconcertaban tanto al Gobierno como a los analistas. Entre tanto, la estación lluviosa ya se había iniciado, lo que dificultaba, por igual, los desplazamientos tanto de los perseguidores como de los perseguidos. Se suponía que Ferrera se encontraba en Copán con rumbo a Lancetilla para luego desplazarse a los valles de Quimistán, con el propósito de encaminarse a Cacao y tomar el ferrocarril sobre Omoa.

El Pueblo se aventuraba a interpretar los movimientos de Ferrera en estos términos:

Estudiando la línea que ha venido siguiendo últimamente el general Ferrera se ve que camina a la orilla de una cadena de montañas, lo cual no dice muy bien de su fuerza para combatir y revela dos cosas: o que anda realmente en busca de un armamento que le entregarán en Omoa o en el Motagua, traído en ferrocarril; o que busca un escondite a sus armas para días mejores. Tal vez esto último sea lo más seguro, porque los elementos bélicos sin gente, como ha quedado el general Ferrera, no derrocan gobiernos. El número de hombres que tiene en estos momentos el general Ferrera es de trescientos, mal armados y desmoralizados... En El Pedregal, donde no presentó acción, Ferrera dejó una ametralladora y diez rifles. El general Sánchez está con cuatrocientos hombres en Macuelizo, Valle de Quimistán, para cerrarle el paso. De Santa Bárbara saldrá hoy una columna a reunirse con el general Sánchez en Quimistán, y de San Pedro Sula saldrá otra. El general Reina está con su gente en Ocotepeque, esperando reponerse un poco de las fatigas para continuar la marcha. En Santa Rosa están los generales Fonseca, Peralta y otros, esperando el momento de ser llamados a marchar sobre el guerrillero intibucano. Militarmente, pues, la guerra ha concluido. Queda, desde luego, la inquietud, la desconfianza y el ir y venir de las noticias descabelladas intentando prolongar la

---

[312] El Pueblo, Vol. I, No. 55, 8 mayo 1931, p. 2.

vida de algo que ha muerto: el espíritu del zafarrancho en el pueblo hondureño.[313]

Esa convicción de que el alzamiento había sido vencido y que los hondureños le habían dado las espaldas a la opción armada, era reiterada por Guillén Zelaya en este editorial:

"Los hondureños han usado la paz como un nuevo argumento, como el argumento mayor para hacer más inexpugnable la defensa y más firme la victoria de cuantos luchan por salvar los intereses nacionales. Todas las combinaciones, todas las medidas, todos los consejos y todos los empeños, todas las argucias, todas las influencias... todo eso fue ineficaz para arrojar al pueblo a la matanza. Y por eso la Rebelión de las Aguas, cadáver ambulante, vaga sola, sobre hombros mercenarios, huérfana de hondureños.[314]

Para el 13 de mayo se reportaba que Ferrera se encontraba en Florida, Copán. Este más reciente desplazamiento era interpretado como que buscaba el valle de Quimistán, para resbalarse sobre la costa o cruzar casi en línea recta hacia Santa Bárbara o nuevamente sobre Santa Rosa, la plaza más próxima a Florida. Para ir a Omoa o a Cuyamel tendrá que pelear primero con los generales Sánchez y Toribio López, jefes experimentados y valientes que están listos, cada uno en su sitio, para recibirlo. Los generales Reina y Rodas Alvarado están en La Labor, situado como a dos días y medio de camino de Florida".[315]

Durante toda la noche del 13 hasta las seis de la mañana del 14 de mayo, las tropas gubernamentales, comandadas por el coronel Benjamín Ortiz, y las ferreristas trabaron combate, capturando a éstas dos ametralladoras en tanto que cada soldado oficialista portaba hasta tres fusiles decomisados a los alzados. Ortiz se dirigía con rumbo a Cofradía para unirse al General Sánchez. Esta acción de armas era interpretada así:

"...Los rebeldes carecen de la fuerza que a veces se les concede, o que, divididos, como están, en varias columnas, no disponen de elementos ni de gente bastante, pues de no otro modo se explica su incapacidad. para derrotar al coronel Ortiz, quien contaba solamente con ciento cincuenta soldados, en un

---

313 El Pueblo, Vol. I, No. 57, 11 mayo 1931, p. 2.

314 "Conciencia pacifista", El Pueblo, Vol. 1, No. 58, 13 mayo 1931, p. S.

315 El Pueblo, Vol. 1, No. 59, 13 mayo 1931, p. 2.

combate de toda la noche. Pudiera sin embargo suceder que entrara en el plan de los revoltosos distraer, mediante pequeñas columnas, la atención de las fuerzas gobiernistas, con el propósito de encaminarse a Cacao y luego a Cuyamel, rumbo a Omoa, para de este último lugar preparar un ataque a Puerto Cortés. El plan...aunque audaz y de gran trascendencia, es casi imposible de realizar, debido a la protección que el gobierno ha establecido en esa zona con fuertes contingentes de ejército, al mando de jefes leales y valerosos.

Otros jefes, desde distintos lugares y plazas occidentales, se dirigen en un movimiento hacia los lugares ocupados en estos momentos por las fuerzas del general Ferrera. Es indudable que, en estos últimos días, probablemente hoy (15 mayo) o mañana, tendrá que darse un combate o varios de importancia entre las fuerzas del Gobierno y las del general Ferrera, ya que la zona en que unas y otras se mueven se está estrechando cada día, y llegará un momento en que será imposible eludir la acción".[316]

Del sur-occidente el caudillo intibucano se había rápidamente trasladado nuevamente al norte. En Cofradía, donde se encontraba el general oficialista Sánchez, Ferrera rehuyó el combate, permaneciendo en Villanueva, siendo perseguido por Sánchez, pero sin hacerle frente. Entre tanto, tropas gubernamentales se desplazaban desde San Pedro Sula para batir a Ferrera donde lo encontraran. Al llegar Sánchez a Omonita dispuso que el general Toribio López tomara el flanco izquierdo y se posesionara de Urraco, lo que éste hizo en las primeras horas de la noche. Ferrera intentó que Sánchez cruzara el río en el paso de Omonita, entablándose un fuerte tiroteo iniciado a las dos de la tarde del 17 terminando a las cinco luego que éste forzara el paso y ocupara El Progreso, que Ferrera había ocupado sin resistencia en la noche del 17. Al enterarse que López se encontraba en Urraco los ferreristas se trasladaron a El Negrito, sin tomar el rumbo de Tela, como se esperaba.

Esta maniobra era interpretada así:

"Parece que el general Ferrera trae esta vez la misma ruta que cuando se levantó contra el gobierno del general Tosta y siendo así, no es remoto predecir que se dirija a Comayagua,

[316] El Pueblo, Vol. 1, No. 61, 15 mayo 1931, p. 2.

para encaminarse, en caso de que tomara aquella plaza, sobre esta capital o pasar hacia el Sur... Cualquiera que sea la determinación, lo que prueban sus movimientos es que no se encuentra suficientemente fuerte para resistir un verdadero combate y se propone agotar al Gobierno mediante la prolongación de la revuelta por el mayor tiempo posible...".[317]

El general Sánchez y otros oficiales perseguían a Ferrera y se esperaba que el día 18 llegaran a San Pedro Sula los generales Reina y Fonseca.

El siguiente día Lay reportaba a Washington que los ferreristas estaban bien disciplinados, su número se estimaba entre 700 y 1,000 con alrededor de la mitad armados con rifles y el resto con machetes y pistolas, cinco ametralladoras y 150 a 200 mulas, desplazándose desde occidente hacia el oriente. Llegaron a El Progreso el domingo a mediodía. Aunque el Gobierno creía que Tela sería atacada el lunes y tenía ahí 500 tropas, se reporta no oficialmente que el grueso de los soldados de Ferrera procede hacia Yoro o en una dirección oriental. Las tropas gubernamentales los siguen... La mayoría del pueblo respalda al gobierno, pero está descorazonado y temeroso. Los negocios paralizados. Aquellos que conocen las tácticas de Ferrera, de años anteriores, dicen que a menos que el Gobierno pueda decisivamente derrotarlo en los próximos diez días, él será victorioso. A pesar de la superioridad en el número de las fuerzas gubernamentales y en municiones, la movilidad de las fuerzas de Ferrera y su habilidad para superarlas, le ha permitido evitar arriesgar un encuentro decisivo con sus limitadas municiones, pero le ha permitido reunir abastos, atraer seguidores y, ocasionalmente, derrotar y hostigar a tropas gubernamentales. Esta estrategia está debilitando al Gobierno, el cual está muy preocupado por su falta de fondos para pagar a sus tropas, especialmente al reportarse que Ferrera está pagando bien y regularmente a sus soldados y que las tropas gubernamentales están desertando hacia sus filas. El Gobierno está haciendo un

---

[317] El Pueblo, Vol. I, No. 63, 19 mayo 1931, p. 2. Lay pedía instrucciones al Departamento de Estado el 17 de mayo y anunciaba la inminente llegada de Ferrera a El Progreso y Tela, donde "es probable haya apoyo local a la insurrección. ¿Si Ferrera exige tren a Tela, deberá aconsejar el Consulado a la compañía que se rehúse?". United States Government. Foreign Relations of the United States, 1931, Vol. II. Washington, 1946, pp. 555-582.

fuerte esfuerzo para obtener fondos.[318]

Esta larga cita revela la habilidad de Ferrera en aplicar la clásica táctica guerrillera de golpear y escapar, sin presentar combate abierto, en los términos que hubiera deseado el Gobierno para intentar aniquilarlo, ante su superioridad numérica y en armas.

También surge la siguiente interrogante: ¿Quién (es) financiaba a Ferrera para el pago a sus seguidores?

El Pueblo informaba que Ferrera había llegado el 18 a Morazán con rumbo a la ciudad de Yoro, perseguido por el general Sánchez:

"Se han destacado fuertes columnas de varios puntos, a fin de darle alcance, y obligarlo a librar un combate que se ha negado en distintas ocasiones a aceptar. Los rebeldes usan divisa roja, el barco misterioso fue capturado y reconcentrado en La Ceiba".[319]

Se detallaba parte de la oficialidad que escoltaba a Ferrera: la vanguardia al mando de Zenón Pérez; también acompañaban al caudillo intibucano Justo Umaña, Jaime Turcios, Simón Aguilar, Ladislao Santos, Román Díaz, Carlos Sanabria, Rafael Cárcamo, Elías Díaz, Tomás Moreno; han sufrido deserciones y reina el desaliento. Manifiestan que se dirigen hacia Tegucigalpa, en privado que buscan Trujillo o La Ceiba.[320]

La presencia del elusivo buque en aguas de la Costa Norte no era una aseveración infundada: el ministro Lay daba cuenta que el Canciller hondureño le había enviado copia de un telegrama con fecha 20 de mayo en el que el Cónsul en New Orleans comunicaba que el vapor Santa Marta había zarpado de Belice hacia Honduras cargando municiones para los rebeldes. Concluía el diplomático estadounidense:

"El gobierno hondureño sin duda comprende que si Ferrera obtiene municiones tiene poca esperanza de triunfo".[321]

Guillén Zelaya intentaba descifrar los objetivos y estrategias diseñadas y puestas en práctica por Ferrera, ese desconcertante

---

[318] Lay al Secretario de Estado, Idem.

[319] El Pueblo, Vol. I, No. 64, 19 mayo 1931, p. 2.

[320] El Pueblo, 20 mayo 1931, p. 2.

[321] Lay al Departamento de Estado. United States Government. Foreign Relations of the United States, 1931. Vol. II, Washington, 1946, pp. 555-582.

enigma:

"El guerrillero va, viene, regresa, en una palabra, se agita con una velocidad inconcebible. A veces se pierde quien sabe en qué selvas u hondonadas, y entretanto los ejércitos legitimistas se quedan desorientados e indecisos... En todas estas idas y venidas, en todas estas fugas a la hondonada o a la selva, en todo este trajín inquietante que pareciera obra de la desesperación o de la locura, debe existir, sin embargo, un propósito ulterior, un plan del cual el caudillo se haya quizás propuesto no apartarse. Se nos antoja que asecha (sic) un minuto propicio de imprevisión o descuido para asestar un golpe que pudiera sumarle algunas posibilidades de éxito.

Desde el principio de la revuelta anticipamos la idea de que el jefe rebelde buscaba, sobre todas las cosas, un puerto y su llegada a Villanueva de regreso de Occidente en rápido avance sobre Progreso y en seguida hacia Tela, en donde le cerraron el paso, confirman una vez más nuestra sospecha. Su cambio hacia Yoro puede muy bien tener por objeto encaminarse, mediante un brusco movimiento de regresión, hacia Trujillo    La Ceiba. El objetivo de un puerto puede explicar sus juegos al escondite, al igual que sus movimientos rápidos y repentinos. Sin embargo, hay otra razón que pudiera ser causa de las marchas inquietas, veloces y ocultas del caudillo intibucano, y es ella la de vencer al Gobierno por agotamiento económico y por hastío de sus soldados.

Y si tal es su empeño, ya le veremos correr de uno a otro confín de la República, tanteando aquí y allá el espíritu bélico, que ha encontrado muerto en todas partes. Este último propósito, de habitar en la mente del general Ferrera, no será jamás un camino hacia la victoria, sino hacia el desastre nacional que envolvería, no solamente al Gobierno sino al propio caudillo y a sus huestes. Eso, por una parte. Y por otra ¿quién puede responder que el cansancio y el desaliento no invadieran primero a los soldados rebeldes que a los legitimistas? En Honduras, la revolución que no ha tenido éxitos prontos y dignos de tomarse en cuenta, ha fracasado siempre."[322]

En el siguiente número de El Pueblo continuaba ahondando

---

[322] El Pueblo, Vol. I, No. 65, 20 mayo 1931, p. 5.

sobre los móviles y tácticas ferreristas:

"Lo que interesa primordialmente al Gobierno es fortificar sus puertos todo lo más que le sea posible... El objetivo del General Ferrera es un puerto y que esas idas y venidas no se proponen otra cosa que aislar las fuerzas legitimistas. Y una vez aisladas, una vez que las haya dejado a unas tantas decenas de leguas cuando las haya botado en los caminos, entonces retroceder a marchas forzadas sobre el puerto que considere más débil, y jugarlo todo para tomarlo. Un razonamiento simple nos dice que no puede ser otra la intención del General Ferrera. Basta detenerse a considerar que, si no juega pronto su carta en un combate definitivo, sus soldados lo abandonarán irremediablemente, pues no es posible que se resignen a vivir recorriendo la República en marchas forzadas, y de resignarse, no resistirían. Un puerto busca el General Ferrera y hacia su conquista se encamina. La toma de un puerto puede traer complicaciones y las complicaciones constituyen la única posibilidad que tiene la revuelta de tomar aliento.

Las cosas tienen que ser así, porque además de la conciencia pacifista que se ha mostrado invulnerable a las acometidas del hábil guerrillero intibucano, una Rebelión de las Aguas lleva en su seno el propio elemento que frustra y los incendios".[323]

La persecución continuaba implacable, y estaba a cargo de los generales gubernamentales Toribio López, Montoya y Peralta, a lo largo del Departamento de Yoro.[324]

Finalmente ambas fuerzas entraron en acción en Los Planes, a 14 kilómetros de Tela. En ese lugar el general Francisco Valladares atacó a Ferrera, iniciándose el combate a las seis de la mañana, resistiendo los ferreristas hasta las dos de la tarde en que entraron al combate las tropas de refresco de los coroneles Mahoudeau y Miranda atacándolos en la montaña donde se habían refugiado.

La columna de Ferrera consistía de unos 500 hombres y la de Valladares de 176. Las bajas de Ferrera fueron de 45 muertos, abandonando 26 fusiles Remington, 17 escopetas, 1 ametralladora Hotchkins y 38 machetes. No se reportaban las bajas oficialistas.

---

[323] "El objetivo del General Ferrera". El Pueblo, Vol. 1, No. 67, 22 mayo 1931, p. 5.
[324] El Pueblo, 22 mayo 1931, p. 2.

De Yoro Ferrera enfiló hacia Olancho, perseguido por el General Juan B. Pagoaga y el coronel Luis Alonso López.[325]

A ellos se agregaron los Generales Toribio López, Simeón Montoya y el coronel R. Dueñas de la diezmada columna comandada por Ferrera y Aguilar.[326]

El mismo día 27 se daba cuenta que un grupo de rebeldes había sido batido en Lombardía y Flores de Italia por las fuerzas gubernamentales dirigidas por los coroneles Tablada y Andino, durante el encuentro más de una hora. Las columnas perseguidoras informaban que Ramón Díaz y otros jefes se habían adelantado con algunos seguidores tratando de juntarse con Ferrera. Sus tropas habían casi todas sido dispersas en tanto otros buscaban trabajo en los campos bananeros. Los prisioneros confiaban a sus captores que Ferrera ya solamente llevaba unos quinientos hombres, de los cuales solo 350 andaban armados de rifles, dotados con 20 a 40 tiros cada uno, ya no llevaba tren de guerra. A sus secuaces les pagaban $ 1 cada tres días.

En Olancho el General Roque J. Pérez salió en búsqueda de los revoltosos que ocupaban el Portillo de Salamá, los que, al tener noticia de que iba sobre ellos abandonaron el puesto, pero la persecución continuó; de Yoro saldrían tropas hacia Mirajoco con el fin de deshacerlos antes de que emprendieran el camino de Arenal por Jocón.[327]

El General Pérez atacó en Palala a los rebeldes. Al llegar a Talgua había dividido en dos a sus tropas, una al mando del coronel Manuel A. Hernández y el General Gregorio Zelaya y la otra dirigida por él mismo. Al evacuar Palala los rebeldes abandonaron la ametralladora Thompson, armas ligeras, tres muertos y más de treinta bestias. Pérez declaró que si Ferrera lograba escaparse seguiría con rumbo a Jano y Manto, hacia donde se dirigía él con su tropa.[328]

Los lugartenientes de Ferrera en Olancho eran los generales Froilán Ramos y Abraham López. Un prisionero reveló que éste les confiaba que toda la República estaba en revolución y que pronto llegaría Ferrera a Olanchito.

---

[325] El Pueblo, Vol. I No. 69, 26 mayo 1931, p. 2.

[326] El Pueblo, Vol. 1, No. 70, 27 mayo 1931, p. l.

[327] El Pueblo, Vol. I, No. 71, 28 mayo 1931, p. 2.

[328] El Pueblo, Vol. 1, No. 72, 29 mayo 1931, p. 2.

El general Pérez daba cuenta que las divisas de los rebeldes eran morado lila y la bandera azul y blanco.

Los propósitos de Ferrera atraían la atención del editorialista de El Pueblo. De nuevo intentaba descifrarlos:

"¿Para dónde va? ¿Cuáles son sus planes? ¿Qué se propone con esas idas y venidas? ¿Qué intenta en sus desaparecimientos repentinos? ¿Estará oculto en algunos de los bananales costeños? ¿Caerá de súbito sobre uno de los puertos de nuestra Costa Atlántica? Estas son las preguntas que se hace todo el mundo, cada vez que el guerrillero se evapora, mientras que los ejércitos que lo persiguen se quedan interrogando el horizonte. Hay razón. La curiosidad humana es insaciable. Y del general Ferrera nada sabemos desde que fue tiroteado fuertemente en su retaguardia por las fuerzas del general Rodas Alvarado. ¿Qué se hizo Ferrera? Quizás entre los planes del Gobierno esté no revelar el paradero del caudillo rebelde para batirlo mejor, quizás. Tal vez haya habido negligencia para enfrentársele. Tal vez. Pero sea la causa la que fuere, lo cierto es que la Rebelión de las Aguas es algo frío, tétrico, que vaga por las montañas frente al vacío de los hondureños".[329]

El tres de junio, desde Olancho, se informaba que Ferrera y sus ya reducidos soldados habían pasado por San Francisco de Becerra, a tres leguas de Juticalpa, acompañado de los generales Sanabria y Justo Umaña. "Van sin rumbo, aunque en varios papeles que dejaron aseguran llevar la ruta de la Costa Norte".

Guillén Zelaya reiteradamente expresaba su repulsa a la guerra, al derramamiento fratricida, así como su vocación pacifista. Si se revisa su ensayística, ésa es una constante en sus escritos. Citemos otro editorial:

"El estallido de la guerra trajo una conmoción de dolor en la República... Rota estaba la tradición pacifista que iniciara Miguel Paz Baraona. Habíamos retrocedido cien años. Poco a poco fuimos viendo la resistencia que los hondureños le oponían a la guerra. Dificultades, amenazas, hambre, decepciones, todo eso y más, no consiguió alterar la conciencia pacifista que se ha mantenido invulnerable. Luego la paz no estaba cimentada sobre arena, sino que constituye ya una convicción nacional. Y tras el

---

[329] El Pueblo. " Que se hizo Ferrera?" Vol. 1, no. 73, 28 mayo 1931, p.5

dolor y la decepción, tras el desaliento vino la esperanza y tras la esperanza el orgullo, el justo orgullo de confirmar que, en Honduras, para sus hijos, la guerra es un cadáver... Nuestra página más heroica es haber matado la guerra. Quiere decir que esta última asonada ha venido a confirmar que somos un pueblo civilizado, cuya paz no pueden alterar ni la ambición ni la injusticia... no hemos retrocedido. Mentira. Vamos hacia delante. Acabamos de escribir la mejor página de nuestra historia nacional: matar la guerra. La guerra es un cadáver y debemos celebrar sus funerales. La muerte de la guerra vale más que una nueva independencia".[330]

En Tegucigalpa, Lay informaba al Departamento de Estado que un compatriota suyo, propietario y piloto de un monoplano Wilson había aterrizado en la capital y firmado un contrato con el gobierno a fin de prestar sus servicios y utilizar su avión en operaciones militares, durante quince días. El contrato estipulaba operaciones de bombardeo. En la mañana del 3 de junio había realizado su primer vuelo de reconocimiento en la zona donde operaba Ferrera.[331]

El corresponsal de El Pueblo en El Progreso reportaba que los progreseños que se habían unido a Ferrera estaban retornando, "muy desesperanzados". Las tropas gubernamentales estaban siendo desactivadas, tanto las estacionadas en La Ceiba y dirigidas por los generales José María Reina y Modesto Rodas Alvarado como las concentradas en Trujillo bajo la autoridad de sus colegas Luis Alonso López y Toribio López.[332]

El ministro Lay confirmaba lo arriba señalado cuando daba cuenta que no había habido encuentros importantes entre las fuerzas gubernamentales y los alzados durante diez días. "El Gobierno desmovilizó alrededor de 2,000 hombres. El presidente me informa que ayer Ferrera estaba en Dulce Nombre con alrededor de 300 hombres pobremente armados, posiblemente con rumbo a la frontera nicaragüense, perseguido por fuerzas gubernamentales. Otras autoridades opinan que Ferrera se unirá a Sandino. Esta opinión está motivada por el deseo que el

---

[330] "El cadáver de la guerra". El Pueblo, Vol. 1, No. 76, 3 junio 1931, p. 3.

[331] Lay al Departamento de Estado. United States Government. Foreign Relations of the United States, 1931, Vol. I, No. 77, 4 junio 1931, p. 2.

[332] El Pueblo, Vol. 1, no. 77, 4 junio 1931, p. 2

Gobierno Americano declare a Ferrera, como a Sandino, fuera de la ley, mientras que Ferrera ha respetado a los no combatientes.

Muchas personas no estarían renuentes a que Ferrera obtuviera control del Gobierno debido a su creencia en su integridad y habilidad para gobernar. No creo probable que Ferrera pondría en peligro esta general buena reputación uniendo fuerzas con un bandido común. Y con relación a las condiciones económicas prevalecientes en el país, manifestaba:

"Los ingresos grandemente reducidos, incapacidad de cumplir obligaciones y obtener fondos, aguda depresión en los negocios, están seriamente comprometiendo al Gobierno que puede eventualmente caer. La United Fruit Company ha cesado operaciones en el distrito de Cuyamel incrementando así el desempleo".[333]

Ese desempleo era reafirmado por el diario El Marino desde Puerto Cortés.

En el reajuste de empleados de la Compañía han entrado no solo hondureños, sino también altos empleados extranjeros. Los recortes son generales y han recibido la medida hasta los que sacaban sueldos extraordinarios en forma de pensión; la perspectiva que se advierte y se sospecha para todo este litoral es de angustia.[334]

Para el cinco de junio la Legación anunciaba a Washington que el agente Castillo de la United Fruit Co. reportaba que Ferrera avanzaba en una dirección rumbo norte, hacia un punto en el ferrocarril cincuenta millas al sureste de Puerto Castilla. Ferrera había sido visto por última vez 25 millas hacia el sur de Olanchito.[335]

Así resumía un reporte militar los desplazamientos de Ferrera y sus tácticas:

"Ferrera evita combate, se marcha al sur-occidente; el 1°. De mayo captura Santa Rosa de Copán, la que ocupó por un día, se retira la aproximarse fuerzas gubernamentales... se va a Ocotepeque, elude tropas gubernamentales, se marcha al norte, reaparece en El Progreso...".

---

[333] Lay al Departamento de Estado. United States Government. Foreign Relations of the United States, 1931. Vol. II. Washington, 1946, pp. 555-582

[334] Citado por El Pueblo, 5 junio 1931, p 2.

[335] Lay al Departmento de Estado, op.cit.

Durante la última parte de mayo y la primera semana de junio los insurrectos se desplazaron en el área que comprende las ciudades costeras, sin enfrentarse en una batalla decisiva con las tropas de Gobierno, aunque se reportaron un número de encuentros menores.

En varias ocasiones, Ferrera estuvo a corta distancia de una de las ciudades costeras, pero no atacó".[336]

## Posición de los partidos políticos ante el alzamiento de Ferrera

Antes de continuar con la narrativa de los últimos días del Intibucano, es conveniente hacer una pausa para determinar la posición de los otros caudillos y de los partidos políticos con respecto al alzamiento.

Obviamente que el partido opositor veía su causa fortalecida con el hecho que un liberal se alzara en armas poniendo en jaque a sus correligionarios constituidos en Gobierno. Pero tampoco le convenía la posibilidad que Ferrera triunfara, poniendo en precario la estabilidad política y las venideras elecciones presidenciales donde su adalid contaba con buenos posibilidades de alzarse con el triunfo a medida que la crisis económica y la incompetencia de la Administración Mejía Colindres se evidenciaban con el correr de los días.

Ya el 23 de abril de 1931 el Comité Central Nacionalista lanzaba un manifiesto a la opinión pública en que refutaba que pudiera imputársele al Partido azul la autoría de la guerra:

"El pugilato sostenido entre los núcleos políticos que se coaligaron para vencer al Nacionalismo en la campaña cívica de 1928; el estallido de ambiciones inmoderadas en los elementos a quienes una serie de circunstancias dio el poder en aquellos comicios; la lucha constante en torno de los cargos públicos y del presupuesto; las rivalidades y los odios surgidos de esas divisiones entre los bandos que ayer se unieron, eso ha venido a crear una situación difícil de anarquía, entorpeciendo la marcha regular de la administración y causando graves perjuicios al país. Tiburcio Carías Andino, jefe del Partido Nacional; V. Callejas,

---

[336] Teniente Coronel WW Buckley, Office of Naval Intelligence, 1 octubre 1930, 6 julio 1931, RG 38

presidente del Comité Central Nacionalista; L. Milla Cisneros, secretario Primero del Comité Central Nacionalistas; Francisco Murillo Selva, secretario Segundo del Comité Central Nacionalista".[337]

Indirectamente se aludía a Ferrera cuando afirmaba:

"...los únicos, los verdaderos responsables son los hombres que en su loco afán de ejercer hegemonía han provocado el desquiciamiento administrativo en sus soluciones violentas, su agresividad constante y sus propagandas tendenciosas".[338]

El alzamiento ferrerista fue condenado enérgicamente por Nacionalistas de base sosteniendo:

"No (es) una revolución porque a movimientos como el actual no debe llamárseles así, sino un desorden con visos de criminalidad y de bandolerismo... El Partido Nacional, en el actual movimiento, se ha presentado en sus elementos principales para cooperar con las autoridades en el mantenimiento del orden y para defender las plazas de los ataques de los enemigos de la paz".[339]

Un apologista de Carías opinó que, al estallar la revuelta de las aguas, "promovida por rivalidades de las compañías fruteras, lejos de contribuir a darle la zancadilla al presidente Liberal, cooperó de modo eficaz y activo en el restablecimiento del orden público. En realidad, fueron los nacionalistas los que pesaron en la victoria precaria del gobierno...".[340]

## Posición del Partido Republicano

Tras la muerte del General Tosta en 1930 se había debilitado su partido, que siempre había sido pequeño en números. No obstante, sus dirigentes mantenían cierta participación en la Administración Mejía Colindres, pero el distanciamiento entre el liberalismo oficialista y los tostistas era visible. El 8 de septiembre de 1930 los republicanos habían lanzado un manifiesto en el que recordaban que habían suscrito una coalición y un pacto con el partido en el poder el 8 de octubre de

---

[337] El Atlántico, año IV, No. 469, 9 mayo 1931, pp. 1, 8.

[338] Idem.

[339] Olanchito. Corresponsal de El Atlántico, No. 470, 13 mayo 1931, p. 1.

[340] González y Contreras, op. Cit., p. 166.

1928; empero, advertían que:

"No habiéndose cumplido en la práctica el pacto de 8 de octubre de 1928... consideramos a nuestra agrupación política desvinculada de cualquiera responsabilidad que resultare del ejercicio actual del Poder, puesto que no está teniendo participación importante en el manejo y dirección de los negocios del Estado... Se hace un llamamiento a todos sus correligionarios para que colaboren activamente en la conservación de la paz pública".

A la vez se hacía una crítica al Partido Nacional, recordando que, si los republicanos no controlaban ningún poder estatal, el Nacionalismo disponía del Legislativo y Judicial. El comunicado lo firmaban Mariano Bertrand Anduray como presidente del Comité Central del Partido Republicano y Catarino Castro Serrano como Primer secretario, R. Barahona G., Segundo secretario.

### Los combates postreros y definitivos: Cabeza de Toro, Agua Azul, El Jaral, Dos Caminos

Tarde o temprano el estancamiento bélico, la persecución de los gobiernistas y la huida de los ferreristas, empeñados en mantener una evasiva distancia, debía definirse en combates frontales, que era precisamente la esperanza de los oficialistas. Imprudentemente, Ferrera cayó en la trampa.

Si bien es cierto que inicialmente la victoria le sonrió al derrotar a las tropas comandadas por el General Luis Mejía Moreno y el coronel Filadelfo Mahondeau, en el sitio de Cabeza de Toro, entre Agua Azul y Jaral, despojando a los oficialistas de elementos bélicos qué incluían tres ametralladoras, a continuación, Ferrera decidió trasladarse a El Jaral a donde llegó el 17 de junio de 1931 sorprendiendo a las tropas gubernamentales procedentes de Potrerillos. Pese a ello y que el asalto fue feroz, iniciándose a las cinco de la tarde, las huestes oficialistas integradas con intibucanos y Yamaranguila, otrora seguidores del Caudillo, repelieron los ataques ferreristas que continuaron a lo largo de esa noche, sin haber podido arrollar a los defensores, a despecho de los feroces combates cuerpo a cuerpo con cargas de bayoneta y machete. Leamos fragmentos del parte enviado por los victoriosos, al mando de los Generales Toribio Ramos y Blas Domínguez.

"El Jaral. Vía Pito Solo, 18 junio 1931. Comandantes de Armas... El enemigo abandonó su intento de arrollarnos, dejando en el campo, entre sus muertos, al coronel Emilio C. Lorenzo, ... y además 56 soldados y 1 herido. De nuestra parte tenemos que lamentar la muerte de los oficiales Francisco Lorenzo y Teodoro López y soldados. Se les capturaron 27 rifles y 30 bestias. Los coroneles Luis A. López y N. Jesús Chinchilla, hoy al amanecer en la ruta que llevaba el enemigo lo tirotearon, dejándolo así desmoralizado. Toribio Ramos.[341]

En su fuga, los ferreristas se encontraron con refuerzos despachados por el Gobierno, al mando de los coroneles Luis Alonso López, Alfonso Herrera y Ricardo Miranda, en el sitio conocido como Dos Caminos, entablándose otro combate desfavorable para los alzados, resultando nuevamente derrotados.

El corresponsal de El Pueblo enviaba el siguiente telegrama a Tegucigalpa:

"San Pedro Sula- 18. Las fuerzas que defienden el Gobierno constitucional se han llenado de gloria nuevamente, en gran combate que se libró en Dos Caminos. Las fuerzas de los coroneles López y Chinchilla deshicieron completamente a los rebeldes, quienes dejaron el campo sembrado de cadáveres. Los rebeldes huyen desesperados. Se mantiene el orden en la República. Octaviano Arias".[342]

El Atlántico consideraba que ese encuentro había sido decisivo, ya que:

"...Aunque Ferrera tenía preparada una emboscada, los gobiernistas resistieron las formidables embestidas que 700 hombres bien equipados les hicieron, hasta derrotarlos completamente. por lo aseverado... creemos que esta vez sí es cierta la completa derrota de Ferrera y la república entrará en un período de tranquilidad".[343]

Con posterioridad a estos combates se libraron algunos otros enfrentamientos de menos importancia, si bien siempre sanguinarios. El coronel Luis Alonso López, desde San Marcos,

---

[341] El Atlántico, año IV, No. 481, 20 junio 1931, p. 1.

[342] El Pueblo, 20 junio 1931, p. 2.

[343] El Atlántico, año IV, No. 481, 20 junio 1931, p. 1.

Santa Bárbara informaba al presidente Mejía Colindres, el 21 de junio, lo siguiente:

He llegado a este pueblo. Los ferreristas se han desbandado en estos valles y unos han tomado rumbo a El Oro, para la frontera de Guatemala y otros han quedado enmontañados como Simón Aguilar en El Jícaro. Ferrera llegó a San Francisco y manifestó que toda su gente está completamente agotada y que ya le es imposible seguir. Todos van completamente desmoralizados.[344]

La acción de Dos Caminos se había iniciado a las ocho de la mañana, comandando a los ferreristas el General Zenón Pérez, el coronel Domingo Torres "y otros jefes de menos significación.

De parte del coronel López estaba el coronel Chinchilla, quien se portó a la altura de su deber. La acción duró más o menos una hora y perecieron en ella 22 soldados de parte de los rebeldes y 15 de las tropas legitimistas".[345]

La decisiva derrota de El Jaral fue comentada así por Guillén Zelaya:

"Severas han sido, sin duda, las pérdidas inferidas a los revoltosos. Tremenda ha sido la derrota, amarga la lección recibida por el caudillo intibucano; pero es un hecho que, si no se le persigue hasta destruirlo totalmente o tirarlo más allá de algunas de las fronteras, puede rehacerse y no será posible restablecer la paz definitivamente ni prever las consecuencias del porvenir... El general Tosta, después de cada una de las derrotas con que castigó al guerrillero autóctono, lo seguía sin dejarlo hasta compelerlo a refugiarse en cualquiera de los países vecinos. El General Tosta no era un simple caudillo ni un general como hay muchos, era un hombre que tenía genio militar. ¿Por qué el Gobierno no se inspira en los procedimientos del General Tosta para exterminar de raíz la revuelta? Mientras Ferrera no haya salido de Honduras, no podrá decirse que ha concluido el zafarrancho".[346]

"Los generales ferreristas Carlos Sanabria y Froylán Ramos fueron batidos a inmediaciones de la frontera con Guatemala, logrando cruzar la guardarraya e internarse en suelo

---

[344] El Cronista, 22 junio 1931, p. 1.

[345] El Pueblo, 30 junio 1931, pp. 1, 6.

[346] "La revuelta", El Pueblo, 22 junio 1931, p. 5.

guatemalteco. El General Justo Umaña, "brazo derecho del General Ferrera en todas sus correrías", fue herido y trasladado a San Pedro Sula en estado grave. Fue atendido por el doctor Isidoro Mejía en su hacienda Agua Azul, donde fue capturado por el jefe militar José Dolores Lara y llevado a San Pedro Sula.

Sentenciado a 8 años de cárcel en la Penitenciaría Central, fue liberado el 16 de octubre mediante el pago de fianza por tres mil pesos. Había sido el único de los líderes de la revuelta que había recibido condena".[347]

Algunos heridos que se encontraban en Siguatepeque, atendidos por la Cruz Roja, fueron trasladados al Hospital San Felipe de Tegucigalpa.

"Un reducido grupo de ferreristas pasó antier el lugar El Rodeo de Quelacasque, a tres leguas al norte de la ciudad de Gracias. Entre ellos iba el general Zenón Pérez y otros jefes, ocho a caballo y seis soldados a pie... Manifestaron que se dirigían a La Esperanza. En El Pital quedó un jefe expedicionario a fin de continuar la persecución. Un grupo de ferreristas pasó por Monte Largo con dirección a la montaña de El Pital, perseguidos por los inspectores Ramón Díaz y Miguel Amaya".[348]

Otro de los dirigentes ferreristas, el Licenciado Ladislao Santos, quien había residido algunos años en México, fue capturado el 6 de julio en Tela, en la aldea de Tornabé. Fue encontrado herido de gravedad y operado por los doctores Nutter e Izaguirrre.[349]

Las heridas de Santos habían sido resultado de su intento de huir en un cayuco junto con Vicente Rodríguez, debiendo rendirse al quedar seriamente lesionado.

Sus heridas eran graves ya que tenía perforados los intestinos por lo que, pese a la operación practicada, falleció en el Hospital de Tela, siendo enterrado en El Progreso. El corresponsal de El Pueblo en ese centro urbano lamentó su deceso y comentó al respecto.

"Nuestras montoneras continúan insaciables, comiendo carne de hondureños. Ayer sepultamos estimado amigo Licenciado Ladislao Santos, joven de claro talento, luchador enorme, de

---

[347] Higgins al Departamento de Estado, 815.00/24, 4 noviembre 1931.
[348] El Pueblo, 26 1931, p. 2.
[349] El Atlántico, año V, no. 486, 8 julio 1931, p. 6.

valor que tocaba los límites de la temeridad".[350]

Haciendo una comparación entre Ferrera y Santos, La República afirmaba que la segunda era superior al primero, "por su juventud dinámica, por sus conocimientos técnico-militares y por sus sólidos estudios de Derecho, rociados con novísimas y peligrosas ideologías. El Licenciado Santos como revolucionario tenía su nombre en México. Fue muy estimado de Francisco Villa y de Álvaro Obregón. También lo fue de universitarios y de los cadetes de Chapultepec".[351]

Algunos oficiales ferreristas buscaron también escapar de los vencedores, dispersándose por distintos rumbos. Así, el segundo de Ferrera, el General Simón Aguilar tomó dirección a El Jícaro.

Otros, como Zenón Pérez retornaron a sus lugares de origen. Otros, de uno y otro bando, habían perecido en combate. Una lista parcial de oficiales que habían sucumbido en esta guerra fratricida incluye a: Ladislao Santos, Elías Cáceres Arce, ambos generales; Emilio Lorenzo, Nicolás Castillo, Salvador Castillo, Rafael Cardona, José Mena, todos coroneles; Santos Aparicio, Martín Solís, Alejandro Lobo, Mayores; Manuel Trujillo, Martín Bográn, capitanes.

A ellos debemos de agregar centenares de anónimos combatientes, también víctimas de los combates entre hermanos.

A las pérdidas humanas, irreparables, había que agregar los elevados costos que había significado. Se estimaban en dos millones de pesos las erogaciones que había realizado el Gobierno, los que se habían tomado de la producción fiscal y de préstamos obtenidos de la banca y el comercio. También se había recurrido a los fondos de las Tesorerías Especiales, incluyendo los destinados para hospitales y pensiones de los maestros retirados y de más de setenta mil pesos destinados a amortizar la deuda interna. "Las compañías de transporte han hecho su agosto. Más de doscientos mil pesos se les han mandado pagar, y como no hay efectivo en caja, se les ha hecho entrega de muchos miles de pesos en especies timbradas... Se asegura que se ha comprometido en muchos miles de pesos la venta de aguardiente para obtener fondos que se necesitaban con urgencia".[352]

---

[350] El Pueblo, 10 de julio 1931, p. 1.

[351] La República, 12 julio 1931, reproducido en El Pueblo, 17 julio 1931, p. 6.

[352] Revista Tegucigalpa, serie 61, No. 241, 23 agosto 1931, p. 1.

Plutarco Muñoz se hacía esta pregunta:

"¿Serán procesados todos los que persiguieron y no atacaron a Ferrera al que pudieron derrotar al iniciarse la guerra... y si el Doctor Miguel Navarro y todos los que empujaron al General Ferrera al bochinche, irán a mantener a los huérfanos, viudas y ancianos que han quedado al desamparo?".[353]

El vencedor de Ferrera en la decisiva batalla de El Jaral, General Toribio Ramos, se había visto obligado a desmentir a periódicos salvadoreños que él estuviera acompañando al Intibucano; había escrito desde La Esperanza el 14 de mayo de 1931 que la rebelión ferrerista se encontraba:

" bandera y sin opinión alguna y sin causa justa... estoy al servicio del Gobierno... Es cierto que anteriormente acompañé al General Ferrera, pero era a base de mis ideales, jamás por consecuencias personales y cuando la justicia nos asistía, pero desde en junio del año anterior que se confirmó que había hecho un pacto con el General Tiburcio Carías, jefe del nacionalismo, me separé de él haciendo las declaraciones que creí conveniente por la prensa para que mis amigos no me juzgaran indigno de la confianza que han depositado en mi como liberal".[354]

Ahora, en el momento del triunfo y la gloria, demostró su grandeza de espíritu, cuando al ser felicitado por la derrota inferida al legendario guerrillero, excitó a los que le expresaban sus parabienes a fin de que:

"Pongan vivo interés en laborar por que desaparezcan cuanto antes las zozobras producidas por la guerra, cuyos rigores de hecho han terminado ya por fortuna. Debemos empeñarnos todos en el apaciguamiento de las pasiones políticas que la revuelta exacerba, mediante una perseverante propaganda de reconciliación y convencer a todos los hondureños, sin excepción, de que solo el trabajo en el seno de la paz puede conducir al bienestar nacional en que estamos obligados a colaborar tesoneramente... Cumplido nuestro deber de restablecer la paz, otro deber nos llama y es el del trabajo...declaro mi fervor por la paz y por el engrandecimiento de nuestra patria. Toribio Ramos".[355]

---

[353] El Sol, reproducido en El Atlántico, año V, No. 488, 15 julio 1931, p. 4.
[354] El Pueblo, Vol. I, No. 61, 15 mayo 1931, p. 1.
[355] El Cronista, 1°. Julio 1931, p. 1, 4.

# CAPÍTULO XVII

## Así murió Ferrera

Mucho se escribió respecto a las circunstancias en que falleció el guerrero intibucano, así como sobre los responsables de su deceso.

Un seguidor de Ferrera responsabiliza al presidente Mejía Colindres y a sus cercanos asesores de haber planificado la persecución y eventual ejecución de su correligionario debido a que éste no le ayudó en la campaña de 1922, y al hecho de haber perecido en El Jaral el sobrino político del Mandatario, Antonio Inestroza[356] h. Esa opinión es compartida por Telésforo Cardona H., quien afirma:

"Los verdaderos responsables... son los colorados panteristas, impropiamente llamados liberales. La orden de persecución y captura de la manera que hubiera lugar... VINO DE ARRIBA".[357]

Pero es necesario retroceder en la descripción de los hechos para evocar la batalla de El Jaral, en que el General gobiernista Toribio Ramos derrotó contundentemente a Ferrera.

A partir de esa pérdida, se dispersaron sus seguidores y Ferrera dio órdenes en ese sentido. Inició su retirada, buscando el refugio de una zona montañosa, dirigiéndose a la Montaña de Bañaderos a orillas del río Cusuco.

Inicialmente lo acompañaban alrededor de cien hombres, pasando por Dos Caminos, Tabanco, la hacienda Caridad, la aldea de Yojoa, San Antonio de Cortés, Concepción del Norte o Cacao y San Francisco, en los valles de Quimistán, donde licenció a la mayoría del centenar de soldados.

Con los restantes se dirigió con rumbo a Bañaderos, pasando por Santa Cruz Minas, Naco, Buenos Aires, donde ordenó el retiro de once efectivos, quedando Ferrera acompañado por apenas seis seguidores, procediendo a ocultar rifles y algunas

---

[356] Bulnes Hernández, Edmundo. El verdadero origen de la muerte del General Gregorio Ferrera. Tegucigalpa, Calderón, 1933, pp. 10, 11, 12.

[357] Cardona H., Telésforo. "LOS VERDADEROS ASESINOS DEL GENERAL GREGORIO FERRERA", S. L. S. F. Recorte generosamente facilitado por el historiador Darío Euraque.

candelas de dinamita y once caballos, a ser entregados al Sub-comandante local. Los acompañantes de Ferrera eran: Humberto Rivas, José Gómez Cisneros, Héctor Muñoz, "un señor de apellido Villegas, otro joven de apellido Melgar', y Filadelfo López M, "cuatro amigos y sus dos asistentes".

Ferrera se encontraba enfermo, por lo que su estrategia consistió según nos lo había manifestado era de permanecer ocultos descansando algunos días, por lo que nos habíamos internado en aquella montaña (Bañaderos), esperar que se calmaran los ánimos... para poder continuar la jornada.[358]

El día 26 de junio, encontrándose ya en Bañaderos, cerca del río Cusuco, llegó una escolta gubernamental a eso de las diez de la mañana, tomándolos por sorpresa, por cuanto se encontraban descansando.

Lo que ignoraban los fugitivos era que vecinos de la aldea Buenos Aires o Planón le sirvieron de espías a los perseguidores, indicándoles el lugar donde se guarecían.

Ferrera y sus fieles se dispersaron, buscando guarecerse, en tanto eran recibidos por una lluvia de balas.

Buscaban encontrar un paso para cruzar el río e internarse en la espesura.

Era muy tarde: el círculo se estrechaba y el desenlace fatal estaba muy próximo.

Que sea un testigo presencial de los hechos quien narre el dramático final.

"... El General Ferrera retrocedió hacia el recodo de un barranquito, adelantándose uno de los soldados de la comisión, cargando el rifle, dirigiéndose hacia el General Ferrera, quien le dijo que no lo tirara y le agarró el rifle por el calibre, disparando el rifle... sin herirle y ahumándole el rostro en cuyo momento llegó otro soldado y preguntó al primer soldado... que qué decía el General Ferrera y le contestó que decía que no le tiraran, pero en el mismo momento el segundo soldado le disparó un tiro al General Ferrera que le atravesó (sic) la caja toráxica... llegando al mismo lugar en ese momento otros cuatro soldados... que también dispararon sus rifles sobre el cadáver del General

---

[358] López M. Filadelfo "Aclaración respecto de la muerte del Gral. Ferrera" San Pedro Sula, 26 junio, 1931. Recorte generosamente facilitado por el historiador Darío Euraque.

Ferrera".[359]

Se trató, sin duda, de un asesinato, ya que el caudillo intibucano se había rendido a sus perseguidores, por tanto, de acuerdo a las leyes bélicas, era un prisionero de guerra, cuya integridad física debía ser respetada.

Y fue el gobierno liberal de Vicente Mejía Colindres el que cargó con las responsabilidades y consecuencias políticas de tal ejecución sumaria, ya que los seguidores de Ferrera terminaron otorgando su lealtad y respaldo al Partido Nacional y a su principal dirigente Tiburcio Carías con lo que la correlación de fuerzas entre ambos partidos políticos quedó alterada en la región Lenca, el sur-occidente del país.

Como un acto adicional de cobardía, las pertenencias de Ferrera, en vez de ser entregadas a su viuda, fueron robadas por quienes lo ultimaron.

Tales fueron las circunstancias en que pereció ejecutado un intrépido guerrillero, temido por unos, admirado por otros.

Esta versión debe ser considerada como auténtica y definitiva, por haber sido vertida por un testigo presencial de los hechos.

---

[359] Comandancia de Armas Seccional. San Pedro Sula. Declaración indagatoria al reo Filadelfo López Morales. 15 julio 1931. 5 pp. Agradezco al Ing. Santos Pineda el haberme facilitado fotocopia de este documento.

# CAPÍTULO XVIII

## Evaluando a Ferrera

No cabe duda que la muerte trágica de este carismático caudillo provocó análisis, comentarios, interpretaciones favorables o desfavorables. Escritores, políticos, militares encontraron frases de condena, de pesar, de alivio. Pocos de sus contemporáneos permanecieron indiferentes ante su deceso. Su figuración política, como hemos visto, se inició en 1919 para concluir en 1931. Doce años. Su momento de mayor gloria y poder fue, sin duda, 1924 cuando, tras vencer la resistencia tenaz del gobierno de López Gutiérrez, entró triunfante a Tegucigalpa junto con el otro líder de la Revolución Reivindicadora: Vicente Tosta. Este lo nombró ministro de Guerra y fungiendo en este puesto clave es que decidió romper lanzas con su paisano y camarada en las lides bélicas.

Pudiendo, con buenas posibilidades de éxito, derrocarlo, optó por abandonar el capital seguido de sus fieles soldados, entre ellos los valerosos indígenas de Intibucá y la Sierra. Y es también a partir de esa fecha cuando su buena estrella empezó, lenta pero inexorablemente, a extinguirse hasta el desenlace final, ya en desbandada, acosado y prácticamente solo.

En las páginas subsiguientes el lector encontrará, desde ópticas diversas, juicios evaluativos, unos más certeros que otros, con mayores o menores grados de objetividad.

Iniciemos estas glosas con la opinión de la más alta autoridad religiosa en Honduras en ese entonces, el alemán Monseñor Agustín Hombach quien en carta dirigida a Froylán Turcios el 22 de agosto de 1931 afirmaba:

"Como en vendaval pasó el General Ferrera con sus ejércitos, sembrando los campos de cadáveres y los corazones de angustias y rencores... A estas horas Honduras está mejor convencida de que la paz es la única fuente de la dicha y del progreso. Pasó la guerra fratricida con sus ambiciones y sus ruinas".[360]

El intelectual mexicano José Vasconcelos (1882-1959),

---

[360] Reproducida en La Tribuna, 14 febrero 1999, p. 6-B.

ministro de Educación durante la administración Obregón, escribió en su revista La Antorcha desde París:

"Pero las compañías acechan; entre las compañías no es popular un régimen que está más allá de toda forma de cohecho. Existe el peligro de que, al amparo de una falsa agitación bolchevique, las compañías inventen caudillo, armen de pistola a cualquier mayordomo que se proclamaría general y salvador de la Patria, vendrían el golpe de estado y esa dictadura tan cara a ciertos grupos intelectuales de nuestro continente".[361]

El deceso de Ferrera también atrajo la atención de sus contemporáneos y compatriotas. Incluso algunos de sus enemigos lamentaron su partida. Ciertos puntos de vista aquí reproducidos contienen observaciones críticas, que permiten ayudar a interpretar a este elusivo personaje, centro de adhesiones y rencores.

Desde Minas de Oro, E. Dubón escribió:

"Muerte del general Ferrera marca en nuestro calendario político la extinción de un cacique y el desaparecimiento de la segunda espada hondureña. Es de sentir que hondureños importantes mueran en luchas estériles y fratricidas y no cuando la patria los reclama".[362]

Desde Comayagua, Fernando P. Cevallos lo juzgó así: Con él muere quizá la última espada revolucionaria de la vieja Honduras.[363]

M. Bonilla lo ubicaba en perspectiva histórica al señalar:

La muerte del general Ferrera ha sido muy sentida por los verdaderos amigos personales, que los tenía sinceros. En estos momentos no podremos recriminar su memoria. La historia imparcial lo colocará en el puesto que merece.[364]

El periódico Nuevos Tiempos lo evaluaba así:

"El General Ferrera luchó siempre por ideales. Por implantar en su Patria un régimen de probidad y de orden. Si él se equivocó en los medios de que se valiera para alcanzar tan elevados fines, no debemos por ello culparle por su impetuoso temperamento de rebeldía y su arrojo de guerrero, por el

---

[361] Reproducido en El Atlántico, año IV, No. 473, 23 mayo 1931, p. 1.
[362] El Cronista, 29 junio 1931, p. 8.
[363] El Cronista, 29 junio 1931, p. 8.
[364] El Cronista, 1º. Julio 1931, p. 1.

entusiasmo, la fe y el valor que sabía despertar en los hombres que le seguían, fue a los campos de batalla impulsado por el anhelo de llevar sus ideales a la cima del éxito, nunca por el mezquino interés de beneficiarse personalmente en la lucha ni con el bajo propósito de derramar sangre de hermanos. Aunque los "zunigahuetistas" se han vanagloriado de ser ellos quienes mandaron a asesinar al General Ferrera, según lo declaró ante ocho testigos, recientemente, don Alfredo Berlioz, en Comayagua, nosotros no nos hacemos eco de tan criminal confesión".[365]

Desde Puerto Cortés, el corresponsal de El Pueblo lo vio así:

"Ferrera es el último cacique que se extingue desastrosamente, sin dejar la huella que dejan los hombres superiores. Ha muerto para siempre. Su revelación de cuerpo entero está en esta última acción que ha provocado la condenación (sic) unánime del país. Donde quiera que se presente sólo encuentra el vacío, porque carece de bandera contra un régimen, el más civilizado de cuantos hemos tenidos. Enmontañado con la desesperación en el alma, así va el difunto cacique que todavía arrastra su cadáver".[366]

Alejandro Castro dedicó en su revista literaria varios editoriales a su memoria. Uno de ellos:

"El último Cacique. Fue en los últimos doce años el más alto y más auténtico representante de la raza autóctona... Se retrasó en el surgimiento y le tocó actuar en una época nada propicia para sus aptitudes y en el seno de una sociedad muy diferente de la que reclamaba su psicología. Tuvo el valor, la tenacidad, la valentía, la habilidad guerrera, la perspicacia de los antiguos caciques, el don de atracción y de mando para los suyos, cierta honradez y cierta justicia primitivas. Supo ser querido y respetado por los hombres de su raza, que siempre vieron en él el exponente mejor de sus admirables capacidades y virtudes colectivas. En el seno de las multitudes aborígenes pudo ser siempre un dominador y desde la altitud de su poderío mantenerse como una esperanza o una amenaza para el hibridismo político que actúa en el resto de la Nación y que tendía hacia él los ojos ansiosos de escrutar sus determinaciones

---

[365] Nuevos Tiempos, año I, No. 117, 25 junio 1932, p. 1.
[366] El Pueblo, 29 abril 1931, p. 1, 6.

temibles. Pero se salió de su esfera; fue mareado por cantos de sirena que lo llamaban o empujaban hacia riveras cuyos espejismos lo engañaban; desatendió el cultivo de sus propios predios y otros hombres fueron a sembrar en ellos la cizaña de la defección; puso oídos a las prédicas de algunos políticos profesionales y de ambiciones falaces, y el buen sentido primitivo, la rectitud y los dictados del criterio meramente cultivado del caudillo resbalaron por las sendas del error y concluyeron estrellándose en empresas absurdas e injustificables. Pero con todos sus errores, el General Gregorio Ferrera era un legítimo valor nacional y una esperanza para las posibles horas tormentosas de la Patria, en que se juegan los intereses y derechos de su soberanía.

Al General Ferrera lo elevaron y perdieron, alternativamente, las mismas virtudes y defectos de su raza; crédulo sencillamente en muchas ocasiones, según aseguran quienes lo trataron en la intimidad; suspicaz, terrible e injustificadamente suspicaz, en otras; tendió su mano de amigo a quien talvez lo odiaba, y odió y combatió con furor a quienes posiblemente lo estimaban. De allí las alternativas de su fortuna. Acertó algunas veces en sus apreciaciones y en su conducta, y entonces el éxito fue suyo. Pero en otras se distanció tanto de la buena senda que fue el fracaso estruendoso y abrumador. En 1919 supo ver con claridad las cosas y, unido al General Tosta, realizó actos de valor y patriotismo que enaltecieron su nombre y le conquistaron honores y preeminencias. En 1922 su grito de protesta contra los desmanes y abusos del Poder fue justificado, pero sin preparación ni coordinación. En 1923 comienzan a notarse sus indecisiones, su desorientación, su desconfianza de todo y de todos. Amnistiado por el Gobierno de López Gutiérrez por gestiones del candidato Doctor Arias, vuelve al país y entra a la lucha política halagando con su adhesión a éste y al Doctor Bonilla al mismo tiempo. Al fin se resuelve por el último y le aporta en las elecciones el contingente de sus prestigios. Triunfando en los comicios la candidatura del General Carías, pero amenazada de burla su victoria, Ferrera medita sobre lo que debe hacer, se alista honradamente para reivindicar la soberanía popular y al inaugurarse en 1924 la Dictadura, inicia con Tosta la revolución en Occidente y su espada y su nombre se cubren de resplandores de gloria. Pero desde allí, en sus propios campamentos, se manifiesta la desorganización de su rectitud republicana. Desconfía de sus propios amigos y compañeros, oye con satisfacción las adulaciones y proposiciones de los adversarios, quiere ser el árbitro de todo, y finalmente da el paso en falso de su alzamiento contra quienes en él confiaban, y ensangrienta durante largos meses el país. Desde entonces ya no se ve en el caudillo indígena idealidad concreta. Parece que únicamente quiere que su nombre suene, que se admiren sus hazañas de guerrillero, aunque la Patria padezca por ellas. Hace frecuentes incursiones bélicas, injustificadas y funestas, contra el Gobierno del Doctor Paz Baraona; busca apoyo para sus luchas hasta en países extranjeros y parece como que un torbellino de pasiones se agita en su espíritu.

Pero su estrella iba en descenso... En 1928 entra al país dispuesto, con su actitud guerrera, a ser el Gran Elector. Se refugia en las montañas de Occidente y su amenaza contribuye efectivamente a dar el triunfo a quienes hoy ejercen el Poder. Pero él, personalmente, nada alcanza y se dedica a observar y esperar. Se convierte en un enigma viviente, en una esfinge. Nadie sabe con certeza que es lo que opina ni hacía que rumbo van sus pensamientos. De repente, sin lanzar ningún manifiesto explicativo de su conducta, suelta su grito de guerra contra quienes ayudó a subir y corre a las serranías, pero esta vez no le siguen sus aguerridos indígenas. Han sido ganados por sus adversarios. La sangre, sin embargo, corre; corre a torrentes; aniquila columnas del Gobierno; toma poblaciones; recorre casi todo el país convocando a la matanza; libra combates feroces y después de estériles sacrificios cae sin gloria, sin un arranque supremo de heroísmo, como un mortal cualquiera".[367]

En sus célebres "Cartas al Terruño", nuevamente Castro diseccionó la personalidad, compleja, de Gregorio Ferrera:

"Fue Ferrera un hondureño sobresaliente y un factor destacado del genuino liberalismo... el General Toribio Ramos lo derrotó con su columna de yamaranguilas e intibucaes, los mismo inditos que en otras ocasiones acompañaron con fanático fervor al cacique".

---

[367] "El último cacique autóctono". Revista Tegucigalpa, 2a. Época, año VIII, No. 234, 5 julio 1931, pp. 1-2 (Serie 59).

El corresponsal de la Revista Tegucigalpa en New Orleans (Arturo Martínez Galindo) escribía desde ese puerto sureño.

"Nos causa tristeza y honda decepción saber que algunos hondureños, entre ellos profesionales y de consideración social, hayan simpatizado con la criminal revuelta del indígena intibucano don Gregorio Ferrera... Su trágica muerte releva a Honduras de una gran pesadumbre. Lástima que el general Ferrera no supo honrar sus palabras contenidas en el manifiesto que dirigió al pueblo hondureño el año de 1928, en el que olvidando rencores y suavizando pasiones, se mostraba decidido partidario de la paz y del trabajo, al calor de una vida independiente y privada. Lástima que no supo permanecer firme en sus declaraciones y esperar con el correr del tiempo para que, en el momento oportuno, que de seguro sería la campaña presidencial del año entrante, pudiera ejercer su valiosa influencia para que en terreno cívico probara la verdad de sus afirmaciones. Pero, desgraciadamente, su temperamento convulsivo se prestaba con facilidad a los requerimientos indebidos de sus partidarios y por eso siempre sus actos durante su carrera militar culminaron en un completo fracaso... De los tres principales caudillos hondureño, General Carías, General Tosta y General Ferrera, solamente le queda a Honduras el primero".[368]

El político Miguel Ángel Navarro (a quien Plutarco Muñoz, como hemos visto, acusaba de ser uno de los instigadores del alzamiento) lo enjuiciaba así:

"Los desastres ocasionados por tal revuelta deben atribuirse, en parte, al General Ferrera que la promovió, pero principalmente al Gobierno que por su manifiesta ineptitud, dejó que se prolongara una contienda que bien pudo y debió debelar en tiempo cortísimo... Nadie comprenderá cómo, encontrándose Ferrera a muy corta distancia de la importante plaza militar de San Pedro Sula y pertrechado con tan escasos elementos, no fue constreñido, cuarenta y ocho horas después del comienzo de la revuelta, a sostener combate contra las tropas del Gobierno... Así como el General Ferrera no quiso nunca creer en la inmensa fuerza moral de un partido político y solo confiaba en la cuantía

---

[368] Revista Tegucigalpa, No.236, serie 59, 19 julio 1931, p.9-10.

de los trastos de guerrear y en el número de brazos fuertes y de pechos animosos que le eran adictos, es decir, así como solo creía en el caudillaje, el cacicazgo, independientemente de la sabia dirección del Gobierno lo venció el amor que le tenían los soldados a Valladares y Ramos... ¿Cuáles son las responsabilidades que pesan sobre el General Ferrera?... sobre él ha de recaer la condenación que recae sobre todo perturbador de la paz pública. Pero según los hechos, según el estado jurídico y social en que antes de la revuelta se encontraba el país, y según, principalmente, nuestros antecedentes históricos y costumbres cívicas, no merece acusación. Todo lo más que a él puede afeársele es que ignoraba, para el efecto de una proclama revolucionaria, el léxico de la charlatanería política, que sabe hacer resplandecer con alegatos justificativos, un movimiento sedicioso... Ferrera no es mejor ni peor que cualquier otro insurrecto. Ferrera hizo lo que todo ambicioso ha hecho para conquistar el Poder: poner en juego los elementos de que, para tal propósito, podía disponer. Y como entre esos elementos estaba su bravura militar que infundió el pavor en el Gobierno, menos conmensurable parece aquel que arrastra valerosamente el peligro y no el politicastro trapacero que, después de haber suscrito, aparentemente como bueno y como leal, una candidatura, se echa acto continuo a enredar a la callanda y a hacer llover influencia de compadraje sobre un candidato tan prestigioso como cándido, para burlarle la candidatura... Ferrera ha muerto, y más de un órgano de la prensa ha pisoteado sus cenizas aún calientes. Pero el hecho innegable es que la muerte de Ferrera ha sido y es deplorada por millares y millares de hondureños y que con su desaparición muchos, con el ánimo desolado, preguntan: ¿Cuándo vendrá el castigo, cuando vendrá el remedio por esta espantosa situación?".[369]

En la misma publicación periódica, de gran prestigio literario en el medio, se encuentra otra evaluación crítica de su trayectoria:

"Decimos que la muerte del General Ferrera constituye un bien para Honduras porque es evidente que por su causa ya no se derramará más sangre fraterna, y decimos que un beneficio para

---

[369] Navarro, Miguel Ángel. "La reciente contienda civil", Revista Tegucigalpa, serie 60, No. 239, 8 agosto 1931, p.4-5.

el Partido Liberal, al cual pertenece, porque ya no seguirá siendo factor de discordia. Francamente duele que hombres del empuje, de la resistencia y de la indomabilidad del jefe rebelde desaparecido, haya empeñado toda su vida en destruir el país, en aniquilarlo, en reducirlo a escombros con sus guerras incesantes, en vez de haber adoptado la trayectoria contraria, la de engrandecerlo, dignificarlo y reformarlo por campañas sucesivas. Ferrera no fue un cuatrero.

Ferrera no traficó con las tierras nacionales. Ferrera, no tenemos noticia que haya cometido estupros. Ferrera no hizo fortuna cuando tuvo a su cargo las Aduanas de la Nación".[370]

El prestigioso e influyente diario El Cronista, fundado por Paulino Valladares y Manuel M. Calderón, lo valoró así:

"Caudillo prestigiado y un hondureño de méritos indiscutibles por su amor al trabajo y a la honradez e implacable guerrillero en más de seis ocasiones... un exponente de la hora actual. La historia señalará al caudillo fenecido el puesto que se merece en la galería de los hombres que bien sirvieron o hicieron males a la patria. Y solo ella es la capacitada para juzgar serenamente a los grandes hondureños que, si sembraron el luto y provocaron ruinas nacionales, también fueron factores de libertad y de respeto en la patria que los vio nacer.

Ferrera ya es cadáver. Pertenece a la eternidad. Y su nombre debe ser respetado antes y después de los juicios de la posteridad. De sus actuaciones buenas la juventud recogerá lo mejor y de sus errores se aprovechará también para rectificar el pasado bochornoso, llevando esperanzas saludables a las nuevas generaciones".[371]

El corresponsal de El Cronista en Trujillo afirmaba:

Como buen cristiano no me alegro del mal ajeno, solamente recuerdo que el General Ferrera cuesta a Honduras más de cinco millones de pesos y el atraso en varias etapas".[372]

Desde las páginas de El Pueblo, Alfonso Guillén Zelaya emitió diversos juicios, todos ellos críticos y analíticos sobre el temperamento y trayectoria del rebelde:

---

[370] "Paciente destructor de las vidas y propiedades hondureñas". Revista Tegucigalpa, Serie 61, No. 242, 30 agosto 1931, p. 17.

[371] El Cronista, 29 junio 1931, p. 1.

[372] El Cronista, 29 junio 1931, p. 8.

"Gregorio Ferrera ha regado de sangre los campos hondureños. No una vez, muchas veces, este profesional de la matanza ha sembrado de cadáveres el suelo nacional. Pero Gregorio Ferrera es un hombre honrado. En los momentos de la crisis que abate a todos los pueblos de la tierra, cuando el país, vacilante y empobrecido, iba sorteando las dificultades sirviéndose de su tradicional resistencia, de su anhelo firme de sostener la paz, Gregorio Ferrera se lanza a la serranía, seguido de soldados mercenarios, yendo de uno a otro extremo de la República, en el afán de aniquilar los recursos nacionales, de llevar a la postración económica el país, para que la República se hunda y perezcan con ella sus instituciones y su crédito; pero Gregorio Ferrera es un hombre honrado.

Cuando Honduras va a decidir una disputa de límites, cuando necesita paz y dinero para defender la integridad de su territorio, Gregorio Ferrera se lanza airado al asesinato colectivo, a la destrucción de la propiedad, a la paralización del trabajo y de la industria, al aniquilamiento del comercio, para que Honduras surja, maltrecha y mutilada; pero Gregorio Ferrera es un hombre honrado... Y ahí está el hombre azuzado, protegido y respaldado por la codicia y el crimen extraños, resuelto a entregar la República a cambio de una Presidencia infamante; pero Gregorio Ferrera es un hombre honrado.

No, estos no tienen nombre. A favor de este hombre honrado no puede estar nadie que no quiera que Honduras retroceda cien años, nadie que no esté resuelto a que su patria corra despavorida en una horrenda regresión a la selva. Contra este hombre honrado estarán cuantos no quieran ver a Honduras convertida en una nueva Nicaragua. Y contra este hombre honrado, que será vencido, porque no es posible que Honduras se convierta en un pueblo de esclavos, estará la justicia, la suprema justicia de Dios".[373]

En otra nota, se pronunció en estos términos:

"El vacío que los hondureños han hecho a la revuelta de Gregorio Ferrera, prueba que las resistencias del pasado cada día son menores y que nadie ni nada podrá atajar la marcha de nuestro país hacia la estabilización definitiva de la paz, del

---

[373] "Gregorio Ferrera", El Pueblo, 19 junio 1931, p. 5.

trabajo y del orden. Esta será la mejor batalla que ganarán los hondureños, porque será la batalla de la paz... La victoria de la paz es la mejor victoria. Vistan de luto los héroes de hondonada, de serranía, los estadistas del machete, porque están derrotados y derrotados para siempre".[374]

En comentario editorial sostuvo:

"No nos alegra la muerte del guerrillero. Al contrario. Nos entristece que un caudillo de su talla, que pudo por mil razones haber sido el más firme baluarte de la paz, fuese el brazo que se alzó constante para herirla. Si el general Ferrera hubiese consagrado su vida a la defensa de Honduras por el camino civilizado de las luchas pacíficas, sus victorias serían numerosas, y en el correr del tiempo habría sido una de las figuras de mayor relieve en el país. Porque Ferrera, a pesar de sus múltiples y repetidos errores, inspiraba respeto. No se podría hablar de él como de un oscuro militarejo. Estaba tallado en la madera de los verdaderos caudillos. El camino de la paz era el camino de su victoria. Pero él escogió, arrastrado sin duda por siniestros atavismos, la ruta de la guerra, que significaba su fracaso. Sin embargo, el fracaso tiene su inmortalidad.

Y la inmortalidad es también una victoria. Gregorio Ferrera es el último aleteo de un pasado de sangre que se hunde para siempre. Y a medida que el tiempo discurra y la guerra civil sea solo una añoranza borrosa de la historia patria, se recordará su nombre. El guerrillero ha pasado a ser un símbolo en Honduras. Su muerte ha matado la guerra. Y la muerte de la guerra, ya lo hemos dicho en estas mismas columnas, vale tanto como una nueva independencia".[375]

Dos días después nuevamente se refería al extinto y razonaba de esta forma:

"El vacío que el General Ferrera encontró a su paso de uno a otro extremo de la República, y su caída para siempre en los campos de combate, es la demostración más elocuente de que el pueblo hondureño ha decidido renunciar definitivamente a la guerra, para buscar en la ruta de la paz todo el bienestar y la libertad a que tienen derecho los pueblos laboriosos y

---

[374] El Pueblo, 20 junio 1931, p. 5.
[375] "Un símbolo", El Pueblo, 27 junio 1931, p. 5.

ordenados".[376]

Otra valoración elaborada por El Cronista intentaba señalar sus logros y limitaciones:

"Era el general Ferrera, como lo fue el general don Vicente Tosta, un caudillo peligroso, un militar valiente, un guerrillero temible, un hombre de incomprensible estado psicológico, de grandes incógnitas y de una audacia desmedida. No fue un político: fue un guerrero y un rebelde.

Hasta la fecha ignoramos cuales fueron en realidad los móviles que le impulsaron a levantarse en armas contra el gobierno constituido del Doctor Vicente Mejía Colindres.

No hubo, que conozcamos, un manifiesto suyo ni declaración alguna que diera la pauta o el motivo de su insurrección, cuando siendo él uno de los que contribuyeron al triunfo de la actual situación, era de suponer que permanecería a la expectativa de los acontecimientos políticos que desarrollara el gobierno de Mejía Colindres hasta llegar el momento de las elecciones presidenciales, en las cuales se decía había de participar el caudillo intibucano... El general Ferrera pensó quizás que la presidencia de la nación la conquistaría fácilmente, cambiando la situación actual por medio del bochinche para llegar después a unas elecciones que jamás hubieran sido libres puesto que la fuerza militar se interpondría, como en otras ocasiones, a elegir el nuevo mandatario. Y ese mandatario no habría sido otro que el propio general Ferrera, pues nada ni nadie lo hubiera hecho desistir de su ambición".

Entre todos los momentos falsos del general Ferrera hemos de hacer mención sus levantamientos cuando abandonó en 1924 el ministerio de Guerra, cartera que le confiara el presidente Tosta, y sus incursiones inmotivadas en el período del presidente Paz Baraona, incursiones que, como la actual, costaron prestigio, sangre y dinero a la patria hondureña... No seremos nosotros los que validos del momento y la ocasión política escarbaremos en el pasado presente para perturbar el sueño eterno del que en Honduras fue representativo de una raza indómita por su rebeldía autóctona y por su valor incomparable. Pero tampoco dejaremos de mencionar hechos libertarios del militar aguerrido,

---

[376] "Nuestra conciencia pacifista", El Pueblo, 29 junio 1931, p. S.

como cuando en 1919 se levantó en armas para vencer la imposición bertranista y en 1924 la lópez-gutierrista, momentos falsos de aquellos gobernantes, que también costaron al país sangre y mucho dinero.

Era el general Ferrera una amenaza permanente para los conculcadores de la ley. Un freno para los que pretendieron imponer su capricho en menosprecio de la voluntad popular libremente y en acatamiento de la ley, de la democracia y del momento civilizado que cruzan todos los pueblos de la tierra.

Y cuando el general Ferrera rebelábase con bandera y a nombre de la libertad oprimida el triunfo fue de sus huestes. Eso nadie lo pondrá en duda, como no se ponen sus fracasos cuando no le asistía la justicia. La última rebelión abona nuestro aserto. El caudillo no solo fracasó, sino que pagó con su vida la peligrosa aventura en que se empeñara en abril, mayo y junio del presente año".[377]

Desde La Esperanza, el corresponsal de El Pueblo sostenía que éste siempre había sido liberal:

"El General Ferrera, aunque cometió graves errores políticos, azuzado en su última intentona por elementos nacionalistas, su credo fue liberal y murió sin prescindir del partido que dióle gloria y fama".[378]

En Mensaje dirigido por el presidente Mejía Colindres al Congreso Nacional ofreció amplia información respecto al alzamiento ferrerista. En lo relativo al orden interno, competencia de la Secretaría de Gobernación y Justicia expresó:

"...el 18 de abril de 1931 el General Gregorio Ferrera se levantó en armas contra el Gobierno; estableció su centro de operaciones en el pueblo de Villanueva, departamento de Cortés, ocupando sus parciales, al mismo tiempo, la ciudad de Progreso, en el de Yoro, y otros amenazaron plazas importantes en los de Atlántida y Colón.

Con tal motivo, hallándose reunidos en sesiones extraordinarias, en Decreto No. 2, del 20 del citado abril, declarasteis en Estado de sitio la República, por el término de sesenta días... el pueblo entero, sin distinciones partidarias, justo apreciador del espíritu de tolerancia y de la legalidad con que se

---

[377] "Ha muerto el General Ferrera", El Cronista, 27 junio 1931, p. 3.

[378] M. Pineda López, El Pueblo, 31 marzo 1932, p. 1.

rigen sus altos destinos bajo el actual Gobierno, hizo el vacío a la rebelión y se aprestó, con entusiasmo, a defender y hacer que prevalecieran los fueros de la legitimidad que representó. Vencido el término legal del estado de Sitio que decretasteis y subsistiendo aún las causas que lo motivaron, el Poder Ejecutivo se vio obligado a declarar su continuación por un mes más, en Decreto No. 17 de 21 de junio del año retropróximo. Terminada la rebelión, el país retornó a la vida normal y el Ejecutivo tuvo a bien emitir el Decreto No. 18, de 21 de julio siguiente, por el cual declaró sin efecto los números 15 y16 emitidos en Consejo de ministros el 21 y 25 de abril ya mencionado, en los que se mandaba incautar los fondos de las Tesorerías Especiales, para hacer frente a los gastos del restablecimiento de la paz.

Tan dolorosa oportunidad constituye una lección histórica para los hombres del porvenir. El Pueblo hondureño, rebelde cuando se pretende conculcar sus instituciones, ha adquirido conciencia cívica tan efectiva, que se encuentra perfectamente capacitado para hacer distingos entre la insurrección y la horda que se levanta sin otra bandera que la ambición y el odio.

Aprovecho esta oportunidad para informaros... que, a pesar de la revuelta, prácticamente no hay emigración política, pues ha regresado al país casi la totalidad de los que salieron de él por el motivo mencionado. Tal hecho confirma... la confianza que aún los que han combatido contra el Ejecutivo en los campos de batalla, tienen en las promesas que éste hace con espíritu de alta tolerancia y de concordia... En cumplimiento de un precepto constitucional y en virtud de haber fallecido el General Gregorio Ferrera, Diputado Suplente por el Departamento de Intibucá, se mandó reponer la vacante, por Decreto No. 19 de 25 de julio del año próximo anterior, habiéndose practicado la elección respectiva el último domingo de octubre siguiente.

Desglosando los recursos humanos y económicos invertidos para hacer frente a la rebelión y bajo el apartado Guerra, Marina y Aviación, detallaba las siguientes cifras:

Para debelar la revuelta encabezada por el General Gregorio Ferrera se pusieron sobre las armas 6.020 hombres entre jefes, oficiales y tropa. En el sostenimiento de ellos y demás gastos de guerra anexos, se invirtieron alrededor de $1.633.000.00 de los que se han pagado en efectivo $114.509.09... y $1.003.206.98

fuera del Presupuesto, habiéndose acreditado $329.864.56 como rezagos".[379]

Cabe recordar, en apego a la memoria histórica, que el diputado nacionalista Venancio Callejas expresó los siguientes conceptos cuando en el Legislativo se estaba discutiendo el otorgar un voto de confianza al presidente Mejía Colindres:

"Todo el pueblo hondureño está satisfecho de la absoluta libertad y el respeto a las garantías constitucionales que han sabido mantener el señor presidente de la República y sus principales colaboradores. Los nacionalistas estamos todos satisfechos del régimen político que ha sabido sostener y si bien no ha dejado de haber algunos casos de atropellos y violaciones a la ley, son casos aislados y muy difíciles de evitar en cualquier régimen que sea".[380]

La moción en pro del otorgamiento del voto de confianza había sido presentada a la Cámara por otro parlamentario Nacionalista: Julio Lozano h, fundamentándose en la defensa realizada por el Ejecutivo en lo referente a los límites territoriales como por el afianzamiento de la paz pública y "la libertad absoluta de que todos hemos gozado en el ejercicio de nuestros derechos ciudadanos".[381]

Un lúcido análisis, desde posiciones de izquierda, fue escrito por uno de los más connotados dirigentes comunistas hondureños. Lo reproducimos íntegro por su valor intrínseco como esfuerzo evaluativo y por ser desconocido para las generaciones actuales.

"La situación hondureña mantenida en perpetua crisis desde hacer varios años, agudizada en estos últimos meses por el motín político de Ferrera, requiere una radical revisión de los medios y sistemas puestos en uso, en el pasado, en vista hacia una mejor situación de la colectividad laborante. La antigua política, personalista y de grupo, a expensas de las mayorías, sigue siendo una ofensa a las masas embrutecidas con las pasiones que campean bajo los viejos santones de nuestra política criolla. La situación hondureña... no es un problema de hombres en el poder, sino de sistemas, correlativo a las clases. Ferrera como

---

[379] Boletín Legislativo, Serie I, No. 1, febrero 1932, p. 6- 10.

[380] Boletín Legislativo, Serie VIII, No. 77, acta No. 106, 9 abril 1931, pp-660-661

[381] Boletín Legislativo, Serie VIII, No. 77, acta No. 105, 8 abril 1931, p. 659.

capitán de un grupo de insurrectos, hombres hambrientos, si cabe, no encarnaba los sentimientos colectivos, así como no puede representar las ansias (sic) populares en fermentación ninguno de los viejos caudillos de la actualidad. Ferrera como caudillo ha sido un enemigo del pueblo hondureño. Y Ferrera como orientador de las masas laborantes ha sido un embaucador. Los movimientos armados de Honduras a mí me avergüenzan y especialmente este último, por desorientado y criminal. Para mí una revolución es un paseo libertario de los pueblos, que encarna una profunda transformación en lo establecido, satisfaciendo las ansias populares. Nada de esto ha sucedido en Honduras durante los ciento y pico de años de vida, llamada independiente. La evolución política de Honduras ha sido una sucesión de hombres en el poder, disparados, corrompidos y cotizables. El pueblo ha soportado esa carga de inutilidad y seguirá soportándola seguramente. Se han ido unos hombres a los cuales han seguido otros, iguales en sus méritos, iguales política y moralmente y por antonomasia execrablemente corrompidos. Una sucesión de inutilidades ha sido el fruto de nuestra política.

El pueblo oprimido, explotado y hambriento no ha tenido oportunidades de ilustrarse. El indio, que es orgullo racial, ha sido exterminado en las guerras civiles. El mestizo sigue siendo el lastre de nuestra desgracia económica y de nuestro desorden político. Bajo este orden de cosas, la mayoría del pueblo ha claudicado y olvidado su derecho a una vida superior.

En cultura nuestro trabajador es una nulidad; económicamente es un paria. Los últimos hombres que han desfilado por el poder, más extremistas en sus abusos, más radicales en sus excesos, mucho más fieros con el pueblo, han matado la concurrencia política de las masas productoras; el pueblo tratado en esa forma ha abandonado sus exigencias; con tristeza ha renunciado a sus derechos. Se ha olvidado que el pueblo tiene sus derechos, que puede hablar y presentar sus demandas, como debe ser en una verdadera democracia. Pero aquí hemos tratado al pueblo como si fuera un enemigo, le hemos matado sus organizaciones, le suprimimos sus periódicos, hemos querido barrer el espectro de las clases. Por eso el pueblo se ha envilecido.

Y el pueblo hondureño no reacciona en su tristeza.

Ese es el signo que debe acongojar a los hondureños. Yo que he dejado de ser comunista de partido, pero que desgraciadamente no tengo derecho a escribir, como lo prueban las cárceles de esta costa, las persecuciones, las torturas y destierros, estimo que la crisis hondureña no tiene solución bajo el orden existente, que es necesario una profunda transformación política y una nueva estructura económica".

Calix Herrera.[382]

El ministro de Gobernación, Ernesto Argueta, envió circular a los Gobernadores Políticos, el 28 de junio, en estos términos:

"El vacío que el pueblo hondureño ha hecho a la revuelta que concluyó antier, con la muerte del General Gregorio Ferrera, indica que el país desea su progreso y bienestar, no por la violencia... sino por la evolución pacífica".[383]

Puede deducirse, de todos los juicios aquí reproducidos, que Ferrera fue, y sigue siendo, un personaje controversial, una figura polémica. Algunos lo vilipendiaron, equiparando su condición étnica de indígena, o casi indígena, con la intransigencia, la barbarie, el atraso. Otros lo magnificaron y exaltaron, percibiéndolo como aquel que aspiraba a reivindicar a sus coterráneos Lencas. Dentro de esa interpretación se inscribe la de un militante de izquierda quien ve en él al General de los indios y campesinos del Occidente de Honduras... el único que podía encabezar una verdadera revolución social... Ferrera también representó una continuidad y estuvo en trance de protagonizar una ruptura de nuestra tradición política. La continuidad de la Revolución Liberal del 94, y la ruptura del movimiento popular ante la incapacidad de las élites para llevar aquella revolución hasta el fin.

El caudillo indígena encabezó y simbolizó la corriente popular en armas que quedó aislada y sin cabeza al estallar el proyecto histórico del Partido Liberal y, sobre todo, al retirarse de la escena política su fundador, don Policarpo Bonilla, de quien era seguidor. Todavía en 1924 Ferrera se lanza a "la protesta armada", como decía en sus proclamas, bajo la bandera del Partido Liberal Policarpista...

La derrota y muerte del General Ferrera en 1931 truncó la

---

[382] El Atlántico, 18 julio 1931, año V, No. 489, p. 1.
[383] El Atlántico, 18 julio 1931, año V, No. 489, p. 1.

posibilidad de que el proceso de las revueltas armadas hondureñas diera un salto de calidad hacia la guerra revolucionaria, al estilo de Morazán, que las inspiraba.

La tendencia irrefrenable a la fragmentación de la sociedad y a la dispersión de los actores sociales, que ha sido a la vez causa y efecto de las tragedias y frustraciones hondureñas, conspiró contra aquella posibilidad histórica.[384]

Arita cree que para entender al movimiento ferrerista debe incluirse, como causal adicional explicativo, al factor étnico junto al económico y político, el clasista y "el influjo de la tradición".

Lo cierto es que, tal como advierte Darío Euraque, es necesario una mayor investigación, particularmente a nivel regional, esto es la zona sur-occidental, para poder, eventualmente, llegar a conclusiones tentativas. Y debe hacerse pronto, ya que aquellos que lucharon a favor o en contra de Ferrera y que aún sobreviven, están muriendo en razón de su edad avanzada. Y con ellos se extinguen elementos inéditos de la historia oral; por otra parte, también la condición de los archivos municipales se deteriora rápidamente: expedientes judiciales, transacciones mercantiles, compra-ventas, juicios penales.

Un historiador nacional interesado en los aspectos étnicos como elemento interpretativo de nuestro pasado formula la siguiente pregunta: ¿Fue el general Gregorio Ferrera un caudillo indígena? Y expone datos reveladores como el que los agentes de la inteligencia norteamericana se referían a Ferrera como un líder de los indios de Intibucá desde por lo menos 1925 y le seguían la pista a esta relación hasta por lo menos 1930.

Otras interrogantes que plantea son éstas: ¿Quién fue el general Ferrera? ¿Fue miembro del Partido Liberal? Y si fue liberal ¿fueron sus seguidores realmente originarios de los pueblos indígenas de Intibucá, Lempira y La Paz?... ¿Por qué luchaba? El no ofrece respuestas concluyentes, pero si avanza hipótesis que pueden y deben ser tomadas en cuenta para profundizarlas y proceder eventualmente a confirmarlas o rechazarlas:

¿Buscaban los seguidores de Ferrera reivindicaciones que

---

[384] Arita Valdivieso, Carlos. "El incomprendido General Gregorio Ferrera, El Heraldo, 4 julio 1996, p.

respondían no a un atavismo ancestral, sino a un último esfuerzo por reconquistar tierras, identidades comunales cerca ya del exterminio? No sabemos. Carecemos de investigaciones al respecto. ¿Por qué?

En su opinión, ello se ha debido a que los historiadores hondureños, a partir de 1930, crearon la tesis de una supuesta homogeneidad racial y étnica fundamentada en el mestizaje entre indios y españoles, lo que para él es un error al minimizar la presencia, e influencia negra e indígena.[385]

Es nuestro pasado y presente, mucho más pluricultural y diverso de lo que hasta ahora se ha afirmado.

Cabe preguntarse si Ferrera fue un "caudillo frutero" De acuerdo a una investigadora hondureña las empresas bananeras instaladas en Centro América utilizaron dos mecanismos de intervención para penetrar en la vida política de los países ístmicos y avanzar sus intereses:

a) Vínculos de amistad, negocios o profesionales con personajes políticos de relevancia nacional.

b) Presión ejercida sobre los miembros de los poderes del Estado, especialmente del órgano legislativo, en momentos críticos de discusión parlamentaria en que se encuentran involucrados intereses bananeros.

c) Sobornos a funcionarios públicos con algún poder de decisión.

d) Mantenimiento de un clima de opinión pública favorable a los intereses bananeros en momentos en que se encuentran en juego o se cuestionan algunos de los beneficios o privilegios obtenidos.

El segundo fue por medio de:

a) El apoyo a candidatos y partidos políticos en campañas electorales.

b) La injerencia de las empresas bananeras en los enfrentamientos y querellas entre grupos y facciones políticas internas.

---

[385] Euraque, Darío. "La construcción del mestizaje y movimientos políticos en Honduras: los casos de los generales Manuel Bonilla, Gregorio Ferrera y Tiburcio Carías Andino". Revista Política de Honduras, año 1, No. 2, febrero 1999, pp. 156-161.

c) El conflicto político-militar como fórmula para resolver la pugna interbananera y obtener así privilegios especiales.[386]

Nuestra historia registra esas diversas modalidades, utilizadas tanto por la Cuyamel como por la United y la Vaccaro (posteriormente Standard Fruit. Co.) La autora citada concluye que durante las primeras décadas de ese siglo (XX) prácticamente no ha existido ningún enfrentamiento interno en el que la acción de las empresas bananeras no se hiciera presente a través del apoyo material y financiero proporcionado a uno y otro de los bandos en pugna; lógicamente, a cambio del compromiso de compensar los favores recibidos con el otorgamiento de beneficios concretos.[387]

Con relación al papel de Ferrera en la Rebelión de las Aguas, la colega cita el Memorándum de la División de Asuntos Latinoamericanos del Departamento de Estado que afirmaba que la Cuyamel Fruit de Zemurray le pagó durante varios años la cantidad de mil dólares mensuales, a solicitud del gobierno, como fórmula para mantener quieto a este militar. Luego de la absorción de la Cuyamel por la UFCO, esta empresa continúa con la misma política.[388]

García Buchard encuentra diversas evidencias de la participación de la United Fruit en los orígenes y desarrollo del último alzamiento armado ferrerista: en los días previos a su inicio, aceleró el despido masivo de trabajadores, muchos de los cuales se adhirieron a las tropas de Ferrera; la misma United Fruit se negó a colaborar monetariamente con el gobierno de Mejía Colindres para hacer frente a la rebelión, a diferencia de la Rosario Mining Co. y de comerciantes hondureños, quienes facilitaron al Estado $20,000 y $ 25,000 respectivamente, para sufragar el pago de la nómina de los integrantes de las fuerzas oficiales; igualmente, la empresa frutera inicialmente se negó a prestar sus barcos y ferrocarriles para el traslado de las tropas gubernamentales, alegando que debía mantener una postura de

---

[386] García Buchard, Ethel. Poder político, interés bananero e identidad nacional en Centro América. Tegucigalpa, Universitaria, 1977, pp. 72-73.

[387] Ibid, p. 120.

[388] Ibid, p. 124.

neutralidad ante ambos bandos, "a menos que sea forzado mediante requisición formal o embargo".[389]

Un defensor de Ferrera, previamente citado, si bien admite que hubo intervención de la empresa frutera para presionar al gobierno de Mejía Colindres por nuevas concesiones sobre el uso de las aguas nacionales, "atribuirle la insurrección es caer en el reduccionismo economicista más estrecho y simplista en la caracterización de un fenómeno político-militar tan complejo como es el alzamiento armado popular".[390]

Vemos pues que la controversia en torno a las motivaciones profundas que impulsaron al guerrero intibucano no se ha apagado; por el contrario, sigue vigente, y será la investigación, exenta de idealizaciones o antipatías, la que eventualmente permitirá ubicarlo en un contexto económico-social propio de su época, sin por ello descartar otras causales concomitantes: el papel jugado por sus asesores más cercanos, su personalidad, las mentalidades colectivas de sus seguidores y "el espíritu de los tiempos".

Mientras tanto, Ferrera y sus inspiraciones seguirán siendo objeto de controversias apasionadas. El hecho que una buena parte de su correspondencia haya sido destruida o extraviada dificulta ahondar en el personaje, esquivo y enigmático, audaz y valeroso.

---

[389] Ibid, pp. 124-126.
[390] Arita Valdivieso, Carlos, op. cit.

# CAPÍTULO XIX

## Los de abajo

Hemos aludido tangencialmente a los soldados que conformaban los ejércitos, gubernamentales y rebeldes. ¿Quiénes eran? ¿De dónde procedían?; Por qué peleaban? Preguntas que ameritan un intento explicativo.

Etnicamente, y en porcentaje que intuimos era significativo, (respecto al total poblacional), procedían de la etnia Lenca: ubicada en el suroeste hondureño, abarcando los actuales departamentos de Intibucá, Lempira (Gracias) y La Paz.

Entre 1537 y 1538 se inició la resistencia armada lenca en contra de la expansión española dirigida por Francisco de Montejo y Alonso de Cáceres. La lucha concluyó con la muerte del cacique Lempira en 1539, y con ello dio inicio la relación de subordinación indígena con respecto a los vencedores, tanto al despojo de sus tierras más feraces como la explotación de su fuerza de trabajo, bajo diversas modalidades, desde cargadores o tamemes hasta peones, pasando por el repartimiento.

Los lencas a la llegada de los españoles exhibían un tipo cultural mesoamericano. Porque los lencas ocupaban una región rica en recursos agrícolas y minerales y de clima templado, al terminar la conquista y pacificación de los indios, los colonos españoles se asentaron entre ellos en pueblos y ciudades; por eso fueron afectados más directa y permanentemente por la dominación colonial que otras etnias periféricas.[391]

Consecuentemente, la interacción de su cultura con la hispana y ladina fue más profunda, adoptando un creciente sincretismo y un mestizaje cultural.

Una geógrafa inglesa ha estimado que, si para 1502 la población total de Honduras ascendía a unas 800,000 personas, de las que 600.000 poblaban la región occidental y central, para 1550 se había reducido a 32,000, para finales del siglo XVII a 15.544 y para inicios del XIX se había recuperado parcialmente,

---

[391] Hasemann, George; Lara, Gloria y Cruz Sandoval, Fernando. Los indios de Centroamérica. Madrid, Mapfre, 1966, p. 375.

llegando a 32.635, en la misma zona, esto es, la de población lenca.[392]

La evolución demográfica posterior a la Independencia, tanto a finales del XIX como las primeras tres décadas del XX, por departamentos, es como sigue (en miles de personas, población total independientemente de su filiación étnica)[393]

## INTIBUCÁ (CREADO EN 1883)

| 1887 | 1901 | 1905 | 1910 | 1916 | 1926 | 1930 |
|--------|--------|--------|--------|--------|--------|--------|
| 17.942 | 26.348 | 24.027 | 27.285 | 31.173 | 30.863 | 39.002 |

## GRACIAS LEMPIRA (CREADO EN 1825)

| | | | | | | |
|--------|--------|--------|--------|--------|--------|--------|
| 27.816 | 48.242 | 43.766 | 49.955 | 51.740 | 55.848 | 64.947 |

## LA PAZ (CREADO EN 1869)

| | | | | | | |
|--------|--------|--------|--------|--------|--------|--------|
| 18.800 | 27.384 | 25.050 | 28.764 | 30.601 | 35.221 | 39.140 |

El Censo de 1930 ofrece un desglose por categoría racial, por departamento.[394]

---

[392] Newson, Linda. El Costo de la Conquista. Tegucigalpa, Guaymuras, 1992, P.488.

[393] Fiallos, Carmen. Honduras, histórico-geográfica. Tegucigalpa, Dirección General de Estadística y Censos, 1980.

[394] Dirección General de Estadística. Resumen del Censo General de Población levantado el 29 de junio de 1930. Tegucigalpa, Tipografía Nacional, 1932, pp. 108, 132.

| Departamento | Razas | Cantidad |
|---|---|---|
| Intibucá | Indios | 12,936 |
| | Mestizos | 25,970 |
| | Blancos | 96 |
| | Total | 39,002 |
| | | |
| Gracias, Lempira | Indios | 13,935 |
| | Mestizos | 50,852 |
| | Blancos | 158 |
| | Amarillos | 2 |
| | Total | 64,947 |
| | | |
| La Paz | Indios | 17,783 |
| | Mestizos | 21,348 |
| | Blancos | 9 |
| | Total | 39,140 |

Respecto a los propietarios de bienes raíces, la misma fuente la brinda.[395]

| Departamento | No. De propietarios |
|---|---|
| Intibucá | 4.571 |
| Gracias (Lempira) | 7.097 |
| La Paz | 2.662 |

Durante la época republicana hondureña, tanto el Estado como los alzados en armas realizaban reclutamientos entre los habitantes indígenas de estos departamentos. Un ejemplo: durante el sitio de Tegucigalpa y los pueblos adyacentes por parte de los liberales encabezados por Policarpo Bonilla, contando con el apoyo activo del presidente nicaragüense José Santos Zelaya, el presidente general Domingo Vásquez se había

---

[395] Idem.

reforzado convenientemente, especialmente con gente de Gracias y de Intibucá.[396]

Contamos con una descripción de mediados del XIX hecha por un diplomático y arqueólogo estadounidense que buscaba obtener el financiamiento indispensable para la construcción del anhelado Ferrocarril Interoceánico para lo cual había recorrido la ruta propuesta, desde Puerto de Caballos al Golfo de Fonseca. Refiriéndose a los Lencas escribió:

En los departamentos de Comayagua, Gracias, Santa Bárbara y Tegucigalpa hay una porción de pueblos de indios puros, cuyos habitantes conservan sus antiguos idiomas y muchos de sus hábitos primitivos. La reunión de pueblos en las montañas de San Juan, al sur de Comayagua, tales como Guajiquiro, Opatoro, Similatón, Cacauterique, etc., y los de las montañas de Lepaterique, como Aguanqueterique, Lauterique, Curarén, Texiguat, etc. Todos son indios. Son industriosos, productores y pacíficos. En los elevados distritos que ocupan, cultivan el trigo, patatas y otras producciones de las más altas latitudes, que van a vender a largas distancias... levan constantemente sus flechas, pero sólo para protegerse contras las bestias feroces. Su residencia en las montañas no parece haber sido la primitiva, sino que fueron forzados a irse a ella por la gradual ocupación que los blancos hacían de sus tierras, o por evitar el contacto con éstos, que les desagradaba. Sin embargo, son excesivamente celosos de sus rústicos retiros, y jamás se excitan sino cuando creen que se les usurpan sus límites territoriales. Todos profesan la religión católica, pero las formas de su culto, y especialmente su música, son todavía de carácter aborigen (sic)... frugales, pacientes, dóciles y con todas las buenas cualidades de un pueblo laborioso, sólo les falta dirección y medios para marchar con el mejor suceso.[397]

Contamos con una descripción detallada de las características de los indígenas de Intibucá para el período que aquí estudiamos.

La población de este nombre, cabecera de su municipio, está

---

[396] Cáceres Lara, Victor. Gobernantes de Honduras en el siglo 19. Tegucigalpa. Banco Central de Honduras, 1978, p. 332.

[397] Squier, E.G. Honduras, descripción histórica, geográfica y estadística de esta República de la América Central. Tegucigalpa, 1908, pp. 252-254.

situada entre los 88°.22' de longitud occidental y los 14° 19°de latitud Norte, en una hermosa meseta de 1400 metros de elevación sobre el nivel del mar. Forma parte de la ciudad de La Esperanza de la que tan sólo una calle le separa.

Nada se sabe de cierto acerca de la fecha de su fundación ni de sus pobladores; pero la tradición cuenta que éstos no tuvieron un común origen: unos de ellos descendientes de los dispersos defensores de la Patria Indígena que acuerparon a Lempira; otros que, después de abandonar sus primeras poblaciones, vinieron hasta aquí procedentes de la hoy jurisdicción de San Francisco de Ojuera, otros, los sobrevivientes de las extinguidas poblaciones de Tenambla y Tatumbla (Jesús de Otoro) que abandonaron sus predios, y, por último, emigrantes de Olancho que, trayendo consigo una imagen del Sr. de Esquipulas, Patrono ahora de Intibucá, consiguieron por la religión compactar a su alrededor las tribus que, de diversa procedencia, tal vez de no muy variadas costumbres, habían encontrado en la alta meseta, el sitio a propósito para su radicación definitiva. Pero los fundadores de Intibucá no hallaron el campo libre: les precedieron los fundadores de Eramaní con quienes estrecharon relaciones hasta conseguir la fusión. Y desde entonces, ya un solo pueblo, sus habitantes han venido homogenizándose hasta modelar un alma regional levantisca, localista y decadente.

Por sus condiciones climatéricas, tiene una posición envidiable. Su temperatura fría desciende en noviembre, diciembre, enero y febrero. Por eso la mejor época para el que llega por primera vez es la de los meses de calor: marzo y abril.

En sus servicios públicos tiene un campo amplísimo de fecunda labor una buena Administración Local. Ahora pueden apreciarse tan solo, como prolongaciones de los servicios esperanzanos, los muy escasos de agua y luz. Es de esperarse que mediante un esfuerzo conjunto de las dos Municipalidades puedan ampliarse aquellos en beneficio de ambas poblaciones.

Cuenta entre sus edificios mejores con el del Cabildo, las casas de Escuela y la Iglesia, esta última dentro del radio urbano de La Esperanza. También tiene dos plazas principales: la central y la Lempira: en la primera de ellas se halla el Mercado Municipal y a su alrededor los establecimientos comerciales.

Como cabecera municipal está regida por un alcalde, 4

Regidores y 1 Síndico, además de los respectivos jueces de Paz.

Dos fuentes de prosperidad: paz y trabajo, son los únicos capaces de levantar de su postración actual a esta población por muchos conceptos digna de suerte mejor. Más para ello es preciso una intensa campaña que modifique la errónea como infundada creencia de que paz significa sumisión.

Sinceramente creemos que su decaimiento más que una razón peculiar de raza, es debido a la explotación de que ha sido víctima por tantos años. Hasta ahora sus caudillos distinguidos, por cierto, no han hecho más que impulsar a los pobladores del Municipio a una guerra sin cuartel, siempre que han creído necesario defender los derechos conculcados; pero los caudillos de la guerra deben, hoy que un nuevo sol ilumina nuestra patria, convertirse en los caudillos de la paz que dejan los instrumentos de la muerte para tomar las herramientas de la vida, y entonces, sólo entonces, al trasponer las cumbres de Opalaca y llegar a la alta meseta, se podrá con satisfacción exclamar: Salve Intibucá.[398]

...La población del municipio Intibucá es de 9.000 habitantes de los cuales las cuatro quintas partes pertenecen al radio rural. El carácter distintivo de ellos, por lo complejo, es difícil de definirlo: espíritus de contradicción hasta en lo más pequeño; vanidosos de sus hechos, pero sin entusiasmos; curiosos pero en apariencia indiferentes, susceptibles hasta el extremo: de sentimientos generosos; pero en ocasiones rencorosos y vengativos; rebeldes y desconfiados como ningunos; impropios para un esfuerzo tenaz, regenerador, no por incapacidad mental directiva ni cosa parecida, sino más que todo, por apatía; leales, humildes y honrados en gran parte; altaneros, importunos y pendencieros cuando se embriagan; amigos de la revuelta armada no precisamente porque sea en ellos "un instinto la democracia" ni porque "ese sentimiento racional de libertad continúe siendo innato" como se afirma tanto, sino más bien por una naturaleza cultivada y un ciego fanatismo que hace árbitros de sus destinos a sus inteligentes y prestigiosos caudillos.

Pero el día en que esos jefes, con una visión superior venzan

---

[398] Gamero Idiáquez, Ibrahim. Diccionario Geográfico Hondureño. Departamento de Intibucá. Revista del Archivo y Biblioteca Nacionales, tomo X, No. 3, 31 septiembre 1931, pp. 85-87

las tendencias demoledoras y personalistas y varíen de postulados en favor de los injustamente desdeñados y hasta ahora sólo considerados como "rebeldes a la disciplina", entonces tendremos que este pueblo decadente y mal acostumbrado porque se sabe temido, convirtiéndose en un "semillero de sólidos y valientes soldados dispuestos siempre a todos los sacrificios» en las causas legitimistas, revivirá antiguas cualidades y dará paso a su gradual engrandecimiento.

"Es preciso que los hombres de fe tengan fe: que los hombres de honor tengan honor, y que, entre los escombros de lo derruido, surja ese mínimum de justicia sin el cual los pueblos no tienen derecho a la existencia, ni gana alguna de existir".

El alcoholismo ha inoculado su veneno y extendido su funesta raigambre rebajando el nivel moral de manera paulatina, pero notoria. Ese vicio que ha tomado carta de naturaleza y que se da la mano con el analfabetismo reinante son los auxiliares poderosos de los que ven en este pueblo la víctima propiciatoria para carne de cañón.[399]

En 1925, un informante de la Legación de los Estados Unidos en Tegucigalpa presentó al ex-presidente Policarpo Bonilla un cuestionario que incluía las siguientes preguntas: "¿Por qué continúan luchando estos indios? ¿Cuáles son sus objetivos?". Según Bonilla, existía mucha insatisfacción en general y con los allegados al General Tiburcio Carías Andino dentro del gobierno del presidente Miguel Paz Baraona, quien asumiera el poder constitucional después de la guerra de 1924... Además, señaló Bonilla al informante en otra entrevista durante el nuevo levantamiento en que participaban los ferreristas, las tropas del gobierno "habían quemado todas las casas y pueblos indígenas y que por eso ahora los indios luchaban con más determinación".

En otra ocasión, durante la misma entrevista, Bonilla afirmó que ahora "los indios no luchaban por el dinero que se les paga; tienen varias causas porque combatir. Primero el haber incendiado sus casas, y el expulsarlos para las montañas como perros".

Varios elementos de juicio se desprenden de estas

---

[399] Ibid, tomo X, No. 4, 31 de octubre 1931, p. 122.

apreciaciones, aun reconociendo el interés que quizás tenía Bonilla en perjudicar el gobierno nacionalista. En primer lugar, los indígenas que seguían a Ferrera, por lo menos en 1925, y tal vez en 1919, 1921 y 1922, luchaban a cambio de sueldos y que su solidaridad racial étnica si se quiere, quizás no era tan importante como señala la historiografía actual. Tal vez.

Pero veamos otra razón: que, a partir de 1925, la región donde reclutaba Ferrera, el occidente indígena, sufría una imposición fiscal designada especialmente para ellos, parecida quizás a los viejos tributos impuestos durante la época colonial y aún a principios del siglo pasado... ¿Continuaba, quizás, una explotación impositiva casi colonialista en Intibucá?[400]

---

[400] Euraque, Darío. Estado, Poder, nacionalidad y raza en la Historia de Honduras. Tegucigalpa, Subirana, 1966, pp. 87-88.

# CAPÍTULO XX

## Hacia una tipología
## del caudillismo hondureño

Una constante en la historia política nacional ha sido la presencia e influencia- de los caudillos, tanto militares como civiles, sea a nivel regional o nacional, capaces de movilizar seguidores para el logro de fines políticos, de facción o de grupo conjugados con la obtención de ambiciones personales.

Y las luchas, violentas o pacíficas, se han canalizado vía los dos partidos históricos: Liberal y Nacional, conformando, en palabras de un historiador hondureño, redes de caciques y de relaciones intergrupales e interpersonales. Si, por razones históricas los liberales han gozado de más arraigo entre los obreros costeños, mientras que los nacionalistas predominan entre los campesinos más tradicionales del interior, ambas organizaciones son dirigidas a escala nacional- por destacados burgueses y terratenientes ricos y poderosos; sus cuadros regionales están compuestos en ambos casos por medianos propietarios y comerciantes, rancheros y transportistas que realizan tareas claves de control económico. En ambos casos también, las bases partidistas fundamentales son forzosamente campesinas, como la gran mayoría de la población.

Ambos partidos representan, pues, cortes transversales de la sociedad hondureña, si bien con diferentes proporciones de los diversos sectores sociales.[401]

Para el politólogo francés Lambert, tanto el caudillismo como el caciquismo, así como su supervivencia, se inscriben en el sector arcaico de la sociedad dualista latinoamericana, donde se encuentra en estrecha relación con el aislamiento y la supervivencia del latifundio... En este tipo de sociedad preestatal, la suprema virtud social no era el patriotismo, sino la lealtad hacia el jefe o mejor aún, la forma del patriotismo de esta sociedad se basaba en la fidelidad hacia el grupo y su jefe...

---

[401] Pastor Fasquelle, Rodolfo. "El ocaso de los cacicazgos: historia de la crisis del sistema político hondureño®. FORO INTERNACIONAL, Vol. XXVI, No. 1, Julio-septiembre 1985, pp. 25-26.

Mientras predominó el caciquismo, el efecto legítimo de la conquista del poder, fuera por la violencia o por la elección, consistía en la explotación de este poder en beneficio del grupo victorioso y de su jefe... Si es necesario recurrir a la violencia no faltan pretextos para poner en duda el valor de las elecciones: presiones o fraudes electorales que han intervenido o que se prevé que pudieran intervenir...

Cualquiera que fuera su origen, el caudillo debía ser capaz de conducir a sus fieles al combate, y por esta razón, más de un gran propietario, de un abogado y, también, algún bandido, llegaron al poder con el título de general conquistado en las revoluciones.[402]

Un escritor hondureño, destacado novelista, cuentista y ensayista, sobrino de Tiburcio Carías, trató de explicarse las razones por las cuáles sus compatriotas, de distinto origen social y económico, se iban a la guerra, y se formulaba estas interrogantes:

"¿Fueron los hombres, fueron las ideas, o fue la herencia o fue la fatalidad? ¿Quiénes han sido los culpables? ¿Cuál es la gran responsable de nuestras hecatombes?".

Revisaba las distintas justificaciones vertidas: la imposición del Ejecutivo a la voluntad popular manifestada en las urnas; el incumplimiento de leyes, la aplicación de castigos indebidos a la ciudadanía. Aceptaba que, en algunas ocasiones, tales habían sido las causales de los alzamientos. Pero también reconocía que, en otras habían ocurrido rebeliones contra gobiernos legalmente constituidos o bien para impedir la transmisión del poder después de realizarse elecciones legales, concluyendo que:

"El personalismo ha sido en estos eventos un factor de peso... la guerra civil sirvió para mostrar algunas de las hermosas cualidades del hondureño como su abnegación personal y colectiva, que lo llevó impetuosamente a los campos de batalla a defender lo que creyó su derecho; su espíritu de sacrificio y su valor fisiológico, afamado más allá de las fronteras. Las masas aportaron a nuestras ´revoluciones´ su enorme caudal de sangre, desinteresadamente, ingenuamente, quijotescamente. Muchos hombres dirigentes llevaron a la política y a la guerra civil más

---

[402] Lambert, Jacques. América Latina, estructuras sociales e instituciones políticas. 3ª Ed. Barcelona, Ariel, 1973, p. 279-280, 285.

que idealismo, más que ansias de realizar doctrinas innovadoras, más que altruismo patriótico llevaron su egoísmo, su YO abultado y crecido por la adulación de sus parciales y por la egolatría; llevaron su deseo de lucro y su pasión de sobreponerse al odiado adversario. Algunos fueron sinceros, desinteresados y de buena fe. Pero... la masa accionó siempre con mayor desinterés y con menor egoísmo...

Y de aquí que el pueblo hondureño haya sido defraudado en sus anhelos y en sus necesidades por la guerra civil que lo diezmó sin darle recompensa material y moral. De aquí que la doctrina, la prédica de la guerra civil como medio para lograr transformaciones políticas y sociales en Honduras, está en plena bancarrota... La guerra civil fue la expresión lógica y periódica. de un estado social de atraso en todos los órdenes de la actividad humana: el político, el científico, el industrial, el económico, el artístico. El factor racial, el geográfico, el hereditario, el tradicional, contribuyeron a la presencia de dicho estado social de atraso".[403]

Pero una explicación de la alta inestabilidad política hondureña, manifestada en alzamientos, golpes de estado, matanzas fratricidas, quedaría incompleta si no se toman en cuenta otras dos variables: la intervención de las naciones vecinas en nuestra política interna a lo largo del siglo XIX y buena parte del XX así como el papel jugado por empresarios extranjeros anhelando obtener concesiones mineras y bananeras, para sí o para las empresas de las cuales eran propietarios o accionistas. Precisamente en el período aquí estudiado, 1919-1932, hemos visto cómo hombres de negocios alemanes y estadounidenses efectuaban préstamos a los gobiernos y también alentaron a políticos hondureños ambiciosos para intentar capturar el poder, financiando la adquisición de armamento y municiones en el exterior, facilitando mercenarios, cabildeando entre los senadores y con el Departamento de Estado, en Washington.

También la política exterior estadounidense hacia Centro América y el Caribe, cimentada en lograr la estabilidad política permite entender el por qué se opusieron o, al contrario,

---

[403] Carías Reyes, Marcos. Consideraciones sobre aspectos históricos y sociales de Honduras. Tegucigalpa, Calderón, 1942, s. p.

apoyaron a determinadas figuras hondureñas.

Los caudillos aquí estudiados: Tosta, Ferrera y Carías tenían procedencia geográfica diversa: los dos primeros originarios de la zona sur-occidental, la más atrasada, en términos económicos, con un importante porcentaje de población rural e indígena, en tanto que Carías era oriundo del centro urbano más prominente: Tegucigalpa. Los tres pertenecían a familias de orígenes sociales modestos, dedicadas a la agricultura de subsistencia y al pequeño comercio. Con relación al tercero, el que eventualmente prevaleció sobre sus rivales y alcanzó finalmente el elusivo poder que por tantos años había buscado, un investigador hondureño ofrece una interpretación tanto de sus relaciones con su correligionario Paz Baraona así como algunos rasgos de su personalidad.

De acuerdo a su versión, puesto que había ganado la guerra civil en 1924, Carías se consentía a sí mismo el árbitro de los destinos del país, persiguiendo implacablemente a sus adversarios políticos, lo que lo hizo entrar en conflicto con el presidente Paz Baraona, "médico pequeñoburgués de provincia", quien "pudo vislumbrar el carácter dictatorial del Caudillo de las montoneras impenitentes de Honduras: Tiburcio Carías Andino. Y no sólo Paz Baraona puso distancia con aquél, sino que, a su turno, también el ex Presidente provisional... General Vicente Tosta, (quien) en jugada malabarista con liberales moderados de raigambre bonillista, le impidió el ascenso al poder a Carías en la elección para presidente del período 1929-1932".[404]

Como rasgos de personalidad que facilitaron su popularidad y arrastre particularmente entre la población campesina le atribuye la astucia, al punto de afirmar que "de los políticos hondureños, Carías es el más astuto, pues sobre la base de su extracción pequeñoburguesa supo conquistarse el corazón del campesinado, base no sólo de las montoneras sino también del electorado hondureño: constituía casi 4/5 partes de la población de la época".

Igualmente, admite que poseía "valor personal lindando con el coraje", así como "terquedad, rayana en irresponsabilidad", al igual que una memoria excelente que le permitía recordar

---

[404] Díaz Chávez, Filander. Carías, el último caudillo frutero. Tegucigalpa, Guaymuras, 1982. Pp. 72-73.

nombres y hechos acaecidos años antes, así correspondieran a hombres humildes.

Respecto a su honradez personal acepta que cuando fungió como comandante de Armas y Gobernador Político, se caracterizó "por la absoluta honradez con que se manejó ante los conciudadanos y, en particular los fondos públicos. Es que a la par de este rasgo que indudablemente le granjeó el apoyo de amplias capas campesinas y urbanas, debe decirse que el último caudillo supo deshacerse de sus sueldos magros para repartirlos según las necesidades de sus amigos políticos, sin que se sepa... en este período temprano de su quehacer político que haya malversado los fondos políticos".[405]

Otro historiador nacional se hace la pregunta: ¿Por qué eran tan popular entre los nacionalistas? Reproduce una opinión del diario El Cronista según la cual Carías era "uno de los hondureños que han trabajado con ahínco y patriotismo porque la paz de la república sea una realidad viviente en Honduras, única forma de sentar en base sólida la democracia y de fortalecer el prestigio de la república". Ese juicio lo rechaza con otra pregunta: ¿será la manera más eficaz para preservar la paz y asentar la democracia el llevar a la nación a la guerra civil, como Carías lo había hecho sólo ocho años antes? Contreras trata de encontrar una respuesta a esta interrogante: ¿Pero el pueblo, el hombre común, ¿por qué seguía con tanta lealtad y convicción a Tiburcio Carías? Él no era de los políticos que se sienten en su medio... cuando estaba rodeado de multitudes; en realidad, huía de ellas a no ser que las necesitara en las montañas para atacar al enemigo. Nunca se le vio recorriendo los caminos calcinados de Honduras en busca de votos. Para la oratoria tenía tanta inclinación como el tiburón para la tierra seca.

De su actuación en el Congreso dijo una vez: ¡Yo no hablo, sino que doy mi voto!".

Continúa razonando: "La mayoría de los hondureños en 1932... eran campesinos, casi todos analfabetos. Muchos de ellos conocían personalmente a Carías por haber militado bajo su mandato en las montoneras que han ensangrentado las páginas de la historia de Honduras. Era natural que se identificara con él

---

[405] Ibid. pp. 75-77.

porque Carías hablaba con la misma rusticidad que ellos, y cuando no ocupaba un puesto público... pasaba los días y los meses en su inca de Zambrano, donde adoptaba la indumentaria del campesino. Muy probablemente esperaban que una vez en la presidencia se acordara de ellos, como ningún presidente lo había hecho antes. Fueron esas esperanzas fallidas, pero los campesinos de Honduras no tenían la famosa bola de cristal del mago para entrever el futuro. Otrosí, Honduras ha sido un pueblo caudillista.

Con su pasado 'montonero', su talla descomunal y su ambición de mando, Carías encajaba a la medida en el molde estereotípico del caudillo que atrae a la mentalidad primitiva del hondureño.

Cabe dentro de lo posible que el pueblo haya contrastado la imagen del individuo culto y urbano, pero débil, que el presidente Mejía Colindres proyectaba, la haya hecho extensiva a Nancho Callejas y haya preferido al campesino que parecía tener el empaque del hombre fuerte con voz de mando y mano dura".[406]

Otro historiador hondureño sostiene: Hasta ahora hemos encontrado pocos datos sobre la trayectoria personal y política del Ferrera anterior a la década de 1920. La actual historiografía ubica a Ferrera en su primer combate militar en Intibucá en 1919, junto con Vicente Tosta, originario del mismo departamento, en su esfuerzo por frenar una imposición presidencial... Los liberales triunfaron y entre 1920 y principios de 1921 Ferrera fungió como Administrador de Aduanas de La Ceiba... Ferrera renunció a dicho cargo por desacuerdos con el gobernador de aquella región, regresó a su comarca y desde allí se alzó en contra del gobierno liberal.

Fue derrotado; se exilió en El Salvador; pasó a Nicaragua y luego se vinculó con caudillos nacionalistas. Para agosto de 1922 retornó a Honduras y desde los departamentos del occidente tomó las armas de nuevo, ahora con aliados nacionalistas. Fue derrotado de nuevo, volvió a exiliarse y retornó al escenario militar en 1924, cuando se nuevo se le ve vinculado a caudillos liberales, particularmente a Policarpo

---

[406] Contreras, Carlos A. Hacia la dictadura Carista: la campaña presidencial de 1932. Tegucigalpa, Iberoamericana, 2.000, pp. 96-98.

Bonilla, a quien apoyó en la campaña política de 1923. Fueron las disputas sobre estas elecciones las que llevaron a la cruenta guerra civil de 1924. El general Ferrera, siempre apoyado en las huestes indígenas del occidente, fue entonces nombrado ministro de Guerra en un gobierno provisional salido de los ejércitos triunfantes. No obstante, de nuevo por desacuerdos políticos, Ferrera renuncia, regresa a Intibucá, toma las armas, es derrotado y vuelve al exilio. A partir de esa derrota Ferrera continuó conspirando en contra de los gobiernos liberales y nacionalistas, hasta ser asesinado en 1931.

La historiografía actual atribuye a la gesta de Ferrera una variedad de motivaciones... En primer lugar, Ferrera luchaba en representación de una raza, la raza indígena. Segundo, combatió por una raza a la cual se le puede adjudicar una serie de rasgos sicológicos. Tercero, fueron sus comportamientos consecuencia de estos rasgos, pero manipulados por otros. Cuarto, estas manipulaciones llevaron a Ferrera a tantos enfrentamientos militares en los que participó entre 1919 y 1931.[407]

Dos antropólogos al estudiar el caudillismo latinoamericano exploran algunas causales explicativas de su supervivencia. Una de ellas puede ser aplicable a la Honduras de principios de los años treinta: el hecho que el poder militar no estaba concentrado en un ejército o policía nacional, sino que muchos hombres –de distintos antecedentes- podían adquirir armas, llevarlas y usarlas para avanzar sus propios intereses. Siempre había grupos de hombres armados buscando un líder que pudiera prometer botín y líderes buscando grupos armados para capturar botín.[408]

Si bien es cierto que debieron pasar muchos años más para que Honduras contara con un ejército debidamente equipado y entrenado, con uniformidad en equipos y armamentos, también lo es que ya para 1931 la aviación y los medios de transporte automotriz y ferroviario permitían una cierta mecanización del arte de la guerra así como rapidez en los desplazamientos de tropas, solamente limitados por la condición de los caminos durante la estación lluviosa, lo que hacía de la caballería una rama aún imprescindible: la mula, el asno, el caballo, seguían

[407] Ibid, pp. 158-161.
[408] Wolf, Eric R. y Hansen, Edward C. The human condition in Latin America. New York, Oxford Universiry Press, 1972, pp. 223-224.

demostrando su confiabilidad y eficacia en las agrestes serranías hondureñas.

No podemos concluir este capítulo sin hacer mención de la consolidación o no de un Estado nacional fuerte, expresión de la élite hondureña, de sus proyectos, intereses y visiones. Para un historiador chileno, la clase dominante local no logra levantar un proyecto propio de sociedad, de economía; no logra generar su identidad; no logra superar su dispersión, su fraccionalismo; no logra convertirse en clase nacional. Esto hace que las luchas intestinas continúen, que el caudillismo persista, que no haya ejército profesional y nacional. Las Compañías estimulan la inestabilidad política cuando les conviene y la tratan de frenar cuando ella es estéril a sus intereses. Sin clase dominante nacional, el Estado-nacional no puede consolidarse, no puede imponer su soberanía sobre todo el territorio y todos los ciudadanos; su autoridad no tiene consenso... La clase nacional no se conforma porque el desarrollo mercantil capitalista está ocurriendo sobre dos bases insuficientes: de una parte, el valor producido es para exportar, lo que impide el surgimiento de un mercado interno nacional y, de otra parte, (y esto es más definitivo) el empresariado que desarrolla el capitalismo es extranjero, la economía que se genera es de enclave y el enclave opera, no en el corazón de la economía anterior, sino en sus márgenes, en tierras nuevas y en regiones del país poco ocupadas.[409]

Sin duda Honduras contó con hombres fuertes tanto de extracción rural como urbana, con ascendiente sobre bandas armadas; algunos trascendieron la esfera local y regional para proyectarse a nivel nacional, generalmente contando con apoyos por parte de Guatemala, El Salvador y Nicaragua; de hecho, su ascenso, permanencia y caída del poder estuvo ligada con la correlación de fuerzas políticas a nivel regional entre liberales y conservadores: Francisco Ferrera, José Santos Guardiola, José María Medina, Marco Aurelio Soto, Policarpo Bonilla, Manuel Bonilla, entre otros, vienen a la mente. Si unos fueron, básicamente, hombres de acción que ascendieron merced a su arrojo y destreza en los combates, otros fueron profesionales

---

[409] Arancibia C. Juan. Honduras: ¿un Estado nacional? 2a. Ed. Tegucigalpa, Guaymuras, 1991. p. 44.

universitarios con experiencia previa en la administración pública y con un bagaje intelectual superior al promedio; en todo caso, con carisma y don de mando que facilitaron el contar con seguidores tanto en el campo como en las ciudades dispuestos a secundarlos ora empuñando el fusil y el machete, ora contribuyendo política y económicamente al objetivo central: la conquista del poder. Una vez logrado, el líder o cabecilla principal delegaba funciones administrativas y militares, a nivel regional, en los comandantes de Armas y Gobernadores Políticos, como forma de compensar a los seguidores principales por los servicios prestados durante la campaña, a cambio del control estatal procedente de la capital y de la continua lealtad hacia el presidente de la República. Así entre el Ejecutivo y los caudillos locales se conformaron relaciones mutuas de soporte, sobrevivencia y beneficios recíprocos. De la armonía entre todos, además del mantenimiento de vínculos "políticamente correctos" con los gobernantes vecinos, más poderosos en recursos y ejércitos que los hondureños, dependió su breve o larga permanencia en el mando, y, con ello la inestabilidad o estabilidad política, el equilibrio o la inseguridad de la población para el normal desempeño de sus actividades cotidianas.

Ya con el inicio del siglo XX un factor a ser tomado cada vez más en cuenta lo constituyó la llegada y expansión vertiginosa del capital extranjero, comercial (alemán), minero, bananero y financiero (estadounidense), el cual, en su deseo por obtener concesiones tributarias y territoriales alentaron las disputas interpartidos, apuntalando a diversos caudillos antagónicos y fomentando sus ambiciones de poder y gloria, en el proceso desangrando a Honduras en conflictos sangrientos.

Fue hasta la prolongada estadía de Tiburcio Carías en el poder que Honduras llegó a alcanzar cierto grado de integración social e infraestructural, así como paz y orden en la convulsa historia política nacional.

Respecto a la tropa, se ha conjeturado que sus desplazamientos, desde sus zonas de origen hacia otras regiones del país contribuyó a que sus integrantes se percataran que más allá de su valle o serranía, existía una unidad territorial más vasta, en el proceso desarrollando un sentimiento de pertenencia nacional, en que la pluralidad cultural y étnica era un hecho: en la Costa Norte debieron convivir diversas etnias, cada una con rasgos culturales propios, que interactuaron recíprocamente, influyéndose mutuamente.

# CAPÍTULO XXI

## Las elecciones presidenciales de 1932

Diversos hechos ocurridos en 1931 debilitaron la posición del partido en el poder: el estallido revolucionario ferrerista, que dejó víctimas y empeoró las finanzas públicas, amén de provocar que seguidores de Ferrera, hasta entonces afiliados al liberalismo se pasaran al Partido Nacional; la insurrección del general Filiberto Díaz Zelaya, la cual si bien no alcanzó las proporciones de la anterior, significó, de nueva cuenta, destrucción de vidas y dineros públicos, y finalmente la pérdida de los puestos directivos del Congreso por parte del oficialismo, triunfando su contendor con Antonio Bográn como Presidente del Legislativo. A ello debe agregarse el deterioro de los ingresos fiscales como consecuencia directa de la reducción en las exportaciones bananeras.

Debe tenerse en mente un hecho esencial: Carías Andino seguía siendo una figura con carisma y popularidad entre amplios sectores de la ciudadanía. La gente admiraba en él su actitud, mezcla de realismo político y presiones diplomáticas estadounidenses, para no optar por la guerra y aceptar el resultado electoral desfavorable de 1928.

Sin duda que su posición social modesta, el cultivo de un fundo en Zambrano, sus orígenes étnicos indígenas lo identificaban, ante los pobres, como uno de ellos, a diferencia de los principales dirigentes Liberales que eran vistos como miembros de una élite, por su status socio-económico relativamente próspero como por su pigmentación, más próxima al criollo que al mestizo. Cierto, Carías poseía un grado universitario, pero no había ejercido su profesión jurídica, optando por la docencia y las labores agrícolas.

Entre algunas de las críticas formuladas por sus adversarios políticos, se encontraba ésta:

"No es persona acaudalada ni factor de combinaciones bursátiles ni de otra índole... ni el hotel de Zambrano, ni la suerte de caña, ni el pequeño huerto que cultiva, con sus dos arbolillos de mango de Manila y demás plantas exóticas, dan rendimientos como para financiar campañas eleccionarias. Es por eso que la mente ciudadana cavila de dónde saca tantos recursos nuestro Cincinato de Zambrano"[410].

Podían tener un efecto contraproducente. Cierto, Carías gozaba del respaldo de la United Fruit Co., al punto que la principal rival de ésta, la Cuyamel, decidió apoyar políticamente a los líderes del Partido Liberal, y, en general, a cualquier rival del general Carías Andino a quien catalogaban con toda razón como "el hombre de la United Fruit Company en Honduras"[411], pero don Tiburcio había, sea por consejo de sus principales asesores o por decisión propia, asumido un bajo perfil, al punto que, habiendo sido electo Presidente del Congreso, optó por delegar tal puesto en lugartenientes fieles, retornando a su heredad campestre, desde donde recibía informes políticos y transmitía órdenes e instrucciones respecto a las estrategias a adoptar.

El no apoyar el alzamiento ferrerista, al menos públicamente, le granjeó respetos entre sus compatriotas, incluyendo algunos liberales, como el expresado por el diputado Abel Gamero, quien en la sesión del 6 de marzo de 1931 mocionó a efecto de que la Cámara dirigiera:

Un telegrama de felicitación a tan distinguido hombre político, atendiendo a que el país le debe gratitud por sus reconocidos esfuerzos por la paz pública... Como Liberal que es, adversará la candidatura presidencial del General Carías, pero eso no quita el reconocimiento sincero que hace y que considera debe hacer todo el pueblo hondureño de que ese distinguido ciudadano ha sido y es uno de los principales factores para el mantenimiento de la paz.[412]

La paz, elusiva y ansiada, había sido puesta en peligro con el alzamiento ferrerista, con los resultados ya conocidos. También la Administración Mejía Colindres, el mismo año de 1931 debió adoptar una actitud firme ante la Tela Railroad Co., empresa que de manera ilegal estaba construyendo ramales ferrocarrileros no autorizados por el Gobierno, entre Ranchería o finca No. 12 y

---

[410] El Combate, Diario Liberal, 12 diciembre 1931, p.4

[411] Posas, Mario, "La plantación bananera en Centroamérica (1870-1929)", en Historia General de Centroamérica. Madrid, Flacso, 1993, Tomo IV, p. 156

[412] Boletín Legislativo, Serie VII, no. 63, 1931, p. 548. La moción fue aprobada y se nombró comisión integrada por los parlamentarios Gamero, Madrid y Muñoz.

Guanchías, en una extensión de más de tres kilómetros. Ante ese hecho ilícito, por cuanto no estaba estipulado en la contrata celebrada con el Estado en 1911 (aprobada por decreto legislativo el 8 de abril de 1912) para la construcción de un muelle entre el cabo El Triunfo y Puerto Sal, departamento de Atlántida, y de una línea férrea que partiría de dicho muelle, y en conexión con él terminaría en El Progreso, Yoro... haciendo uso de los derechos que le otorgaba la misma contrata, la Tela presentó planos al Ejecutivo para extender el ferrocarril desde El Progreso hasta un punto del río Comayagua, y el Ejecutivo aprobó los planos en 1923. En 1926, la Compañía terminó 110.047 kilómetros del ferrocarril propuesto. Una de las provisiones de la contrata era que caducaría si por dos años consecutivos el concesionario suspendía los trabajos sin mediar fuerza mayor o caso fortuito.

Como el Ejecutivo recibió el informe oficial que le envió el presidente de la Comisión Interventora del Ferrocarril Nacional y el acta notarial levantada por el abogado Edgardo Becerra, de que la Compañía, a pesar de negarlo, había reanudado clandestinamente los trabajos en 1931 después de haberlos interrumpido por cinco años, envió fuerzas armadas para impedir que continuaran.[413]

La contrata aprobada en 1923 había caducado al no cumplir la Tela sus compromisos contractuales; además la construcción de los ramales clandestinos afectaba la zona de influencia del Ferrocarril Nacional. El 23 de diciembre de 1931 el Gobierno declaró caduca la contrata celebrada en 1911 para la construcción de un muelle entre el Cabo de El Triunfo y Puerto Sal en la bahía de Tela y Puerto Sal y un ferrocarril, que partiendo de dicho muelle y en conexión con él, terminaría en El Progreso.[414]

La contrata establecía que en caso de suscitarse una disputa entre los contratantes se recurriera al arbitraje. En lugar de hacer eso, la Compañía por medio de su abogado... con fecha 20 de febrero de 1932 solicitó amparo a la Corte Suprema, y ésta, a pesar de las violaciones evidentes de la Compañía, y de su

---

[413] Contreras, Carlos A. Hacia la dictadura Cartista: La campaña presidencial de 1932. Tegucigalpa, Iberoamericana, 2,000, p. 30.

[414] El Combate, 23 diciembre 1931 y 24 diciembre 1931, p. 1.

desacato a la autoridad del Ejecutivo, lo otorgó.[415]

Y este fallo del Poder Judicial no era casual, ya que sus magistrados eran leales partidarios de Carías y éste recibía apoyo financiero de parte de la United Fruit. Además, como nos recuerda un estudioso del año aquí analizado, en 1932 el control del poder judicial por cualquiera de los partidos políticos era de importancia vital para el proceso eleccionario... le tocaba dirimir toda disputa legal que entre los partidos contendientes se suscitara. De las decisiones del poder judicial podía depender el saldo de las elecciones.[416]

Tanto en el Partido Liberal como Nacional distintos militantes aspiraban a ser favorecidos con la postulación para la campaña presidencial de 1932. En el primero figuraban Ernesto Argueta, Rafael Díaz Chávez, Rafael Medina Raudales, Santiago Meza Cálix y José Ángel Zúñiga Huete; en el segundo, Venancio Callejas y de nueva cuenta, Tiburcio Carías Andino.[417]

## La escogencia del candidato nacionalista

La Convención del Partido Nacional inició sus sesiones el 22 de febrero. Ese día Callejas declaró a sus correligionarios que, por anticipado, brindaría su apoyo a la fórmula que la Convención nominara, fuera cual fuera su composición. Un historiador interpreta esa posición de Don Venancio como un intento por apaciguar el temor latente de que su popularidad en el Partido Nacional lo impulsara a lanzarse como candidato distinto del que ya la Convención cubría entre pañales,[418] esto es, Carías. El 24 los convencionales escogieron a Carías y a Callejas como sus candidatos a la Presidencia y Vicepresidencia respectivamente.

El primero aceptó, no así el segundo, argumentando que no había llegado a un entendimiento satisfactorio que armonizara los intereses del partido; en carta dirigida al presidente del Comité y Sub-comité nacionalistas el 26 de febrero, fue más explícito. La razón por la que renunció, decía, fue que la

---

[415] Contreras, C. Op. cit. p. 30.
[416] Ibid, pp. 27-28.
[417] Ibid, pp. 62, 64.
[418] Ibid, p. 94.

Convención se negó a reformar los artículos del partido, que le permitieran continuar como presidente del Comité Central, como gran número de sus correligionarios lo querían. La Convención los había reformado para que Carias, siendo candidato a la Presidencia, pudiera seguir como jefe del partido.[419]

Ya el 4 de enero de 1932 Callejas había lanzado un manifiesto. Renunciando a toda pretensión (sic) a la Presidencia de la República, prueba evidentemente que no solo no he pretendido en ningún momento eliminar del escenario político al General Carías, sino que le he ofrecido mi cooperación en condiciones de desinterés y lealtad a la agrupación a que pertenecemos.

Ante el rechazo de Callejas a la segunda nominación, la Convención nombró como candidato a la Vice-Presidencia a Abraham Williams Calderón. Este, como ya hemos visto en el capítulo relativo al Debate de las Aguas, había tenido una destacada intervención, al igual que Callejas, en la defensa del recurso hídrico y en el análisis de las pretensiones de la Tela Railroad para la irrigación de sus plantaciones.

Su inclusión le otorgaba prestigio a la planilla presidencial del Partido Nacional, ya para 1932 gozaba de popularidad entre los votantes de su nativa Choluteca.

E129 de febrero partidarios de Callejas iniciaron la organización de disidentes del cariísmo bajo el nombre de Partido Nacional Autonomista, declarando que su mira primordial era la "defensa de la autonomía de Honduras"... El principal organizador del Partido Nacional Autonomista era el general Joaquín Bonilla, hijo del finado ex Presidente Manuel Bonilla... En la primera sesión del partido se eligió una directiva en la que figuraban conocidos nacionalistas como el mismo general Bonilla, el general Mariano Bertrand Anduray, antiguo tostista... el general Fernando Díaz Zelaya, el profesor Fernando Blandón, D. Roberto Díaz, el general Santos T. Fortín y otras más.[420]

Callejas recordaba al Director de Nuevos Tiempos, Julián López Pineda, que había decidido disolver al Partido Autonomista "aún antes de que se hubiera organizado en toda su

[419] Ibid, p.99
[420] Ibid, pp. 100-101.

magnitud por determinación desinteresada de mis amigos y mía, con el objeto de mantener en un solo bloque al Nacionalismo entero, a fin de no restarle energías para la lucha actual... Lo que sucede es que en la actualidad no desempeño ningún cargo oficial en el partido, ni se me toma absolutamente en cuenta para ninguna determinación política, lo que me exime, por cierto, de toda responsabilidad futura. V. Callejas".[421]

El mismo diario acusaba al liberalismo de intentar utilizar a Callejas para escindirlo:

"Como fracasaron en su intento de servirse del doctor Callejas para dividir al Partido Nacional, propiciando la organización del Partido Autonomista con nacionalistas y adherentes reclutados ad hoc, los panteristas quieren lograr su intento incensando al Doctor Callejas y halagando su amor propio; y aunque saben que con esta ruin táctica no pueden perjudicar al Partido Nacional, tienen la esperanza de liquidar de una vez la personalidad del doctor Callejas para cerrarle las puertas del porvenir dentro del Nacionalismo".[422]

## La escogencia del candidato liberal

El 31 de marzo y el 1°. de abril tuvieron lugar las sesiones preparatorias. La Convención propiamente inició sus labores el 2 de abril, continuando el siguiente día. Fueron nominados Rafael Díaz Chávez, Santiago Meza Cálix y Ángel Zúñiga Huete, para la Presidencia, recibiendo dos, uno y doscientos catorce votos, respectivamente, en tanto que para la Vice Presidencia José María Reina, Ernesto Alvarado, José María Guillén Vélez y Francisco Paredes Fajardo; éste obtuvo la mayoría de sufragios; la clausura se llevó a cabo el 4.

Contreras se pregunta: ¿Cuál era el imán que atraía al pueblo liberal hacia Zúñiga Huete? Para entenderlo debemos recordar la situación de Honduras en 1932... La situación era extremadamente crítica. Aún en la costa norte, que en tiempos pasados había sido El Dorado para la juventud en busca de trabajo, el desempleo era rampante. Por otra parte... al presidente Mejía Colindres se le percibía como una hombre débil e inepto,

---

[421] Nuevos Tiempos, 12 julio 1932, pp. 1, 4 (los subrayados son nuestros).

[422] Nuevos Tiempos, 11 julio 1932, p. 4.

incapaz de imponer su autoridad sobre los Poderes Legislativo y Judicial, y el Tribunal Superior de Cuentas, sino también el 80% de las alcaldías municipales... Se le veía (a Zúñiga Huete) como un hombre enérgico que, en contraste con Mejía Colindres, pondría a cada quien en su puesto... pero había algo más en Zúñiga Huete que despertaba adhesión, lealtad y hasta afecto no sólo entre el pueblo voluble, sino también entre hombres y mujeres más sofisticados.

Era una prenda para la que entonces no se había acuñado un vocablo comprensible pero que ahora se conoce como "carisma"... Sin ser orador ni tener el encanto personal que cautiva a los que lo tratan, no siendo un conversador con el chiste ingenioso a flor de labio que predisponía a los oyentes en su favor, Zúñiga Huete monopolizó por muchos años la lealtad, la devoción y hasta el cariño tanto de la gente de caite, de los trabajadores de la ciudad y de las amas de casa, como de los hombres que vestían corbata y de las damas encopetadas. Eran una lealtad y una fe ciegas, inconmovibles, a prueba de fracasos y de infortunios... Con Carías tenía sólo en común la estatura prócer, aunque no el exceso de grasa. Carías era probablemente mezcla de negro y de indio... Zúñiga Huete en contraste, descendía indudablemente de españoles... temperamentalmente Carías y Zúniga Huete eran también diferentes. Carías era extrovertido, especialmente cuando se encontraba entre sus inferiores; de los hombres de intelecto tenía recelos... Zúñiga Huete, por el contrario, tenía un temperamento introvertido... Era hombre de pocas palabras, aunque temible con la pluma. Zúñiga Huete no fue sólo abogado de nota sino también un intelectual bien versado en la literatura española, la historia, teoría política y filosofía, Su ilustración se refleja en sus escritos en los que a intervalos chispea su ingenio.

¡Ah! Zúñiga Huete tenía otro rasgo en común con Carías: su memoria prodigiosa para nombres y caras... Estos dos hombres, pues, tan distintos uno del otro, iban a enfrentarse en la arena electoral en 1932. Uno y otro eran temidos por el partido opuesto; ese factor hará la contienda más encarnizada.[423]

En cuanto a las ideas que los dos partidos debatieron durante

---

[423] Contreras, C. op. Cit, pp. 120-123.

la campaña presidencial de 1932 los periódicos no nos dan información. Quizá su ausencia fue una nota constante. Pero había un tópico de interés general sobre el que los candidatos tenían que tomar una posición... El Ferrocarril Nacional... en 1932 había caído en manos de la United Fruit Company que en 1929 había absorbido a la Cuyamel y a sus subsidiarias... Una de las principales preocupaciones nacionales de ese tiempo era redimirlo cancelando el contrato después de pagar las deudas. El diario El Pueblo había pedido el punto de vista de los candidatos presidenciales sobre este tópico. En carta del 15 del mismo, el licenciado Zúñiga Huete contestó la pregunta. El candidato liberal distinguió tres temas relacionados con el problema: la redención del Ferrocarril, la redención del muelle de Puerto Cortés, que era su punto de partida o terminal... y su prolongación hasta el Golfo de Fonseca...

Prometió que, si llegaba al poder, su gobierno se esforzaría en redimir el Ferrocarril, redimir el muelle y construir los ramales más urgentes y la línea que haría llegar hasta el Pacífico. El Ferrocarril, a su vez acrecentaría el desarrollo de la agricultura lo cual contribuiría a la independencia económica de los hondureños.

El candidato del nacionalismo, general Carías, no dio respuesta a la pregunta. Carías fue siempre el campeón de la United, y no podía prometer dañarla en sus intereses por muy injustos que ellos fueran.[424]

## Ataques y contraataques políticos

Cada partido trataba de presentar negativamente al otro y a su candidato. Unos enfoques eran lúcidos pero la mayoría se dejaban llevar por la pasión y la visión maniquea, exentos de equilibrio y objetividad. Reproducimos algunos, como el siguiente:

Bajo el último régimen liberal la nacionalidad ha estado a punto de disolverse; supresión de los servicios públicos en beneficio de un círculo; abolición de la enseñanza, mediante la tortura del hambre a que han sido sometidos sus apóstoles.

---

[424] Ibid, pp. 146-148.

Los negocios más delicados y los problemas más arduos del Estado en manos de individuos sin talento, sin preparación, sin energía, sin iniciativa, acreedores al favor oficial por su sectarismo crudo; la población rural obligada a una vida de peligros y de fatigas; la paralización de las empresas; el decaimiento del comercio, el miedo al futuro bajo un gobierno que no promueve el adelanto colectivo, que no impulsa la educación, que no estimula la producción nacional.

Hambre, miseria, peste, tristeza por todos los rumbos del país; los positivos valores intelectuales... postergados ante individuos sin cultura superior; los recursos de subsistencia agotándose uno a uno; la anemia de la industria y el decaimiento rápido de la ganadería y de la agricultura. Era de oro, de la farsa, del peculado, del bandolerismo y del abigeato.

En ningún sentido se ha visto la mano propulsora del Gobierno creando nuevas fuerzas para aumentar la vitalidad de la República.[425]

Además de señalar yerros de la Administración Mejía Colindres, que contenían, en este caso elementos de certidumbre, también se exponía al aspirante Zúñiga Huete como el "candidato de la violencia".

"Han nominado candidato al más violento de sus hombres de presa, al mismo opresor de 1923 y 1924, al enemigo más osado de las libertades públicas, al más cruel de los tiranos que han manchado de sangre y de vergüenza las páginas de la historia patria... y es el mismo que ha hecho pública alianza con el Gobernante de Guatemala y el Partido Liberal de la hermana República, en el preciso momento en que está por resolverse la cuestión de fronteras, que es una cuestión de soberanía y de integridad territorial".[426]

Esa supuesta vinculación entre el candidato liberal y el gobernante guatemalteco fue utilizada por sus adversarios a lo largo de la campaña, sugiriendo que, en caso de triunfar, se llegaría a un entendimiento limítrofe entre ambas naciones, en razón de la afinidad ideológica y política entre los dos.

---

[425] Carías Reyes, Marcos. "El imperioso deber de la hora actual", Conferencia pronunciada el 7 de agosto en el Comité Departamental Nacionalista de Choluteca. Nuevos Tiempos, año 1, No. 162, 17 agosto 1932, p. 2.

[426] Nuevos Tiempos, año 1, No. 69, 25 agosto 1932, p. 1.

Respecto a las credenciales intelectuales del candidato del partido en el gobierno, se ponían en duda, a la vez que se criticaban sus antecedentes como funcionario estatal:

No sabemos que el señor Zúñiga Huete haya escrito una obra, ni literaria, ni política, ni científica, en la cual se revele su personalidad de estadista, ni de intelectual. No ha escrito ni tan siquiera un ensayo, un artículo, en que revele talento creador y constructivo. Sus escritos hasta hoy publicados han sido panfletos políticos, virulentos, apasionados y agresivos, en los cuales no se revela orientación alguna sobre los problemas nacionales... Su actuación en puestos públicos ha sido desastrosa y le ha consagrado como el más odioso de los tiranos que salpicaron de sangre y del baldón las páginas de nuestra historia.[427]

Los liberales, por su parte, contraatacaban, centrando su ofensiva en Carías, sus nexos con la United Fruit Co., con la familia Bográn, así como el carácter de sus más cercanos allegados y amigos políticos.[428]

A medida transcurrían los meses, el tono de la propaganda era cada vez más virulento y tendencioso exaltando los ánimos en vez de calmarlos; los grandes temas económico sociales, puestos al desnudo por la Gran Depresión parecían no importar a los propagandistas de uno y otro bando, dando primacía a los personalismos, mirando hacia el pasado antes que al futuro cercano.

El examen de la prensa durante ese año de 1932 confirma esta aseveración: solo de vez en cuando, y por parte de algunos lúcidos intelectuales, se encuentran exámenes y propuestas respecto a cómo el país podía, cuando menos, sobrevivir a la crisis mundial.

Eso motivó a la Sociedad Pacifista de Copán, por medio de uno de sus integrantes, Luis Suazo, a comunicarse con el

---

[427] Nuevos Tiempos, año I, No. 175, 1°. Septiembre 1932, p. 1.

[428] Un ejemplo de lo dicho es éste: "Porque es cosa harto sabida que los intereses políticos del General Carías están arraigados, desde el tiempo de la Administración Dávila, en la antesala de la casa solariega de la distinguida familia de los Bográn. Así pues, con el triunfo inverosímil de la causa sostenida hoy por el Doctor Paz Baraona, Honduras quedaría convertida en juguete del supuesto Gobernante y éste, a su vez, en siervo de aquella casa de patricios" reproducido en Nuevos Tiempos, año I, No. 173, 30 agosto 1932, p. l.

exgobernante Paz Baraona a efecto de que, por medio de un llamamiento, contribuyera a que "cese la campaña despiadada que se hacen en la prensa política, sugiriendo que ambos partidos propusieran a un candidato de transacción que les mereciera simpatía y confianza mutuas; si eso no era posible que, al menos, se comprometieran a:

"Moderar las pasiones renunciando o condenando toda maniobra que desvirtúe el libre o natural funcionamiento de la democracia que estamos cimentando, y a reconocer paladina y lealmente el resultado que la voluntad nacional indique libremente en las urnas electorales en el próximo torneo cívico del mes de octubre de este año".

Paz Baraona contestó a esta petición, afirmando que la escogencia de un candidato de transacción era irrealizable "dado el estado de la actual campaña política", pero que el moderar la prensa y estimular a los ciudadanos al cumplimiento del deber eran ideas prácticas y posibles de realizar; él estaría dispuesto a cooperar a ese sentido.[429]

La gran Convención Pacifista, con sede en San Pedro Sula, envió otra excitativa a Zúñiga Huete, contestada de esta forma por el abogado y político:

"Consecuente con la tradición y principios de mi partido, sabré acatar y responder a la gloriosa tradición del liberalismo".

Esa respuesta era ambigua, en opinión del vocero de prensa del Nacionalismo, ya que no dice que acatará la decisión del electorado. Da una contestación evasiva, sirviéndose de la oportunidad para hacer el elogio de su partido, cuando el patriotismo le pide una declaración afirmativa y concreta de su actitud ante el resultado de las elecciones próximas...

Le recordaba que cuando había fungido como ministro de Gobernación, en 1923, había ordenado a los empleados bajo su cargo que obtuvieran mayoría de sufragios a favor de Arias y Bonilla, obligando a electores nacionalistas a que votaran por los candidatos liberales, a fin de que fuera el Congreso el que eligiera al triunfador; esta acción había eventualmente originado la guerra civil de 1924.

Además, se le reprochaba el haber adoptado:

---

[429] Nuevos Tiempos, año I, No. 168, 24 agosto 1932, p. 1.

Una plataforma de hostilidad a las compañías afiliadas a la United Fruit Co., que trabajan en Honduras, con lo cual está propiciando la intervención. Su objeto es poner en choque los intereses de la United con los de la Standard Fruit Co., soliviantar el ánimo del pueblo contra ambas empresas bananeras y crear una situación de desconfianza para el capital extranjero, porque de esta suerte la intervención no se hará esperar para proteger las vidas y los intereses de los extranjeros que trabajan en nuestro país.[430]

El médico y político santabarbarense emitió oportunas declaraciones cívicas, pidiendo serenidad y desprendimiento a sus compatriotas:

"...No traigo otra misión que hacer un llamamiento a la cordura, a la honradez, al patriotismo y al amor de los hondureños, para que resuelvan en paz y en libertad el problema de la sucesión presidencial... Quiero contribuir al completo implantamiento de la democracia en mi país. En 1928 se dio el primer paso en firme. Era el más difícil. El segundo paso ha de ser también difícil, pero si logramos darlo, sin mayores tropiezos, el tercero será relativamente fácil y para los demás el camino estará completamente libre de obstáculos. Yo tengo fe en la obra definitiva... Vengo a suplicar a los Poderes Centrales que hagan efectiva la libertad de propaganda y del voto; a los candidatos, que controlen las pasiones de sus partidarios, que se repriman las demasías que éstos cometan en el ejercicio de la libertad y que se sometan, conformes, a la decisión del electorado en las urnas por que su inconformidad sería el mayor baldón para la Patria, haciéndose culpables del delito de alta traición y colocando a su partido en la condición de una banda de malhechores. Y vengo también a rogar al pueblo que proceda con honradez y patriotismo, que los ciudadanos respeten al adversario político y no lo estorben de ninguna manera en el libre ejercicio de su derecho, tomando en cuenta que todos actúan en el mismo plano y que la diferencia de opiniones políticas no implica diferencias personales".[431]

Palabras sabias y patrióticas de boca de un hombre a la vez

---

[430] Nuevos Tiempos, 27 septiembre 1932, p. 1 y 6 octubre 1932, p. 1.

[431] "Declaraciones del Dr. Paz Baraona", Nuevos Tiempos, año 1, No. 185, 13 septiembre 1932, p. 1.

enérgico y recto, ajeno a intrigas palaciegas que actuaba en su vida pública de acuerdo a lo que consideraba el imperativo moral kantiano, anheloso de evitarle a su país un nuevo ciclo de guerra fratricida. Veremos más adelante, ¡que ay! sus palabras no fueron escuchadas, cayendo en oídos sordos.

Ya en vísperas de la fecha escogida para la elección, el 30 de octubre, el candidato Nacionalista dirigió, el 24 de ese mes, circular a los comités organizados a lo largo del territorio, redactado en estos términos:

"Esta es la última semana con que contamos para nuestros trabajos de propaganda. Por los informes que tengo de toda la república, nuestro partido está en estos momentos absolutamente preparado para alcanzar una resonante victoria en las elecciones del 30. Únicamente recomiendo a ustedes, que amparados por la ley y la justicia que nos asiste, se mantengan con verdadera serenidad y valor cívico para rechazar todo intento de violación que tienda a defraudar las aspiraciones y derechos del pueblo hondureño. No sé si esta circular sea dada a ustedes, pero quiero que quede como constancia para el futuro. Acúseme recibo. Afectísimo amigo (f) Tiburcio Carías Andino".[432]

Tres días después, dirigió otra a los presidentes de los comités, recogiendo los crecientes rumores relativos a una solución armada al debate electoral. Decía así:

"Teniendo noticias de que circulan insistentes rumores acerca de posibles perturbaciones de la paz, ya para evitar el libre ejercicio del sufragio o ya para desconocer, por inconformidad, la decisión final que se manifieste en las urnas en las próximas elecciones, excito a todos mis correligionarios para que se mantengan con serenidad dentro del marco de la ley, contribuyendo de esa manera a que dichas elecciones se practiquen en una forma honesta y libre, como lo ha hecho siempre el Partido Nacional. Para afirmar este alto fin democrático, los nacionalistas deben concurrir al debate del próximo domingo con la mayor mesura, evitando toda agresión y prestando, en caso necesario, auxilio a los agentes de la autoridad para que las elecciones se practiquen en completo orden teniendo presente que la paz es el bien primordial para la

---

[432] El Cronista, 24 octubre 1932, p. 3.

libertad y el bienestar de Honduras. Afectísimo. Tiburcio Carías Andino. Jefe del Partido Nacional".[433]

El mismo día el candidato Liberal también remitió circular a los presidentes de los clubs organizados en diversos puntos del país. Decía así.

"En vista de los inquietantes rumores que circulan sobre posible perturbación del orden público sosiego, con motivo de la probable inconformidad del partido político que resulte perdidoso (sic) en los próximos comicios, expreso a usted de modo categórico y terminante, para que lo comunique a los demás correligionarios, que el Partido Liberal acepta por anticipado el fallo que la opinión pública emita en las elecciones del 30 de los corrientes, y que resulte de la libre emisión del sufragio en comicios honestos y que se practiquen de conformidad con la ley. Consecuente con las normas de justicia y legalidad que son tradicionales en el Partido Liberal, presentará todo su apoyo al candidato que resulte ungido por la libre y correcta voluntad de los pueblos. Sobre estos postulados me permito excitar a usted y demás amigos para que presten toda su cooperación a las autoridades en el mantenimiento del orden, para que se comporten en el curso de la elección con la mayor mesura posible, evitando rozamientos recíprocos y agresiones, poniendo el mayor empeño en que no se consuman bebidas alcohólicas y en que los electores incurran sin armas a las urnas. La paz es el mayor y más grande beneficio de los pueblos, y para mantenerla deben agotarse todos los esfuerzos que reclama el patriotismo.

Acúseme recibo. Afectísimo amigo. Ángel Zúñiga Huete".[434]

Un último pronunciamiento de Carías, previo a la elección, fue redactado en estos términos:

"Jamás, ni en las agitaciones eleccionarias, ni en el fragor de nuestras guerras civiles, he sentido odio ni rencor para mis adversarios políticos, a pesar de habérseme combatido con armas vedadas por la caballerosidad y la cultura. Y llegaré a la Presidencia de la República si el voto de mis conciudadanos me favorece, sin alentar sentimientos de hostilidad contra los que me han combatido; antes bien, poseído como estoy, de un franco

---

[433] Nuevos Tiempos, 27 octubre 1932, p. 4.
[434] El Cronista, 28 octubre 1932, p. 3.

espíritu de confraternidad que puede traducirse en hechos, aprovecharé la cooperación efectiva y sincera de todas las capacidades en la difícil tarea de proporcionarle a nuestro pueblo bienestar, tranquilidad y amparo".[435]

No faltaron vaticinios y pronósticos que otorgaban el triunfo a uno y otro bando. Un espíritu triunfalista caracterizaba a los dos partidos, si bien, en retrospectiva, el Nacionalismo contaba con más posibilidades, por las razones anteriormente esbozadas:

crisis económica, desempleo, pérdida de rumbo de la Administración Mejía Colindres, anhelo generalizado por la paz y el dejar atrás la lucha fratricida-reactivada por Ferrera y Díaz Zelaya-, carisma y popularidad de su candidato, absorción de la Cuyamel por la United Fruit Co., voluntad de la política exterior estadounidense de contar con gobiernos fuertes en el istmo para impedir la continua inestabilidad política regional, entre otros factores.

El vocero nacionalista sostenía que, para 1932, las tercerías políticas le eran favorables a Carías:

Actualmente el tostismo casi en su totalidad es cariísta. Y de los ciudadanos que en 1928 pertenecían al Partido Liberal, han ingresado no menos de 6,000 al Partido Nacional.

Además, en 1928 el ferrerismo votó con el Partido Liberal, en tanto que ahora el ferrerismo casi en su totalidad pertenece al Partido Nacional.[436]

En similares términos se expresaba otro medio simpatizante del nacionalismo:

...El nacionalismo cuenta hoy día con el ferrerismo, con el tostismo y con el Díaz-chavismo. El liberalismo en 1928 triunfó porque el tostismo le sumó quince mil nacionalistas...

Pero en los momentos actuales, el tostismo, el ferrerismo en su mayor parte y el Díaz-chavismo, han ingresado al Nacionalismo. Es decir, el nacionalismo no sólo se ha compactado, formando un bloque impenetrable, sino que ha visto engrosadas sus huestes con el quince por ciento del tostismo, por el chavismo y una cuarta parte del verdadero liberalismo honrado. Y esto no es ilusión. Es la realidad, que

---

[435] "El triunfo del Partido Nacional con el General Carías a la cabeza". El Cronista, 31 octubre 1932, p. 3.

[436] "La quimera del Liberalismo", Nuevos Tiempos, 25 octubre 1932, p. 1.

quedará constada en las elecciones del 30 del mes actual.[437]

¿Al preguntársele a Zúñiga Huete "tiene usted confianza en el triunfo del Liberalismo?", contestó:

"Si no tuviera confianza en la vitalidad del liberalismo y en sus triunfos venideros, no estaría en la brecha como lo estoy, confiado y lleno del nunca decaído entusiasmo que desde el día en que me inscribí al partido he puesto en el prestigio y en la acción triunfadora de las doctrinas liberales".[438]

Por su parte, El Pueblo cuyo director, Alfonso Guillén Zelaya, simpatizaba con el liberalismo y su candidato, publicaba un pronóstico favorable a Zúñiga Huete. Decía así:

"Quiere decir que el Partido Liberal le ha ganado al General Carías las elecciones presidenciales de 1923 con 6.360 votos de mayoría, las de 1928 con 14.726 y las de diputados de 1930 con 4.305 votos. Tomando el promedio aritmético de las mayorías obtenidas por el Partido Liberal en las dos elecciones presidenciales de los años citados y de las de diputados de 1930, resulta una mayoría de 8.463 votos a favor del Partido Liberal. En 1928 el Censo General de Electores inscritos es de 171.240. Las proyecciones que hacía El Pueblo para las elecciones de 1932 le daban el triunfo al Partido Liberal... Probables votos que sacará el Liberalismo en las próximas elecciones: 63.619. Probables votos que sacará el Nacionalismo en las próximas elecciones: 55.312. Probable mayoría del Liberalismo: 8.307. Como durante los años de 1923, 1928 y 1930 el máximum de los prestigios del Partido Liberal se manifestó en 1928 y el mínimum en 1930, los cálculos se han hecho a base de esos dos años exclusivamente...En consecuencia, el mayor número de probabilidades de ser electo presidente de la República en las próximas elecciones de octubre, corresponde al doctor Ángel Zúñiga Huete. Se notará que la mayoría liberal disminuyó en los cuadros respecto a los votos que corresponderían a cada partido comparando el resultado de las elecciones de 1928 y 1930 con los electores inscritos en el presente año de 1932 porque se han inscrito más electores en los departamentos en donde ganó el cariísmo que en los departamentos en donde ganó el Partido Liberal, saliendo por lo tanto favorecido el cariísmo en los

---

[437] El Cronista, 26 octubre 1931, pp. 1, 6.
[438] El Combate, 12 diciembre 1931, p. 4.

270

cálculos.[439]

Las posiciones del periodista olanchano, de simpatía y solidaridad con el candidato Liberal eran criticadas por un militante nacionalista en estos términos:

"El señor director de El Pueblo que ha querido hacer de su diario un órgano independiente y ser él mismo un escritor de esa calidad, jamás ha probado su pretensión y se ha significado muy visiblemente como adversario, no político sino personal del General Carías. No se explica de otro modo la oposición sistemática y negativa del poeta Guillén Zelaya cuando combate al General Carías. Niega a este personaje todo mérito y toda capacidad, y no le reconoce su actuación desinteresada como político y capaz como funcionario público cuando ha tenido a su cargo un puesto del Estado... Padece el poeta Guillén Zelaya de ceguedad política. Su alta calidad de poeta, de escritor feliz y de alcances que muy pocos han obtenido en nuestro país, y que nosotros le reconocemos, no le iluminan su cerebro oscurecido por la pasión partidaria... Cuando el señor Guillén Zelaya, desde las columnas de El Cronista, combatió la candidatura del General Carías en 1928, tuvo un aura popular muy visible en la República, y se confirmó su campaña con el triunfo del Doctor Mejía Colindres por el pacto de unión con el General Tosta. En esa ocasión, el poeta Guillén Zelaya propiciaba la candidatura del General Tosta, creyendo que este caudillo tendría opinión capaz de ganar una elección presidencial. No tenía aún ese caudillo fallecido un bloque de opinión suficiente para exaltarlo a la Presidencia, pero si un grupo de amigos numerosos y apto para dar el triunfo al partido hacia el cual se inclinaría. Esto lo comprendió a tiempo el poeta Guillén Zelaya y ahincadamente trabajó por lograr un entendimiento con el Partido Liberal. En esto acertó... Y en lo que sí se equivocó... el General Tosta no contaba entonces con gran arraigo político o con una opinión suficiente para alcanzar el Poder... Y como buen político liberal olvida muchos factores psicológicos, políticos, sociales y económicos que sí en verdad afectan el movimiento de la opinión pública. Una mala administración, un candidato que infunde terror, caudillos fallecidos que prestaron su concurso al

---

[439] Resultado probable de las elecciones presidenciales de 1932ª, El Pueblo, 24 octubre 1932, pp. 7-8.

liberalismo en otra época, la dilapidación inmisericorde de los dineros públicos, acción impositiva de muchas autoridades departamentales, asesinatos políticos cometidos a granel en la República; factor nuevo en la política como es el electorado inscrito durante los cuatro años últimos y que suma más de quince mil electores, las simpatías y adhesiones de distinguidos liberales a las filas nacionalistas... los procedimientos de la campaña periodística liberal, en fin, el total desencanto del pueblo que clama por un inmediato cambio de orden de cosas, son factores y factores decisivos que determinarán el triunfo del Nacionalismo en las elecciones del domingo".[440]

Un día antes de los comicios, Guillén Zelaya editorializó de esta guisa:

"El triunfo o la derrota de uno de los candidatos debe unir a los partidos en una victoria común: la de la paz, que es la victoria de todos, porque es la victoria de la civilización. Que la sangre hondureña no siga derramándose en holocausto de falsos ideales. Que las batallas políticas no las gane la barbarie de los fusiles, sino la fuerza de la inteligencia, de las virtudes, de las capacidades, del prestigio de los candidatos. Es hora de colocar la segunda piedra al edificio de nuestra democracia".[441]

La certeza suya respecto al triunfo de Zúñiga Huete era tal que comparaba resultados electorales anteriores al del 32 que, en su criterio, demostraban lo ineluctable de una nueva victoria liberal:

"La ley histórica es ésta: el partido liberal unido triunfa siempre en elecciones libres sobre el partido conservador. Y si en la cumbre de sus prestigios y con el Partido Liberal fraccionado, no pudo superarlo en votos el líder nacionalista, ¿cómo podría triunfar ahora que sus prestigios han venido a menos y que el Partido Liberal se ha compactado en torno del Doctor Zúñiga Huete? Para que el General Carías triunfe en las elecciones de mañana sobre la candidatura liberal, tendría que romper todos los precedentes y con ellos toda la fuerza de la historia política hondureña. Si ese triunfo se realizará, ocurriría un fenómeno que

---

[440] García, Fernando G. "El odioidel poeta Guillén Zelaya hacia el General ¡don Tiburcio Carías" " Nuevos Tiempos, 27 octubre 1932, pp.1, 4.
[441] "La victoria de todos", El Pueblo, 29 octubre 1932, p. 7.

no se ha presentado nunca en la política de Honduras".[442]

Los dos partidos, tras reunirse en la Secretaría de Gobernación, que tenía a su cargo la conducción del proceso electoral, lograron llegar a un acuerdo por parte de sus respectivos representantes, Silverio Laínez y Saturnino Medal en nombre de Carías, y Félix Canales Salazar, por parte de Zúñiga Huete. Empero, tanto los primeros como su candidato a última hora resolvieron no firmarlo.

En el documento aludido se comprometían a dar instrucciones a sus correligionarios para no portar armas dentro de las poblaciones, principalmente durante el día de las elecciones; los candidatos y sus comités dispondrían que los electores fueran conducidos directamente a los locales de votación desde que principiaran a llegar a las cabeceras municipales para que de allí pasaran a los cantones electorales, sin permitirles que recorrieran las calles en manifestaciones organizadas como exhibición de fuerza política, no emplearían medios violentos contra el adversario, absteniéndose de todo acto hostil y violento; el Gobierno excitaría a las empresas bananeras para que el día de la elección dejaran en libertad a los trabajadores para ejercer el sufragio; los ciudadanos no concurrirían en grupos numerosos al momento de depositar sus votos; se organizarían cívicas, integradas por números iguales de militantes de ambos partidos para garantizar el orden y la tranquilidad social, siendo investidos por el alcalde municipal respectivo con el carácter de agentes de la autoridad previa la respectiva promesa de ley.[443]

## Los resultados electorales

El resultado de los comicios fue ampliamente favorable al Partido Nacional y a su candidato, obteniendo triunfos en 14 departamentos, en tanto el Liberalismo apenas obtuvo el primer lugar en El Paraíso, Islas de la Bahía e Intibucá. La fórmula Carías-Williams acumuló 80.212 votos y la Zúñiga Huete-Paredes 61.642, una diferencia de 19.570, para un total de 142.854.

---

[442] El Pueblo, 29 octubre 1932, p. 7.
[443] "Un plan que fracasa" El Pueblo, 28 octubre 1932, p. 7.

Dividiendo esta suma entre los votos obtenidos por el uno, primero y luego los del otro, encontramos que Carías ganó con casi el 57%, y Zúñiga Huete perdió con un poco más del 43%.[444]

Esta fue la reacción inicial del perdedor, expresada en la siguiente circular, fechada el 31 de octubre: y dirigida a los presidentes de los clubs liberales:

"Comunico a Ud. que por los informes recibidos hasta hoy el liberalismo perdió las elecciones en los comicios de ayer. Hemos cumplido como buenos y leales con nuestras obligaciones para con el liberalismo; y como buenos y como leales sabremos cumplir con nuestros deberes para con la República. Afectísimo amigo. (f) Angel Zúñiga Huete".[445]

Venancio Callejas envió la siguiente circular el 1º. De noviembre, desde Tegucigalpa, teniendo como destinatarios tanto a los comités nacionalistas, a los consejos liberales, a la prensa y a las corporaciones municipales:

"Como usted debe saber, en elecciones libres que honran al actual mandatario, Dr. Vicente Mejía Colindres, el Partido Nacional al que yo pertenezco, triunfó en la República con gran mayoría el domingo pasado. Este triunfo no es solamente del nacionalismo y para los nacionalistas, sino que es principalmente de Honduras y para todos los hondureños...

¡Todos debemos felicitarnos y contribuir con nuestro contingente patriótico al sostenimiento de la paz, como aspiración principal para asegurar la confraternidad y felicidad de nuestro pueblo y prestar nuestra cooperación a efecto de que obtengan realización los postulados que sostiene el General Carías como principios del Partido Nacional a fin de que aquella célebre y conceptuosa frase No hay vencedores ni vencidos! sea una hermosa realidad. En mi concepto ningún hondureño debe abandonar su patria por temor a ser maltratado en la administración próxima, pues el General Carías, como hombre honrado y comprensivo de sus deberes que es, dará garantías y trabajo a todos los hondureños".[446]

Frases generosas y patrióticas de un prestigioso político que, a esas alturas había sido prácticamente marginado por sus

---

[444] Contreras, Carlos A. Op. Cit, p. 183.

[445] El Pueblo, 1 noviembre 1932, p. 7.

[446] El Pueblo, 2 noviembre 1932, p.1, 8.

propios correligionarios a raíz de haber declinado la nominación al segundo cargo en importancia. Y ese ostracismo se fue tornando más profundo con el paso de los meses.

Por su parte, el triunfador indiscutido había, finalmente, obtenido el premio a su tesón, perseverancia y convicción en la victoria final. El 5 de noviembre dirigió circular a los presidentes de los comités y sub-comités nacionalistas:

"...Desde el momento en que terminaron las elecciones, desapareció entre nosotros y nuestros adversarios todo motivo de distanciamiento. Nacionalistas y liberales somos hondureños y como hondureños debemos vivir en tranquilidad y armonía. Al reiterar a usted la recomendación anterior es con el objeto de que haga saber a nuestros amigos que por ningún motivo deben ocasionar roces con nuestros adversarios de ayer evitando las ofensas y provocaciones. El Partido Nacional que supo triunfar brillantemente en las urnas, debe saber honrar también en su victoria cívica por el bienestar de la colectividad. Tiburcio Carías Andino, jefe del Partido Nacional y presidente Electo de la República".[447]

En manifiesto fechado el 10 de noviembre, Zúñiga Huete declaraba:

"...No faltan, en medio de la difícil situación del momento, voces de inconformidad, que, inspiradas en los resabios anárquicos del pasado, nos motejan de candorosos e ilusos, y que pretenden lanzarnos por el atajo de rutinas violentas y anacrónicas; pero la plataforma de nuestro Partido, que es de justicia, de orden y de moralidad, debe prevalecer sobre los apetitos injustificados de la ambición personalista y sectaria y sobre los errores del funesto ayer... la solución violenta de nuestro problema político actual, no encaja con los imperativos de la hora, ni es una garantía de acierto para el país ni para el porvenir del Liberalismo, sino un lamentable error de incalculables perjuicios para la Nación. Y seguros de que, si en lo venidero, se pretendiera hacer burla de nuestros derechos

---

[447] Nuevos Tiempos, 5 noviembre 1932, p. 1; El Cronista, 5 noviembre 1932, P.3. Al presidente del Comité de campaña, Antonio C. Rivera se le brindó una ovación en justo homenaje por la intensa, ininterrumpida y eficaz labor desarrollada por el inteligente político hasta conseguir la brillante victoria del Nacionalismo en las elecciones del 30 de octubre próximo pasado. Nuevos Tiempos, 5 noviembre 1932. P. 1.

defraudando nuestras aspiraciones, a la antigua usanza conservadora, con gusto volveré a compartir con vosotros los rigores del vivac y los infortunios del destierro, para recomenzar el conocido camino de victorias con que antes hemos aniquilado a nuestros tradicionales adversarios...

Cualquier hondureño... comprende que una perturbación de la paz de parte de los liberales inconformes sería funesta para la Nación y para el Partido Liberal. Se ahogaría en sangre de hermanos el prestigio que nuestro país ha adquirido por el civismo y la cordura de nuestro pueblo en la práctica de la democracia; se le daría el golpe de gracia a la nación ya moribunda a causa del desastre financiero y económico, se provocaría una emigración política que le restaría valiosos elementos humanos al trabajo y a la prosperidad nacional, y el Partido Liberal, vencido y despedazado, quedaría disuelto y cubierto de ignominia, sin esperanza de recuperar sus fuerzas en muchos años".[448]

El principal diplomático estadounidense acreditado en Honduras, Julius G. Lay, emitió una declaración sobre el resultado electoral que reflejaba el criterio de su gobierno relativo al desenlace pacífico del mismo. Decía así:

La reciente elección presidencial efectuada bajo el presidente Mejía Colindres, es un suceso digno del admirable ejemplo sentado en 1928 durante la Administración del Dr. Paz Baraona. La aceptación del fallo del electorado por el candidato vencido, otra vez como en 1928, con el más leal y patriótico espíritu, le dará al pueblo hondureño la confianza en su futuro y un nuevo sentido de responsabilidad democrática. Entre los frutos de una paz permanente, Honduras gozará de la más grande prosperidad y verá afianzado su crédito exterior. Sus líderes y su pueblo han dado un ejemplo que todos los países han de admirar y envidiar. Julius G. Lay.[449]

¿Cómo analizaba el Liberalismo las razones para el descalabro electoral? ¿Había sus dirigentes ahondados en las causales de la pérdida? Sí, Zúniga Huete, ya en el exilio, encontró tiempo y calma para intentar buscar explicaciones. Y llegaba a las siguientes conclusiones:

---

[448] Nuevos Tiempos, 12 noviembre 1932, p. 1.
[449] Nuevos Tiempos, 5 noviembre 1932, p. 1.

"La política desarrollada por el gobierno del doctor Mejía Colindres creó un gran acervo de desprestigio y de descontento para la plataforma liberal. Actos correctos de la Administración (conversión monetaria) fueron mal interpretados y explotados por la política sectarista para hacer prosélitos. Capitales y empresas extranjeras al servicio del "nacionalismo", a cambio de intereses vitales de la nación, aportaron su concurso para acaparar la venalidad del electorado ignorante e inconsciente, subvencionando a los cabecillas y esclavizando a los colonos dependientes de los latifundios que controlan los extraños. El poder judicial prostituyó la justicia y barajó la jurisprudencia como factor de propaganda contra el liberalismo; y el poder legislativo contribuyó, con concesiones leoninas, al triunfo de los conservadores. El fraude y trucos electorales aportaron a este resultado un veinte por ciento del éxito. Tal es, en síntesis, el esquema a que obedece la pérdida del Partido Liberal".[450]

Nótese que en este intento interpretativo se adjudica la responsabilidad del desastre tanto al Ejecutivo, a las compañías bananeras, a los poderes estatales controlados por Carías, pero no se adjudica ningún grado de culpa ni al propio candidato ni a su partido, menos aún se trata de otorgar alguna fortaleza al adversario político, a su líder principal, a su plataforma política, a su capacidad organizativa.

Otra aproximación, desde la óptica Nacionalista, fue ésta:

"Durante la recién pasada campaña eleccionaria, el Partido Liberal bajo la dirección del Dr. Zúniga Huete, adoptó como plataforma política, en materia económica, la hostilidad contra el capital extranjero, considerando las actividades de las empresas bananeras y ferrocarrileras como una amenaza contra la soberanía de la Nación. Esta plataforma fue adoptada, probablemente, para halagar el sentimiento nacional y atraer para el candidato rojo las simpatías de los trabajadores de la Costa Norte que tienen reivindicaciones que hacer valer ante las compañías bananeras, y de los agricultores que venden sus cosechas de banano a las mismas compañías y que siempre tienen con ellos algún reclamo que hacer o algún conflicto que dirimir. Pretendían nuestros adversarios en la lucha eleccionaria

---

[450] Carta de Zúñiga Huete a Froylán Turcios, escrita desde Guatemala el 13 de junio 1933, reproducida en La Tribuna, 11 octubre 1998, p. 8-B.

presentar al General Carías y al Partido Nacional como adheridos a las compañías bananeras por nexos económicos. Pero no lograron hacer prevalecer esta patraña en la conciencia del electorado, porque los hondureños, aún los analfabetos, tienen buen sentido para comprender las cosas y poseen criterio claro de justicia para juzgar a los hombres y los acontecimientos".[451]

Para el historiador hondureño que a lo largo de este capítulo hemos citado frecuentemente, todo parece apuntar al fraude, un fraude masivo de proporciones nacionales único en la historia de Honduras, planeado y manipulado entre bastidores por los prohombres del cariísmo en Tegucigalpa.[452] El fundamenta su afirmación en que los carístas tenían bajo su control e180% de las municipalidades del país y que eran las municipalidades las que elaboraban los censos electorales.

En nuestro criterio, una conjunción de causas, entrelazadas, permiten explicar el fracaso electoral liberal, así como la decisiva victoria nacionalista. Hay que incluir desde la profunda depresión económica hasta la personalidad de los candidatos, sus apoyos locales, regionales e internacionales, las expectativas del electorado y las esperanzas en él despertadas por los dos partidos.

El hecho es que, con el resultado de las elecciones nuevamente ocurría un saludable relevo y alternabilidad en el poder al recuperar la Presidencia el partido opositor. ¿Qué hubiera ocurrido si Carías, tras expirar su cuatrienio, hubiera convocado a elecciones en 1936?

Para concluir este capítulo es relevante hacer una comparación entre los procesos electorales realizados en 1928 y 1932, para examinar sus aspectos semejantes y divergentes. Así fueron vistos por un periódico contemporáneo:

"...El Partido Liberal en 1928 estaba favorecido por las circunstancias siguientes: 1. Era un partido de oposición. 2. Logró compactar sus filas alrededor del candidato Ochoa Velásquez. 3. Explotó la cuestión de límites, aprovechándose de la rivalidad que existía entonces entre la Cuyamel Fruit Company y las compañías bananeras afiliadas a la United Fruit

---

[451] "La plataforma del Partido Liberal", Nuevos Tiempos, 7 noviembre 1932, p. 4.
[452] Contreras, Carlos. Op. Cit., p. 196.

Co. en Honduras, exaltando a la primera y condenando a esta última. 4. Provocó la división del Partido Nacional, impulsando al General Tosta para la formación de un tercer partido. 5. Se coaligó con el partido del General Tosta, formado en su gran mayoría por elementos nacionalistas. 6. La libertad eleccionaria que garantizaba el Gobierno del Dr. Paz Baraona... Actualmente (1932) el Partido Liberal tiene las desventajas siguientes: la. No es partido de oposición; 2a. Se encuentra fraccionado, por la disgregación de grupos e individuos que no han querido seguir el candidato impuesto en la Convención del Partido. 3a. No existe la rivalidad de la Cuyamel y la United, y la cuestión de límites con Guatemala se ha debatido completamente y está sometida a la resolución de un Tribunal de Árbitros. 4a. Ha hecho una Administración desastrosa, al grado de hacerse reducido al pueblo a la miseria por falta de organización y de medidas previsoras contra la crisis. 5a. El Partido Nacional se ha compactado y unificado. Ga. El Partido Nacional ha agregado a sus filas más de seis mil ciudadanos del Partido Liberal, entre ellos líderes de gran valía. 7a. El Partido Republicano que creó el General Tosta se ha disuelto, y sus elementos, en su mayoría nacionalistas, han vuelto al Partido Nacional. 8a. El elemento ferrerista que actuó con el Partido Liberal en 1928, pertenece ahora, en gran mayoría, el Partido Nacional. 9a. Cometió el error de presentar como candidato al Licenciado Zúñiga Huete, que no se ha significado por ninguna obra de mérito en su vida pública, por ninguna acción honrosa, por ningún acto de patriotismo en tanto que se ha revelado por una serie de arbitrariedades, de desafueros, atropellos y crímenes con que señalara su paso por el Poder en la época de López Gutiérrez, desacreditando, como nadie lo hiciera antes, al Partido Liberal. 10ª. Se ha estado sirviendo, en la campaña y elección, de los elementos oficiales por medio de los agentes del Ejecutivo adictos al candidato, atropellando la libertad del sufragio".[453]

Cifras estadísticas relativas a los dos procesos electorales revelan lo siguiente:

---

[453] "Esta no es leyenda, sino pura historia," Nuevos Tiempos, 27 octubre 1932, p. 4.

| Año | P. Liberal | % | P. Nacional | % | Total Votos |
|-----|-----------|---|-------------|---|-------------|
| 1928 | 62.319 | 57 | 47.745 | 43 | 110.064 |
| 1932 | 61.047 | 43 | 80.512 | 57 | 141.559[454] |

[454] Euraque, Darío. El capitalismo de San Pedro Sula y la historia política hondureña. (1870-1972). Tegucigalpa, Guaymuras, 1997, p. 101.

# CAPÍTULO XXII

## Una nueva matanza de hermanos
## o "la Revuelta de las traiciones"

Un sector liberal no estuvo de acuerdo con el veredicto popular y decidió rechazar el resultado y apelar a las armas.

El candidato perdedor aceptó la adversidad y lanzó un manifiesto a sus correligionarios en que decía:

Sin trepidación y obedeciendo a mi criterio sobre las conveniencias y delineamientos de nuestro partido, me presento ante vosotros en los instantes de emoción y expectación nacional, para declararos que la solución violenta de nuestro problema político actual no encaja con los imperativos de la hora, ni es una garantía de acierto para el país ni para el porvenir del liberalismo, sino un lamentable error de incalculables perjuicios para la Nación.[455]

Esta actitud era encomiada por un intelectual opositor: Marcos Carías Reyes quien escribiendo bajo el seudónimo Santos Vega comentaba:

"No hay vencedores ni vencidos, hemos de afirmar también que el gesto del doctor Ángel Zúñiga Huete acatando el resultado de los comicios, con entereza patriótica y visión del futuro, merece de los hondureños que anhelamos un glorioso porvenir para la república, un cordial signo de felicitaciones".[456]

Otro escritor nacionalista coincidía en elogiar tanto la conducta del presidente como la del candidato oficial:

"El doctor Mejía Colindres cuyo buen nombre perjudicaron con sus procedimientos atentatorios muchos de los empleados en cuya honorabilidad confió supo al final del debate cívico revestirse de entereza y por ello le tributamos un cálido elogio. En cuanto al licenciado Zúñiga Huete consideramos de justicia también alabar sus declaraciones y su actitud patriótica. Y creemos que es desde ahora que comenzará a perfilarse verdaderamente su personalidad política, si no se aparta del

---

[455] Citado por Contreras, op.cit., pp. 203-204.
[456] "El porvenir se ha salvado", El Cronista, 5 noviembre 1932, p. 3.

plano en que se acaba de colocar".[457]

La posibilidad de un alzamiento armado había sido discutida por los medios de comunicación tan temprano como mediados de año. El vocero nacionalista editorializaba así:

"Los panteristas pueden tomar las armas. Pero solo para fracasar, arruinando al País. ¿Contra quién van a combatir? Contra la legalidad indudablemente. Porque si hacen su revuelta antes de las elecciones, irán contra el régimen constitucional del Dr. Mejía Colindres. Y si la hacen después, irán contra la decisión constitucional del pueblo hondureño en las urnas electorales".[458]

Con posterioridad a la elección, como arriba hemos dicho, retornaron persistentes rumores respecto al rechazo del resultado y la apelación a la violencia. Guillén Zelaya los recogía y exhortaba a la paz y a la cordura:

"Si nuestros temores se confirman, queremos dejar constancia, desde ahora, que un bochinche tendiente a frustrar el resultado de las urnas, será el suicidio irremediable de quien lo haga, la destrucción de su partido y el descrédito y aniquilamiento de su patria... con un acto de esa naturaleza el Partido Liberal quedaría sepultado para siempre... No debe haber sangre para cumplir el mandato de la voluntad popular".

El Poder debe entregarse en paz al ciudadano escogido por la mayoría de los hondureños. Eso es lo democrático, lo civilizado y lo justo.[459]

El editorial de El Cronista también recogía esa atmósfera de que algo ominoso estaba por estallar:

"En el ambiente de la nación hondureña vuelan de un extremo a otros presagios de una posible alteración del orden público. Se habla de que los descontentos o perdidosos en la elección recién pasada levantarán en estos días la tea incendiadora (sic) de la tranquilidad pública. Hay zozobra en San Pedro Sula, en Trujillo, en La Esperanza, en Comayagua, en Nacaome, y en Tegucigalpa... A pesar de las declaraciones del

---

[457] Editorial de la Revista Tegucigalpa, 6 noviembre 1932, reproducido en El Cronista, 7 noviembre 1932, p. 3.

[458] Nuevos Tiempos, 19 julio 1932, p. 1.

[459] "Hay que entregar en paz", El Pueblo, 12 noviembre 1932, p. 7 (Los subrayados son nuestros).

Dr. Ángel Zúniga Huete y de las promesas pacifistas de algunos de los líderes del Partido Liberal, vencido en las urnas comiciales, varios personajes conocidos ya como empujadores, no descansan en alentar a los incautos y descontentos para que, con fusil al hombro, interrumpan el proceso, en segundo término, de la sucesión presidencial".[460]

El otro portavoz del Nacionalismo también apelaba a la cordura y al realismo político:

Los hermanos vencidos en la reciente pugna electoral deben demostrar que, antes de liberales o zúnigahuetistas, son hondureños y, por lo mismo, están obligados a honrar y a defender a la patria en su tranquilidad, en su honor, en su soberanía, en su crédito, trabajando por la paz, como lo hiciera el Partido Nacional vencido en 1928.[461]

Los victoriosos empezaban a esbozar lo que sería su régimen y al respecto su vocero sostenía:

"En nuestro concepto, el Gobierno Nacional debe entenderse en el sentido de aprovechar las capacidades de todos los partidos para la Administración Pública. Pero no, como generalmente se cree, en utilizar elementos de diferentes partidos en la dirección de la política. Si se utilizan elementos de diferentes partidos en la dirección de la política, como ocurre en los casos de coalición, el fracaso es inevitable, porque la cohesión y la unidad se hacen imposibles o se dificultan. Al contrario, si en la dirección de la política se utilizan elementos afines, completamente identificados con la política del partido gobernante, es indudable que el Gobierno tendrá resultados satisfactorios".[462]

Iba así a conformarse un gobierno ni siquiera unipartidista; más bien girando en torno al caudillo Carías: la lealtad e incondicionalidad hacia él determinarían el estar en buenos o malos términos con el presidente electo.

El alzamiento armado liberal se inició el 11 de noviembre en San Pedro Sula, encabezado por William Coleman. El cuartel fue capturado por milicianos civiles. Empero, el contraataque, dirigido por el soldado de fortuna estadounidense Guy *Machine*

[460] El Cronista, 12 noviembre 1932, p. 3.
[461] "Maquinaciones contra la paz "Nuevos Tiempos, 1 noviembre 1932, p. l.
[462] "Gobierno de Partido y Gobierno Nacional", Nuevos Tiempos, 9 noviembre 1932, p. I.

*Gun* Molony y los generales nacionalistas Francisco Martínez Funes y Eduardo Rosales, comenzó dos días después. Tras su derrota, los liberales abandonaron la ciudad, dirigiéndose a El Progreso.

Mientras tanto, en el interior, la guarnición de La Esperanza se unió a la insurrección de los zúniguistas, secundando al general Justo Umaña, cuyas columnas se calculaban entre 400 y 800 hombres bien armados, en tanto que el también liberal, General José María Fonseca abandonaba Tegucigalpa dirigiéndose a El Paraíso para organizar otra columna armada. Tela, Santa Bárbara, Nacaome y Danlí también cayeron en manos de los rebeldes.

Entretanto, los liberales leales a Mejía Colindres se aprestaban a defender el resultado electoral, dándose así una situación peculiar: un grupo de liberales, sin contar con la aprobación y el apoyo de la dirigencia de su partido, trata de derrocar a un gobierno de su propia factura. El blanco no era, precisamente, el gobierno que estaba ya en sus estertores; el verdadero objetivo era la próxima ascensión al poder del general Tiburcio Carías Andino... el presidente Mejía Colindres, que le debía la presidencia al Partido Liberal, desde el golpe en San Pedro Sula empezó a apoyarse más y más en los caristas, que diariamente lo habían atacado. Sin embargo, el primer paso que dio no fue partidarista sino constitucional. El día 13 de noviembre el gobierno dio a luz el Boletín No. 1, en que informaba al pueblo sobre la captura del cuartel militar en San Pedro Sula por Guillermo Coleman, "agente de un movimiento para deponer" al presidente de la República para así "burlar la voluntad del pueblo hondureño manifestada en los recientes comicios". Aseguraba el Boletín que el presidente tenía el apoyo firme del Nacionalismo. Acto seguido decretaba el estado de sitio para toda la nación. Al mismo tiempo convocaba al Congreso a sesiones extraordinarias para el 15 de diciembre.[463]

El vocero nacionalista comentaba al respecto:

"Para honra de Honduras debemos anotar en relieve que los revolvedores (sic) no han encontrado eco en la opinión pública. Y su acción criminal ha sido reprobada, no solo por los

---

[463] Contreras, Carlos, op. Cit., p. 217.

dirigentes del Partido Liberal vencido en las urnas eleccionarias, sino por todos los liberales comprensivos que aman a su Patria y que tienen concepto de su responsabilidad como hijos de Honduras en esta hora de rectificaciones y de esperanzas".[464]

El editorialista de El Pueblo, por su parte, consecuente con su posición pacifista y legalista, evaluaba así la situación, exhortando a los rebeldes a deponer las armas:

"Los funcionarios públicos por lealtad y honor han tenido que estar del lado del gobierno que sirven y los dirigentes del liberalismo por convicciones y amor a la paz han reprobado la guerra. De manera que han quedado solamente peleando contra un gobierno a quien sostienen dos partidos, el liberalismo y el nacionalismo, en una palabra, se trata hasta este momento de un grupo que pelea contra la Nación. En nombre de todas nuestras largas y desinteresadas luchas defendiendo la actuación y el honor del Partido Liberal, en nombre de la historia misma de ese partido y de la República, nos creemos con derecho a pedir, y así lo pedimos, a los pocos liberales que estén con las armas en la mano o tengan el propósito de tomarlas, que renuncien a ese empeño y dejen que gobierne el ciudadano que obtuvo el mayor número de votos en las elecciones recién pasadas... Solamente una batalla necesitan ganar los liberales para vencer a su adversario: la batalla de la paz".[465]

Entre tanto, la última guerra civil de envergadura del siglo XX hondureño continuaba en distintos puntos del territorio norte, occidente, sur. La situación inicial de las fuerzas leales al Gobierno, así como las de Carías no era favorable por cuanto los desertores del Ejército habían sustraído gran cantidad de armas y municiones de los principales cuarteles con antelación al día de las elecciones. Las gestiones del presidente Mejía Colindres para adquirir material bélico en Estados Unidos a fin de solicitar la compra al crédito, a pagarse cuando Carías asumiera el poder... no tuvieron resultado favorable, comunicándole el Gobierno norteamericano, por medio de su ministro Lay, que dicho material "no estaba disponible para la venta".

Las comunicaciones con el presidente salvadoreño,

---

[464] Nuevos Tiempos, 14 noviembre, 1932, reproducido en El Pueblo. 15 noviembre 1932, p.7.
[465] "La batalla de la paz", El Pueblo, 15 noviembre 1932, p. 7.

Maximiliano Hernández Martínez sí contaron con una respuesta positiva y Carías podía confiarle al ministro Lay que el gobierno de ese país le había prometido 500,000 cartuchos de munición once milímetros; el 19 de noviembre llegaban desde San Salvador cinco cargamentos en aviones de la Taca y la Empresa Dean con dicha ayuda, la que fue distribuida en Tegucigalpa, San Pedro Sula y La Paz. Se había convenido que la misma sería pagada a plazos sin establecer fecha de pago, cuando Carías asumiera el poder. Hernández Martínez ofrecía vender 30 ametralladoras y 100.000 tiros para las mismas. A cambio de esa oportuna y decisiva ayuda, Carías le ofrecía reconocer a su régimen".[466]

Recuérdese que el gobernante salvadoreño había llegado al poder mediante el golpe de estado, en enero de 1932 al derrocar al presidente Arturo Araujo, no siendo reconocido su régimen ni por los Estados Unidos ni tampoco, inicialmente, por las naciones centroamericanas, al tenor del Tratado de Paz y Amistad de 1923, por el cual aquellos que alcanzaran el poder por la vía de la fuerza no recibirían reconocimiento diplomático. Fue hasta 1935 cuando Guatemala, Honduras, Nicaragua y Estados Unidos finalmente otorgaron el anhelado beneplácito.

El 2 de diciembre era derrotado el general Umaña en Flores, al sur de Comayagua; con esta acción se creía que el peligro para Tegucigalpa y la Costa Norte había pasado. Nacaome y Santa Bárbara eran recapturadas y el Departamento de Copán, a excepción de Santa Rosa, volvía a estar en manos del Gobierno, con lo que las acciones militares quedaban reducidas a una serie de combates aislados entre las fuerzas gubernamentales y grupos revolucionarios dispersos con el objeto de desalojarlos de poblaciones que tenían en su poder. El 26 de noviembre Zúñiga Huete y su familia abandonan el país, dirigiéndose a Nicaragua.

Sería hasta 1948 cuando volvería a pisar suelo patrio, ya que México se convertiría para él, como para muchos otros compatriotas, en santuario y refugio durante largos años de exilio.

---

[466] Argueta, Mario R. Tiburcio Carías, anatomía de una época, 1923-1948. Tegucigalpa, Guaymuras, 1989, pp. 78-79.

# EPÍLOGO

Hemos visto, panorámicamente, la vida y los tiempos de tres caudillos hondureños, cada uno poseedor de virtudes y defectos, de propósitos y visiones, con grados diversos de apoyo popular y empresarial, de experiencias académicas y castrenses.

El fragor de los combates y las intrigas palaciegas habían ido moldeando sus personalidades. Saborearon la victoria y la derrota, la entrada triunfal y la huida subrepticia, el poder y la gloria, la amenaza y el halago, la miel y la hiel, la adhesión entusiasta y la deserción inesperada.

En múltiples ocasiones sus destinos se entrelazaron, como aliados y rivales, hoy convergiendo y mañana discrepando, reunidos en sesión ministerial o enfrentados en el campo de batalla.

Pese a su persistencia y tenacidad, el destino se interpuso entre dos de ellos y sus proyectos: la muerte los reclamó cuando aún eran hombres vigorosos. Solamente uno, el más astuto y menos audaz, logró coronar su meta, diferida en previas ocasiones: la Presidencia de la República. Su carisma, firmeza de propósitos y el anhelo generalizado por alcanzar la paz elusiva facilitaron el triunfo eventual.

Los valles y serranías hondureñas, los pinos enhiestos y las hondonadas abismales eran los mudos testigos de las matanzas fratricidas, algunas de ellas estimuladas por la ambición y dinero de las empresas bananeras.

El horror, la fatiga y la prédica civilista de algunos de los mejores hondureños finalmente consiguieron que el clarín y el cañón se llamaran a silencio. La muerte de Ferrera marcó un antes y un después en el ciclo de guerras civiles, si bien una facción del Partido Liberal intentó, vanamente, un postrer repunte bélico.

Su torpeza y sectarismo facilitó la justificación para que Carías permaneciera en el mando durante diez y seis años en los que se cobró, con creces, los obstáculos y humillaciones lanzados por su rival político. Con su régimen llegó a su fin la alternabilidad y la transferencia pacífica del poder entre los dos partidos históricos.

Y ese tránsito hacia la eventual dictadura se inició una fría mañana de enero de 1933 cuando le era impuesta la banda presidencial y se realizaba el traspaso de mando. Se comenzaba así una nueva época, cuyos orígenes se remontaban a un 1919.

Torrentes de sangre habían sido derramados: los muertos y mutilados, las viudas y los huérfanos eran testigos de la violencia incontrolada, de la destrucción irracional, de las pasiones desbocadas.

Y la cuota principal de víctimas había sido aportada por los de abajo, los humildes, los marginados y excluidos, sin voz y sin poder, manipulados tanto por políticos y guerreros ambiciosos como por intereses mercantiles foráneos interesados en expandir sus privilegios, exenciones y concesiones.

Sin duda, los años 1919-1932 fueron altamente trágicos, dramáticos, sangrientos, marcando para siempre a una generación, que presenció más la inestabilidad que la estabilidad, más la intolerancia que el diálogo, más la ambición que el patriotismo.

Trece años de guerras fratricicidas, de odios, venganzas, que desangraron a un pueblo digno de un destino distinto.

# CRONOLOGÍA

1876:    Nace en Tegucigalpa Tiburcio Carías Andino.

1881:    Nace en Jesús de Otoro, Intibucá, Gregorio Ferrera.

1885:    Nace en Jesús de Otoro, Intibucá, Vicente Tosta Carrasco.

1908:    Vicente Tosta se gradúa en la Escuela Militar, con el grado de teniente.

1910:    Tosta ascendido a Mayor. Dirige la Escuela de Cabos y Sargentos de San Pedro Sula, establecida por el comandante de Armas de Cortés, Tiburcio Carías Andino.

1919:    El Congreso decreta estado de sitio En protesta por la imposición del presidente Bertrand a efecto que Nazario Soriano le suceda en el poder, Tosta renuncia al cargo de Mayor de Plaza de La Esperanza. Hecho prisionero, subleva a los reos y se apodera del presidio junto a Ferrera, José Ramírez y Natividad Pérez. Se alzan en armas derrotando a las fuerzas gubernamentales en Marcala, San Miguelito, Gracias, Santa Rosa de Copán y La Cumbre, ocupando San Pedro Sula. Bertrand renuncia a la Presidencia, asume como presidente Provisional Francisco Bográn. Ferrera es electo Diputado Propietario por Intibucá.

1920:    Ferrera nombrado Administrador de Rentas en La Ceiba; por desacuerdos con el Gobernador de Atlántida, Antonio Ramón Lagos, renuncia al cargo en 1921 y regresa a Intibucá.

1922:    Ferrera cruza la frontera salvadoreña, penetrando en abril Honduras, atacando La Esperanza y Andrés Leiva intenta ocupar Ocotepeque. Ambos son derrotados. Francisco Martínez Funes invade Honduras desde Nicaragua, envía ultimátum al presidente López Gutiérrez emplazándolo para que destituya al ministro de Guerra, Carlos Lagos.

Julio    Capturado el periodista Paulino Valladares, conducido prisionero al Castillo de Omoa.

| Agosto | Ferrera, quien se encontraba en Guatemala, retorna a El Salvador, penetra a Honduras y ataca Marcala, no logrando capturarla. Se desplaza a la frontera con Guatemala para recibir armas del gobierno guatemalteco. Paulino Valladares es liberado, retornando a Tegucigalpa. |
| 1920: | Tosta es ascendido a General de Brigada, nombrado |
| 1923: | Inspector Militar de la Costa Norte, comandante de Puerto Cortés, Inspector de la Zona de Occidente. Combate a Ferrera, quien se ha alzado en armas contra el régimen de López Gutiérrez. Renuncia a la Comandancia de Armas y Gobernación Política de Copán. |
| 1923: | Elecciones presidenciales, participando tres candidatos, dos por el Partido Liberal: Policarpo Bonilla y Juan Ángel Arias, uno por el Partido Nacional: Tiburcio Carías; éste obtiene el primer lugar, pero sin alcanzar la mayoría absoluta (la mitad más uno del total de votos) requerida por la legislación, por lo que corresponde al Congreso escoger al sucesor de López Gutiérrez, pero no lo hace. |

1924: Febrero

1°. López Gutiérrez asume la dictadura al concluir su período constitucional.

2°. Ferrera captura La Esperanza; Marcala cae por fuerzas opositoras, iniciándose así la "Revolución Reivindicadora".

3°. Siguatepeque capturada por partidarios de Carías.

4°. Estados Unidos no reconoce al gobierno de facto. El ministro de Gobernación, Ángel Zúñiga Huete, exige a comerciantes capitalinos un préstamo por $200,000.

5°. Gracias capturada por las fuerzas conjuntas de Tosta y Ferrera.

9°. Carías, quien ha abandonado la capital, presta la promesa constitucional como Presidente de la República, ante el Alcalde de Lamaní.

10: Capturada Santa Rosa de Copán por las Fuerzas de Tosta y Ferrera; ambos firman proclama oponiéndose a la dictadura de López Gutiérrez.

12: Zúñiga Huete abandona Tegucigalpa, para solicitar ayuda a los Presidentes de El Salvador y Guatemala. Santa Bárbara en poder de los alzados.

13: Martínez Funes ataca San Marcos de Colón, pero es rechazado

14: El buque de guerra estadounidense Milwaukee atraca en Amapala. El Secretario de Estado, Hughes, ordena al Ministro Franklin Morales que notifique al Canciller hondureño que, "bajo las actuales circunstancias, sería imposible para este gobierno recibir formalmente a un representante diplomático hondureño".

19: Fuerzas gobiernistas recuperan el control de La Paz.

# ANEXOS*

*Se ha respetado la ortografía de los originales.*

# ANEXO I

# FAMILIA FERRERA
# CENSO GRAL.
## ALDEA DE SAN JERÓNIMO

| Casas | Nombres y Apellidos | Razas | Sexo | Religión | Edad | E. Civil |
|-------|---------------------|-------|------|----------|------|----------|
| Teja | Leocadia Ferrera | Ladino | M | Católico | 28 | Casado |
| Teja | Sebastián Ferrera | Ladino | V | Católico | 60 | Casado |
| Teja | Ciriaca Ferrera | Ladino | M | Católico | 24 | Soltera |
| Teja | María Paz Ferrera | Ladino | V | Católico | 20 | Soltera |
| Teja | Gregorio Ferrera | Ladino | M | Católico | 14 | Soltero |
| Teja | Claudina Ferrera | Ladino | M | Católico | 12 | Soltera |
| Teja | Ma. Vicente Ferrera | Ladino | M | Católico | 7 | Soltera |
| Teja | Manuela Ferrera | Ladino | M | Católico | 3 | Soltera |
| Teja | Paula Ferrera | Ladino | M | Católico | 2 | Soltera |
| Teja | Ma. Purificació n F. | Ladino | M | Católico | 1 | Soltera |
| Teja | Eugenio F. | Ladino | V | Católico | 1 mes | Soltero |

*FUENTE:* Reproducido en Inestroza M., Jesús Evelio. Jurla en el valle de Otoro, historia de Jesús de Otoro y de los pueblos antiguos del Valle (1536- 2007). Tegucigalpa, Flores, 2.007, p. 483.

# ANEXO II

Enclosure No. 2. to despatch number 4, dated September 8, 1919. Subject: CONDITIONS IN PUERTO CORTES CONSULAR DISTRICT.
American Consulate, Puerto Cortés, Honduras.

San Pedro Sula, Honduras, 8 de setiembre de 1919.

Sr. Presidente Wilson.
Washington, D.C.

Según avisamos a Ud., de Santa Rosa de Copán, la Revolución Constitucionalista que encarna las más caras aspiraciones del pueblo hondureño, continúa su marcha incontenible, habiendo tomado de aquella fecha a esta las plazas de Santa Bárbara y esta Ciudad, que constituye el principal baluarte del despótico Gobierno del Dr. Bertrand, empeñado criminalmente en negar al Pueblo hondureño su derecho a la libre elección de sus mandatarios.

La Revolución Constitucionalista ha crecido en volumen y en fuerza y se encuentra capacitada para imponer por la fuerza la voluntad nacional al indigno Gobierno, que actualmente tiene la representación de la Nación. Nosotros que aborrecemos la violencia y el desorden, marchamos a través del País, siendo la garantía de Nacionales y Extranjeros y ansiamos [sic] de corazón una terminación honrosa en la presente lucha del pueblo y el poder. La sociedad hondureña nos ha demostrado elocuentemente su confianza, y marchando de triunfo en triunfo contra las fuerzas desorganizadas y salvajes del Gobierno, tenemos seguridad absoluta en la victoria final. Amigos del gran pueblo Hermano que Ud. dirige, rogamos a Ud. tener la seguridad de que el espíritu que nos guía y nos da fuerza es el de la justicia que sirve de base a los grandes principios propuestos y sostenidos por V. E. en el mundo civilizado.

Los elementos con que contamos son propios, no tenemos ayuda extraña, es el pueblo indignado que arrebata el arma de su verdugo para volverla contra él; no aspiramos más que a la libertad electoral, lo cual puede lograrse si el Dr. Bertrand deposita el poder en la persona designada por la ley y que puede garantizar con su imparcialidad el derecho electoral. Su intervención amistosa en este sentido comprometería la gratitud del pueblo hondureño para con el gran pueblo Americano y su digno mandatario.

J. E. Alvarado
Jefe de Norte

V. Tosta
Jefe de Occidente

FUENTE: United States National Archives. Consular Records, Honduras, Puerto Cortés, RG59, Records of the Department of State relating to Internal Affairs of Honduras, 1910-1929.

# ANEXO 3

Tegucigalpa, 4 de Julio 1922

Señor don G. M. Soto
Comayagüela

Muy estimado señor:

El patriotismo, la conveniencia del Estado, y los intereses generales del país, han aconsejado que no se promueva todavía la campaña de propaganda para la elección de las Autoridades Supremas que han de funcionar durante el período constitucional de 1924 a 1928; pero el cumplimiento de tan laudable propósito, se ha frustrado desgraciadamente con los trabajos activos y constantes que diferentes elementos políticos del país, vienen haciendo desde hace algun tiempo en favor de determinadas candidaturas.

Tales actividades han hecho ineficaces las recomendaciones del Señor Presidente de la República, en el sentido de aplazar la iniciación de dicha campaña, y las que hizo a sus amigos con iguales fines el distinguido hombre público Doctor don Policarpo Bonilla, como lo demuestra la prensa nacional y el estado de los ánimos en toda la República.

En presencia de tales hechos, hemos considerado necesario consultar la opinión general del país, tanto sobre la oportunidad de iniciar nuestros trabajos de propaganda electoral, como respecto de la persona que a su juicio reúna las condiciones requeridas para hacerlo merecedor de la candidatura presidencial; y de todos los extremos de la Nación hemos recibido una sola consigna-trabajar desde luego-y un solo nombre como candidato-el del Doctor Policarpo Bonilla.

En la vida de luchas, vacilaciones y caídas que hemos sostenido por implantar los principios de la democracia, ha sido muy amarga, honda y elocuente la experiencia adquirida en cuanto a las causas y factores de nuestro fracaso y descredito: todos conocemos ya cuales son los agentes de nuestra descomposición político-social: sabemos perfectamente que a gobernantes sin experiencia ni preparación y ayunos de mirajes definidos sobre el porvenir de la Nación, corresponden por consecuencia lógica, administraciones ruinosas, de bancarrota económica y desorden administrativo, cuando no el imperio de la tiranía y de la corrupción moral. En presencia de tan sabias enseñanzas que el tiempo y los acontecimientos nos han dejado, es hora ya de que un núcleo respetable de hondureños patriotas y comprensivos se compacten en una aspiración justa y altruista, que, prescindiendo de los viejos moldes sectarios, nos inicie en la senda del respeto absoluto a la Ley, y nos encamine hacia la concordia nacional.

Porque nosotros no admitimos, en nuestro honrado modo de pensar, otro programa de Gobierno que no sea el que vivamente anhela el pueblo hondureño, es decir, un cambio adecuado y progresivo en nuestros sistemas de política y administración, que tienda en cuanto a la primera a restablecer la armonía nacional, por el cumplimiento estricto de la ley, el respeto a los derechos del pueblo, y el olvido de los intereses partidaristas en aras de los intereses de la patria; y en cuanto a la segunda al engrandecimiento y prosperidad de la Nación y al bienestar de sus habitantes.

Por las razones expuestas, creemos que ha llegado el momento de iniciar los trabajos de propaganda en favor de aquel que, por su honorabilidad, limpios antecedentes, experiencia y preparación técnica en los asuntos del Estado, y por su significación política, sea una firme garantía de honrada, próspera y benéfica administración.

Un considerable número de personas de todos los matices políticos, de todas las clases sociales y de todos los ámbitos del país, ha pensado en la esclarecida personalidad del Doctor Don Policarpo Bonilla, considerándola como la más ventajosamente conocida, más idónea, popular y viable en todos conceptos que se pueda presentar al pueblo hondureño para candidato a la Presidencia de la República en el próximo período constitucional.

Los firmantes de la presente, en nuestro propio nombre y autorizados por altas personalidades de los departamentos, hemos consultado al Doctor Bonilla para saber si acepta su nominación como candidato reclamado por la mayoría del pueblo hondureño, y habiendo obtenido su contestación afirmativa, la cual está en armonía con las circulares que ha dirigido a sus amigos políticos que lo han interrogado sobre el mismo asunto, nos tomamos la libertad de pedir respetuosamente el parecer de Ud. en cuanto a los propósitos antes expresados y a la personalidad que los sintetiza a nuestro juicio; y si Ud. opina de igual manera iniciar desde ahora los trabajos en favor de nuestra candidatura, en consonancia con el tiempo y las circunstancias presentes.

En caso de estar de acuerdo con nosotros, le rogamos hacer conocer los conceptos de la presente circular a sus amigos de ese departamento o pedirnos el número de ejemplares que de ella necesite para su distribución. Rogamos a Ud. igualmente dirigir su apreciable contestación a los señores Di. don Rafael Alduvín h. y Coronel don Pedro Rivas en esta ciudad.

Con muestras de especial consideración nos suscribimos de Ud. muy atentos S. S. y amigos: (f) Ángel Ugarte (f) Raúl Toledo López (f) Manuel S. López (f) Rafael Alduvín L. (f) Héctor Valenzuela. (f) Federico A. Smith (f) Ricardo D. Alduvín (f) Ángel Sevilla (f) Arturo Fortín (f) Salv. Zelaya (f) Rodolfo Pineda Galindo (f) José Ma. Díaz Gómez (f) Pedro Rivas (f) Rodolfo Rojas.


FUENTE: Archivo Nacional de Honduras, Fondo Policarpo Bonilla.

# ANEXO 4

Tegucigalpa, octubre... de 1922.

SEÑOR............

Estimado correligionario:

Es en nuestro poder su estimable contestación a nuestra carta-circular del 4 de julio que tuvimos el honor de dirigir a Ud. En unión de otros amigos. Hemos visto con placer, que Ud. está de acuerdo con nosotros sobre los conceptos fundamentales á que se refiere nuestra carta mencionada y es en esa virtud, que rogamos á Ud, se sirva darnos los siguientes informes:

A) Una lista, lo más completa que le sea posible, de las personas amigas y conocidas de Ud., residentes en este municipio, con especificación de aquellas que, según su creencia, estén de acuerdo con nuestras ideas y propósitos.

B) Informar cada vez que el caso se presente y si es posible, acompañando documentos, sobre los actos de arbitrariedad que cometan en la jurisdicción de ese municipio, los empleados del Gobierno 6 Alcaldes Municipales y también, sobre los actos de los mismos empleados, encaminados á imponer con la fuerza de las armas ó á recomendar con la influencia de su posición, candidaturas para diputados, Alcaldes Municipales y Autoridades Supremas.

C) Informar en la misma forma, sobre las personas de significación política y social que nos adversen en ese pueblo y sobre las que lleguen á los pueblos de la jurisdicción de ese municipio en propaganda de candidatura independientes, lo mismo que sobre aquellas personas particulares que la verifiquen en favor de candidaturas oficiales.

Rogamos á Ud. empeñar lo mejor que le sea posible, su atención, actividad é inteligencia hacia el cumplimiento de los tres informes que le recomendamos, por que todos y cada uno de ellos, tienen especial importancia para la buena marcha de nuestros trabajos.

El número A tiene por objeto, ampliar el radio de nuestros amigos en la jurisdicción de ese municipio, á base de referencias exactas ó aproximadas que Ud. nos dé sobre la identificación en ideas y sentimientos con nosotros, de las personas que Ud, nos indique: tan luego como recibamos su informe, enviaremos á esos nuevos amigos, nuestra circular del 4 de julio.

El número B persigue, garantizar á los ciudadanos, y especialmente á nuestros correligionarios, su libertad de acción y pensamiento, en armonía con nuestra Constitución Política, denunciando ante el señor Presidente de la República y ante la opinión pública, á los empleados del Gobierno que pretendan violar la ley y adversar, en consecuencia, las repetidas declaraciones y promesas que ha hecho el Presidente López Gutiérrez, de respetar el libre ejercicio del sufragio y de impedir cualquier acción de sus empleados que tienda á obstaculizar ó anular el cumplimiento de su voluntad.

El número C tiende á establecer un conocimiento exacto sobre la calidad dé los agentes de nuestros adversarios, para la mejor orientación y ejecución de nuestras actividades.

Estas recomendaciones, como Ud. comprenderán, no tienen carácter transitorio, sino permanente, para todo el período de la campaña eleccionaria, á partir de la próxima de diputados hasta terminar con las de Presidente y VicePresidente de la República.

Nos permitimos recomendarles el triunfo de nuestros candidatos para diputados por ese departamento y de Magistrado de la Corte Suprema de Justicia, cuyas cédulas de votación ya habrán recibido nuestros agentes ó estarán para recibirlos.

Es con placer que damos á Ud. la noticia de haber visto la luz pública el 12 de los corrientes, nuestro periódico de propaganda, EL CONSTITUCIONAL; él será el órgano de nuestros intereses, el defensor de los derechos y libertades de los hondureños y el más decidido y constante sostenedor de nuestra causa, que registrará en sus páginas, todas las palpitaciones de la vida de la

República en esta hora suprema y los anhelos todos de los pueblos.

Es conveniente que se mantengan compactos los amigos de ese municipio, amplios y cordiales en la comunidad de ideas y sentimientos; que no se dejen sorprender por las amenazas de los funcionarios transgresores de la ley, ni por las falsas especies que harán circular nuestros adversarios en contra nuestra causa; y que tengan la firme creencia y confianza, que estamos en condición de asegurarles á base de la correspondencia que recibimos de todas partes del país, que la candidatura del Dr. Policarpo Bonilla para la Presidencia de la República, ha sido aceptada entusiastamente por una lujosa mayoría de hondureños, figurando en ella, tanto los hombres de más significación política, social y económica, como el pueblo honrado y viril, que no ha olvidado, como lo probó en las elecciones para Autoridades Federales, al eminente ciudadano, que en más de una ocasión ha jugado su vida y ha luchado denodadamente en todo tiempo, por los derechos y libertades de los hondureños.

En espera de su contestación de haber recibido la presente, y de tenernos al tanto de las novedades que ocurran en ese municipio, según nuestras instrucciones, nos es grato firmarnos de Ud. sus amigos y correligionarios.

Rafael Alduvín L.        Pedro Rivas.

FUENTE: Archivo Nacional de Honduras, Fondo Policarpo Bonilla.

# ANEXO 5

SECRETARIA DEL COMITÉ CENTRAL PRO BONILLA
Tegucigalpa, 17 de abril de 1923

Estimado amigo y correligionario:

Hemos tenido ocasión de saber que usted simpatiza con la candidatura del Doctor don Policarpo Bonilla para la Presidencia de la República. El Comité Central, por medio, agradece a usted su valiosa adhesión, y aprovecha esta oportunidad para manifestarle que nuestro empeño primordial por ahora se concreta a la organización de comités y subcomités en todas las poblaciones de la República, sin excepción de aldeas y caseríos importantes, por las razones siguientes: 1a.- Porque sirven de centros de atracción y de defensa; 2a.- Porque facilitan la comunicación de noticias; 3a.- Porque son los únicos que gozarán de la franquicia telegráfica y postal, en caso de que el gobierno la conceda a los varios candidatos; 4a.- Porque son los únicos también que pueden tener representación en las mesas electorales.

Pero nosotros tenemos además otra razón fundamental y es que, debiendo procederse al nombramiento de un delegado departamental a una convención que se reunirá en esta capital con el objeto de confirmar la candidatura del Doctor Bonilla y hacer la designación del candidato a la Vicepresidencia, ese nombramiento lo harán los subcomités establecidos; y naturalmente quedarán sin participación los amigos de los lugares donde no se hayan organizado.

Teniendo plena confianza en su adhesión a la candidatura del Dr. Bonilla, excito a usted muy atentamente, en nombre del Comité Central, para que se sirva prestar su contingente en la fundación de nuestro subcomité en ese lugar, si aún no se ha fundado.

En espera de sus gratas noticias, me es grato suscribirme de usted muy atento servidor y affmo. amigo.

FUENTE: Archivo Nacional de Honduras, Fondo Policarpo Bonilla.

# ANEXO 6

## Sub Comité Femenino ¡Clavel Rojo!

En esta vía de San Marcos de Ocotepeque el 1o. de Mayo del presente año las suscritas nos hemos reunido para tratar de problema trascendental a favor de nuestra Patria y en consideración de ello entre los demás candidatos que han surgido, hemos elegido el del eminente Dr. Don Policarpo Bonilla, por reunir cualidades culminantes lo creemos digno de regir los destinos de la república durante el próximo período constitucional de 1924-1928.

No debemos pues dudar que él con su sana intención promoverá el adelanto de nuestra querida Patria guiándola por las sendas de la felicidad y el progreso. Por lo tanto acordamos firmar este Sub Comité femenino denominado "Clavel Rojo".

| | |
|---|---|
| Presidenta Senorita | Amelia Arita |
| Vicepresidenta Señorita | Ofelia Arita |
| Vocal 1°. Señorita | Gertrudis Carbajal |
| Vocal 2°. Señorita | Aminta Santos |
| Vocal 3°. Señorita | Graciela Ventura |
| Vocal 4°. Señorita | Mercedez López |
| Vocal 5°. Señorita | Francisca Valle |
| Vocal 6°. Señorita | Guillermina Deras |
| Vocal 7°. Señorita | Victoria Ardón |
| Vocal 8°. Señorita | Romelia M. de Arita |
| Vocal 9°. Señorita | Herminia A. de Paz |
| Vocal 10°. Señoras | Lucia S. de Chinchilla |
| Secretaria | Erlinda Arita |
| Tesorera | Adelfa Arita |

1.Carmen Meiía
2. Jesús Espinoza
3. Ernestina Valle
4. Emilia López

5. Jacsimna Mejía
6. Julia Linares
7. María Linares
8. Tomasa Ortega
9. Everilda Ortega
10. M. Ana L. Posadas
11. Ma. Marcos Mejía
12. Guillermina Hernández
13. Julia Hernández
14. Casimira Espinoza
15. Rosa M. Espinoza
16. Gabriela García
17. Ma. Luisa García
18. Domitila Fuentes
19. Escolástica Fuentes
20. Angela Aragón
21. Luisa Aragón
22. Celsa Romero
23. Erlinda Flores
24. Margarita Carvajal
25. Felicita Carvajal
26. Fernanda Pineda
27. Adelina Pineda
28. Rumalda Pineda
29. Dolores Solórzano
30. Juana Salguero
31. María  Salguero
32. Margarita Fuentes
33. Soila Fuentes
34. Josefina Rivera
35. Evangelina Valle
36. Alicia Valle
37. Filomena Fuentes
38. Juana V. Fuentes
39. Secundina Rivera
40. María Núñez
41. Rosa Alva Interiano

42. Juventina Interiano
43. Francisca Paz
44. Lucia García
45. Ma. Luisa Peraza
46. Dominga Peraza
47. Carlota Mejía
48. Carmen Melgar
49. Ofelia Melgar
50. Amalia Mejía S.
51. Loionsa Lara
52. María Lara
53. Eva Fuentes
54. Rosa Chinchilla
55. Antonia Márquez
56. Sirila Márquez
57. Ventura Márquez
58. Susana Rivera
59. Celia Márquez
60. Gerónima Rivera
61. Cruz Ramos
62. Rafaela Ramos
63. Lucia Ramos
64. Rosinda Ramos
65. Gerónima P. de Flores
66. Margarita v. de Fuentes
67. Facunda P. de Orellana
68. María H. de Orellana
69. Adela O. de Valle
70. Agustina P. de Fuentes
71. Nicolasa F. de Rivera
72. Elisa C. de Fuentes
73. Lucina F. de Ortega
74. Carmen F. de Fuentes
75. Paula L. de Álvarez
76. María M. de Vásquez
77. Carlota V. de Romero
78. Cecilia C. de Núñez

79. María L. de Flores
80. Cornelia R. de Mejía
81. Rosa R. de Fuentes
82. Claudia H. de Peraza
83. Arcadia M. de Lara
84. Fidelia F. de Lara
85. Salvadora M. de Espinoza
86. Angela F. de Fuentes
87. Carmen L. de Peraza
88. Angelina E. de Fuentes
89. Vencerlada R. de Márquez
90. Carmen S. de Pineda
91. Gregoria R. de Márquez
92. Cruz M. de Escalón
93. Ma. Emma G. de Santos
94. Máxima A. de Fuentes
95. Antonia L. de Vásquez
96. Santos A. de Lara
97. Ma. Clara de León
98. Dolores L. de Funes
99. Dominga R. de López
100. Josefina A. de Jesús

# ANEXO 7

Tegucigalpa, 2 de mayo 1923

Señor don

Estimado correligionario:

Con instrucciones de este Comité Central, nos es grato dirigirnos a Ud., para excitar su buena voluntad y sus simpatías en favor de nuestro ilustre candidato el Dr. Policarpo Bonilla, a efecto de que, poniéndose de acuerdo con nuestros demás correligionarios de esa jurisdicción, procedan inmediatamente a organizar los subcomités de propaganda, tanto en ese pueblo si no lo han hecho aún, como en las aldeas y caseríos en donde igualmente no la hayan hecho. Así lo están haciendo nuestros amigos de los demás pueblos de la República, y los resultados obtenidos hasta la fecha, en cuatro meses que hace que principiamos la campaña, han excedido a nuestros cálculos y esperanzas.

En algunos pueblos de ese departamento han abrigado demoras para resolverse a organizar los subcomités, tales temores no tienen razón de ser, porque casi estamos convencidos de que el Gobierno no cometerá en esta vez el crimen imperdonable de imponer un candidato; en primer lugar, porque es poco el tiempo que falta para las elecciones y no tiene hombre en su Gobierno a quien recomendar con garantía de éxito, y en segundo lugar, porque, han fracasado hasta la fecha, todos los candidatos que han querido modelar [sic] como oficial algunos directores del gobierno. Los pueblos en consecuencia deben tener plena confianza de no volver a ver la faz macabra de la imposición oficial como en otras ocasiones.

La existencia del subcomité en cada pueblo, aldea o caserío es una necesidad imperativa, la. porque el subcomité es el órgano de comunicación entre la opinión de cada pueblo y este Comité Central; 2a. porque el subcomité es el Director inmediato de la propaganda en cada lugar; 3a. porque estos organismos comunican al resto del país el entusiasmo consiguiente con sus actividades, y 4a. porque debiendo reunirse en estos días una Convención Gral. que designará el candidato a la Vice-Presidencia, conviene que todos los pueblos tengan su representación, pues lugar que no tenga su Club organizado no tendrá dicha representación.

Tenemos ya organizados 280 Clubes en todo el país; contamos con mayoría de opinión en los departamentos de El Paraíso, Gracias, Atlántida, Valle, La Paz, Ocotepeque, Intibucá, Copán y las Islas de la Bahía; existen fuertes trabajos para formar esa mayoría en los de Yoro y Olancho; y en el resto de los departamentos contamos con un porcentaje considerable.

Se asegura que en estos días el Dr. Fausto Dávila lanzará su candidatura y sacará sus partidarios de las filas cariístas, que han buscado refugio en ellas, por no saber antes que dicho Dr. Dávila tomaría tal determinación.

En todo el país el cariísmo se desmorona de una manera incontenible y el carismo no ha encontrado eco hasta la fecha en la conciencia nacional. Centenares de cariístas protestan todos los días contra el cariísmo y se adhieren a nuestra causa; y es que de la comparación de los candidatos que se disputan el triunfo, la personalidad del Dr. Bonilla se impone dominante y avasalladora ante las demás, en fuerza de sus grandes méritos, de su gran significación política y social, de su patriotismo probado en 40 años de vida pública y de sus vastos conocimientos y experiencia en la ciencia del gobierno.

Esperando sus próximas letras y noticias, somos de Ud. amigos.

# INSTRUCCIONES A NUESTROS AGENTES
## DE PROPAGANDA

1. Deben desempeñar su comisión sin ningún temor ni desconfianza de parte de las autoridades de los pueblos, porque la circular del señor Presidente les prohíbe atacar o favorecer estos trabajos y el que no la obedezca será destituido de su empleo.
2. Emplearán la mayor actividad, inteligencia e interés en la propaganda, procurando convencer con buenas razones a los individuos, en favor de la candidatura del Dr. Policarpo Bonilla.
3. Deberán explicar a los pueblos, que la causa de su malestar y el origen de nuestras guerras civiles, obedece a la costumbre de los gobernantes de no respetar las leyes y de no entregar el poder al terminar su periodo; que el Dr. Bonilla por experiencia ya probada garantiza ambas cosas como lo han de recordar los pueblos.
4. Explicarán a los ciudadanos que el Dr. Bonilla se propone, al amparo del respeto a los derechos y garantías a los pueblos, crear patrimonio para los mismos, y promover su progreso material y su mejoramiento moral.
5. Tomarán nota en cada pueblo, aldea o caserío que visiten, de los nombres de las personas de mayor importancia que simpaticen con nuestro candidato para establecer por medio de ellas nuestras conexiones de propaganda.
6. Tratarán de averiguar quiénes son los agentes de propaganda de las candidaturas adversarias a la nuestra en cada lugar que visiten, que razones emplean en favor de su candidato y cuales en contra del nuestro.
7. En conversaciones muy discretas con los correligionarios de importancia de cada pueblo, tratarán de averiguar si los Comandantes Locales, Subcomandantes, Alcaldes y Receptores, trabajan en favor de alguna candidatura o en contra de la nuestra, y harán un informe especial de estas noticias procurando ceñirse estrictamente a la verdad.

8. Informarán a los individuos más comprensivos de cada lugar, que con la candidatura del Dr. Bonilla están los hombres de más importancia del país, figurando entre ellos la mayoría de los amigos del Gral. Manuel Bonilla, y una gran mayoría del pueblo.

9. Explicarán a los pueblos, que el Dr. Bonilla se propone inaugurar en su gobierno, si los electores lo favorecen con su voto, un gobierno de concordia, de fraternidad y de paz entre los hondureños, de tal manera, que no se echen de ver, quienes son los vencedores, ni quienes son los vencidos en las elecciones y que para llevar a cabo este hermoso y patriótico programa de gobierno, cuenta con los hombres que actualmente trabajan en favor de su candidatura, que pertenecen a todas las agrupaciones políticas y personales que han figurado en el país, quienes están dispuestos a cooperar en su noble labor de armonía, de paz y de trabajo en la familia nacional.

10. Harán ver a los individuos con quienes platiquen: que la candidatura de Arias es ofensiva a la dignidad de los hondureños, por que pretende llegar al gobierno de nuestra patria con el apoyo de Guatemala, basado, dice, en la circunstancia de que nuestro pueblo no está capacitado para darse un gobernante de su libre elección. El Dr. Arias ha conseguido promesa de ayuda del gobierno de Guatemala, en cambio de una faja considerable de nuestro territorio en la frontera con aquella república; también recordarán a los pueblos, que la guerra sangrienta de 1.903 fue obra exclusiva del Dr. Arias, quien derrotado lujosamente en las elecciones, trató de burlar la voluntad de los pueblos asaltando el poder por dos meses, para cometer toda clase de crímenes (como el ahorcamiento del súbdito Español Nicolás Arnero, los $100.000.00 mil pesos que con medios violentos le quitó personalmente al Gerente del Banco de Honduras, las órdenes de fusilamientos que dio durante ejerció el poder usurpado, etc. etc.).

11. Al referirse a la candidatura del Gral. Carías, les explicarán, que los hombres que dirigen a este candidato, y que actualmente también llevan la dirección de la propaganda, son los mismos que dirigieron al Gral. Miguel R. Dávila y que manejaban a su antojo aquella ruinosa administración, cuyas desastrosas consecuencias no habrán olvidado los pueblos, que estos hombres encarcelaron a ciudadanos honrados, engrillaron a mujeres indefensas, desterraron engrillados a jóvenes honorables por el delito de ser unionistas, perseguían a los ciudadanos independientes obligándolos a cambiar de residencia constantemente, abandonaron nuestras vías de comunicación hasta el grado de casi arruinarse nuestra carretera para el sur, explotaron hasta la miseria pública, cobrando un impuesto injusto sobre los recibos de sus empleados (que no pagaban) y aumentando el valor del servicio de telegramas, ordenaron fusilamientos con aplauso de su prensa, propusieron a una casa bancaria americana la negociación de un empréstito, comprometiendo la soberanía y la independencia de la nación y llegó la ruina del país y el desbarajuste de la administración, hasta el grado extremo de no tener con que sostener a los reos de la Penitenciaría y a los enfermos del Hospital y los internos de las Escuelas Normales. Los pueblos deben comprender que elegir al Gral. Carías, equivaldría a resucitar los tiempos de la Admon. del Dávila que a grandes rasgos se ha esbozado.

12. Al tratar de alguna de las otras candidaturas informales que se mencionan, deben demostrarles que carecen de importancia porque no tienen base en la opinión pública y que en caso de que alguna de ellas tomase cuerpo, sería con el apoyo del gobierno, circunstancia ésta que será suficiente para que sea rechazada por la conciencia libre del pueblo; que este caso del candidato oficial lo ponemos en duda, porque el Presidente de la República en varias ocasiones ha declarado que no tendrá ningún candidato y últimamente lo ha Confirmado en una

circular enérgica, terminante y franca, dirigida a sus empleados.

13. Recomendarán a los correligionarios que hayan cumplido la edad legal, la conveniencia de que se inscriban en las Juntas de inscripción, para aumentar el número de votantes a favor de nuestro candidato.

14. Distribuirán hojas sueltas, retratos y botones fotográficos en los pueblos, aldeas y caseríos por donde pasen, prefiriendo en la distribución a los correligionarios y dejando unos cinco ejemplares de cada una a los más importantes de cada lugar.

15. Recomendarán a los correligionarios de cada lugar que visite, la conveniencia de que cuando visiten las aldeas vecinas, les lean a sus habitantes El Constitucional, y las hojas sueltas que mandamos.

16. Explicarán a los ciudadanos de los pueblos, la obligación en que están, de quejarse personalmente o por escrito ante nuestro periódico El Constitucional o cualquiera otro de nuestra causa, por los abusos, atropellos, ultrajes o arbitrariedades que cometan en sus personas cualquiera autoridad, para denunciar el hecho por la prensa ante el señor Presidente y pedir la destitución del empleado infractor; los denunciantes no deben abrigar ningún temor por el cumplimiento de este deber, por guardaremos secreto de sus nombres.

17. Harán ver la conveniencia de que aquellos correligionarios de cada lugar que sean más importantes dirijan con alguna frecuencia telegramas a El Constitucional dando cuenta del avance que llevan nuestros trabajos sobre la opinión pública.

18. Deberán hacerle propaganda a nuestro periódico a efecto de conseguir el aumento de suscriptores, les explicarán a nuestros correligionarios, que El Constitucional es su periódico, al cual pueden mandar sus correspondencias sobre asuntos de la propaganda y que la manera con que deben cooperar a su sostenimiento, es tomando una suscripción las personas amigas que puedan, o trabajando

para conseguirlas, con aquellas amigas personales, ya sean enemigas o neutrales.

19. Harán saber a los pueblos, en forma prudencial y discreta, que El Cronista que muchos creen órgano de intereses generales del país, no es sino, órgano vergonzante de dos candidaturas, la de Carías y la de Arias, por ser uno de los socios de la empresa, Valladares, del bando cariísta y el otro, Calderón, del bando arista; que de muchos pueblos están retirando las suscripciones y tomando las de El Constitucional, que es franco, amplio, veraz y honrado en su programa.

20. Para la organización de los clubes políticos procederán de la manera siguiente:

(a) Al llegar a un pueblo o aldea y habiendo un número de correligionarios cuyo número no baje de 15, procederán a organizar el club, nombrando por elección con los que concurran, el personal de la Directiva, Presidente, Vice-Presidente, Vocales, Secretarios y Tesorero.

(b) Después de la elección de la Directiva, los agentes deberán platicar a los concurrentes sobre los méritos y virtudes de nuestro candidato el Dr. Bonilla, sobre su vida pública dilatada, brillante y fecunda en bienes para el país; les hablarán sobre los satisfactorios avances que llevan los trabajos de la propaganda y sobre los demás puntos que tengan a bien para aumentar el entusiasmo de los partidarios.

(c) Distribuirán hojas sueltas, retratos y botones fotográficos entre los concurrentes y los excitarán para que, por medio de la circular impresa, que llevarán, y por medio de frecuentes conversaciones con sus amigos, aumenten el número de correligionarios.

(d) El acta de inauguración, deberá ser firmada por todos los concurrentes y de ella sacarán una copia para entregar al Comité Departamental de que dependen, dejando el acta original, para que el club siga obteniendo firmas de los adeptos que se vayan presentando.

(e) En los lugares en que por lo reducido de correligionarios no sea posible organizar club, llegará la carta circular y obtendrá la firma de los correligionarios que haya, firmando a ruego, cuando los individuos no sepan hacer; entre paréntesis, indicará el nombre del lugar.

21. Los agentes deberán leer muchas veces estas instrucciones, hasta aprendérselas de memoria, si es posible, para no omitir ninguna de ellas y no perjudicar el plan ni la intensidad de la propaganda; si tienen dudas, consultarán al comité que los manda.

22. Tres días, lo más tarde, después de regresar de su gira, deberán presentar a su comité, un informe completo con los datos y documentos que hayan obtenido y siguiendo el orden de las presentes instrucciones.

FUENTE: Archivo Nacional de Honduras, Fondo Policarpo Bonilla.

# ANEXO 8

# SECRETARÍA DEL COMITÉ CENTRAL PRO-BONILLA

Tegucigalpa, 22 de mayo de 1923.

Sr. don
Muy estimado correligionario:

Con el mayor agrado nos hemos impuesto de los conceptos de su muy estimable carta última a la cual nos es grato referirnos.

Sus noticias sobre los avances satisfactorios que llevan hasta la fecha nuestros trabajos de propaganda en ese lugar, unido a la favorable impresión que Ud. se ha formado sobre la buena aceptación que tiene entre nuestros conciudadanos de esa localidad, la candidatura de nuestro ilustre candidato el Dr. Policarpo Bonilla, nos hacen abrigar la seguridad del éxito en los comicios de octubre.

Sobre cinco meses hace que dimos principio a los trabajos de organización en la propaganda en favor del Dr. Bonilla y los resultados hasta hoy obtenidos han excedido a nuestros cálculos y esperanzas, 270 subcomités perfectamente organizados en todo el país, mayoría de opinión en nueve departamentos, desmoronamiento diario y constante del cariísmo, arismo y mejiísmo, pero especialmente del primero, un entusiasmo cada día mayor en favor de nuestra causa que conduce seguramente a una amplísima compactación del sentimiento nacional alrededor de los hermosos postulados que predica el Partido Constitucional, tales son los resultados hasta hoy verificados por el mismo esfuerzo y voluntad de los hondureños.

Y la razón para que se haya formado en tan corto tiempo una tan considerable mayoría alrededor de la eximia personalidad del Dr. Bonilla, es muy clara y sencilla, este ilustre centroamericano es ventajosamente conocido por todos los hondureños durante su vida pública brillante de más de cuarenta años; él no necesita propaganda porque es bien conocido del pueblo hondureño; no se necesita encomiar sus virtudes y méritos porque ellos están grabados en la conciencia de los pueblos; no necesita de mentiras, ni de farsas para convencer al electorado nacional sobre la conveniencia de elevarlo al poder para que sea honra y salvación de la República. La opinión pública sobre esta clase de hombres, no se forma, no se improvisa, porque ya está formada y es así como se explica, el que, al solo saberse que el Dr. Bonilla acepta trabajos a favor de su candidatura los pueblos guiados por un vivo entusiasmo y un sentimiento de honradez y de patriotismo, han volado presurosos ha (sic) ponerse bajo los hermosos pliegues del Partido Constitucional.

El Partido Nacional que proclama el cariísmo es una pura farsa, ese partido no ha existido entre ellos ni existe, ese partido lo forman elementos diversos que no tienen comunidad de ideales, ni de procedimientos, son elementos dispersos de causas en derrota que solamente la adversidad ha podido unir por un momento, pero que más tarde, ya sea en el triunfo o en la derrota, indefectiblemente marcharán hacia la dispersión y desaparecimiento absoluto. Por estas razones ha empezado su desmoronamiento incontenible y no han podido hasta la fecha contenerlo, porque el mal está en su misma ilegitimidad y en su misma farsa.

Y viendo que se acerca rápidamente hacia su tumba, este cariísmo echa mano en estos días a todos los medios que están a su alcance para disimular su notorio desprestigio; organiza manifestaciones en las ciudades donde más ha luchado y pública en sus periódicos cantidades diez veces mayores que las verdaderas; manda comisiones a todos los pueblos y con nombres supuestos o con personas ausentes hace creer que organiza subcomités, solamente para hacer creer también que tiene el mayor número de ellos; nuestra prensa ha dado a conocer los vicios y crímenes que en el pasado ha cometido ese carísmo y entonces no hallando como defenderse, ante los documentos contundentes, echa mano del insulto canallezco, de la difamación y de la calumnia para engañarse ellos mismos creyendo que así se defienden. Pero nada de eso ha creído el pueblo hondureño y en los comicios de octubre se acabará de demostrar y descubrir la inmensa farsa del carísmo.

FUENTE: Archivo Nacional de Honduras, Fondo Policarpo Bonilla.

# ANEXO 9

Señor:

Atendiendo a la excitativa que usted se ha servido hacerme, tengo el honor de manifestarle que asistiré gustoso a la conferencia de candidatos a la Presidencia de la República, que se verificar e miércoles de la presente semana pero creo conveniente hacer a usted las siguientes declaraciones previas:

I- Dos son los Partidos que han entrado en lucha en la presente campaña eleccionaria; el Partido Nacional y el Partido Liberal. El primero esta compacto, con una sola candidatura; y el segundo se ha fraccionado y ha presentado tres candidaturas.

II - El Partido Nacional ha proclamado mi candidatura y el Partido Liberal, al que pertenecen todos los elementos del Gobierno, ha postulado como candidatos a los Doctores Policarpo Bonilla, Juan Ángel Arias y Vicente Mejía Colindres. Hay probabilidades de que el grupo liberal lance dos candidatos más.

A su Excelencia

El señor Franklin E. Morales,

Enviado Extraordinario y Ministro Plenipotenciario de los Estados Unidos de América en Honduras Presente.

III - Para que la función republicana del sufragio se ejerza en provecho del país, conviene que la contienda electoral quede reducida a dos candidaturas, una del Partido Nacional y otra del Partido Liberal. Los Liberales deben unirse alrededor de un solo candidato, para evitar la anarquía y la desconfianza pública. La unión de los liberales haría imposible el fraude que, por causa de la multiplicidad de candidatos, puede cometerse en el Congreso Legislativo, fraude que de seguro engendraría la guerra civil.

IV - El Partido Liberal cuenta en su seno a todos los miembros y empleados del Gobierno. La Administración actual organizó un régimen de familia. Por tal motivo, y por sus repetidos errores, ha provocado el descontento general. Ha habido grandes desfalcos en la Hacienda Pública, y sin tomar en cuenta la ley, sino únicamente las relaciones de parentesco o de partidarismo, se ha dispuesto de las riquezas del Tesoro Nacional en favor de determinadas personas, con perjuicio de la colectividad hondureña. Es notorio, además, que se han cometido fusilaciones y torturas, en gran número de individuos, prohibidas por la

Constitución del Estado. Por otra parte, el sistema de Gobierno que se ha implantado ha sido de un exclusivismo tan absoluto, que los ciudadanos pertenecientes al Partido Nacional han sido constantemente perseguidos, encarcelados y vigilados, mientras el Gobierno, para sostenerse, ha tenido que acudir a las emigraciones salvadoreña y nicaragüense, aumentando así el descontento del pueblo y creando un peligro permanente para la paz de El Salvador y Nicaragua.

V-Por lo expuesto se comprenderá que no es posible la fusión de los partidos en uno sólo, ni que surja un candidato único. Si mi separación pudiera contribuir a la armonía de los partidos, para que surgiera un solo candidato de conciliación, yo no tendría inconveniente en renunciar mi candidatura, pues, sólo me ha obligado a aceptarla el deseo de que se restablezca la paz y la justicia en mi país; pero esa renuncia produciría resultados contrarios. A fuerza de energía, y apelando al cariño y a las consideraciones personales que me dispensan los miembros del Partido Nacional, he logrado evitar que éste se lance a la guerra, para reivindicar sus derechos, en la esperanza de que en una lucha cívica pueda el puedo darse un Gobierno respetuoso a las instituciones, que descanse en la opinión pública e inspire confianza a los poderes vecinos. Mi separación anarquizaría el Partido Nacional; porque resuelto éste a no abandonar la lucha, buscaría en su seno nuevos candidatos, no siendo creíble que aceptara a ninguno que pertenezca a la agrupación liberal; o apelaría a la guerra porque cualquier candidato único sería liberal y contaría con el apoyo franco o disimulado, pero siempre eficaz, del Gobierno. Un candidato único, que, repito, tendría que ser liberal, significaría, además, la amenaza constante contra El Salvador y Nicaragua, ya que las emigraciones de estas Republicas residentes en Honduras, están al servicio del Gobierno actual, y fundan el éxito de sus futuras empresas en el triunfo de un candidato liberal.

Por el convencimiento de la experiencia, creo que el medio único y seguro para afianzar la paz en este país, consiste en que se haga efectiva, pero de modo práctico y verdadero, la libertad de sufragio en las próximas elecciones presidenciales; debiendo ser la lucha entre DOS candidatos para evitar el fraude que pudiera cometerse en el Congreso pues habiendo varios candidatos, los diputados tienen facultad de elegir, en definitiva.

Por mi parte, como Jefe del Partido Nacional, declaro que si las elecciones se practican en completa libertad y sin fraude que burle la voluntad popular, me someteré gustoso a la decisión de la mayoría expresada en los comicios.

Con protesta de mi alta consideración y aprecio, me suscribo de usted muy atento y respetuoso servidor.

**(f) TIBURCIO CARIAS.**

# ANEXO 10

COMITÉ CENTRAL DEL PARTIDO CONSTITUCIONAL

Tegucigalpa, 4 de Junio de 1923

Señor.............
Estimado amigo:

Ya debe saber Ud. que el Doctor don Vicente Mejía Colindres dirigió un manifiesto al pueblo hondureño, declarando que retira su candidatura, a la Presidencia de la República.

Al desaparecer de la contienda este candidato, queremos, hacer constar dos hechos importantes: la serenidad y decencia, que imprimió a su prensa de propaganda y las buenas relacione, mantenidas siempre entre sus partidarios y los del Doctor Bonilla.

Estos hechos nos indican claramente que entre ambos partidos nunca hubo divergencias enojosas, y por esto es natural que los que fueron partidarios del Doctor Mejía Colindres, se incorporen a nuestras filas, en las que serán recibidos con la mayor cordialidad.

En esta inteligencia nos dirigimos a Ud., excitándolo a fin de que labore con la mayor actividad en el ánimo de los que han sido verdaderos partidarios del Doctor Mejía Colindres, demostrándoles la conveniencia de su ingreso a nuestras filas, y prometiéndoles, en nombre de nuestro partido, que ellos serán para nosotros bienvenidos correligionarios, que si bien estuvieron separados por un momento, en lo sucesivo estarán siempre unidos con nosotros en el campo de las legítimas aspiraciones patrióticas.

Somos de usted atentos servidores

Salvador Zelaya,                          Ramón Guzmán M.,
Secretario                                    Secretario

FUENTE: Archivo Nacional de Honduras, Fondo Policarpo Bonilla.

# ANEXO 11

COMITÉ CENTRAL DEL PARTIDO CONSTITUCIONAL

Hoja de información No. 3.
Tegucigalpa, junio 20/1923

1. Fracasada la fusión de las candidaturas, por la terquedad del Gral. Carías, el Dr. Bonilla sostendrá la suya definitivamente, pues la habría retirado, por un sentimiento de verdadero patriotismo, para alejar todas posibilidad de una revolución, pues no desconocemos la ambición sin límites de los principales cariístas, que desde 1913 han venido preparando el terreno para atrapar el Poder que perdieron en 1911. Estamos seguros de vencerlos en cualquier línea.

2. No creemos que el Dr. Arias se adhiera al Dr. Bonilla, como piensan algunos. Lo más seguro es que sostenga su candidatura hasta el fin. Si por cualquier motivo se retirare, lo hará, indudablemente, como el Dr. Mejía Colindres, sin compromiso, dejando a sus partidarios en libertad de acción; y entonces, por afinidad política, y por justicia a los méritos del Dr. Bonilla, a éste se adherirán sus partidarios, como lo están haciendo los del Dr. Mejía Colindres, entre éstos, el Presidente del Comité Central Dr. don Salvador Corleto, quién está haciendo propaganda bonillista.

3. Nos están llegando informes fidedignos de nuestros correligionarios, y, juzgando por ellos, nos convencemos de que el carísmo, como se desprende de su principal propagandista Dr. Valladares, descansa en la pura farsa. Algunos de sus adeptos no se deciden a protestar contra Carías por una vergüenza mal entendida; pero aseguran que sus votos serán para el Dr. Bonilla. Se convencerá, pues, el Dr. Valladares, que no es imbécil el Pueblo Hondureño, como él ha dicho.

4. Creemos seguro el triunfo de nuestra candidatura en los Departamentos de La Paz, El Paraíso, Valle, Gracias,

Intibucá, Ocotepeque, Colón, Atlántida e Islas; probable en los de Tegucigalpa, Copán, Yoro y Olancho; pero si no ganamos en algunos de estos cuatro, la ventaja que conjuntamente nos lleven nuestros adversarios, será insignificante; más, como hay una fuerte y manifiesta reacción popular en favor del Dr. Bonilla, no podemos prever hasta donde llegará en Octubre, pero sí podemos anunciar una abrumadora mayoría de votos en su favor.

5. El Gral. Gregorio Ferrera, tan querido en Occidente, se halla en La Esperanza. La actuación de éste prestigiado y activo soldado, será de suma importancia. Hombre de convicciones arraigadas, sincero apreciador de los altos méritos del Dr. Bonilla, resistió con su peculiar entereza, las tentaciones de los otros candidatos, pues no podría menos que estar al lado del nuestro.

6. Como el Gobierno haya de mantenerse dentro de la ley, tendremos paz todo este año. Se asegura que el Gral. Carías cuenta con el apoyo de Nicaragua, cosa que dudamos, pero, felizmente nuestro candidato es muy hábil y prestigiado político, y puede frustrar los planes del Gral. Carías, y, en todo caso, vencerlo prontamente en una contienda bélica, si a ella nos provoca. El diario Los Sucesos, haciéndose eco del rumor, hizo público el origen del dinero que gasta abundantemente el partido cariísta. Una Compañía frutera del Norte, que dicen los suple, pretende apoderarse completamente de nuestros mejores terrenos.

7. Los directores del cariísmo, que ya presienten su derrota, porque el pueblo se pronuncia por el Dr. Bonilla, vuelven a emplear sus embustes, diciendo que se prepara la imposición de nuestro candidato. Todos los hondureños saben que eso es completamente falso, pues en ningún lugar se persigue a nadie por sus opiniones políticas. El Dr. Bonilla ha trabajado tanto como ha podido, para que todos los hondureños ejerzan libremente sus derechos.

FUENTE: Archivo Nacional de Honduras, Fondo Policarpo Bonilla.

# ANEXO 12

Los hombres patriotas, los que se consideran como representativos de las multitudes, jamás tienden a mancillar el honor nacional y lejos de pretender llegar al poder por bajos medios y por intrigas bochornosas, deben aspirar a posesionarse del corazón del pueblo, por el ejemplo de una virtud cívica bien entendida y mejor practicada. Hace pocos días los aristas de esta localidad nos enrostraban actos criminales contra la paz de Honduras, esa paz que hoy más que nunca debemos sostener los hondureños patriotas a costa de cualquier sacrificio; y no obstante aquella aseveración tan falsa como criminal, los cariístas permanecimos tranquilos, las autoridades bien pronto se dieron cuenta de los embustes de los progenitores de tales especies y el Partido Nacional que se considera amparado únicamente en la ley, para lograr el triunfo de sus aspiraciones, se mantiene firma y sereno a despecho de los mediocres con tufos de intelectuales.

Muchas veces, desde los principios de la presente campaña política, hemos indicado la conveniencia, talvez hasta necesaria, de la fusión de las candidaturas de los Drs. Arias y Bonilla, integradas por elementos que son afines y que tienen la misma estructura moral. Y a pesar de que la fusión de tales núcleos políticos es bien clara, se ha desoído la única voz que ha sido sincera en el llamamiento; es la voz del cariísmo, que indica a sus opositores una reconciliación entre ellos, seguros como estamos que serán vencidos porque jamás la maldad ha de triunfar sobre el bien, ni se ha de sobreponer la mentira a la verdad.

Tenemos datos ciertos que tanto los aristas como los policarpistas de esta ciudad, han recibido instrucciones de sus respectivos candidatos para proceder juntos en la presente campaña; y así se les vio hasta tener conversaciones privadas, llamar algunos correligionarios de los pueblos vecinos (policarpistas) para indicarles la abstención en los ataques al Dr. Arias; y en fin todo indicaba un entendimiento entre ambos bandos; y mientras don Policarpo en su prensa criticaba al Gral.

Carías de estar de acuerdo con Arias para oponerse a su partido, hoy descubren "Los Sucesos", que tal convenio existía entre los aristas y policarpistas para anonadar al Partido Nacional, pero que tal convenio ha quedado roto. ¡Oh la farsa de don Policarpo!... Grita iracundo:

"Pueblo: Carías y Arias están unidos para vender a Guatemala parte de nuestro territorio", y resulta a la postre q' es don Policarpo el que tenía convenios con el Dr. y los aristas. ¿Quiénes son los que pretenden engañar al pueblo? Será el General Carías, ¿que rotundamente ha rechazado entendimientos con los bandos en que la sinceridad es una planta exótica? ¿O será el Dr. Bonilla, que ha sido el único que ha elaborado planes macabros para burlar la voluntad soberana del pueblo?

El apoyo oficial a la candidatura del Dr. Bonilla es ya un hecho según las declaraciones de los aristas y el cambio de algunos miembros del Gabinete del General López Gutiérrez, por exaltados policarpistas; y este apoyo ha sido solicitado en vista de que el pueblo hondureño ha rechazado la candidatura del Dr. Bonilla como oprobiosa e hija de una desmedida ambición de mando.

Mientras todo esto pasa, mientras los aristas declaran que han roto el pacto celebrado con los policarpistas contra el Partido Carísta, mientras unos y otros nos insultan, mientras ellos pretenden burlar la voluntad del pueblo por convinaciones (sic) infames, el Partido Nacional desde la cima enhiesta de nuestra democracia nos dice: ¡¡Adelante Cariístas!!

LA DIRECTIVA

La Ceiba, 12 de julio de 1923.

Tip. Rivera

FUENTE: Records of the Department of Stare relating to Internal Affairs of Honduras, 1910- 1929, 815.00/2634, RG 59.

# ANEXO 13

San Marcos de Ocotepeque          Julio 15, 1923

Dr, Dr. Dn

          Ricardo Alduvín

Tegucigalpa

Mi estimado amigo:

En días pasados tuve el singular placer de recibir su mensaje telegráfico donde me dice que es en su poder mi carta, y que gustoso me enviará periódicos Bonillistas, anciosa esperolos, también los botones para repartirlos a nuestros correligionarios que desean tener el retrato de nuestro ilustre DI, (y) future gobernante.

Juntamente con mi carta le envié la lista del Comité ¡Clavel Rojo! y me extraña que no la haya recibido, no hay duda de que algún empleado Cariísta la sacó de la cubierta, pues la mayor parte de ellos son muy envidiosos. Adjunto a esta le remito ese mi articulejo denominado "El Progreso" si es de su agrado, lo faculto para que lo mande a publicar.

Sin más soy de Ud. su afma. servidora y amiga.

                              Aurelia Arita

# ANEXO 14

Tegucigalpa, 10 de Agosto de 1923

Clubes Políticos de la República.

La Ceiba.

El Consejo Supremo del Partido Liberal ha venido trabajando por la confraternidad de los hondureños, con el objeto de quitar sus asperezas al presente debate eleccionario. Está íntimamente convencido de que ha cumplido con su deber de hacer palpar que antes de los intereses de partido y de ambición personal, está la magestad de la Patria, que antes de la silla presidencial, está la soberanía de la República.

La actitud del Consejo ha sido de intenso trabajo y de observación, se ha mantenido y mantiene hasta en los actuales momentos, alejado del Poder Público y de toda candidatura, Su plataforma ha sido clara y patrióticamente planteada 1° Sostener ileso el pabellón que nos legaron nuestros mayores, y 2° procurar convencer a nuestros conciudadanos de la necesidad imperiosa de un franco y patriótico entendimiento.

Las últimas declaraciones del Departamento de Estado de Washington tocan de lleno con los intereses hondureños y C. Americanos, las discusiones fuera y dentro de estos países y de una factible y próxima intervención, el anquilosamiento de sentimientos que no debe suponerse dentro del propio solar, y el ineludible deber que tenemos de llamar la atención de los hombres dirigentes de las masas populares, ante la magnitud de las consecuencias que pudiera traernos el hecho de un próximo desembarque de fuerzas extrañas, nos impulsan a dirigirnos a los Centros Políticos hondureños, para que considerando este peligro inminente se abstengan en la ejecución de cualquier acto que pudiera convertir en hechos la amenaza que tenemos pendiente.

Aprovechamos este llamamiento para demostrar a las naciones amigas allende las fronteras y de la América Latina, que nos damos perfecta cuenta de sus juiciosas advertencias, las que agradecemos, dejando constancia de que las características del actual debate eleccionario no revisten las condiciones alarmantes de un desbarajuste político, como se ha pretendido presentarlo a la consideración exterior; siendo como lo es semejante a los que se verifican en cualquier país, constancia que será para rebatir absurdas pretensiones de lamentable intromisión.

Manuel A. Reina.
Pte. del Consejo Supremo.

FUENTE: Archivo Nacional de Honduras, Fondo Policarpo Bonilla.

# ANEXO 15

(Por telégrafo)

La Ceiba, 14 de Agosto de 1923

Sr. Presidente del Supremo Consejo del Partido Liberal
Tegucigalpa.

Hemos tomado nota de su circular del 10, que recibimos ayer. Nosotros como Uds., como todos los hondureños y centroamericanos en general, que se interesan por la estabilidad de nuestras instituciones y la dignidad y autonomía de Honduras, nos hemos preocupado seriamente y hemos señalado con insistencia el peligro inminente que nos amenaza, si por dar pábulo a ambiciones desatentadas, o por un mal entendido deber, o por un capricho criminal, se precipita al país a la guerra civil, al bochinche fraterno, o a cualquier acto que de un modo u otro altere la paz pública.

A este respecto tenemos la satisfacción de asegurarle que no es de temerse que el Partido Constitucional en conjunto, o cualquiera de sus miembros aisladamente, se lance a aventuras que traigan como consecuencia obligada la intervención o la injerencia franca o disimulada de fuerzas extrañas en nuestro suelo, porque sus actos se han ajustado y se ajustan en un todo a las normas prescritas por las leyes y el decoro. Como una prueba fehaciente de lo que decimos está nuestra prensa, que es un fiel reflejo de nuestros actos y de nuestros propósitos.

Desgraciadamente debemos pensar que pueden presentarse maniobras de ciertos individuos sin escrúpulos que poco o nada es importa sumir al país en humillantes condiciones, si no son ellos los que han de obtener el fruto que sus ambiciones les señala, pero que los pueblos rechazan.

Lamentamos no conocer los importantes trabajos de Uds., pero de todos modos, debemos confiar en que la voluntad conjunta de los que todavía no hemos perdido el culto a la dignidad de la patria y el respeto a las naciones que nos observan, sabrá poner coto inmediato a ambiciones criminales que darían por resultado una situación para Honduras no deseable, igual o parecida a la en que se hallan algunos países hermanos nuestros.

Por el COMITÉ 25 de ENERO

Francisco Hinestrosa, V. Pte.     Adolfo Miralda, Secretario


FUENTE: Archivo Nacional de Honduras, Fondo Policarpo Bonilla.

# ANEXO 16

## ACTA DE FUNDACIÓN DEL CLUB DE PROPAGANDA PRO-POLICARPO BONILLA

En Puerto Cortes a los quince días del mes de julio de mil novecientos veintitrés:

Reunidos los suscritos ciudadanos vecinos y electores de este Puerto, con el objeto de cumplir con los requisitos que nuestra Constitución nos impone, referente a elegir un Ciudadano apto y capacitado, para dirigir los destinos de la Patria; hemos resuelto: Proclamar la Candidatura del eminente y esclarecido hombre publico Doctor don Policarpo Bonilla, para regir los destinos de la Nación en el próximo período constitucional de 1924 a 1926 y.

CONSIDERANDO:

Que dicho eminente ciudadano, reúne y llena todas nuestras aspiraciones, por ser de un espíritu de progreso y decidido partidario por el mejoramiento de las clases sociales inferiores;

CONSIDERANDO:

Que dada su cultura, grande ilustración, y honradez, imprescindiblemente tendrá que laborar porque imperen la libertad y el derecho;

CONSIDERANDO:

Ser el Doctor Bonilla, el único Candidato capaz de establecer un Gobierno verdaderamente Nacional, pues desligado de compromisos Exteriores, siempre ha tenido por norma la Ley y el deber;

Por tanto, ACORDAMOS:

1°. Organizar un club de propaganda, el cual llevara por nombre GENERAL FERRERA;

2º. Encaminar y dirigir nuestros esfuerzos y trabajos, sin apartarnos de la ley, á fin de sacar triunfante nuestra Candidatura en los próximos comicios de Octubre;

3º. Organizar la directiva correspondiente para procurar intensificar hasta donde fuere posible, los trabajos eleccionarios en forma legal y decente, Habiéndose de conformidad Procedido, Salieron electos los siguientes Ciudadanos: Presidente don Salvador Gutiérrez, Vice Presidente, don José A. Morales; Vocales 1 – 2 – 3 – 4 – 5 – 6 – 7 – 8 – 9 – 10 – 11 -12, Respectivamente los Señores Alfonzo Flamenco, Juan B. Morales, Lázaro M. Zavala, Vicente Varela, Alberto J. Solorzano, Gregorio Olivares, Mercedes Herrera, Perfecto S. Hernández, Excequiel Altamirano, Adán Ampie, Antonio Lara, y Luis A. García; Tesorero don Manuel de J. Duarte, Secretario don Salvador Mendoza y Pro secretario, don José Alvarenga Ortiz;

4º. Enviar copia de esta Acta al Candidato, Doctor don Policarpo Bonilla, y al Comité Central de Tegucigalpa para su publicación:

5º Dar posesión a la Directiva;

6º Levantar la sesión, en fe, de lo cual firmamos sin soborno ni presión.

(f) Salvador Gutiérrez, José A. Morales, Alfonzo Flamenco, Juan B. Morales, Lázaro M. Zavala, Vicente Varela, Alberto ). Solorzano, Gregorio Olivares, Mercedes Herrera, Perfecto S. Hernández, Excequiel Altamirano, Adan Ampie, Antonio Lara, Luis A. Garcia, Manuel de J. Duarte, Salvador Mendoza, José Alvarenga Ortiz, Manuel Obregon Sosa, Alfredo Stain, Candido Ortiz, Lucio Lopez, Sabas Solorzano, Carlos Zalasar, Ramiro Ponce, Pedro Idíarte, Ramon Solorzano, Victor Peres, Candido luarez, Ramon Cortes, Ernesto Perla, Filadelfo Cruz.

Es Conforme;
SALV. A. MENDOZA
Secretario

# ANEXO 17

Tegucigalpa, 27 de octubre de 1923.

Excmo. Señor Ministro:

Como candidato del Partido Nacional a la Presidencia de la República, tengo la honra de dirigirme a V. E., para manifestarle lo siguiente.

El Señor Presidente, General don Rafael López Gutiérrez, ha dictado circulares a los empleados departamentales de su dependencia, a fin de que guardan neutralidad en las elecciones. Sin embargo, en la elección de la Junta electoral practicada hoy en esta ciudad, la policía y fuerza armada, bajo las órdenes del Ministro de Gobernación Licdo. don José Ángel Zúñiga Huete en conexión con el Licdo. don Carlos Lagos, se declara en favor de la candidatura del Dr. Juan Ángel Arias, como es notorio, a la vista de nacionales y extranjeros.

El voto es secreto y directo, según los artículos 24 de la Constitución Política, y 4 de la Ley de Elecciones; pero a pretexto del orden, la indicada elección, se le quitó el carácter de secreto por la fuerza armada, porque ésta hizo clasificación de electores por partidos, de tal modo que a los aristas se les dio toda clase de facilidades para votar, y a los cariístas, después de que muy tardíamente se les dejaba pasar de cuatro en cuatro a través de una valla de policiales, se les detenía más adelante por las armas de otros policiales, quienes les hacían grandes obstáculos y rechazaron a muchos ciudadanos sin que pudieran ejercer su derecho. A las cuatro de la tarde se declaró cerrada la elección, quedando como ochocientos cariístas frente a la valla de la fuerza sin que se les recibiera sus votos, no obstante que debió recibírseles conforme a los artículos 15 y 22 de la Ley de Elecciones. Por falta de estos votos, mediante la coacción, el resultado fue favorable al Dr. Arias.

Jamás había presenciado Tegucigalpa una coacción semejante. El pueblo está indignado a tal punto que, en atención a las espontáneas gestiones de esa Legación del digno cargo de V. E., para que las presentes elecciones se practiquen liberalmente, me veo en el caso de hacer ante V. E. la más formal protesta contra los procedimientos que flagrante violación de la libertad empleados por el Poder Público en la elección de la mencionada Junta; exponiéndole al mismo tiempo, que es muy fuerte la excitación del pueblo por la coacción electoral a que me refiero, sin precedente en esta capital, y que si en la elección de Autoridades Supremas, que empezará mañana a las 8 a.m., continuare aquella coacción, será inminente el peligro de serios disturbios en esta ciudad, y de lamentables consecuencias. Con esta oportunidad me es grato suscribirme de V. E. con la más alta consideración, muy atento S.S.

(f) TIBURCIO CARÍAS

Al Excmo Sr. Franklin E. Morales,
    Enviado Extraordinario y Ministro Plenipotenciario de los Estados Unidos de América.

Ciudad.

FUENTE: 815 00/2752, Despacho 521, RG59, M-647, Rollo 13.

# ANEXO 18

**A los Comités y Sub-Comités del Partido Liberal Constitucional:**

Por telégrafo he dado a conocer a mis amigos el resultado general de las elecciones que acaban de verificarse en el país, conforme a los datos obtenidos de fuente oficial, que me han sido confirmados de varios departamentos.

De esos datos se desprende que no ha habido mayoría absoluta en los comicios y que por consecuencia, toca al Congreso resolver quién será el Presidente de Honduras. Son, por lo tanto, inexactos los informes dados por los dirigentes de un partido político, de que su candidato fue favorecido por la mayoría absoluta de votos y de que el Congreso lo declarará electo.

Si tal cosa hubiera sucedido, yo habría sido el primero en reconocerlo y en pedir a mis amigos y al pueblo todo su apoyo en favor del candidato vencedor.

Pero no habiendo sido así y comprendiendo los peligros que esa situación implica para el país, considero un deber ineludible de mi parte prevenir a mis amigos, y al pueblo hondureño todo, para que aporten en el momento actual todo su contingente de patriotismo, a fin de hallar una solución satisfactoria para los intereses nacionales bien entendidos.

No es posible admitir, en las actuales circunstancias, que la intransigencia de los tres partidos que se han disputado el poder venga a poner en peligro la paz; no es posible tampoco que intrigas desarrolladas cerca del poder público vengan a complicar más nuestra situación, que no podrá ser resuelta favorablemente si los ciudadanos no están dispuestos a prestar su valioso contingente de abnegación y de buen juicio.

Consecuente en estos momentos como siempre, con mis propósitos de que la paz de la República se mantenga inalterable, trabajo y seguiré trabajando en el sentido de que se encuentre la mejor solución al problema actual; y estoy dispuesto a sacrificar, previo acuerdo con mis amigos, las legítimas aspiraciones de mi partido y las mías, si la conveniencia pública lo exige, y espero que los demás partidos y sus jefes se coloquen en el mismo terreno.

Y esa solución, a mi juicio, debe surgir de un entendimiento cordial y firme que garantice, no sólo la paz, sino también la armonía del pueblo hondureño, fin al que no podríamos llegar si los partidos o sus jefes pretenden que el presente problema se resuelva atendiendo únicamente a sus propios intereses.

No se debe ni se puede olvidar que en el Congreso ninguno de los partidos tiene mayoría absoluta de votos y que sólo la unión de dos de los grupos en que se encuentra dividido el Congreso puede permitir la elección de Autoridades Supremas.

Y todos los hondureños deben tener la seguridad de que, cuando nuestra Augusta Representación vaya a resolver la delicada tarea que le está encomendada, mi política seguirá inspirándose en el bien de Honduras.

Para el desarrollo de esa política cuento con la colaboración de mis amigos, y deseo que el pueblo hondureño todo espere tranquilamente el momento de la resolución definitiva, en la seguridad de que no habrá consideraciones de ninguna clase que me hagan olvidar, ni hagan olvidar a los diputados que pertenecen al partido que postuló mi candidatura para la presidencia de la República, los sagrados compromisos que tenemos contraídos para con la patria.

Tegucigalpa, 12 de Noviembre de 1923.

P. Bonilla

Imprenta LA PRENSA LIBRE

FUENTE: Archivo Nacional de Honduras, Fondo Policarpo Bonilla.

# ANEXO 19

## AL PUEBLO HONDUREÑO

De todos vosotros son conocidos los sacrificios hechos en 1919 luchando por la libertad o sea por restablecer el imperio de la constitución violado por un Gobierno que, ofuscado por las pasiones y por el deseo de perpetuar la familia en el poder, violaba los derechos del pueblo con mengua de su soberanía – Restablecido el orden, surgió el Gobierno del General Rafael López Gutiérrez prestando la promesa constitucional el 1º de Febrero de 1920, promesa que no fue cumplida pues en las elecciones de Consejeros Federales restringió la libertad del sufragio, uno de los principales ideales que acariciaba aquella gloriosa revolución, y, últimamente, observado con imparcialidad el proceso electoral, nadie podrá negar que también ha sido violada la libertad del sufragio con mengua de la Constitución y del buen nombre del Gobierno, preparándose así la manera para que fuera el Congreso y no el pueblo el que hiciese la elección y coaccionado aquél por una de las agrupaciones patrocinadas por Ejecutivo, quien en su odio manifiesto a un candidato independiente, obstaculizado todo arreglo entre los candidatos, y, por consiguiente, la elección en el Congreso, para asumir la dictadura acariciada de tiempo atrás, dictadura que será efímera pues el pueblo hondureño no se someterá bajo ningún concepto al yugo de las violaciones de la ley, ya que el Congreso no cumplió con el alto mandato que la Constitución le impone eligiendo al sucesor legal.

En consecuencia, Occidente y especialmente el pueblo de Intibucá se ha indignado ante el que de manera arbitraria quiere perpetuarse en el poder sin haber sido un digno delegado del pueblo en el periodo constitucional de 1924 - 1928.

Por lo expuesto, los suscritos hoy hacen un gesto enérgico de protesta armada y excitan a sus buenos hermanos hondureños para que los acompañen en esta cruzada que será una nueva elección para los que, ávidos de mando, hacen caso omiso de la voluntad nacional. Creemos que, en estos momentos de angustia para la Patria, los hondureños honrados acudirán gustosos en defensa de la libertad, la justicia y el derecho.

Santa Rosa de Copán, 10 de Febrero de 1924

Vicente Tosta, C.                                    Gregorio Ferrera

# ANEXO 20

San Pedro Sula, 24 de Febrero de 1924

Señor Cónsul Americano
Don George P. Shaw
Ciudad.

Estimado señor:

En vista del deseo manifestado por el General Gregorio Ferrera por medio de don Miguel Cubero, de llegar á un acuerdo sincero y patriótico con nosotros para poner término á la guerra civil, y en vista también de los mismos propósitos expresados á varios amigos por el General Vicente Tosta, C., manifiesto a Vd. que sería para mi muy satisfactorio si Vd. prestara su valioso contingente como intermediario entre los Jefes de la Revolución, los que mandan esta Plaza y el Gobierno de facto que preside el General López Gutiérrez en las pláticas que se desarrollen para llegar al fin expresado.

Soy de U. con toda consideración muy atto. y S. Servidor.

(signed) Carlos Lagos

# ANEXO 21

## FIRST ARMISTICE

Mientras se aceptan los bases para la paz propuestas en esta fecha se pacta un armisticio en el Jefe Revolucionario General don Vicente Tosta, C. y el Jefe Militar de la Plaza de San Pedro Sula, Dr. y Gral. don Carlos Lagos por el termino de cuarenta y ocho horas a contar desde hoy a las seis de la tarde bajo las siguientes condiciones:

1a.- El. Jefe Militar de la Quinta Zona pondrá en inmediata libertad a todos los reos políticos y militares que están bajo su jurisdicción y el General Tosta por su parte asume iguales obligaciones.

2a.- Ambos Jefes Militares comprometen su honor militar a no mejorar en manera alguna su situación militar actual y a mantener las cosas tal como se encuentran al entrar en vigor el armisticio.

3a.- Al aceptarse las bases de paz propuestas el Jefe de la Plaza procederá al desarme de su ejército por medio de una comisión de tres cónsules extranjeros que designara el Gral. Tosta quien recibirá todos los elementos bélicos y asumirá el mando de ella por la misma mediación.

En fe de la cual firman ambos en Bufalo, departamento de Cortes, a veinte y cuatro de febrero de mil novecientos veinte y cuatro.


(signed) Carlos Lagos                    Vicente Tosta, C.

Ante mi

                                        Geo. P. Shaw
                                        Cónsul Americano

# ANEXO 22

## BASES DE ARREGLO PARA LA PAZ QUE PUEDEN ACEPTARSE PARA SUSPENDER LAS HOSTILIDADES

la.- Entrega del poder al señor General don Gregorio Ferrera, quien lo ejercerá por un año contado desde que tome posesión de su puesto. Terminado este período entrara a ejercer el Gobierno Provisorio el señor General don Vicente Tosta, C. por un término igual. El Gobierno Provisional garantizará el cumplimiento de la ley y convocará, dentro del primer año, una Asamblea Nacional Constituyente y a elecciones presidenciales dentro de segundo año, debiendo practicarse estas con la anticipación necesaria para hacer entrega del poder al que resulte electo conforme a la cláusula 3a el día siguiente al del vencimiento del segundo año.

El Presidente Provisorio que ejerza el poder el segundo año, dentro del cual se verificaran las elecciones presidenciales, no podrá ser electo Presidente para el siguiente periodo.

Las personas aquí designadas para ejercer el Gobierno Provisional deberán hacer previamente una declaración pública de aceptación del presente convenio y de promesa de cumplirlo como condición para entrar al ejercicio del poder.

2a - Facultar ampliamente al Presidente Provisorio para que haga colaborar en el Gobierno a los elementos valiosos del país sin distinción de colores políticos.

3a- Garantizar la absoluta libertad del sufragio en las próximas elecciones de autoridades supremas, en las cuales se declarará electo al candidato que obtenga mayoría absoluta de votos y, no obteniéndose esta, al que la obtenga relativa.

4a- Garantizar que ninguna molestia ni venganza personal ni política será ejercida contra los colaboradores de la dictadura actual y del anterior Gobierno del General don Rafael López G. A este efecto el Gobierno Provisional decretara a la mayor brevedad posible amnistía general por los delitos políticos y conexos.

5a - El Gobierno Provisional asumirá las obligaciones contraídas por la dictadura y la revolución, que no afecten la soberanía y los vitales intereses nacionales.

6a - Quedarán en vigencia las leyes de la República, con excepción de los artículos de la Constitución Política relativos a la sucesión presidencial que quedan modificados por el presente convenio, las atribuciones conferidas al Congreso y el nombramiento de los Magistrados de la Corte Suprema de Justicia, atribuciones y nombramiento que corresponderán al Presidente Provisorio.

7a - El Gabinete del Gobierno Provisional durante el primer año quedara formado así: Licdos. A. Bermúdez, M. y José María Casco, Gral. Don Federico Ordoñez, Dr. Don Carlos Lagos, Lic. Don J. Ángel Zúñiga y Gral. Don Salvador Cisneros. Este Ministerio será inamovible el primer año.

Estas cláusulas quedan subordinadas a la aprobación del Jefe de Partido Nacional, Gral. Don Tiburcio Carias, A., a la del Gral. Don Gregorio Ferrera y a la del Gral. Don Rafael López G., a quienes se les hará saber para su resolución dentro del término del armisticio.

Al ser aceptadas estas bases las fuerzas revolucionarias tomaran posesión del puerto de Tela y el Presidente Provisional procederá al desarme y liquidación de ambos ejércitos.

En fe de lo cual firman por duplicado ambos Jefes Militares, por ante el señor Cónsul Americano en Puerto Cortés, quien preste extraoficialmente su intervención amistosa, en Búfalo, a____ de Febrero, de mil novecientos veinticuatro.

# ANEXO 23

## TELEGRAMAS

Puerto Castilla, 31 de julio de 1924.

A Comités Cariísta, (Circular).

La humildad del Sub-Comité Cariísta de Olanchito se ha sentido ofendida y ha protestado del Ministro Americano, Mr. Morales. En verdad compatriotas, que es una desgracia tener un funcionario de esa talla. Honduras había estado tan anarquizada y es del dominio público que Morales es el causante; ha descendido a la intriga insana; todos saben su diabólica farsa de las conferencias de enero; es enemigo nuestro pueblo; ponemos en juego todos los medios para hacernos daño; goza en ver destruirnos, lo prueba su empeño en prolongar nuestra fratricida revuelta recién pasada, con el turbio pacto de abril dejó preparada otra revolución y creyendo que sus planes frústransele los está renovando para que infaliblemente volvamos a la matanza. La política del Departamento del Estado Americano es altamente conciliadora y ciertamente no conoce los bajos procederes de Morales, pero toca a los hondureños dignos protestar, pedir por todos los medios su destitución. Ataquémosle por la prensa, publiquémosle todas sus fechorías, nombremos comisiones de quejas. La Prensa de estos lugares esta semana, comenzará a fustigarlo. Si en esa jurisdicción hay periódicos ruégole publicar este telegrama.

Juan B Pagoada

San Pedro Sula, 31 de Julio de 1924.

General Juan B. Pagoada.

Puerto Castilla, (Colón).

En esta sección de la costa hemos estado protestando contra pretensiones Ministro Americano, individualmente, pero ya se excita a los Comités y Sub-Comités de la República para que secunden la protesta de este Comité que le llegará muy pronto en hoja suelta. En intolerable conducta Ministro Americano en asuntos netamente de los hondureños y aplaudimos su gestión. Afectísimo. Roberto Martínez M. Srio. del Comité Departamental.

Roberto Martínez M.

# ANEXO 24

## MANIFIESTO QUE LA CONVENCIÓN DEL PARTIDO NACIONAL DIRIGE A SUS CORRELIGIONARIOS

CORRELIGIONARIOS:

Apenas terminada la lucha sangrienta que el pueblo hondureño se vio obligado a sostener para reivindicar sus instituciones, comenzaron las dificultades para llegar a un avenimiento entre los Jefes de la Revolución, debido a que uno de ellos, no pertenecientes al Partido Nacional, se empeñó en obstaculizar la organización del nuevo gobierno y la resolución de los problemas fundamentales derivados del mismo triunfo de nuestras armas.

Ante esos obstáculos, nuestro Jefe, el señor General don Tiburcio Carías A., puso a diario el contingente de su acendrado patriotismo y su alto desinterés, de modo que, por su parte, se han ido zanjando todas las dificultades presentadas, porque el General Carías ha querido evitar a todo trance que se derrame una gota de sangre más, con tal de poder llegar a transacciones decorosas, dando con esa conducta todo su apoyo al Gobierno Provisional presidido por el señor General don Vicente Tosta, auxiliado también en esa tarea por el concurso eficaz del reconocido patriota General don Francisco Martínez Funes.

Pero la conducta honorable de los Jefes nacionalistas hinchó la ambición desenfrenada del Jefe díscolo, General don Gregorio Ferrera, quien con sus procedimientos sospechosos, desde en los instantes de mayor dificultad durante la lucha había demostrado sus propósitos de erigirse en árbitro de la Revolución, burlando sus compromisos verbales y escritos, desoyendo los dictados de la razón y menospreciando los esfuerzos de nuestros soldados y el anhelo de las víctimas sacrificadas en la guerra, y se lanzó por la senda tortuosa del deshonor, quizás porque sus maquinaciones pacíficas no pudieron darle el resultado que apetecía; y en la madrugada del 6 del mes en curso, abandonó el Ministerio de la

Guerra que, a fuerza de intrigas, se había hecho dar por el Gobierno Provisional, llevándose las columnas que tenía bajo su mando directo las armas y demás elementos bélicos que pudo hacer conducir por sus huestes, y tomó la ruta de Lepaterique en abierta rebelión contra el gobierno a quien servía, violando traidoramente los más elementales deberes de lealtad y patriotismo.

Ante esa actitud criminal, nuestros correligionarios deben protestar y con sinceridad y energía debemos todos rodear al Presidente Provisional, prestándole nuestros voluntarios servicios en la medida de las capacidades de cada uno, para que dentro de un breve término se reduzca al traidor y se restablezca la tranquilidad pública, que es la suprema aspiración de nuestros pueblos.

La Historia juzgará la conducta conciliadora de los elementos dirigentes del Partido Nacional frente a la ambición desatentada del General don Gregorio Ferrera; pero los delitos cometidos por ese mal hijo de Honduras deben castigarse con toda la severidad de nuestras leyes y sobre ese jefe traidor caerá, además la eterna maldición de todas las víctimas que ocasione con su proceder indecoroso.

*Correligionarios,*

Estrechemos nuestras filas y formemos un bloque de resistencia y de acometividad suficientes para someter a los revoltosos que, sin bandera justificable, derraman nuevamente la sangre fraterna.

Unámonos al rededor del Presidente Provisional y de nuestros valerosos Jefes, para dar una nueva lección a los que llevan la desolación a nuestros campos y que, no conformes con los ríos de sangre que su ambición ha hecho brotar del corazón de nuestra Patria, añaden ahora a sus desafueros el estigma ignominioso de traidores.

Tegucigalpa, 8 de agosto de 1924.

Andrés Felipe Díaz, Delegado por Olancho; Ramiro Carbajal, Delegado por las Islas de la Bahía; F. R. Zúniga, Delegado por Colón; Álvaro Suazo, Delegado por La Paz; Rubén Antúnez, Delegado por Yoro; Carlos Torres, Delegado por Yoro; Celestino T. Velásquez, Delegado por La Paz; Próspero Padilla Romero, Delegado por Comayagua; Dr. J. Tábora, Delegado por Copán y Santa Bárbara; José M. Sarmiento, Delegado por Olancho; G. Córdova, Delegado por El Paraíso; J. M. Albir, Delegado por El Paraíso; Mariano P. Guevara; Delegado por Choluteca; Luis F. Lardizábal, Delegado por Choluteca; Alejandro López; Delegado por Copán; Jesús C. Trejo, Delegado por Gracias; J. Arcadio Pineda, Delegado por Gracias; Benjamín Chapeta, Delegado por Ocotepeque; Federico Boquín, Delegado por Comayagua; Miguel Villela Vidal, Delegado por Ocotepeque; S. Sosa h., Delegado por Atlántida; D. Bustamante Rosales, Delegado por Olancho; Wenceslao M. Rivera, Delegado por Intibucá; V. Callejas, Delegado por Tegucigalpa; Alberto Licona, Delegado por Santa Bárbara; C. S. Ramos, Delegado por Tegucigalpa; Magín Herrera, Delegado por Colón.

# ANEXO 25

General Tiburcio Carías A.
Abogado

Tegucigalpa, 23 de agosto de 1924

Exmo. Señor:

En el mes recién pasado, los Señores Generales don Francisco Martínez Funes, don Gregorio Ferrera y yo, en nuestro carácter de Jefes de la última revolución, firmamos un manifiesto dirigido al pueblo hondureño, en que declaramos ser solidarios con el Gobierno Provisional del Gral. don Vicente Tosta y darle nuestro apoyo y no lanzar ni permitir que se lancen nuestros nombres como candidatos a la Presidencia de esta República, en el próximo periodo constitucional.

El Gral. don Gregorio Ferrera, faltando a la palabra empeñada y cometiendo el delito de alta traición, se ha levantado en armas contra el Gobierno del Gral. Tosta, haciendo uso para ello de los elementos militares que estaban a su cargo como Ministro de la Guerra. Por su parte ha dejado sin efecto el manifiesto en referencia; pero en cuanto a mí, me es satisfactorio declarar que ratifico mi propósito de no lanzar ni permitir que se lance mi candidatura a la Presidencia de la República y que procuraré la postulación que se haga no recaiga en persona inhábil para ello, según el Tratado de Paz y Amistad de Washington, pues son mis deseos marchar en completo acuerdo con las ideas expresadas en distintas ocasiones por el Gobierno de V. E.

Me es grato aprovechar esta oportunidad para suscribirme de V. E., con toda consideración, su muy Atto. S.S.

(f) TIBURCIO CARIAS A.

Al Exmo. Señor Encargado de Negocios del Gobierno Americano. Presente

# ANEXO 26

Enclosure No. 1. Despatch No. 652. August 24, 1924.
COPY

PRESIDENCIA DE LA REPUBLICA DE HONDURAS

Casa Presidencial, 23 de Agosto de 1924.

Al Exmo. Señor Encargado de Negocios de los Estados
Unidos de América.

Exmo. Señor:

En vista del telegrama dirigido a V. E. por el Departamento
de Estado, y el cual se sirvió mostrarme, tengo el honor de
dirigirme a V.E., en los términos siguientes:

Surgido el Gobierno Provisional que presido del Pacto
celebrado en Amapala, el 3 de Mayo del año corriente, ha sido
mi propósito observar en un todo las estipulaciones de dicho
Pacto; y al efecto las he cumplido una por una, y estoy en la idea
de continuar cumpliéndolas de la manera más estricta.

De acuerdo con esas estipulaciones, y gozando de la más
absoluta libertad, se practicaron las elecciones de Diputados a la
Asamblea Nacional Constituyente, y funcionan, tanto en el
Gabinete como en las demás dependencias del Gobierno,
Ministros y empleados pertenecientes a todos los Partidos, sin
distinción de colores políticos: y conforme a ellas también se
emitió el Decreto de Amnistía, se organizó el Poder Judicial, y se
establecieron las Juntas de Reconocimiento, dándose a todos los
ciudadanos amplias garantías, cualquiera que sea la filiación a
que pertenecen. La Asamblea Constituyente ejerce sus funciones
de la manera más libre, sin que intervengan en ella influencias de
ninguna clase por parte del Poder Público; y al emitirse la
Constitución, se convocará al Pueblo a elecciones
Presidenciales, que se practicarán con amplia y efectiva libertad,
permitiendo a todos los Partidos que hagan uso - sin ponerles
estorbo de ninguna clase para su propaganda - de la libertad de

reunión, de la libertad de la prensa y de todos los demás medio garantizados por las leyes Patrias.

Por mi parte, para que esa libertad sea más positiva y acatando lo dispuesto en el Artículo 2 del Tratado de Paz y Amistad suscrito en Washington, declaro: que no lanzaré ni permitiré que se lance mi nombre como Candidato a la Presidencia de la República, procuraré por todos los medio que estén a mi alcance al Tratado en referencia y al Pacto de Amapala, pues son mis propósitos y deseos que la política hondureña marche en completo acuerdo con las ideas de vuestro Gobierno expresadas en distintas oportunidades.

En vista de las declaraciones francas que anteceden, confío en el apoyo moral de Vuestro Gobierno, ofrecido en el Pacto de Amapala al Gobierno Provisional de esta República; y me permito reiterar mi solicitud, por vuestro digno conducto, al Gobierno de Estados Unidos, a fin de que para expedir los medios de restablecer la paz y develar el levantamiento del General Gregorio Ferrera, Ex-Ministro de la Guerra, quien cometiendo el delito de alta traición se ha rebelado contra mi Gobierno, se sirva levantar el embargo y prohibición para la exportación de armas y municiones de guerra, permitiendo el embarque para nuestros puertos del Norte, de las que he pedido con anterioridad.

Sírvase V.E. aceptar las protestas de distinguido aprecio conque me suscribo, por su Atto. S.S.

(F.) VICENTE TOSTA

# ANEXO 27
## Cinco veces traidor

GUATEMALA, 25 DE AGOSTO DE 1924
SEÑOR PRESIDENTE, GENERAL DON VICENTE TOSTA
TEGUCIGALPA,

Muy distinguido amigo:
Aprovecho la ida a San Pedro Sula de un empleado de la Casa J. Rossner & Co., para enviar a usted esta carta, en la cual le informo de la actual actitud del Gobierno de Guatemala, respecto del Gobierno de usted, y con relación a los actuales acontecimientos.

Desde hace tiempo debe haber notado usted que yo he tenido que sostener una verdadera lucha para que este Gobierno y algunos elementos que lo rodean para lograr que pongan coto a las diversas tentativas de los emigrados para invadir a Honduras por la frontera de ambos países. El Presidente Orellana había creído que con mandar razones, por medio de Zúñiga Huete, a los líderes de la emigración, en el sentido de que no toleraría que violaran la neutralidad y asilo de Guatemala, y que debían cesar en sus conspiraciones para invadir a Honduras, pues de lo contrario se vería en el caso de tener que expulsarlos o meterlos en la Penitenciaría; que con tales razones sería obedecido, y por lo tanto, podía asegurar que no se efectuaría ninguna invasión. Yo siempre que tanto él como el Ministro Lowental me hablaban de esas amonestaciones, les manifesté que en un momento dado los emigrados no harían caso de las advertencias, y que lo más eficaz era la reconcentración y arraigo en esta capital de todos los que hacen de jefes. En esta situación vino la noticia de la sublevación de Ferrera; y como los emigrados intensificarán sus actividades, moviéndose en todas direcciones, renové mi solicitud de arraigo y reconcentración, de manera formal y en un Memorando, cuya copia adjunto a la presente. Entonces fueron llamados todos los principales que el sábado pasado (23 de agosto) estaban aquí; la Comandancia General les impuso el arraigo, con la advertencia de que, si intentaban abandonar la ciudad, serían reducidos a prisión; se dieron órdenes de reconcentración para Ángel Matute, Eusebio Bonilla, Simón Aguilar y otros más que cinco o seis días antes se habían ido para Puerto Barrios a arriar la gente que debía juntarse en Morales y Zacapa o Chiquimula. Estos individuos están ya para llegar a ésta, según me informó el Ministro Lowental; lo mismo que el Comandante de Chiquimula, que se dejó engañar por unos diez emigrados de insignificante posición, y que se fueron a incorporar a Ocotepeque. Ahora pues hay realmente energía en el Gobierno, porque está convencido de que pues, hay realmente energía en el Gobierno, porque está convencido de que sus anteriores disposiciones parsimoniosas eran impensables por el menosprecio de los emigrados; porque se vio hasta con escándalo público que el Gobierno les toleraba; porque averiguó el Presidente que sus amonestaciones se las callaba Zúñiga Huete, y antes bien hacía comprender que contaba con la tolerancia de tan alto funcionario. En todo esto me ha ayudado el Ministro Americano, el de Francia y de El Salvador, principalmente, pues su gobierno está al tanto que la emigración salvadoreña ayuda con dinero y enganches a la revolución ferrerista. Yo sigo trabajando en las medidas tomadas últimamente se cumplan, y estoy alerta para que cuanto afecte a esa situación difícil en que aquí estamos.

Arias no tendrá éxito con todos sus amigos políticos; son apenas una media docena los que le atienden y no quieren apoyar a Ferrera; los demás casi casi lo menosprecian y no le atienden.

Sin embargo, conviene que usted ordene y vea que sus órdenes se cumplan, en el ramo telegráfico, para los telegramas del mismo Arias sean trasmitidos de él para él, sus familiares y personas que le manejan sus negocios. Esto es para telegrafiar a sus amigos en Honduras, diciéndoles que no apoyen en ningún sentido a Ferrera, a quien, con los que lo siguen actualmente, llama cinco veces traidor.

Como el doctor Quezada me hubiere telegrafiado sobre el asunto de armas con José Barrios, he estado diciendo al Doctor, que no conviene andar con Barrios porque no ofrece garantías dado el precio exorbitante que pide por cada fusil de 50 dólares, con dotación de cien tiros, (antes me había dicho que el precio era de 30 dólares); quiere además dinero adelantado por los tales fusiles y para ir él a Estados Unidos a buscar al General Mexicano Félix Díaz, que es quien le vende un lote de 5,000 fusiles; y luego, porque aquí Barrios no goza de la confianza para hacer una negociación de la naturaleza que él pretende. Por eso, en el deseo de que se consiguieran las armas y parque que se necesiten en la actual emergencia, válido de la amistad que tengo con el Presidente Dr. Quiñónez y en consideración a que antes de ahora ha atendido más de alguna solicitud mía referente a la situación de Honduras, me dirigí a él, por medio de su representante diplomático en esta capital, solicitándole nos vendiera o prestara algunas armas y parque para el Gobierno hondureño; y él me contestó que ya estaba tratando el asunto con el Dr. Colindres. Esto le supliqué a usted en telegrama fecha de hoy, decirlo al Dr. Quezada, pues la clave que con él tengo es muy fácil de descifrar.

Al Dr. Manuel G. Zúñiga, le supliqué tratar con usted la cuestión de fondos, es decir, sueldos del cargo que aquí desempeño, y para gastos de vigilancia -que son diversos y diario- de los emigrados. No creo además encarecer de nuevo a usted lo necesario, que es la situación puntual de esos fondos. Usted debe estar seguro de que, si yo estuviera en mejores condiciones pecuniarias, no molestaría su atención sobre tal asunto, pues comprendo que los gastos militares actuales son enormes; pero atender la situación de aquí es también urgente; y aquí es casi imposible conseguir dinero prestado, ni aún con buenas garantías.

Confío en que usted penetrándose de la verdad de lo que dejo expuesto, sabrá disponer que sin demora se sitúen los fondos a que he hecho referencia.

Ya tenemos hoy cinco días de no saber nada de lo que está pasando. Yo no puedo contrarrestar las muchas noticias adversas a las armas del Gobierno que se publican en los diarios; nadie me informa nada, mientras los simpatizadores de la insurgencia ferrerista, se valen de mil medios para propalar las noticias que les convienen, aunque sean falsas. Yo he conseguido que solamente mis telegramas sean trasmitidos a Honduras; y que aún a El Salvador no se transmitan los de los emigrados y aún no emigrados. Pues así aparece la prensa con correspondencia telegráfica dando noticias a cuál más absurdas, para alentar a los que no quieren engancharse o tienen miedo a violar las disposiciones del Gobierno. Puede que, por las operaciones militares de Occidente, se interrumpan las comunicaciones telegráficas, por lo tanto, ruego a usted que ordene a quien corresponda, que diariamente me informen de la situación. Pueden hacerlo por la clave de Schlesinger, que es muy difícil descifrarla. Las noticias que yo juzgue reservadas las mantendré en secreto.

Deseando que pronto esté pacificada nuestra pobre Patria, y en espera de sus muy apreciables órdenes, me es grato suscribirme su atento servidor y afectísimo amigo.

SATURNINO MEDAL

NOTA: ENVIADA CON H.
MOELLER, EMPLEADA DE J.
ROSSNER Y CIA. DE SAN
PEDRO SULA
ARCHIVO LUPITA MEDAL.
SAN JOSÉ, COSTA RICA.

FUENTE: Diario Tiempo, 28 febrero 2004, p. 7 (Magazine).

# ANEXO 28

Enclosure No. 1. Despatch No. 657, dated September 12, 1924.
Copy of telegram to the Legation from General Ferrera

Dated August 28, 1924.

Naranjito, 28 de agosto de 1924
Encargado de Negocios de los Estados Unidos.

Ratifico a Ud. mi exposición del 26 y declaro nuevamente que ninguno de los hombres de la actualidad ha hecho mayores sacrificios que mi persona por la paz de Honduras a pesar del asesinato de mis soldados indefensos en esa capital y los 800 (ochocientos) políticos militares de diferentes partes del país del 30 de abril al 31 de julio anteriores sin que un solo asesinato fuera castigado; no obstante tanto crimen solo me creí obligado a salir de esa ciudad para defender mi vida y la de mis amigos y de la mayoría de Hondureños. La mediación de la Legación americana para obtener la paz en este país es laudable y perfectamente aceptable, pues yo soy el primero en reconocer que nuestras luchas fratricidas son vergonzosas y nos desacreditan cada vez más. Los Generales Tosta y Carías no han cumplido sus compromisos en la época actual y ellos son los autores de la nueva lucha. No tengo inconveniente en aceptar la mediación de esa Legislación mediante las bases preliminares siguientes: 1. Cumplimiento leal y honorable del Pacto de Amapala. 2. Desocupación militar y entrega de los Departamentos de Sta. Bárbara y Cortés por mis fuerzas se encuentran próximas a esas cabeceras departamentales y 3. Que la Legación americana en representación de su Gobierno y demás honorable cuerpos diplomáticos allí residentes sean garantías morales de la efectividad de todo lo que se convenga.

Repito a Ud. que al ocurrir a las armas hemos tenido por objetivo principal salvar nuestras vidas, las cuales tenemos derecho inalienable para defenderlas y garantizarlas. Ojalá que el Señor Encargado de Negocios tenga la aceptación de las bases antes dichas para así poder pacificar el país pues ningún interés tengo que continue derramándose la sangre de los hondureños. Soy de Ud.

atto. Servidor.

G. Ferrera

# ANEXO 29

Enclosure No. 1. Despatch No. 654. August 26, 1924
Copy of telegram to the Legation from General Ferrera
    received
August 26th, 1924

Encargado de Negocios de los Estados Unidos, Stokeley Morgan.

Acuso a Ud. recibo de su mensaje fechado el 24 del actual, pláceme comunicarle que ningún hondureño ha hecho más sacrificios por la paz de Honduras que yo, en mi condición de responsable de la lucha contra la Dictadura que terminó con la toma de esa ciudad el 28 de Abril último y por lo mismo aceptante del Pacto de Amapala firmado el 3 de mayo anterior. El intento de asesinato en mi persona en esa capital por elementos del Presidente Tosta y por las bandas armadas del Cariíste [sic] y el asesinato sistemado de mis amigos y todos elementos Aristas por aquellos, me obligaron a la defensa de la colectividad hondureña y personal. Todas las fuerzas tostistas y cariístas han sido deshechas totalmente en acción con la victoria aplastante obtenida en esta plaza la revolución controla en absoluta el Occidente del País.

Mis fuerzas marchan hacia el centro y norte. En mensaje del 15 actual aceptaba mediación del Exmo. Señor Presidente de El Salvador mediante el retiro de la Presidencia del Gral. Tosta y del cumplimiento fiel y honrado del Pacto de Amapala. Transcribo a Ud. la contestación que Tosta dirigió al Presidente del Salvador:

Casa Presidencial San Salvador, 21 de Agosto de 1924.
Gral. Gregorio Ferrera.
San Juan o donde esté.

Tengo la pena de transcribir a Ud. el mensaje que con fecha de hoy me ha dirigido el Sr. Presidente Tosta en contestación al mío de ayer, por el que comuniqué las bases indicadas por Ud.

Al aceptar la mediación que me permite ofrecerle: Acuso recibo a V. E. del telegrama de ayer en que se sirve transcribir los mensajes cruzados con el ex Ministro de Guerra Gral. Ferrera. Mi Gobierno conocedor de los sentimientos de V. E. de leal amistad para Honduras, y conviniendo que ambos nos animan la resolución de implantar en Centro América Gobiernos de Orden y seriedad como el de V. E. debo manifestaros que mi Gobierno está resuelto en no entrar con el traidor Ferrera en tratos que resultarían necesariamente en desdoro para la República. Tendré placer especial en tener a V. E. al tanto del movimiento político y militar de Honduras. Reiterándole mi leal y franca amistad.

Al manifestarle mis sentimientos por no haber logrado mis propósitos renuévole las demostraciones de mi distinguida consideración.

Afmo. Quiñónez M

Con fecha del 5 de actual dirigí al Metro. de los Estados Unidos nota explicativa de las causas que obligaron mi retirada, conceptos que ratifico y ruego a Ud. decirme si tiene conocimiento de dicha nota. Bajo bases expuestas al Sr. Presidente del Salvador. Considero que la paz de Honduras se restablece inmediatamente pues estoy reconocido como jefe supremo por más de cinco mil hombres armados y debidamente organizados, representativos del ejército hondureño y siendo mi mayor anhelo de la paz de la República. Ruega Ud. considerar mi exposición. De Ud. atto. servidor.

G. FERRERA

# ANEXO 30

Al Cuerpo Diplomático Residente en Centro américa.

De Naranjito, Santa Bárbara, Honduras 29 agosto de 1924. Tengo el honor de transcribir a Ud. una contestación que con fecha de hoy he dado al señor Encargado de Negocios de los Estados Unidos en Tegucigalpa dice así: Naranjito 28 de agosto de 1924. Señor Encargado de Negocios de los Estados Unidos Stokeley Morgan. Tegucigalpa. Ratifico a mi expresión del 26 y declaro nuevamente que ninguno de los hombres de la actualidad ha hecho mayores sacrificios que mi persona por la paz de Honduras a pesar del asesinato de mis soldados indefensos en esa capital y los 800 asesinatos políticos, militares, en diferentes partes del país del 30 de abril al 31 de julio anteriores, sin que un sólo asesino fuera castigado; no obstante tanto crimen me creí obligado a salir de esa ciudad para defender mi vida y la de mis amigos y la de la mayoría de los hondureños. La mediación de la Legación Americana para obtener la paz en este país es laudable y perfectamente aceptable, pues yo soy el primero en reconocer que nuestras luchas fratricidas son vergonzosas y que nos desacreditan cada vez más. Los Generales Tosta y Carías no han cumplido sus compromisos en la época actual y ellos son los autores de esta nueva lucha, no tengo inconveniente en aceptar la mediación de esa Legación mediante las bases preliminares, siguientes: 1º. Cumplimiento leal y honrado del pacto de Amapala, 22º. Desocupación militar y entrega de los departamentos de Santa Bárbara y Cortés porque mis fuerzas se encuentran próximas a esas cabeceras departamentales y 3º. Que la Legación Americana en representación de su Gobierno y demás honorables cuerpos diplomáticos allí residentes sean garantías morales de la efectividad de todo lo que se contenga. Repito a Ud. que al recurrir a las armas hemos tenido por objetivo principal salvar nuestras vidas las cuales tenemos derecho inalienable para defenderlas y garantizarlas. Ojalá que el

Sr. Encargado de Negocios, tenga la aceptación de las bases antes dichas para así poder pacificar el país pues ningún interés tengo que continúe derramándose la sangre de los hondureños.

Soy de Ud. Att. S.-------G. Ferrera.

FUENTE RG59, Records of the Department of State relating to Internal Affairs of Honduras 1910-1929, 815.00/3352, Guatemala, 3 Septiembre, 1924.

# ANEXO 31

Enclosure No. 3. Despatch No. 657, dated September 12, 1924
Copy of telegram sent to General Ferrera
Tegucigalpa, 2 de Septiembre de 1924.

General don Gregorio Ferrera,
Naranjito o donde esté.

Acuso recibo de su telegrama de 2 de Septiembre y aseguro a Ud. que a mi Gobierno y a mi es muy grato saber que Ud. Está dispuesto aceptar la mediación de esta Legación para que la Paz venga a este país. En cuanto a las bases preliminares que Ud. especifica, el Presidente Provisional me ha autorizado decir de su parte que: 1. El Gobierno Provisional acepta desde luego el primer punto sobre cumplimiento leal y honrado del Pacto de Amapala; 2. El Gobierno Provisional acepta que le queden al General Ferrera los departamentos de Santa Bárbara, Gracias, Intibucá y Ocotepeque mediante el retiro de todos grupos enemigos de los departamentos de La Paz y Comayagua; 3. El Gobierno Provisional acepta la mediación amistosa de la Legación Americana para los arreglos pacíficos en la actual emergencia, y acepta además, que sea la Legación Americana y demás honorables representantes diplomáticos residentes en esta capital, los que garanticen la efectividad de todo lo que se convenga; 4. Para facilitar los arreglos de los puntos anteriores se firmarán un armisticio por diez días, a efecto de que los representantes de ambas partes se reúnan en el pueblo de Taulabé. Yo espero que los propósitos del Señor Presidente Provisional serán aceptado por Ud. y que Podemos atender en el futuro cercano a una época de paz y prosperidad por el país y por el Pueblo Hondureño. Conforme con los deseos de mi Gobierno estoy siempre dispuesto a cooperar con todos los partidos a este fin. Espero contestación.
Stokeley W. Morgan,
Encargado de Negocios de EE.UU.

# ANEXO 32

PRESIDENCIA DE LA REPÚBLICA DE HONDURAS

Tegucigalpa, Setiembre 2, de 1924.

Señor Gral. Martinez Funes
Donde esté.

El Gobierno Americano ofrece su mediación para que termine el actual conflicto sin que continue el derramamiento de sangre. Debe Ud. continuar la marcha sin demora a ocupar posiciones ventajosas de defensa para el caso de que haya que librar batalla si Ferrera insiste en continuar la lucha, pero se atendrá Ud. A las siguientes instrucciones.

Cuando su ejército y el de Ferrera estén cerca el uno del otro enviara Ud. un emisario a Ferrera a notificarle que el Ministro Americano ofrece su mediación y que Ud. tiene autorización para tratar un armisticio provisional si Ferrera acepta la mediación.

Insistirá Ud. en que Ferrera detenga la marcha si acepta la mediación y, si es necesario para evitar choque de patrullas, podrá Ud. Retirarse a la distancia necesaria, siempre ocupando buenas posiciones. Dará Ud. aviso inmediatamente de la contestación que reciba de Ferrera, sin perjuicio de tomar Ud. las medidas necesarias para la seguridad de su fuerza ya sea que él acepte la mediación o que deba librarse combate pues en este debe procurarse el triunfo a todo trance. Acuse recibo este. Afmo.

(f) TOSTA.

# ANEXO 33

Copy of telegram to the Legation from General Ferrera.
Trinidad, 4 de septiembre de 1924
Exmo. Sr. Encargado de Negocios de los EE.UU. de A.

El 28 de agosto contesté su mensaje del día anterior, oficinas tránsito han alterado fecha, refierome su mensaje de antier 2 del actual. Siempre he estado dispuesto a un arreglo honorable para la paz del país, de acuerdo con los nobles propósitos de la gran nación americana. Veo con satisfacción que el Gral. Tosta acepta los números 1 y 3 de mis bases preliminares; el 2 lo altera y nos cede lo que no le pertenece, pues los Departamentos a que se refiere han caído en poder del ejército revolucionario a mi mando por la fuerza de los acontecimientos. Para las negociaciones de paz a base de honradez, es necesario e indispensable que el Gobierno Provisional retire cuanto antes las fuerzas que sostiene en los Departamentos de Cortés y Comayagua que nosotros ocuparemos inmediatamente, pues las fuerzas a mi mando están operando de cerca en esos y otros Departamentos. El armisticio debe ser por 4 días y no 10 días como pretende el Gral. Tosta. El lugar en que reunirse los representantes de ambas partes contratantes deberá ser entre la Villa San Antonio y Zambrano. El Excelentísimo Sr. Encargado de Negocios se servirá tomar en consideraciones que podemos detenernos, pero no retroceder, debiendo advertir también que mis bases se fundan en medidas de seguridad y aprovisionamiento. Deseo se sirva darme su contestación antes de las 12 A.M. de pasado mañana seis (6) del actual, para proceder sin demora a mi terminación de la guerra. Suplico tener presente las atenciones de mi debida consideración.

G. Ferrera

FUENTE: RG-59, Records of the Department of State relating to Internal Affairs of Honduras, 1910-1929 815.00/3370-3529 M-647. Rollo 17

# ANEXO 34

Enclosure No. 9. Despatch No. 658, dated September 12, 1924.

Copy of telegram sent to General Ferrera.

Tegucigalpa, 5 de Septiembre de 1924.
Donde esté.

Recibí hoy el cinco de Septiembre a las 10 de la mañana su telegrama fechado el cuatro de Septiembre. El Presidente Provisional me ha autorizado de su parte avisarle que está imposible por el Gobierno entregar el Departamento de Cortés a Vd. O retroceder sus fuerzas hasta Zambrano, pero aceptado cuatro días armisticio, quedando en statu que las tropas donde se encuentran, y que las conferencias pueden efectuarse entre Comayagua y Siguatepeque es decir en territorio neutral entre los dos ejércitos para negociar una paz duradera.

El anterior me parece a mí como solución justa por ambos partidos. Espero sinceramente su aceptación siendo Vd. Dispuesto de cumplir por su parte para terminar esta guerra fraternal y restablecer la paz en este país y para que Vd. no tenga ninguna responsabilidad de que se continuen las hostilidades. Contestación.

Stokeley W. Morgan,
Encargado de Negocios de los EE. UU.

# ANEXO 35

Enclosure No. 11. Despatch No. 657, dated September 12,
    1924.
Copy of telegram to the Legation from General Ferrera.

                    Villa Nueva, 7 de Septiembre de 1924.
S. W. Morgan,
Encargado de Negocios de los EE. UU.

Recibí hoy su mensaje fecha 5 en el cual se sirve exponerme
que el Gral. Tosta no puede retirar sus fuerzas de Comayagua y
San Pedro Sula y que permaneciendo mis fuerzas statu quo acepta
el armisticio de 4 días para conferenciar entre Siguatepeque y
Comayagua. Me permito manifestar al Sr. Encargado de Negocios
que estoy a media día jornada de la plaza de San Pedro Sula, o sea
a veinte (20) kilómetros y que varias columnas avanzan sobre San
Pedro Sula, que en estas condiciones no pueden hacer alto porque
quedarían a lo intemperie y sin comida, pero tampoco tengo
inconveniente en aceptar conferencias, cuyos delegados pueden
reunirse entre San Pedro Sula y mis campamentos en esta zona,
pues de aquel a Siguatepeque que el camino está obstruido y
ningún expreso puede llegar en menos de 3 o 4 días sin contar con
el inconveniente de los ríos. Debo manifestarle que un Tostista de
responsabilidad ha dicho hace 3 días. "Estamos derrotados y no
podemos resistir, pero el Ministro Americano no dejará que los
ataquen o por lo menos obligará a Ferrera a un armisticio para el
Gral. Tosta, nos haga llegar hombres y elementos". Reitero a Ud.
que los responsables de la Guerra son los Generales Tosta y Carias
la totalidad de hondureños son testigos de sin número de
asesinatos cometidos por el poder público y bandas cariístas por
todas partes se encuentran numerosos grupos de hondureños
huyendo a las persecuciones del Cariísmo y solo el temor al
asesinato explica que la revolución cuenta en tan breve tiempo
con varios miles de hombres. No creo, Señor, que constituya
responsabilidad defender la vida con el fin de establecer un
Gobierno de orden y de responsabilidad en mi patria. Afmo.

                                        G.Ferrera

# ANEXO 36

Enclosure No. 13. Despatch No. 657, dated September 12, 1924.

Copy of telegram to the Legation from H. O. Jeffries and others.

El Venado, 7 de Septiembre de 1924.
Encargado de Negocios de los Estados Unidos.

Los suscritos, jefes del ejército revolucionario, por sí y a nombre de su tropa se permiten poner en el alto conocimiento de su excelencia que han proclamado Presidente Provisional al General don Gregorio Ferrera, secundando así la espontánea proclamación que en cabildo abierto han hecho los pueblos que están bajo el control revolucionario: H. O. Jeffries, Manuel Darías, J. M. Reina. F. Ramos. Max Vásquez. Prospero Del Cid. Roque Villatoro. Juan Ramírez, A.

# ANEXO 37

Enclosure No. 15. Despatch No. 657, dated September 12, 1924.
Copy of telegram sent to General Ferrera
Tegucigalpa, 8 de Septiembre de 1924.
Señor General don Gregorio Ferrera,
Donde esté.

He recibido su telegrama fechado el 7 del corriente por el cual Vd. me avisa que no quiere celebrar un armisticio sobre la base de statu quo sino que sus fuerzas continuarán avanzando a San Pedro Sula que hace manifiestamente imposible tener la conferencia, como sugerida por Vd., en un lugar dentro sus campamientos y San Pedro Sula. Por eso se parece claro que Vd. no tiene verdadera intención de evitar más derramamiento de sangre ni está dispuesto de hacer inmediatamente un convenio basado sobre el leal y honorable cumplimiento del Pacto de Amapala como manifestado en su telegrama del 28 de Agosto recién pasado siendo una condición que el Gobierno Provisional aceptó inmediatamente. De consiguiente yo tengo que cumplir con mi deber de avisar a mi Gobierno sobre su actitud actual. Yo he recibido instrucciones diciendo que en caso de que su proceder solamente hace imposible celebrar un convenio el Gobierno de los Estados Unidos no reconocerá ninguna administración con Vd. como jefe ni extenderá simpatía ni apoyo moral a cualquiera clase de Gobierno Provisional por Vd. establecido.

Por eso espero para bien del país que se celebre inmediatamente el armisticio y se hagan en seguida los trámites para la paz.

Stokeley W. Morgan,
Encargado de Negocios de los EE. UU.

# ANEXO 38

## Nueva e importante victoria

Poco a poco los traidores van recibiendo el castigo que merecen. No es posible que las malas causas puedan sostenerse por largo tiempo. Hoy son los secuaces de Ferrera los que, en "San Isidro" y después en "Siguatepeque", son vergonzosamente derrotados por nuestros heroicos soldados al mando del valiente General Emilio Amador; mañana será al propio Ferrera, EL GRANTRAIDOR. Los llamados Generales José María Fonseca, Julio Mejía, Julio Peralta y Manuel Matute y el Coronel Jesús Inestroza, al huir despavoridamente, dejaron en el campo todo el parque de ametralladoras, cartuchos calibre 7 m. m., tres tiendas de campaña, gran cantidad de bestias y una cartera que contiene los croquis de las ciudades de Comayagua, Choluteca y Puerto Cortés.

He aquí los telegramas del General Amador y del General Cáceres Arce:

Siguatepeque, vía Comayagua, 11.

Sr. Gral. Tiburcio Carías. Tegucigalpa-Pláceme comunicarle a Ud. que antenoche como a las 10 logré tomar la represalia contra los rebeldes comandados por José María Fonseca, quien al saber que me aproximaba sobre esta plaza, se colocó con todo el contingente que estuvo a su alcance y en compañía de los generales Julio Mejía y Manuel Matute y el Coronel Jesús Inestroza, en la aldea de San Isidro, tomando posiciones excelentes. La lucha duró hasta las dos de la mañana, logrando desmoralizar completamente el enemigo y capturándole todo el parque de ametralladoras de que disponían, cartuchos calibre 7 m.m., tres tiendas de campaña, gran cantidad de bestias, una cartera conteniendo croquis de Comayagua, Choluteca y Puerto Cortés y otras poblaciones.

Este ejército en completa derrota llegó la noche misma a esta población a poner en alarma a los pocos que habían quedado. No me fue posible perseguirlos inmediatamente, porque esperé en el teatro de los acontecimientos al Gral. J. Inés Pérez con quien nos reunimos hoy a las 9 a.m., y juntos marchamos sobre este lugar, ocupándolo sin ninguna resistencia pues ya el pánico estaba sembrado. Julio Peralta y los suyos que se habían posesionado de la Cocona pasaron por aquí semiorganizados en el preciso momento en que nosotros rodeábamos la plaza y no se atrevió hacer resistencia por lo que juzgo que el movimiento efectuado por estos jefes toca a su fin y si presentan acción será de poca significación. Yo me siento con esto, muy feliz porque solamente con la gente con quién pelié en días pasados y que a consecuencia de las armas tuve que declararme en derrota; hoy en superiores condiciones de armamento logré darles un golpe mortal. –

Afmo. amigo.

Emilio Amador

Comayagua, 11 de Septiembre de 1924.-Señor General Tiburcio Carías.-Tegucigalpa.- En estos momentos regreso de la comisión. Siguatepeque está en nuestro poder. Antier en la noche en el punto llamado "La Angostura" se libró un combate contra los traidores comandados por Fonseca, Julio Mejía, Julio Peralta, Manuel Matute y Jesús Inestroza, los que fueron deshechos; de nuestra parte murió el Coronel Molina, segundo jefe de la columna de Amador y algunos soldados. No doy más detalles porque hasta hoy se está explorando el campo y yo me regreso hoy mismo para Siguatepeque con la Cruz Roja, donde espero sus órdenes, pues ya se está reconstruyendo la línea telegráfica.

Respetuosamente. -E. Cáceres Arce.
El Comité Central del Partido Nacional

# ANEXO 39

Combate en La Cocona. --Fonseca, Peralta, Matute e Inestroza, huyeron como liebres. -- Captura de elementos. -- Planos de varias plazas.-- El General J. Inés Pérez los persigue de cerca. -- El General Amador fue el héroe de la jornada.

TEGUCIGALPA, 11 de Septiembre de 1924.

General Martínez Funes y Comandante Armas.

San Pedro Sula.

Pláceme comunicar a Ud. que ayer a las dos de la mañana y después de cuatro horas de lucha, que les entabló el General Emilio Amador, solamente con sus costeños- huyeron a la desbandada, los Jefes revolucionarios José María Fonseca, Julio Peralta, Manuel Matute, Jesús Inestroza y otros más que pernoctaban en la Cocona y se les avanzó 3.500 cartuchos para máquina, dos cintas, todas sus bestias, cartuchos 7 mm, los papeles conteniendo los planos de esta capital, Choluteca, Comayagua, y Puerto Cortés, varios rifles; en el campo dejaron bastantes muertos y avanzamos a varios de sus soldados. La columna del General J. Inés Péres que llegó poco después del desastre, los persigue muy de cerca y con actividad, juntamente con la del General Amador.

Aquí se espera que las operaciones de un futuro próximo que se libren ahí con el elemento de la costa- que ha puesto en toda la contienda cívica y armada muy alto su nombre y en relieve, en esta ocasión darán una vez más muestras de disiplina y valor, base principal para luchar con ventaja. Han salido varias fuerzas cholutecas que se encargan de limpiar reveldes en Occidente, y en Siguatepeque ha vuelto la calma y en pos de esta la confianza. Afectísimo.

A. B. Ráquel.
Director Gral. de Telégrafos.

# ANEXO 40

SIGUATEPEQUE, 14 de Septiembre de 1924

General Martínez Funes y Comandante de Armas.

San Pedro Sula.

El 9 por la noche Fonseca y Peralta fueron completamente derrotados en San Isidro. -Amador y Pérez persiguiéndolos sobre Santa Bárbara. -Ayer por la mañana salieron de Taulabé 500 quinientos hombres al mando de dichos Generales. - Afetísimo.

*E. Cáceres Arce.*

\*\*\*\*\*

El General Emilio Amador llega a Santa Bárbara

\*\*\*\*\*

SANTA BÁRBARA, 15 de Septiembre de 1924.

General Martínez Funes y Comandante de Armas.

San Pedro Sula.

Hoy llegué a ésta sin novedad, los revoltosos de esta zona no presentan acción. Permaneceré aquí un día y después continuaré mi marcha hasta tranquilizar completamente estos lugares. Mi deseo es mantener con Ud. una constante comunicación. Afectísimo. *–Emilio Amador.*

# ANEXO 41
## BOLETIN DE LA OPINION NACIONAL
## COMAYAGUA ES EVACUADA POR NUESTRAS TROPAS COMO UN PLAN

"B"
Estratégico y seguro

El General Tosta salió hoy a dirigir en persona la acción definitiva Santa Rosa cayó ayer en poder de los generales Emilio Amador y J. Inés Pérez.

Los ferreristas están asediados por un círculo de hierro y de fuego.

Agotados todos los recursos para lograr una solución pacífica en la actual contienda provocada por la ambición del caudillo indígena y el nefasto coloradismo que lo rodea, dispuso el Gobierno preparar un golpe definitivo para concluir con la lucha sangrienta que destruye la vida económica del país, llevándolo a la ruina y la desolación.

Las fuerzas del gobierno recibieron orden de mantenerse firmes en la plaza de Comayagua mientras se acercasen al campo de operaciones los fuertes y numerosos contingentes procedentes de la Costa Norte y departamentos de Sur y Oriente, evacuándola en el momento dado con el objeto premeditado de que fuese ocupado por el traidor.

Ocho horas después de desocupada la plaza se apercibieron los facciosos de la maniobra y obligados por la presión de las fuerzas que llegaban por retaguardia entraron a Comayagua. Ahora se ha cambiado la situación. Nuestras fuerzas, bien organizadas, al mando de jefes competentes y dotada de suficientes elementos, tienen asediado a Ferrera y un círculo de hierro y de fuego lo rodea por todos los rumbos.

Agregamos a esta ventajosa condición el hecho importantísimo de haber salido hoy al medio día el propio General Tosta a dirigir la acción definitiva.

Los méritos y prestigios del General Tosta, así como sus profundos conocimientos militares, son de todos conocidos, y estamos seguros de que el éxito le acompañará para gloria de él y bien de nuestra patria.

No podrán, pues escaparse. Y mientras las fuerzas de los Generales Valenzuela, Díaz Zelaya, Cáceres Arce, Rosales, Zúñiga y las de los Coroneles Ramón y Santiago Nolasco y Roque J. Rodríguez, preparan un plan bien combinado y seguro, otras plazas de gran importancia caen en poder de los soldados fieles al Gobierno, como la de Santa Rosa, que fué tomada ayer al amanecer por los Generales Emilio Amador y J.Inés Pérez.

Queda el indio traidor reducido a Comayagua. Allí encontrará su tumba. La victoria se tarda, pero es segura e inevitable.

EL COMITÉ CENTRAL DEL PARTIDO NACIONAL

# ANEXO 42

Las huestes comandadas por Angel Matute y Simón Aguilar, derrotadas en El Venado por los jefes del Gobierno, General Sanabria y Coroneles Hidalgo y Ramírez

EL VENADO, 15 de septiembre de 1924.

General Martínez Funes y Comandante de Armas.

San Pedro Sula.

Después de dos horas de combate derrotamos a Ángel Matute y Simón Aguilar, dejando en los campos, tres tiendas de campaña, veinte bestias, dieciocho muertos. Teniendo que lamentar los heridos de gravedad del Mayor Leonardo Ochoa y el Teniente Ciriaco García y dos muertos de nuestra parte. El enemigo en grupo de trescientos, armados de rifles calibre 11 y 7. El número de la fuerza legitimista que los atacó fue la primera compañía, que se compone de ciento treinta inclusive la Planta Mayor que es a mi mando del cuarto batallón, compuesto por soldados de la capital. Afectísimos. - M. Sanabria.- Alfonso Hidalgo. - Eulalio B. Ramírez.

# ANEXO 43

El indígena traidor busca las montañas de Yoro para cometer sus actos de bandolerismo. La huella de la destrucción y el robo deja a su paso

TEGUCIGALPA, 15 de septiembre de 1924.

General Martínez Funes y Comandante de Armas.
San Pedro Sula.

Después de dos horas de combate derrotamos a Ángel Matute y Simón Aguilar, dejando en los campos, tres tiendas de campaña veinte bestias, dieciocho muertos. Teniendo que lamentar los heridos de gravedad del Mayor Leonardo Ochoa y el Teniente Ciriaco García y dos muertos de nuestra parte. El enemigo en grupo de trescientos, armados de rifles calibre 11 y 7. El número de la fuerza legitimista que los atacó fue la primera compañía, que se compone de ciento treinta inclusive la Plana Mayor que es a mi mando del cuarto batallón, compuesto por soldados de la capital. Afectísimos. - M. Sanabria. - Alfonso Hidalgo. - Eulalio B. Ramírez.

******

El indígena traidor busca las montañas de Yoro para cometer sus actos de bandolerismo. La huella de la destrucción y el robo deja a su paso

******

TEGUCIGALPA, 15 de septiembre de 1924. General Martínez Funes y Comandante de Armas.
San Pedro Sula.

Ferrera que tan fanfarronamente telegrafiaba a El Salvador, avisando que próximamente tomaría la plaza de San Pedro Sula, huye de ella cobardemente conducido por el pánico que se ha infiltrado en su espíritu, así como en el de sus criminales secuaces; sin plan estratégico se dirige a Yoro, donde probablemente el fracaso definitivo será la expiación de su inmensa culpa. Mientras la moral de las fuerzas de la dignidad se torna cada día más excelente en la de los traidores cunde el desaliento y la desconfianza pues informes verídicos dan cuenta de su constante desbande.

La propaganda de mentiras lanzada por los agentes del Indio en Guatemala, Nicaragua y El Salvador es el procedimiento que siempre han empleado los secuaces del colordismo criollo, y muy pronto tal propaganda caerá su asqueroso y mercenario puesto al hermoso y brillante de la verdad. Por donde quiera son batidos los enemigos de la paz nacional y últimamente lo han sido en Aramecina, Reitoca, La Paz y Siguatepeque a donde había entrado saqueando sistemáticamente, sin distinción de colores políticos incendiando y haciendo conmiseración a las personas indefensas.

El movimiento actual dirigido por el ex-Ministro desleal es una expedición de verdadero bandolerismo ajena a la persecución de ningún ideal político ni mucho menos para reivindicar ningún derecho conculcado. -El espanto y el pánico generales, son la huella que van dejando por donde pasan los atilas hondureñas.

Expediciones debidamente preparadas por el Gobierno están recuperando las plazas de Occidente, la de Santa Bárbara fue ocupada hoy por nuestros ejércitos que en número de ocho mil hombres rodean al Gobierno, dentro de quince días habrán debelado completamente el actual movimiento de los enemigos de... (roto)


A B Ráquel
Director General de Telégrafos

# ANEXO 44

Enclosure No. 1 Despatch No. 660, dated September 23, 1924.
Copy of telegram from General Ferrera received Sept., 20, 1924.

Alturas el Horno, Departamento de Comayagua

19 de Septiembre de 1924.

Encargado de Negocios de EE.UU.
Mr. Morgan.

Hoy a las seis de la tarde recibí las bases de armisticio que se sirva transcribirme en telegrama del 17. Transcribo a Ud. las que di al Señor Shaw, así: "Gregorio Ferrera, en su condición de Jefe Supremo del ejército revolucionario, y en atención a la excitativa del Señor Cónsul Americano, don Geo. P. Shaw, quien al igual que el Señor Encargado de Negocios de la misma nación, Honorable Stokeley W. Morgan en Tegucigalpa, manifiesta el dese de su Gobierno para que haga paz en este país para lo cual se hace necesario principiar por un armisticio entre las fuerzas de la revolución y las del Presidente Tosta, armisticio que acepto en la forma siguiente: 1. El armisticio, suspensión de hostilidades, será de 72 horas contadas desde que yo recibo aviso de comunicación del Señor Cónsul Americano de estar aceptado todo. 2. Las fuerzas revolucionarias se acamparán de Cofradía a Lima. En Departamento de Yoro, Progreso y población cercana a donde se encuentre alguna fuerza revolucionaria; lo mismo el resto de fuerzas revolucionarias en cualquiera otra parte de la República y no se movilizarán durante el armisticio ni las fuerzas revolucionarias ni las del Presidente Tosta. 3. El armisticio tiene por objeto establecer pláticas de paz para organizar un Gobierno de Orden y Leyes de Honduras. 4. Las conferencias tendrán lugar fuera de las líneas revolucionarias en Siguatepeque. Firmado en Departamento Yoro a 14 de Sept. de 1924. G. Ferrera. Geo. P. Shaw". El Señor Shaw me prometió que el 15 o 16 muy tempano me habría comunicado lo resuelto respecto a las bases indicadas, las aceptadas por Tosta y transcritas por Ud. difieren de las propuestas y las circunstancias actuales han cambiado; de modo que las tropas revolucionarias no pueden detener su marcha por varias razones inclusive las exigencias de aprovisionamiento de boca y el armisticio principiará con lo convenido en las primeras pláticas de paz, las cuales no tengo inconveniente en aceptar y asistir desde las 10 am. De mañana 20 del actual entre un punto cualquiera de Comayagua a mis campamentos. Ojalá este mismo correo traiga alguna comunicación suya. Afmo.

G. Ferrera.

# ANEXO 45

La renuncia que de su candidatura a la presidencia de la república ha hecho el señor gral. Tiburcio Carías ante la honorable Convención del Partido Nacional

Honorable Convención del Partido Nacional:

Os presento mi cordial saludo al inaugurar vuestras sesiones y desde luego, hago votos fervientes porque resolváis con todo acierto los problemas que tengáis que discutir.

Dignaos oír la exposición que os voy a presentar.

I

Roto el orden constitucional de la República por consecuencia de las Dictadura establecida por el expresidente, Gral. don Rafael López Gutiérrez, quien había hecho burla de la libertad del sufragio, mediante la imposición más descarada que registran los anales patrios, tuve que ponerme al frente de la revolución reivindicadora, para restablecer el imperio de la ley.

La lucha fue larga y sangrienta, bien que coronada con el mejor éxito, dando por resultado el implantamiento del Gobierno del General don Vicente Tosta, uno de los jefes que contribuyó en grado máximo al triunfo definitivo de nuestras armas.

La administración reparadora del General Tosta seguía su marcha regular, desenvolviendo las energías de la Nación para impulsar el Progreso; pero, en su Gabinete figuraba como Ministro de la Guerra el Gral. don Gregorio Ferrera, en quien comenzaban a germinar las ambiciones de mando, que fueron auspiciadas por la camarilla de que se rodeó, la cual se componía en su mayor parte de enemigos de nuestra causa.

Ferrera ya tenía premeditada su traición, aprovechó su puesto de Ministro de la Guerra para hacerse de elementos, con los cuales intensificó la guerra que acaba de terminar con el fracaso de sus ambiciones.

Hoy la república, aunque desangrada, se encuentra en un

período de relativa paz, que da respiro a nuestros conciudadanos para que puedan meditar sobre el problema electoral que está pendiente aún, eligiendo con cordura y patriotismo los candidatos a la Presidencia y Vice-Presidencia de la Nación.

## II

Cuando el Partido Nacional, que representa las tres cuartas partes del pueblo hondureño, me hizo la honra de designarme su candidato para la Presidencia, en la pasada lucha electoral, yo acepté gustoso esa designación y enfrenté la situación con actividad y energía indispensables, sin que me guiara ningún fin rastrero, sino el bien de mis compatriotas y la dignidad y la honra de la patria, a la cual lo sacrifico todo.

El problema de la elección presidencial vuelve de nuevo a agitar los ánimos del pueblo, y el partido mantiene sus anteriores candidaturas; pero como han variado las bases sobre que opera la política internacional nuestra, con motivo del Tratado General de Paz y Amistad suscrito en Washington el siete de febrero de mil novecientos veintitrés por los países Centroamericanos, muy especialmente en lo que estatuye el artículo II de ese Tratado, debe tomarse otra orientación, a lo cual es mi deber contribuir, ya que estoy lejos de toda ambición personal.

Debemos, pues, procurar que se utilice otras actividades y energías que sean prenda de paz interior y exterior, y para dejaros campo para que paséis las causas expuestas y encontréis la mejor solución de este problema de vital importancia para nuestro Partido.

Os presento mi renuncia de la candidatura para Presidente de la República con que el Partido me ha honrado, renuncia que os pido admitirme, Honorables Señores Delegados, y que a la vez designéis de entre nuestros correligionarios, la persona más apta y de mayores méritos que me sustituya en la designación antes relacionada.

Os reitero mis votos porque tengáis completo y brillante éxito en vuestras labores.

Tegucigalpa, 24 de noviembre de 1924.

TIBURCIO CARIAS A.

# ANEXO 46

Enclosure No. 3 Despatch No. 674 dated December 3, 1924.

COPY

Tegucigalpa, 24 de noviembre de 1924.

Comités Nacionales de la República y Periódicos.

Comunicamos a Uds. que en esta fecha se ha instalado la Convención Nacional quedando su Directiva organizada así: Presidente, Dr. Venancio Callejas; Vice Presidente, Dr. Antonio Bermúdez; I Secretario don José María Albir; 2 Secretario Dr. Andrés Felipe Díaz. Ante la Convención ha presentado el señor General don Tiburcio Carías, su renuncia como candidato a la Presidencia de la República consignando estos párrafos que trascribimos literalmente:

"El problema de la elección presidencial vuelve de nuevo a agitar los ánimos del pueblo y el Partido Nacional mantiene sus anteriores candidaturas; pero como han variado las bases sobre que opera la política internacional nuestra, con motivo del Tratado General de Paz y Amistad suscrito en Washington el 7 de Febrero de 1923 por los países Centro-Americanos, muy especialmente en lo que estatuye el Artículo Segundo de este Tratado, debe tomarse otra orientación, a lo cual es mi deber contribuir, ya que estoy lejos de todo interés personal.

Debemos, pues, procurar que utilicen otras actividades y energías que sean prenda de paz interior y exterior, y para dejarnos campo para que poséis las causas expuestas y encontréis la mejor solución de este problema de vital importancia para nuestro Partido os presento mi renuncia de la Candidatura para Presidente de la República con que el Partido me ha honrado, renuncia que os pido admitirme honorables Delegados, y que a la vez designéis de entre nuestros correligionarios, la persona más apta y de mayores méritos que me sustituya en la designación antes mencionada".

Para resolver este trascendental problema, de acuerdo con la opinión nacional, la Convención espera la respuesta de ese Importante Centro Político a la mayor brevedad posible.

Afectísimos.

V. Callejas, Presidente
Antonio Bermudez, Vicepresidente
J. M. Albir, Srio. Primero
Andres Felipe Díaz, Srio. Segundo

# ANEXO 47

A la Prensa de Centroamérica.

Por los motivos de alta conveniente política, el General don Tiburcio Carías, prestigiado caudillo del Partido Nacional, ha renunciado irrevocablemente su candidatura a la residencia de la República, no obstante las reiteradas manifestaciones de adhesión y simpatía, hechas en su favor por más de quinientos Clubs políticos del País. Obedeciendo ante todo al patriótico objeto de asegurar la paz pública y con un verdadero desinterés que honra su nombre prescindió de su candidatura y recomendó al Partido y a sus amigos que optasen por una fórmula que no estuviese en pugna con las conveniencias internacionales.

El Doctor don Miguel Paz Barahona como Presidente y yo como Vicepresidente integramos la plataforma que será lanzada a los comicios por el Partido Nacional, en completo acuerdo con sus Jefes directores. Por razón de las circunstancias que reclaman imperiosamente la cooperación de todos para la solución del actual problema político, he aceptado la honrosa designación recaída en mí, con el propósito único de contribuir, en la medida de mis fuerzas, a la consolidación de la paz de mi patria, a la conciliación de la familia hondureña y a estrechar las amistosas relaciones con los demás países y especialmente con las Repúblicas vecinas y hermanas. Ojalá que todos los Hondureños sin distinción de partidos, tengan presente que en el momento político actual, Honduras necesita del concurso de todos sus hijos para restaurar las profundas heridas y reparar los crueles desastres en que la han sumido las guerras civiles que acaban de pasar y quieran prestar su patriótica cooperación para la realización de esta obra de salvación nacional.

(f) P. Quesada.

# ANEXO 48

Enclosure                    Foreign Service Report No. 16

## PIDIENDO COOPERACIÓN HONRADA PARA UN ATENTADO ESCANDALOSO

Sabemos de positivo que una comisión de tres miembros de una logia masónica de "Honduras, ha llegado a esta ciudad, enviada por la masonería de allá a gestionar ante sus "hermanos" de Guatemala para obtener de ellos en algún sentido, su cooperación a favor de la candidatura presidencial Paz. Baraona-Quezada, con que los Generales Tiburcio Carías, Vicente Tosta C. y Francisco Martínez Funes, sí y ante sí, han pretendido resolver esa situación caótica a que han conducido a nuestra patria en la contienda electoral empeñada hace cerca de dos años.

Apenas si podemos creer que una logia de la institución, basada en la fraternidad universal, ajena a la religión y a la política, pero respetuosa a los derechos ciudadanos y a las instituciones todas, cuyos miembros hondureños están afiliados en su mayor parte al bando caristia, pretenda obtener la cooperación de sus hermanos de otras naciones para sancionar y consolidar un atentado escandaloso al más sagrado de esos derechos en que están fundadas las instituciones democráticas. Porque la farsa eleccionaria que en estos momentos se realiza en Honduras, no tiene precedente en nuestra historia, ni en la historia de América, tal vez, ni en la de todas las naciones republicanas.

Aparte de lo atentatorio de esa farsa, debemos hacer constar que el Doctor Paz Baraona, a quien dejamos en su honor y fama de buen masón; de Médico filantrópico y servicial a los pobres; pero a quien por su actuación en la contienda como candidato a la vice-presidencia de la fórmula del bando cariísta y, sobre todo, por la deplorable condición de sus facultades mentales- que alguna vez lo llevaran en Londres a permanecer por tres meses en una casa de orates- no es, bajo ningún concepto, el llamado a realizar la anhelada reconciliación de la familia hondureña.

Y menos, mucho menos lo es, el Licenciado Presentación Quezada, agiotista sin conciencia que ha formado su capital prestando dinero a un alto tipo de interés mensual, habiendo sacrificado por esa causa a varias familias de Tegucigalpa, entre ellas a la viuda de un señor Moreira, a quien despojó de su casa de habitación, que es hoy la del presunto futuro vicepresidente.

Esto si es, según sabemos, de lo que más reprueba la institución masónica; y nosotros lo denunciamos formalmente ante ella, ofreciendo las pruebas pertinentes si se necesitan.

Por lo que hace al Doctor Paz Baraona, queremos preguntarle: ¿por qué no correspondió al llamamiento que reiteradamente le hizo desde New Orleans el Gral. don Calixto Marín, para que aportara su valioso concurso en la obra de reconciliación por él iniciada?

"El árbol se conoce por sus frutos", se ha dicho y los frutos que hasta hoy han dado en su actuación política el Dr. Paz Baraona y el Lic. Quezada, están muy lejos de ser conciliadores, que antes bien han contribuido poderosamente a la realización de esa obra infame de nuestro desconcierto nacional. También se ha dicho: "Por los antecedentes se deducen los consecuentes y ya sabemos lo que nos espera a los hondureños masones y no masones adversarios del cariísmo, si confiamos en sus fementidas promesas".

Bien entienden el hermano Tosta, Gran Protector de la Masonería en Honduras, y el prominente hermano Paz Baraona, la fraternidad y deberes masónicos. En la carnicería que ha realizado el cariísmo, de que son miembros principales, han caído asesinados con el beneplácito de ellos, varios masones, varios han sido flagelados o víctimas de diversos castigos infamantes, como don Alberto Erler y otros que sería largo mencionar; otros han sido perseguidos a muerte, según se dice, de orden de Tosta.

Y repetimos que es mucha audacia de los masones afiliados al cariísmo, pretender conseguir de sus hermanos centroamericanos el apoyo a esa obra infame, inhumana que su bando ha realizado y pretende continuar, por una maniobra perversa.

Si la masonería y todos los centroamericanos, quieren ayudar a sus desventurados hermanos hondureños a salvarse de ese caos en que nos encontramos, en buena hora; nosotros también deseamos ardientemente que no se derrame una gota más de sangre nuestra; pero que sea por el único medio honrado y eficaz que cabe: reconciliación a base de equidad, llevando al poder por un convenio a un ciudadano idóneo que no haya tomado participación activa en la contienda, para que sea recto e imparcial en la obra reconstructiva que hay de realizar, que por improba, necesita un hombre de cerebro equilibrado, de corazón noble y de mano firme para mantener el imperio de la ley.

UNOS HONDUREÑOS

FUENTE: Record Group 59. Records of the Department of State relating to Internal Affairs of Honduras, 1910 - 1929, 815-00/3370-3529

# ANEXO 49

Circular telegráfica del ilustre General Carías

Tegucigalpa, diciembre 11 de 1924.

Comités y Sub-Comités Nacionalistas de la República.

Por motivos de alta conveniencia para la Nación y para los intereses del Partido que hemos organizado y sostenido a costa de tanto sacrificio y de tanta sangre, he resuelto, de manera irrevocable, retirar mi candidatura y apoyar la fórmula del Dr. don Miguel Paz Baraona, como Presidente y del Doctor don Presentación Quesada, como VicePresidente, fórmula que se ha convenido con los demás Jefes de la Revolución y que apoyaremos de la manera más decidida. Considero que Uds. darán fe a mis palabras y estimaré como la mejor muestra de su adhesión hacia mí y de su disciplina, el que secunden la decisión que hemos tomado.

Todos ustedes deben ver en esta resolución, como la vemos nosotros, la mejor forma de salvaguardar los altos intereses a que me he referido; y, por lo mismo, espero que acatarán la solución dada al problema electoral y pondrán de su parte toda su actividad para hacer que salga electa la fórmula Paz Baraona - Quesada.

Su Afectísimo,

TIBURCIO CARÍAS A.

# ANEXO 50

Circular del Comité Central a todos los Comités de la República

Tegucigalpa, 12 de diciembre de 1924.

Señor Presidente del Comité Departamental.

> Comayagua, Yoro, San Pedro Sula,
> La Ceiba, Trujillo, Santa Bárbara,
> Santa Rosa, Roatán, La Esperanza,
> La Paz, Yuscarán, Juticalpa,
> Nacaome, Choluteca, Ocotepeque
> y Danlí.

Cumplimos con el deber de comunicar a ese Comité que el señor General Carías, de acuerdo con los Generales Tosta y Martines Funes, en vista de las difíciles circunstancias externas, ha dispuesto, en bien de la armonía de la familia hondureña, y como un medio de asegurar la paz de que tanto necesita nuestra patria, llevar a los comicios de diciembre, los nombres de los ciudadanos Doctores Miguel Paz Baraona y Presentación Quesada, como candidatos para Presidente y Vicepresidente de la República en el próximo período constitucional.

El noble desprendimiento del General Carías, al renunciar el puesto a que tiene legítimo derecho y al que sus conciudadanos quieren llevarlo por sus méritos indiscutibles de honradez y abnegación y porque su nombre llena y satisface las aspiraciones populares, es un gesto que lo eleva ante la consideración de la República y lo hace aparecer como el primero en el patriotismo y el primero en el corazón de sus compatriotas.

Pero, para corresponder a tan generosa actitud, es indispensable que el Partido Nacional acepte sin vacilaciones la decisión tomada y se mantenga unido y fuerte, ya que sólo la más estricta disciplina puede salvarnos en estos momentos de prueba y de angustia. Urge, pues, que ese comité se dirija a todos los subcomités de ese departamento, excitándolos en este mismo sentido para que compacten la opinión de los amigos.

José María Casco,
Presidente del Comité Central.

J. M. Albir,
Secretario del Comité Central.

# ANEXO 51

## UNA IMPORTANTE COMUNICACION DE LOS EMIGRADOS HONDUREÑOS

----

Declaran que al Sr. don Juan Ángel Arias se le Considera Desvinculado con la Emigración de su País

Guatemala, 1º. de enero de 1925.

Sr. Dr don Juan A. Arias,
Presente.

Muy señor mío: En la edición de "El Imparcial", cotidiano de esta villa, correspondiente al día de ayer, aparece publicado un mensaje que lleva su firma y dirigido al Lic. don Saturnino Medal, de Tegucigalpa, en el que afirma que es de su absoluto agrado la fórmula presidencial Paz-Quezada y que la emigración hondureña residente en esta República regresará al país en su inmensa mayoría, al amparo de las garantías efectivas que indudablemente dará el nuevo gobierno.

Entiendo que en lo que Ud. se refiere a la emigración hondureña no hace más que emitir una opinión personal, porque la voz autorizada de los exiliados que han encontrado generoso asilo en Guatemala, corresponde al Comité Directivo de la Emigración Hondureña, organizado en esta ciudad el 12 de julio, institución que no tiene ningún vínculo con las actividades políticas de Ud.

En mi carácter de Presidente del Comité mencionado me veo en el caso de hacer la presente aclaración, para evitar que los enemigos del liberalismo hondureño interpreten y comenten sus declaraciones personales, como la opinión autorizada de los expatriados refugiados en este país.

La emigración hondureña le ha considerado a Ud. completamente alejado de sus destinos e intereses, desde el momento en que se ha comprobado que abandonó furtivamente a los defensores de Tegucigalpa en la contienda de a principios del año recién pasado, dejándoles entregados por entero a las contingencias de su suerte, con el único fin de no participar de ella y poner a salvo su persona, repitiendo muy fachendoso la egoísta frase de Luis XV: "después de mí, el diluvio".

Nosotros estimamos que Ud. rompió las vinculaciones que le acercaban a los emigrados, desde que a raíz de la organización del Gobierno de Tosta dirigió un mensaje congratulatorio al Lic. don Paulino Valladares, Ministro de RR. EE., celebrando el triunfo del nuevo orden de cosas, lo que en el fondo es felicitarse de la derrota del liberalismo y contemplar con inexplicable fruición el aniquilamiento de los que fueron sus partidarios en la deplorable contienda eleccionaria de 1923.

Los emigrados le hemos considerado a Ud. ajeno a nuestros designios, desde el instante en que negó su auxilio económico para la restauración liberal iniciada y dirigida por el General don Gregorio Ferrera, en agosto del año último, y entró en inteligencias con el representante del Gobierno conservador acreditado en este país, pretextando para ello diferencias personales con el caudillo revolucionario.

Juzgo que la constancia de los antecedentes que contiene esta misiva le serán útiles para la gestión correspondiente en el cobro de los doscientos mil pesos oro pactados con Carías y Paz Barahona, en enero de 1924, por el sometimiento del liberalismo, a las maniobras del antojo conservador. Lo excuso de los agradecimientos que por ello pudiera expresarme, con la sola exigencia de que el nombre de la emigración hondureña se elimine por completo de los manipuleos necesarios para financiar el pago de las pérdidas que Ud. tuvo en la campaña eleccionaria última, en que tomó parte activa en calidad de candidato presidencial.

Los Quijotes que quedamos sosteniendo la bandera del liberalismo, únicamente por apego a los principios que informan nuestras convicciones, no abrumaremos nuestros bolsillos con el peso del oro reluciente, producto de los juegos de la bolsa política, ni participaremos en la distribución de la pitanza presupuestívora, pero habremos salvado la dignidad de los ideales y el decoro personal, suprema satisfacción a que aspiramos los colorados por convencimiento científico y sentimiento patriótico y no por conveniencia utilitaria o frío cálculo personal.

En presencia de lo expuesto me tomo la libertad de rogarle tener presente la forma en que debe tratar los asuntos que atañen a la emigración hondureña.

Con todo respeto soy de Ud. atento y seguro servidor.

(f) Ángel Zúñiga Huete.

# ANEXO 52

GENERAL TIBURCIO CARIAS A.
Jefe del Partido Nacional
Tegucigalpa - Honduras

Tegucigalpa, 22 de Febrero de 1927.

Honorable Señor

Stokeley W. Morgan,

Washington.

Muy distinguido Señor y Amigo:

La amistad con que Usted se sirvió honrarme durante su permanencia en esta Capital, me autoriza para enviar a Usted y a su distinguida señora esposa un atento y cordial saludo, y las expresiones de mis mejoras deseos por la prosperidad y el bienestar de ambos.

Nunca olvidará Honduras los grandes e importantes servicios prestados por Usted a este país, en uno de los momentos más difíciles de la vida nacional hondureña, y a esta circunstancia se debe que todos lo recordemos con cariño y gratitud, y que tengamos la confianza de que, desde el elevado puesto en que Usted dignamente se halla colocado, continúe prestando su valiosa cooperación en favor de la paz y el desarrollo progresivo de ésta República.

Don Alfredo Schlesinger, amigo de mi absoluta confianza, a quien Usted recuerda seguramente, le entregará esta carta; y le ruego se sirva dar crédito completo a todo lo que le manifieste en mi nombre.

Rindo a Usted de antemano mis agradecimientos por la atención que preste a lo que le exponga el señor Schlesinger y por todo lo que haga en el sentido de favorecer los verdaderos intereses de este país.

Aprovecho esta oportunidad para reiterarle las expresiones de mi consideración más distinguida, suscribiéndome su afmo. Amigo y su atento y s.s.s.

TIBURCIO CARÍAS A.

# ANEXO 53

SALVADOR M. CISNEROS
Guatemala
C.A.

Guatemala julio 11 de 1927

Señor Coronel don Jaime R. Turcios
Sn Salvador.
Apreciable Coronel:

El portador General Fonseca, es para todos los buenos amigos, carta abierta; él lleva amplias instrucciones que deben de ser acatadas con la buena armonía que espero reina entre Ud., después que se hayan entendido y que espero que la unificación sea de común acuerdo para el buen fín de nuestros propósitos, él les entregará a Ud. General Coto, Coronel Arita, una clave a cada uno, y después de algunos días de permanencia en esa, en espera de alguna nueva orden, saldrá para Nicaragua, con el objeto que él les explicará; conviene que todos los datos que tengan al respecto, se los comuniquen y lo orienten en toda forma, pues su permanencia en esa, debe ser oculta. El Licenciado Huete será el dirigente en todo, él tiene marcado ya los rumbos por donde debe operar, si hay antes alguna otra disposición más conveniente, él recibirá aviso oportuno y deberá participarlo: Está para llegar a ésta el Licenciado Ramon Lagos, quién viene a entenderse con nosotros y después regresará a esa. No está demás decirle, que observen con Colindres la vigilancia más escrupulosa.

Deseole buenos triunfos y todo caso recordar las indicaciones del General Fonseca, un saludo cordial para cada uno de los amigos y Ud. reciba el efecto de su amigo.

(Signed) G. Ferrera.

# ANEXO 54

SALVADOR M. CISNEROS
Guatemala
C.A.

Guatemala 18 de julio de 1927

Señor General don José María Fonceca,
Sn Salvador.
Apreciable General:

Hemos recibido con toda puntualidad las notas dirigidas por los correligionarios que se encuentran en esa, y celebramos con veneplásito que estén todos de común acuerdo.

El Licenciado Lagos, portador de la presente, lleva nuestras últimas instrucciones, él proporcionará el dinero de que me hablan, también celebrará dos reuniones, la una en general y otra entre los Jefes solamente, Ud. debe recordar que en todo y por todo, está nuestro partido y más que eso, nuestro compromiso.

Después de que se hayan entendido y todo quede sancionado, al nomás llegar el correo del General Sandino, Ud. debe de ponerse en camino y despachar los correos que llevan la correspondencia para los amigos antes indicados, su permanencia con el General Sandino, será hasta segunda órden, los elementos que él le entregue ojalá los deposite en lugar seguro y fronterizo, creo sin temor de equivocarme, que él nos ayudará con los valientes que lo acompañan.

No le recomiendo más, que valor, disciplina y actividad, feliz viaje le desea su afectísimo.

(Signed) G. Ferrera.

# ANEXO 55

SALVADOR M. CISNEROS
Guatemala
C.A.

Guatemala julio 22 de 1927.

Señor Coronel don Jaime Turcios,
Sn Salvador.
Muy señor mío:

Después de deliberados acuerdos hemos llegado al convencimiento que para el mejor éxito de nuestra campaña, se traslade el Licenciado Zúñiga Huete a Tegucigalpa, quién lleva la misión de entenderse con los buenos amigos y tratar asuntos de vital importancia; los puntos que él debe tratar, son de carácter íntimo y de reserva absoluta. Ud. debe de comunicar esta noticia a los amigos de esa, a fin de que su traslado no cause desconfianza y desaliento en las filas de nuestros amigos, le encargo mucha reserva y deséole buenas fiestas mientras nos llega las nuestras, sin recuerdos para todos.

Su afectísimo
(Signed) G. Ferrera.

# ANEXO 56

# Al Pueblo Hondureño

Tras un largo y doloroso exilio, en que bajo el asilo de las hermanas Repúblicas, he encontrado las garantías que se me negaban aquí, retorno al hogar patrio para confundirme con mis conciudadanos en una sola aspiración y en un solo propósito: la paz de Honduras.

El pasado lleno de adversidad y de persecución y la experiencia adquirida en el martirologio a que me arrojara una situación, han traído para mi hondas reflexiones informando mi criterio en las más puras y sanas intenciones.

Declaro que no traigo en mi corazón ningún sentimiento de odio para persona alguna, cualquiera que haya sido su actuación contra mi en la pasadas circunstancias, y que un propósito firme de conciliación y olvido anima mi espíritu.

Comprendo que la colaboración de todos los hondureños en pro del orden público y la tranquilidad nacional, salvará a Honduras de su pasado vergonzoso y traerá por natural consecuencia su prosperidad en el orden material y su restauración moral en el orden civil. A esta noble finalidad irán encaminados todos mis esfuerzos.

No vengo a crear obstáculos a los directores de los negocios públicos, sino a poner mi contingente para que las tendencias del Gobierno sean fructíferas y beneficiosas a los intereses del país.

No vengo a agitar la política de banderas, sino a declarar a todos los hondureños que las divisiones políticas han sido el principal origen de todos nuestros errores y que es tiempo ya que una sola bandera: la bandera de la Patria sea el emblema de nuestros futuros designios.

Consciente en mis responsabilidades en el respeto a los intereses nacionales y extranjeros, he procurado siempre en todas circunstancias por su efectividad y eficacia, y si alguna vez han sido lesionados, lejos de mí el criminal propósito de causarles el menor daño; sabiendo como sé, que son los sagrados constitutivos de la riqueza nacional.

Quizás un prejuicio adverso a mi reconocida honradez ha llevado al conocimiento de Gobiernos amigos de Honduras, extraño criterio sobre mis naturales tendencias, y que sirva mi fé empeñada como la más fuerte garantía y confianza en el cumplimiento de mis anteriores declaraciones.

Se ha pretendido echar sombras sobre mi reputación; pero el entusiasmo con que me recibe el pueblo, me hace creer que no ha llegado a su corazón el eco de las calumnias de mis adversarios.

Nadie que me conozca duda de que si algún defensor tienen los imperativos de la Patria soy yo, que no consiento que en el cumplimiento de esos nobles deberes me preceda ciudadano alguno como abanderado de tan sagrados intereses.

Al volver a mis habituales ocupaciones en la diaria labor por el modesto bienestar personal, quiero significar que no entra en mi el propósito de obtener una posición oficial; sino que deseo cooperar en el desarrollo honesto de la cosa pública, en mi condición absolutamente independiente, que a la par que contribuya a la felicidad de todos los hondureños, me conserve mi libertad de acción para ser más expontáneo mi esfuerzo en pro del bien nacional.

No tengo ambiciones personales; pero quiero que conste que estoy dispuesto a hacer todo sacrificio en aras de la paz de Honduras, y que al repetir ese sentimiento que forma en mí una convicción, espero que mis conciudadanos lo fortalezcan con un vínculo de unión y solidaridad para un futuro no lejano de engrandecimiento patrio.

HONDUREÑOS: os excito para que sigáis mi ejemplo y que el perdón y el olvido sea el velo que cubra nuestro pasado de luchas y de errores. Que juremos solemnemente en el altar de la Patria, estar unidos para la paz y prosperidad de la Nación.

G. FERRERA.

San Pedro Sula, Febrero lo. de 1929

Tip Cervantes

# ANEXO 57

## MANIFIESTO

CONCIUDADANOS:
Tegucigalpa, 10 de marzo de 1932

Bastante conocido por haber tomado parte desde hace muchos años en las campañas cívicas y en las luchas armadas, me dirijo a vosotros en la confianza de que apreciaréis con ecuanimidad las declaraciones que os hago en este manifiesto.

Durante toda mi vida, desde mi menor edad he luchado con ardor y con sincero patriotismo dentro del Partido Liberal, cuyos elevados principios de tolerancia, respeto y práctica de las instituciones republicanas y democráticas que nos rigen, amor al progreso y culto a la dignidad humana, forman mi ideología política, de la cual nunca me separaré, aunque motivos muy especiales me obligan a no entrar ahora en la organización que se ha dado al Partido Liberal de Honduras.

Contemplando la actual situación de nuestra patria, no se necesita ser un hombre de elevada instrucción, para darse cuenta del origen de nuestros males presentes, basta ser paciente observador y poseer sobrados anhelos patrióticos.

El Partido Liberal, con su triunfo de 1928, después de una administración honesta que dejó en efectivo en las arcas nacionales un saldo muy apreciable, más que suficiente para atender a las necesidades del momento, quedando una base disponible para emprender obras de progreso y de cultura, siguiendo sencillamente el camino trazado, no supo aprovechar esas circunstancias para hacer una administración fructífera y plausible, cuyas prolongaciones hubieran dado honra y prestigios al Partido gobernante; y al contrario, desde los principios de la actual administración se implantó el desbarajuste más truculento que ha habido en Honduras, sin que haya valido para contener esa avalancha, ni el consejo sano de los liberales aptos y honrados ni la voz de la prensa, que a diario ha denunciado los desfalcos.

Por todo eso, es de conveniencia nacional, que se confíe la administración pública no precisamente a un liberal por haber estado afiliado a ese partido durante toda su vida ciudadana a un nacionalista, por el simple hecho de serlo, sino a un hombre, cualquiera que sea su filiación política, que haya demostrado con hechos tangibles su honradez a carta cabal, su patriotismo en todo momento, y su capacidad de mando y administración.

Inquiriendo sobre la actuación de los hombres públicos con que cuenta Honduras en estos momentos de crisis, de peculado y de completa desorbitación en el manejo de la administración pública, se encuentra uno sin esfuerzo con la personalidad del Gerente General y Abogado don Tiburcio Carías Andino, cuya vida pública es sobradamente conocida y todos sabemos que a su paso por los puestos administrativos ha demostrado su absoluta honradez, su energía, sus dotes de mando, sus tendencias de progreso, y su patriotismo.

Convencido de que el General Carían Andino, llegando al Poder, hará una administración sana y progresista, y hará volver el respeto de las garantías constitucionales y el implantamiento del principio de autoridad, indispensable para el mantenimiento del orden y la paz de la República, he resuelto adherirme a los trabajos emprendidos para llevar a la presidencia de la República al General y Abogado don Tiburcio Carías Andino, sin que esto signifique que abdico de mi credo liberal, sino que por esa misma ideología yo lucho para que se establezca un régimen de cumplimiento de la Constitución Política, de progreso, de honradez y de orden.

CONCIUDADANOS Y AMIGOS:

Con toda sinceridad, os excito para que por verdadero patriotismo, me acompañéis en esta campaña cívica, y luchemos tesoneramente porque en los comicios de octubre, salga electo Presidente de la República el General y Abogado don Tiburcio Carías Andino.

Vuestro compañero y amigo.

ÁNGEL MATUTE.

# ANEXO 58

Sr. Dr. Mejía Colindres:

Altamente agradezco Vuestro deseo de que mis labores de Gobernante que se inician en este día, tengan el mejor éxito.

Efectivamente fuisteis muy combatido durante vuestra administración. Pero, mañana que la Historia analice vuestros actos de Gobernante, sabrá discerniros el lugar que os corresponde como Patriota.

Hubiera deseado que la trasmisión del Poder se efectuara en circunstancias diferentes, y que este acto de efectiva democracia hubiera servido, entre todos los hondureños, de vínculo de unión y de Concordia. Pero aún es tiempo de que todos trabajemos porque en los surcos del pasado germinen sentimientos de armonía y fraternidad.

Os saludo Doctor Mejía Colindres, y deseo que vuestra vida se deslice tranquila sin las inquietudes que lleva consigo, ante el porvenir, la responsabilidad del Gobernante.

TIBURCIO CARÍAS A.

# ANEXO 59

Señores Diputados:

Sean mis primeras palabras, el saludo cordial y sincero que dirijo a esta Honorable Representación Nacional.

En este momento, el más trascendental de mi vida, quiero, ante todo, expresar al pueblo hondureño, dignamente representado por vosotros, mi gratitud profunda por la muestra de confianza y de aprecio con que me honró favoreciéndome con la mayoría de sus votos en los comicios presidenciales del año próximo pasado, y manifestar que durante el período que debo ejercer la Primera Magistratura de la República, será mi anhelo fervoroso, mi preocupación constante, servir lealmente los intereses nacionales, llegando al máximum de mis esfuerzos, a fin de lograr, hasta donde sea posible, la reconstrucción del País y su engrandecimiento, proporcionando a la colectividad el bienestar a que tiene derecho y correspondiendo así al honor que ella me ha dispensado.

En manifiestos anteriores, dirigidos al electorado durante la última campaña cívica, expuse mi plataforma administrativa, para el caso de ser electo Presidente de la República. No tengo más que ratificar aquellos manifiestos en cuanto a mi propósito firme de realizar un gobierno de honradez, de orden, de progreso, de cordialidad internacional y de respeto a las personas y a las instituciones. Si acepté mi postulación como candidato del Partido Nacional, durante la justa eleccionaria recién pasada, fue siempre estimulado por el anhelo de contribuir con mi modesto esfuerzo a la organización y prosperidad del País.

No me ha movido más que el deseo vehemente de ser útil a mi Patria, lejos de ambiciones personales; y ahora que mis compatriotas me han hecho depositario de su confianza y de sus aspiraciones, será el mayor placer de mi vida dedicarme a servirlos con entusiasmo, con actividad, con honradez, con la inquebrantable fe que he alentado siempre en los destinos gloriosos reservados a Honduras.

Guerras frecuentes, facciones injustificadas, períodos de anarquía administrativa, de desorden en los servicios públicos y otros factores bien conocidos, han creado en el País una situación que todo hondureño educado en el amor a la tierra que lo vio nacer, lamenta profundamente. Situación de sombríos perfiles que provoca siniestros vaticinios en los espíritus pesimistas, que llenan de incertidumbre a las generaciones actuales y entenebrece los horizontes del porvenir. Nuestro deber, el deber de todo hondureño, es terminar con esa triste situación, laborando de manera constante y desinteresada en la ardua empresa de la reconstrucción nacional, en sus vitales aspectos: económico, moral y cultural. He de empeñarme en el desarrollo de las industrias, en el florecimiento de la agricultura y la ganadería, en la difusión de la cultura, en el forjamiento de caracteres fundidos en los crisoles del honor, del deber y del civismo; en la elevación del concepto que priva en otros países respecto al nuestro, mediante una vida interna ordenada y la seriedad y decoro de nuestras relaciones internacionales; en sostener incólume la majestad de nuestras leyes; en seguir dignamente la tradición de nuestros próceres, que nos heredaron una Patria para que la amáramos, defendiéramos y engrandeciéramos.

Voy a principiar la difícil gestión gubernamental inspirado en los anhelos y propósitos que dejo enunciados anteriormente; con la voluntad dispuesta a todo sacrificio que signifique un aumento de bienestar para el conglomerado social; empeñado, muy sinceramente, en garantizar las vidas, bienes y actividades de todos los habitantes de Honduras, sin distinción de sentimientos ni de colores sectarios. Tengo que lamentar, únicamente, que la ofuscación y el desconocimiento del deber cívico, hayan llevado a algunos compatriotas al deplorable extremo de ensangrentar el suelo nacional, olvidando que ha sonado para nuestra Patria la hora de la democracia iniciada en 1928, con base inconmovible en la función del sufragio y en el respeto inquebrantable a la voluntad popular expresada en las urnas.

El imperioso deber de salvar al país, mediante la organización efectiva y duradera de nuestros recursos vitales y de los servicios públicos, exige, con inaplazable urgencia, el esfuerzo constante de todos los hondureños leales a su tierra y de los extranjeros que han hecho de la nuestra una segunda patria; demanda capacidades, inteligencias, energías, luces y acción.

Para hacer factible esta magna obra es necesaria la cooperación de las diversas clases sociales y su vinculación íntima con el gobernante. Yo confío en la buena voluntad de los demás Poderes del Estado, asistidos por su ciencia y patriotismo, para solucionar satisfactoriamente los problemas de diversa índole que afectan a la Nación, conforme a las aspiraciones colectivas. Confío también, en la cooperación de todos los hombres capaces, honrados y patriotas, quienes, estoy seguro, no negarán su esfuerzo a la República. Confío en la nobleza, en la cordura y en la abnegación del pueblo hondureño, que en toda ocasión difícil ha sabido colocarse a la altura de los mejores pueblos de la Tierra; y transcurrido mi período administrativo, será mi orgullo más legítimo, mi mayor satisfacción, el haber logrado responder dignamente a la confianza con que me honró el pueblo de mi Patria, eligiéndome su mandatario.

Para terminar, señores Diputados, presento mi cordial saludo a los Representantes de cada una de las porciones de la Amada Patria; a los de las otras Naciones que se encuentran en el seno de esta Augusta Asamblea, y envío, por Vuestro medio, mi mensaje de aprecio, con los votos que formulo por su salud y prosperidad, al pueblo de Honduras.

Tegucigalpa, 1º. de febrero de 1933

(f) TIBURCIO CARIAS A.

# BIBLIOGRAFÍA

## Fuentes primarias

* Honduras. Archivo Nacional. Correspondencia Telegráfica. Departamento Intibuca, Febrero-Diciembre 1930.
* Archivo Nacional. Fondo Policarpo Bonilla.
* Comandancia de Armas Seccional. Consejo de Guerra Departamental. San Pedro Sula. Declaración del reo Filadelfo López Morales.
* Congreso Nacional. Boletín Legislativo de las sesiones correspondiente a 1919.
* Congreso Nacional. Boletín Legislativo, Serie VIII, 1931.
* Congreso Nacional. Boletín Legislativo, Serie IX, 1931.
* Secretaría de Gobernación, Justicia y Sanidad. Memoria. 1924-1925;
* Mensajes Presidenciales del Doctor y General Tiburcio Carías A., 1933-1945. Tegucigalpa, Ariston, 1945.
* Mensaje dirigido al Congreso Nacional en la inauguración de sus sesiones por el señor General Don Vicente Tosta, Presidente Provisional de la República de Honduras, Tegucigalpa, Tipo Litografía Nacionales, 1925.

## Estados Unidos.

* National Archives. Correspondence, American Consulate. 1918.
* Consular Records, Confidential File, 1917.
* Diplomatic Correspondence, Record Group 59. Records of the Department of State relating to Internal Affairs of Honduras, 1919-1929.

## Fuentes secundarias
Libros

- Alvarado, Néstor Enrique. La Revolución del 19. Tegucigalpa, 1967.
- Arancibia C., Juan. Honduras ¿un estado nacional? 2'. Ed. Tegucigalpa, Guaymuras, 1991.
- Argueta, Mario R. Historia de los sin historia, 1900-1948. Tegucigalpa, Guaymuras, 1992.
- Tiburcio Carías, 1923-1948: anatomía de una época. Tegucigalpa, Guaymuras, 1990.
- Barahona, Marvin. La hegemonía de los Estados Unidos en Honduras (1907-1932). Tegucigalpa, Centro de Documentación de Honduras, 1989.
- Cáceres Lara, Víctor. Gobernantes de Honduras en el siglo XX. Tegucigalpa, Banco Central de Honduras, 1992.
- Contreras, Carlos. Hacia la dictadura Caríísta, la campaña presidencial de 1932. Tegucigalpa, Iberoamericana, 2000.
- Díaz Chávez, Filánder. Carías, el último caudillo frutero. Tegucigalpa, Guaymuras, 1982.
- Euraque, Darío. El capitalismo de San Pedro Sula y la historia política hondureña. 1870- 1972. Tegucigalpa, Guaymuras, 1997.
- Facultad Latinoamericana de Ciencias Sociales, ed. Historia general de Centro América. Madrid, 1993. Tomo IV
- García Buchard, Ethel. Poder político, interés bananero e identidad nacional en Centro América. Tegucigalpa, Universitaria, 1977.
- González y Contreras, Gilberto. El último caudillo (ensayo biográfico). México, Costa- Amic, 1946.
- Lambert, Jacques. América Latina, estructuras sociales e instituciones políticas. 3ed. Barcelona, Ariel, 1973.
- Leonard, Thomas M. The United States and Central America, 1914-1949: perceptions of political dynamics. Alabama, The University of Alabama Press, 1984.

- Luque, Gonzalo. Memorias de un soldado hondureño. Sl; s. F.
- Paredes, Lucas. Biografía del Doctor y General Tiburcio Carías Andino. Tegucigalpa, Ariston, 1938.
- Drama político de Honduras. México, Latinoamericana, 1959.
- Wolf, Erick R y Hansen, Edward C. The human condition in Latin America. New York, Oxford University Press, 1972.

**Folletos**

- Bulnes Hernández, Edmundo. El verdadero origen de la muerte del General Gregorio Ferrera. Tegucigalpa, Carlderón, 1933.
- Carías Reyes, Marcos. Consideraciones sobre aspectos históricos y sociales de Honduras. Tegucigalpa, Calderón, 1942.

**Periódicos**

- El Atlántico, 1930,1931.
- El Combate, 1931.
- El Constitucional, 1923.
- El Cronista, 1925, 1928, 1930, 1931.
- El Cuarto Poder, 1925.
- Diario Moderno, 1930.
- El Heraldo 1996.
- El Pueblo, 1931, 1932.
- La Tribuna, 1998.

**Revistas**

- Foro Internacional.
- Revista del Archivo y Biblioteca Nacional. Tegucigalpa.

www.ingramcontent.com/pod-product-compliance
Lightning Source LLC
Chambersburg PA
CBHW071133130626
46553CB00004B/1356